Nach der Geduld und jenseits von egal

Hans-Joachim Sander

Nach der Geduld und jenseits von egal

Glaubwürdig katholisch glauben, wenn sich die eigene Kirche überflüssig macht

Matthias Grünewald Verlag

VERLAGSGRUPPE PATMOS

PATMOS
ESCHBACH
GRÜNEWALD
THORBECKE
SCHWABEN
VER SACRUM

Die Verlagsgruppe
mit Sinn für das Leben

MIX
Papier | Fördert
gute Waldnutzung
FSC® C083411

Die Verlagsgruppe Patmos ist sich ihrer Verantwortung gegenüber unserer Umwelt bewusst. Wir folgen dem Prinzip der Nachhaltigkeit und streben den Einklang von wirtschaftlicher Entwicklung, sozialer Sicherheit und Erhaltung unserer natürlichen Lebensgrundlagen an. Näheres zur Nachhaltigkeitsstrategie der Verlagsgruppe Patmos auf unserer Website www.verlagsgruppe-patmos.de/nachhaltig-gut-leben

Bibliografische Information der Deutschen Nationalbibliothek
Die Deutsche Nationalbibliothek verzeichnet diese Publikation in der Deutschen Nationalbibliografie; detaillierte bibliografische Daten sind im Internet über http://dnb.d-nb.de abrufbar.

Alle Rechte vorbehalten
© 2024 Matthias Grünewald Verlag
Verlagsgruppe Patmos in der Schwabenverlag AG, Ostfildern
www.gruenewaldverlag.de

Umschlaggestaltung: Finken & Bumiller, Stuttgart
Gestaltung, Satz und Repro: Schwabenverlag AG, Ostfildern
Druck: CPI books GmbH, Leck
Hergestellt in Deutschland
ISBN 978-3-7867-3347-8

Inhalt

Vorwort 7

Zum Einstieg: Warum Austrittszahlen eine gescheiterte Kirche symbolisieren, aber die eigentliche Lage des Glaubens woanders liegt 23

Teil I: Aufrütteln statt aufregen. Warum Maria 2.0, #liebegewinnt, #OutInChurch, ausgesetzte Eucharistiefeiern Illusionen aufgeben, jedoch die Ungeduld bestärken 59

Teil II: Rebellieren statt reformieren. Warum Souveränität sich entfesselt, wenn kirchliche Absurditäten verneint werden 85

Teil III: Sich nicht beschuldigen noch beschämen lassen. Warum Klerikalismus Höhepunkte ständig heuchelt, während Widerstand dorthin führt 125

Teil IV: Bewahrheiten statt bewahren. Warum Bischofssynoden offene Fragen bloß vorbringen, ein Konzil es jedoch mit Antworten weiterbringt 149

Teil V: Scheitern können ohne abnicken. Warum konziliares Lehren Glauben glaubwürdiger macht, weil es dessen Fehler einräumt 165

Teil VI: Sich anders identifizieren, ohne einfach zu bleiben. Warum Fusionsenergie ausbricht, wenn Demokratie von außen und Anonymität von innen verdrillt werden 181

Zum Ausstieg: Warum Gottes Präsens anders als egal wird, wo Kirche überflüssig ist und über-flüssig wird 211

Literaturverzeichnis 258

Personenregister 267

Sachregister 270

Vorwort

Wer heute noch auf katholische Weise christlich glaubt, wird von gravierenden Abstiegserfahrungen erfasst. Eigentlich sollten religiöse Überzeugungen gegen Abstiege rückversichern, aber die katholische Kirche löst mittlerweile den Abstieg selbst aus. Sie ist auf breiter Front unglaubwürdig geworden. Das ist in einer Zeit ausgesprochen prekär, in der viele Menschen sich durch vielfache Krisen der heutigen Welt bedrängt erfahren oder sogar schon darin verstrickt sind. Wer befürchten muss oder erlebt, Krisen könnten für die eigene Person Überhand nehmen, kann sich daher auf kirchliche Muster des katholischen Glaubens nicht mehr als bestärkende Rückversicherung verlassen.

Diese Ausgangslage ist für Menschen bedrängend, die sich auf katholische Weise als Christ:innen verstehen und ihr Leben davon anregen lassen. Sie erfahren einen erheblichen Druck, sich dafür zu rechtfertigen, so zu glauben, ohne dass ihnen das auch nur annähernd oder gar elegant gelingt. Im katholischen Binnenbereich verströmt ein sich ausbreitender Sumpf verfallender Glaubwürdigkeit den schalen Geruch von kirchlicher Überflüssigkeit. Den Sumpf hat Kirche selbst aufgeschwemmt, er ist nicht über sie hereingebrochen.

Hinzu kommt in jüngerer Zeit eine Verschärfung, bei der sich das belastete Innen der eigenen Religionsgemeinschaft und das belastende Außen der politischen, ökologischen, sozialen, ökonomischen, kulturellen Krisenlagen der eigenen Welt verschränken. Beide treffen sich in Versuchungen autoritärer Herrschaft. Sie lockt damit, die Probleme in beiden Bereichen zu lösen, also die Kirche auf eine wieder respektierte gesellschaftliche Position zu bringen und Menschen die existentiellen Sorgen vor den Krisen zu nehmen.

Fangen wir beim letzteren an. Visionen autoritärer Herrschaft negieren solche Krisen einfach und propagieren Vernetzungen mit Gleichgesinnten, um aus utopischer Nicht-Krisen-Seligkeit Kapitalien der Macht über jene zu schlagen, die sich vor den Krisen aus guten Gründen fürchten und Vorsorge treffen wollen. Wer dagegen nach dieser Macht giert, glaubt fest an ihre Segnungen, umstellt Demokratien mit dem Ruf nach dem starken Mann, auf dass deren offene Gesellschaften ihrer selbst unsicher werden. Dann werden die populistischen Heilsversprechen des autoritären Mythos bereits wirksam. Er lockt, einfach für eine homogene Bevölkerung zu sorgen, und schon kommt die Welt wieder in Ordnung. In der katholischen Kirche selbst greift die Versuchung etwas subtiler, aber nicht weniger wirksam. In ihr glaubt die zentrale Führungsinstanz, also der Papst und seine Kurie, ganz fest daran, in der Pastoral mit von Krisen heimgesuchten Menschen in Maßen anders als zuvor verfahren zu können, ohne dafür in irgendeiner Weise die katholische Lehre ändern zu müssen. Täten sie es, dann würden sie sich mit dem Wegwerfhabitus der westlichen Moderne gemein machen, der vom Papst heftig und oft angeprangert wird. Die Glaubensherrschaft der Lehre muss erhalten bleiben, um den Abstand zu dieser Moderne und ihren notorischen Relativierungen zu wahren. Das ist wenig anderes als eine autoritäre Versuchung. Sie erklärt, dass die Lehre einfach von dem nicht angetastet werden darf, was pastoral notwendig und unvermeidbar ist. Auch diese Variante des Autoritären ist bereits wirksam, wenn man nur an die Unantastbarkeit der Lehre wider besseres theologisches Wissen fest genug glaubt. So kommt es, dass auch eine sich synodale umgruppierende Kirche die dogmatischen Schablonen weiter unverändert zu stanzen hat. Das gilt unabhängig davon, wie unglaubwürdig solche Schablonen längst geworden sind. Auch hier wird eine massive Krise einfach geleugnet, weil man ihr nicht gewachsen ist.

All das zieht ziemlich nach unten und ich vermute, dass ich mit dieser Gefühlslage nicht allein bin. Aber selbst diese Gemeinsamkeit von vielen liefert noch keine Bestärkung untereinander, sondern dünnt die religiöse Rückversicherung weiter aus. Lebens- und Glaubenswelten werden geflutet von den scheinbar einfachen Antworten auf komplexe Herausforderungen, die von ihrer eigenen Unfähigkeit, diese Herausforderungen zu bestehen, dadurch ablenken, dass sie allfällige Sündenböcke wie Migranten, Genderisten, sich klerikalisierende Laien usw. als Verursachungskomplexe ausmachen. Ob wir uns auf die katholische Kirche im globalen Maßstab verlassen können, auftrumpfenden Versuchungen autoritären Gehabes entschiedenen genug zu widerstehen? Wie wenig das eine rhetorische Frage ist, zeigen die herben Erfahrungen mit der irrational freundlichen Russland-Politik des gegenwärtigen Papstes und seinen unzureichenden Einlassungen zum Ukraine-Krieg. Eine Hermeneutik des Verdachts ist nicht unbegründet, dass sich die Kirche einer Kaperung durch diverse Populismen nicht entziehen wird, wenn es darauf ankommt. Ich wünschte mir, hier falsch zu liegen, aber ...

Das alles ist ganz und gar nicht schön, sondern ziemlich hässlich. Es geht an das theologische Eingemachte. Schließlich gilt es als theologische Tugend, Hoffnung zu geben. Wo soll die aber herkommen? Vom Himmel fällt sie nicht, von der Kirche kommt sie nicht, in

Rom wohnt sie nicht und in den säkularen Verhältnissen ist sie auch nicht zu holen. Müssen wir Hoffnung also so fahren lassen, wie es Dante schon einmal mit seinem Inferno beschrieben hat? Ist nur mehr defätistische Theologie hier im Angebot statt der allfälligen Freude am Glauben? Eine einfache Antwort darauf habe ich nicht, wohl aber eine komplexe. Sie setzt an den Abstiegen und ihrer bedrängenden Macht an.

Für den katholischen Binnenbereichs gibt es dafür ein signifikantes Datum und für den Außenbereich ebenfalls. Das erste kann ich von meiner Person her deutlich machen. In Salzburg bin ich als Dogmatiker mit dem Sommersemester 2002 gestartet, was der 1. März bedeutet. Am Dreikönigstag 2002, also wenige Wochen zuvor, hatte der Boston Globe seine *Spotlight*-Recherchen zum sexuellen Missbrauch von Kindern und Jugendlichen durch katholische Priester der Erzdiözese Boston publiziert, die Vertuschung dieser Taten durch den Erzbischof belegt und über die üblichen *non-disclosure*-Abwicklungen der Opfer durch die Erzdiözese aufgeklärt. Ich habe das betroffen wahrgenommen; aufgrund meiner Lebensgeschichte haben mich die Verhältnisse in den USA sehr interessiert. Aber ich habe damals nicht gesehen, dass das, was hier zu Bruch geht, ähnlich signifikant für eine professionelle Rede von Gott ist wie das, was schon zuvor am 11. September 2001 mit der bis dahin bekannten und erreichten Rede von Gott geschehen ist. Das ist das Datum, welches freilegt, wie sehr und schnell Krisen Überhand nehmen und nicht mehr auf eine kleine Arena zu begrenzen sind, wo sie abgerüstet werden könnten. Seither hat sich die Entgrenzung mit Klima, Finanzindustrie, *Make America Great Again*, Corona, Rückkehr des Krieges weiter diversifiziert, ohne dass bei einer dieser Erfahrungen zu entdecken gewesen wäre, wie man das schnell wieder los werden könnte.

Die Theologie, also die Rede von Gott, ist mit beiden Initialzündungen eines offenkundigen Abstiegs unmittelbar verbunden. Bei 9/11 wurde Gott zur Waffe, die keine Sicherheitstechnik entdecken kann, und seine Macht, Menschen über ihre normalen Kapazitäten hinaus zu treiben, wurde für Terror genutzt. Das geht deshalb so leicht, weil seine Macht völlig unabhängig von der komplexen Frage, ob es so etwas wie Gott gibt, frei verfügbar ist und ihrem gewaltsamen Gebrauch nicht in den Arm fällt. Bei *Spotlight* habe ich damals nicht die gleiche elementare Struktur erkannt, wie leicht mit Gottes Macht auf andere Menschen gravierend zu ihrem Nachteil zugegriffen werden kann, ohne dass die Täter echten Widerspruch befürchten müssen. Bis sich Widerspruch oder Entsetzen regen können, ist es zu spät. Überdies sind dann schon längst die heimlichen Vertuschungen der skandalösen Gefahr aufmarschiert und vernebeln den Blick.

Das habe ich damals nicht erkannt, ich war blauäugig. Es wäre wohlfeil zu sagen, das Hochgefühl der beginnenden Professur hätte mich abgelenkt. So einfach kann ich dem „guilty bystander" nicht entgehen, den Thomas Merton so treffend entdeckt hat. Aber ebenso gefährlich, wie sich Gottesrede beim Terrorakt in New York erwiesen hatte, hat jenes *Spotlight* offenbart, wie gefährdend sie für Heranwachsende mit Präsenz und Aktivität innerhalb der katholischen Kirche ist. Das Problem hat sich seither nicht verringert, sondern eher noch ausgeweitet auf den Bereich von spirituell lebenden Ordensfrauen, die in keinem katholischen Kontext patriarchalen religiösen Zugriffen des gleichen Kalibers entrinnen können.

Beide prekäre Entwicklungen im Innen wie Außen haben sich danach weltweit weiter bestätigt. Jeder Missbrauchsbericht über sexualisierte Gewalt von Angehörigen des katholisch-kirchlichen Führungspersonals und ihre bischöfliche Vertuschung belegt es. Das wird auf Jahrzehnte so weiter gehen, weil es keine Region der Weltkirche gibt, die nicht gravierend davon betroffen ist. Ganz gleich, wie bemüht jeweils versucht werden sollte, sich herauszuwinden, der schlanke Fuß wird brechen, den man sich bei diesem Thema machen sollte.

Zugleich haben öffentliche Beanspruchungen Gottes zum Erwerb angeblich höherer Macht nicht aufgehört. Das gilt für den Islamismus, der schon den 11. September 2001 zu verantworten hatte; aber es ist nicht auf ihn beschränkt. Die Grammatik einer Macht, die zum gravierenden Nachteil anderer beansprucht wird, gilt auch für die katholische Tradition von Beschuldigungstheologie. Mit ihr hat schon Paul VI. vergeblich versucht, sich die Welt schön zu malen. Sie wurde dann von Johannes Paul II. zu neuen Höhen getrieben und von ihr abzulassen kam weder seinem Nachfolger in den Sinn, noch ist Papst Franziskus dazu bereit. Die Beschuldigung der anderen, die dabei jeweils im Fokus sind, ist immer gekoppelt mit dem gleichzeitigen Vertuschen, Entschuldigen, Kleinreden der eigenen Übeltaten. Diese Tradition bestimmt auch weiterhin die katholisch-hierarchische Relation zu den zeitgenössischen kritischen Lebensverhältnissen, die für die Kirche prekär sind.

Von einer starken Gemeinschaft, die allem Unbill der Zeiten trotzt und sich als Weltkirche in der globalisierten Zivilisation auf diesem

Planeten zu behaupten weiß, kann keine Rede mehr sein. Es gibt diese katholische Weltkirche nicht, welche Doppelmoral und Heuchelei in der Kirche auflösen könnte. Von ihrem Aufblühen sind viele nach dem Zweiten Vatikanischen Konzil ausgegangen und von ihr wird seit Jahrzehnten theologisch geträumt. Es gibt lediglich eine weltweit verbreitete katholische Kirche. Das ist ein feiner Unterschied, also eine gravierende Differenz. Diese Kirche bewegt sich – bestenfalls – auf dem Niveau von anderen global verbreiteten Religionsformen; mehr ist in ihr nicht drin. Von den unvermeidlichen Selbstrelativierungen einer Weltkirche ist man jedenfalls weit entfernt.

Eine Weltkirche, die den prekären Kontakt zu den Verhältnissen in der heutigen Welt nicht scheut, die das letzte Konzil Zeichen der Zeit genannt hat, kann nicht anders, als sich den Relativierungen positiv auszusetzen, die das bedeutet. Sie konfrontieren eine Religionsgemeinschaft mit ihrer eigenen Fülle von Ungereimtheit, Absurdität und Dekadenz, die sie loswerden müsste, um den Hoheitstitel „Weltkirche" tragen zu können. Die katholische Kirche war bislang zu diesen Relativierungen noch nicht einmal nach den unausweichlichen Belegen ihrer eigenen Schuld sexualisierter Gewalt und flächendeckenden Vertuschungen bereit. Auch der päpstliche Versuch, mit einer reinen Synodalitätssynode jetzt die Kirche am eigenen spirituellen Kopf aus dem Sumpf zu ziehen und über die Marginalien ins Zentrum des globalen Geschehens vorzustoßen, läuft erkennbar vor Selbstrelativierungen davon.

Gibt es also tatsächlich keine Hoffnung für die Gemeinschaft der katholischen Gläubigen, nachdem sich ihre Kirche überflüssig macht? Hat dieses Buch nur pessimistische Ausblicke und abklärendzumutende Entlarvungen anzubieten? Das hoffe ich nicht, ist doch, ich wiederhole mich, Hoffnung von altersher eine theologische Tugend. Es gibt Hoffnung, wenn man als die Bedingung ihrer Möglichkeit der vertrackten Lage nicht ausweicht, in der wir irgendwie alle stecken, die in der ihrer selbst unsicher gewordenen Welt von heute katholisch glauben. Schließlich sind Hoffnungen keine Utopien für eine bessere Zukunft, wohl aber Heterotopien gegen den fatalen Habitus, fortlaufend schneller in Verzweiflung zu verfallen.

Für diesen Zusammenhang gibt es ein bekanntes steinernes Bild, das im römischen Vatikan direkt beim Papst steht. Es ist die Laokoon-Gruppe in den Vatikanischen Museen. In der Skulptur kämpfen bekanntlich Laokoon und seine beiden Söhne mit zwei Schlangen, die schon ihren Würgegriff entfalten. Wenn ich diese Schlangen als die beiden Krisenlage im Innen wie Außen des katholischen Glaubensbereichs deute, also den Verfall der Glaubwürdigkeit der eigenen Kirche und die sich aufbäumenden Krisen der heutigen Welt, dann sieht man mit einem Blick die prekär verdrillte Lage der Gläubigen. Sie können sich weder in den Schutz ihrer Religionsgemeinschaft gegen die Krisen begeben, noch sich zuerst einmal mit anderen um die Krisen kümmern und dann später in der Kirche die nötigen Veränderungen einrichten. Den Luxus einer Position, die beiden überlegen ist, oder wenigstens eine Ausgangslage, die gegenüber einer der beiden Drangsale unbetroffenen wäre, haben die Katholik: innen nicht. Beide attackieren sie gleichzeitig und das, was jetzt geschieht, ist vom Risiko des Scheiterns bedroht. Anders ist die Lage nicht. Sie lässt die Gläubigen zu Individuen werden, die vom Innen der Kirche wie im Außen der Welt aus ihrer existentiellen Mitte gezerrt und auch bedroht werden. Sie müssen sich ihrer Haut wehren, so wie die drei Figuren der Laokoon-Gruppe. Die Schlangen sind stark und groß, ihrem würgenden Griff ist nicht zu entkommen. Die von ihnen Angegriffenen müssen kämpfen.

Das ist, wie Lessing einst zu der Skulptur bemerkte, die er nie gesehen hatte, der fruchtbare Augenblick, den bildenden Kunst festhalten und anbieten kann,[1] während Literatur mit Poesie und Prosa das weitere Schicksal der Protagonisten auserzählen würde. Es geht bei dieser Skulptur daher eigentlich auch nicht um den Mythos, der natürlich im Hintergrund steht, ich würde sogar sagen: lauert. Mit dem Bild des Laokoons steht uns vielmehr ein signifikantes Gegenwartsmoment zur Verfügung, das diesen „fruchtbaren Augenblick" der Skulptur hier und jetzt repräsentiert. Dagegen muss das weitere Geschehen offenbleiben, gleich wie sehr es auch angedeutet werden mag. In dieser Präsenz der Zumutungen erreicht uns ein Präsens, diesen nicht einfach zuzustimmen, und in ihm sind dann Widerstand und Widerspenstigkeit das, was die bedrängten Individuen zur Verfügung haben. Auf mehr können glaubende Menschen sich nicht verlassen,

---

[1] Gotthold Ephraim Lessing, *Laokoon oder die Grenzen der Malerei und Poesie*, Stuttgart: Göschen, 2. Aufl. 1854 (Nachdruck de Gruyter 2020): „Kann der Künstler von der immer veränderlichen Natur nie mehr als einen einzigen Augenblick, und der Maler insbesondere diesen einzigen Augenblick auch nur aus einem einzigen Gesichtspunkte brauchen; sind aber ihre Werke gemacht, nicht bloß erblickt, sondern betrachtet zu werden, lange und wiederholtermaßen betrachtet zu werden: so ist es gewiß, daß jener einzige Augenblick und einzige Gesichtspunkt dieses einzigen Augenblickes nicht fruchtbar genug gewählt werden kann. Dasjenige aber nur allein ist fruchtbar, was der Einbildungskraft freies Spiel läßt. Je mehr wir sehen, desto mehr müssen wir hinzu denken können. Je mehr wir dazu denken, desto mehr müssen wir zu sehen glauben." (19)

Abb.: Laokoon-Gruppe im Museum der Universität Tübingen MUT, Gips-Abguss aus Paris, 1837 erworben; auf der Basis der Ergänzungen des Marmororiginals in den Vatikanische Museen durch Fra Giovanni Angelo Montorsoli zwischen 1532/3 und 1538/40. Abdruck mit freundlicher Genehmigung des MUT. Foto: Bettina Kaul

aber das müssen sie auch nicht loslassen. Sie können sich weder in die ständig weiter an Glaubwürdigkeit verlierende Kirche schicken und längst verlorene Milieus davon wieder mit Sonderwelten wieder erwecken, noch können sie resignierend das Haupt vor den würgenden Krisen und mit einer Aussicht auf Milde der autoritären Machtfantasien dahinter beugen, ohne schon unaufhaltsam in den Abgrund gestürzt zu sein. Weder die Sonderwelten noch die Machtfantasien werden belastbar gegen die Ausgangslage eintreten und sie werden schon gar nicht helfen, ihr zu entrinnen. Von den Zumutungen ist kein direkter Wechsel in Ermutigungen möglich. Das wird erst gelingen, nachdem man widerspenstig gegenüber dem geworden ist, dem nicht zuzustimmen ist. Das verläuft komplexer als die übliche kirchliche Glaubensmatrix, die von der verderbten Welt direkt in die Freude des Glaubens dagegen hinüberspringen will.

Damit haben wir aber zugleich die Bedingungen der Möglichkeit, die den katholischen Gläubigen heute zur Verfügung stehen. Laokoon kann sich nicht den Schlangen unterwerfen, die ihn auf Leben und Tod bedrohen, und eine davon sind all die Defizite, Fehler, Unglaubwürdigkeiten der eigenen Religionsgemeinschaft. Damit liegen die Einsichten in das bereit, was sich jetzt zu tun verbietet – der Unglaubwürdigkeit der eigenen Kirche zustimmen als angebliche spirituelle Überlegenheit über die Welt sowie die Krisen als gottgegebene Prüfungen in einer heimatlosen verderbten Welt hinnehmen. Unter den Bedingungen dieser Möglichkeiten wird dann ein Widerstand gegen beides aktivierbar. Darum geht es jetzt.

Aus diesem Widerstand darf man keinen neuen Mythos stricken, so als wären die Figuren als Heroen des Kampfes das neue Bild der Erlösung in dieser doppelt angefochtenen prekären Lage. Dafür hat die Geschichte von Fund, Aufstellung und Ergänzung der Laokoon-Skulptur eine markante Distinktion zu bieten, die dabei hilft, nicht in diese Falle zu tappen. Diese Geschichte führt uns über ihren antiken Mythos weit hinaus. Nach diesem Mythos gehen Laokoon und seine Söhne unter; der ältere der beiden hat in manchen Fassungen doch noch eine Chance, Laokoon aber nicht. Aber Mythen darf man nicht glauben, von ihnen muss man lediglich wissen. Sie leben davon, abseitige Vorstellungen als historische Tatsachen und Geschehnisse auszugeben und Unterwerfungen mit unentrinnbaren Entweder-Oder unter ihr bloßes Wahr-Sagen zu erzwingen. Sie sind Strategien der Macht, im Fall von Laokoon eine Strategie der Sieger im Trojanischen Krieg. Nach einer in der Antike verbreiteten Lesart habe Laokoon die List des Odysseus mit dem ausgehöhlten Trojanischen Pferd erkannt und vergebens mit einem Lanzenwurf seine Stadt zu überzeugen versucht, welche Gefahr von diesem Pferd drohe. Athene jedoch, ganz im Bund mit den Griechen, hätte die Schlangen geschickt, die Laokoon und seinen Söhnen den Untergang bereiteten, und danach wären die Trojaner von der Heiligkeit des Pferdes überzeugt gewesen. So brachen sie ihre Stadtmauer auf, um es als Weihegeschenk hereinzuholen – der Rest ist bekannt.

Der Mythos ist also sogar feinsinnig gegendert, so dass das dreifach männliche Moment der Skulptur von der unsichtbaren kriegerischen Göttin überwölbt wird. Die Viktimisierung des Männlichen durch das hinterlistig Weibliche ist ein weiteres Argument, die Signifikanz der Skulptur nicht im Mythos zu belassen.

Wenn Laokoon die Lage der bedrängten Gläubigen heute signifikant indiziert – sozusagen als bezeichnendes Zeichen ihrer fatalen Bedrängnis –, dann geht es nicht um Geschlechtspräferenzen, sondern um die Konfrontation eines Individuums mit Mächten und Gewalten, denen es nicht ausweichen kann. In dieser Konfrontation wird die Würde des Widerstandes und der Widerspenstigkeit erkennbar, was zugleich eine signifikante Perspektive in der doppelt bedrängenden Lage der katholischen Gläubigen möglich macht. Die Geschichte der Auffindung, Ergänzungen und Präsentationen der Skulptur kommt uns für diese Perspektive überraschend weit entgegen.[2]

Das Kunstwerk wurde 1506 in einem römischen Weinberg im Bereich des antiken Palastes des Titus gefunden, der es besaß. Es ist möglich, dass die Gruppe von der Antike bis in die Renaissance am Aufstellungsplatz verblieben war. Der genaue Ort ist heute nicht mehr zu bestimmen; er dürfte unweit von Santa Maria Maggiore gewesen sein. Der Fund war eine Sensation. Michelangelo war einer der ersten, der die Skulptur am Fundort sah. Wie auch andere identifizierte er sie als jenes Kunstwerk, von dem Plinius d.Ä. berichtet hatte. Die rechten Arme Laokoons und seiner Söhne sowie die Köpfe der Schlangen fehlten. Papst Julian II. kaufte die Gruppe als Herzstück seiner Antikensammlung am Belvedere Garten, dem Nukleus der Vatikanischen Museen. Der junge französische König Franz I. forderte die Skulptur dann als Kriegsbeute von Julians Nachfolger Leo X., den und dessen Bundesgenossen er in der Schlacht von Ma-

---

[2] Georg Daltrop, *Die Laokoongruppe im Vatikan. Ein Kapitel aus der römischen Museumsgeschichte und der Antiken-Erkundung*, Konstanzer Althistorische Vorträge und Forschungen Heft 5, Konstanz 1982 (2. Aufl. 1986); Georg Daltrop, Das Ethos des Verlierers. Gedanken zur Laokoon-Gruppe, in: Johannes Beutler (Hg.), *Der neue Mensch in Christus. Hellenistische Anthropologie und Ethik im Neuen Testament*, Freiburg: Herder, 2001 (QD 190), 190–202; Élisabeth Décultot / Jacques Le Rider / François Queyrel (ed.), *Le Laocoon. Histoire et réception*, Paris: Presses Universitaires de France, 2003 (zugleich: Revue Germanique Internationale 19/2003). S. auch Richard Brilliant, *My Laocoön. Alternative Claims in the Interpretation of Artworks*, Berkeley: University of California Press, 2000.

rignano 1515 besiegt hatte. Er hatte eigenen Museumspläne. Leo, ein Medici, rückte sie nicht heraus, aber ließ eine Kopie vom römischen Künstler Baccio Bandinelli anfertigen. Sie sollte die Gruppe vollständig darstellen und schaffte es später nur bis Florenz; bis heute steht sie in den Uffizien. U. a. ist dem Laokoon ein großer überkräftiger Arm angefügt sowie der Schlangenkopf, der an seiner Hüfte zubeißt. Damit wird Laokoon zu einer heroischen Gestalt gegen die würgende Schlange. Die Konzeption gefiel Leo X. offenkundig, das vollständige Werk erlebte er nicht mehr. Die Ergänzungen ließen sich schließlich auf ihn selbst deuten, den das verschlagene Frankreich in den politischen und kirchlichen Wirrnissen seines Pontifikats mehr als nur hinterrücks attackiert.

Clemens VII., ebenfalls ein Medici und zunächst in der unmittelbaren Nachfolge von Leo übergangen, wollte für sein Pontifikat dann die Skulptur selbst so ergänzt sehen, wie es die Bandinelli-Kopie seines Cousins vorgemacht hatte. Er beauftragte Michelangelo, der tief von der Skulptur beeindruckt war und sehr von ihr beeinflusst wurde.[3] Aber Michelangelo lehnte vehement ab. Sein künstlerisches Genie konnte dem ausgestreckten überkräftigen Arm Laokoons nichts abgewinnen. Der stört die Ästhetik der Komposition. Michelangelo vermutete stattdessen einen deutlich abgewinkelten und hinter die Schulter gezogenen Arm. Einer seiner Schüler, Angelo Montorsoli, zugleich ein Kamaldulenser Eremit, war dem Papst aber zu willen und fügte einen kräftigen Arm an, noch ausladender als die Bandinelli-Kopie gegen den Würgegriff der Schlange geführt und noch stärker nach oben weisend (siehe die abgebildete Kopie im MUT). Dieses Pathos des heroischen Kämpfers, der die tonangebende Antike zur Neuzeit überbrückt oder der die prekäre Moderne mit der Antike rückversichert, hat die Skulptur über die nächsten Jahrhunderte immer berühmter gemacht. Sie hörte gar nicht mehr auf, zum *rolemodel* der Verstrickung von großer Geschichte und persönlichem Einzelschicksal aufzusteigen. Vor allem Deutsche unterschiedlichsten Geistes waren davon angetan – Winckelmann, wie schon gesagt Lessing, Herder, Goethe, Novalis, selbst Schopenhauer haben die Skulptur als imposant kommentiert, während Tizian, Blake, Dickens sie lässig parodierten. Daran war die katholische Kirche natürlich

---

[3] Vgl. Hermann Leber, *Michelangelo und der Laokoon. Künstlerische und kunsthistorische Untersuchungen zu Michelangelos Disegno und dessen Wirkungen*, Regensburg: Schnell & Steiner, 2019, bes. 101–103 und 193–288

weniger interessiert, aber an der vollen Aufmerksamkeit von allen Seiten schon.

Das Montorsoli-Pathos hielt sich an ihr bis weit ins 20. Jahrhundert, unterbrochen nur von 1798 bis 1815. Da stand der Laokoon im Louvres in Paris, widerwillig an Napoleon als Kompensation für Kriegsschulden zu dessen siegreichen Italienfeldzug übergeben, die der klamme Papst nur mehr mit Kunstwerken begleichen konnte. Der Louvre hat auf die antifranzösischen Ergänzungen verzichtet, aber das half nichts, als Napoleon dann politisch fiel. 1816 zurück in Rom erhielt Laokoon prompt wieder seinen Heldenarm. Das Narrativ konnte weitergehen. Mit dieser „invented tradition" identifizierten sich die Pontifikate der Pianischen Epoche außerordentlich und boten Laokoon nun den öffentlichen Blicken aller in den Vatikanischen Museen an. Er war die Metapher schlechthin für den heftigen Kampf, aber auch die sichtbare Kraft des Papstes gegen die würgende Giftschlange der Moderne. Der Papst war das Einzelschicksal, das mit der schweren Last der ganzen Weltgeschichte zu kämpfen hatte und für die Gläubigen ein verehrungswürdiges Vorbild war. In Rom war Kunst immer schon Politik – und ist es bis heute im Vatikan geblieben.

1904 wurde dann jedoch von Ludwig Pollak, einem jüdischen Archäologen und Antikenhändler, bei einem Steinmetz in der Nähe des Fundortes am Esquilin ein ganz anders gearbeiteter Arm aufgestöbert, den er als das Original zu Laokoon vermutete. Seit 1942 galt seine Vermutung als wahrscheinlich. Aber zum Unglück half das Pollak nicht, als er 1943 aus Rom deportiert und in Auschwitz ermordet wurde.[4] In der Sache selbst verhielten sich die Vatikanischen Museen reserviert bis ablehnend. Erst nach Skulpturenfunden der gleichen Künstlergruppe aus Rhodos in Sperlonga, die das Original geschaffen hatte, wurde 1957 eine Kommission eingerichtet, die dann bis 1960 Pollaks begründeter Vermutung zur Gewissheit verhalf. Nun war bewiesen, dass die Fundstücke zusammengehörten – und gemeinsam dem Montorsoli-Pathos keinen Grund gaben.

Es war also erst im Pontifikat von Johannes XXIII., als Laokoon seinen originalen Arm zurückerhielt. Laokoon wehrt sich mit angewinkeltem Arm gegen die Schlange, aber reckt sich nicht kraftvoll über sein Schicksal hinaus. Auch wenn man sich offenbar nicht vom zubeißenden Schlangenkopf an der Hüfte trennen wollte, so war doch die Metapher des heroischen Papstes in den Drangsalen der Moderne damit endgültig vergangen. Johannes XXIII. sah sich denn

---

[4] Vgl. den Roman von Hans von Trotha, *Pollaks Arm*, Berlin: Wagenknecht, 2021.

auch nicht von der westlichen Moderne gewürgt wie seine Vorgänger und manche seiner Nachfolger, und er empfand sein Amt auch nicht als heroischer Kraftakt gegen all die modernen Relativierungen. Er begriff es vielmehr selbst relativ zu deren Höhen und Tiefen. Er ließ sich nicht auf die heroische Individualisierungsvision seiner eigenen Kirche für den Papst ein, auf den alles und auf den es allein ankommt. Er war eben „bloß der Papst", wie er in seiner wohl berühmtesten Anekdote sagte, und der Laokoon ist eben nur eine antike Skulptur. Dieser andere Umgang mit Laokoon ist daher auch signifikant dafür, was Katholik:innen mit dieser Relativierung tun können. Es kommt auf sie an, weshalb sie jedoch weder den Papst metaphorisch als tragisches Einzelschicksal ersetzen noch die Kirche mythisch als die Geschichtsgröße schlechthin ergänzen müssten.

Laokoon erhielt von Johannes XXIII., was ihm zusteht, seinen rechten Arm, der die menschliche Not betont und ihn nicht zum schmerzensreichen Vorkämpfer gegen würgende Antimächte stilisiert. Dafür hat der Arm einen viel zu schlechten Hebel. Das ikonische Bild ist damit transformiert in ein verwundetes bedrängtes Individuum, das von Mächten und Gewalten indiziert ist, denen es nicht ausweichen kann, die an ihm zerren und deren Macht seine Autonomie verzerren. Für eine prekäre Souveränität bleibt nur ein fortlaufend ohnmächtiger Widerstand, der wiederum weder irgendwo noch irgendwann symbolisch zu mythologisieren ist. Es gibt sogar eine kunsthistorische Vermutung zum Kopf der Schlange, die ihren tödlichen Angriff statt an der Hüfte über dem abgewinkelten Arm startet.[5] Damit würde auch der letzte heimliche Grund für einen Restbestand der päpstlichen Heroisierung wegfallen, die Qualifizierung des Jakob als Israel, also als Glaubensstreiter mit Gott und den Menschen, der an der Hüfte hinkt, weil er den nächtlichen Kampf mit dem namenlosen Gott an der Furt des Jabbok gewonnen hat (Gen 32,23–33).

Mit Hilfe des Realismus des Johannes XXIII. über den Ort des kirchlichen Glaubens in der heutigen Welt und angesichts der tatsächlichen Lage dieses Ortes ist es jetzt an der Zeit, den Laokoon zu demokratisieren, sein Leiden von päpstlicher Singularisierung zu befreien und sich mit der Kirche als eine Akteurin des Angriffs zu

---

[5] Susanne Muth (Hg.), *Laokoon – auf der Suche nach einem Meisterwerk*. Begleitbuch zur einer Ausstellung von Studierenden und Dozenten des Winckelmann-Instituts der Humboldt-Universität zu Berlin und des Sonderforschungsbereichs 644 „Transformationen der Antike", Rahden: Leidorf, 2017; vgl. auch Leber, Michelangelo und der Laokoon, a.a.O., 67–69.

konfrontieren. Sie ist nicht das attackierte Opfer, wohl aber werden alle ihre Gläubigen in den Würgegriff genommen. Laokoons postheroischer Zustand taugt als Metonymie für die Lage der gläubigen Katholik:innen heute und eben nicht als Metapher für ihre mythische Rettung durch primatiale Hierarchien. Auf die eigene Religionsgemeinschaft kann sich das gläubige Individuum nicht verlassen; ihre ansteigende Unglaubwürdigkeit gehört zu den Schlangen. Laokoon ist ein kraftvoll verwundeter Ausdruck dieses Individuums, das nicht ablässt, widerspenstig zu sein.

Wir Gläubigen sind heute auf solche Weise bedrängte Individuen. Wir haben angesichts von würgenden Mächten und Gewalten innen wie außen nichts anderes als die eigene Widerständigkeit und Widerspenstigkeit, um uns einen glaubwürdigen Glauben zu erhalten. Auf anderes ist auf Dauer nicht Verlass. Aber davon müssen und sollten wir nicht lassen.

Wer so glaubt, hat nicht nur ein Recht, dafür respektiert zu werden, sondern auch theologisch darin bestärkt zu werden. Dieser Weg führt zum gravierenden Körperbezug, der nicht mit dem Leib Christi, also der Kirche, auszuräumen oder zu überwölben ist. Das war das Problem mit dem Montorsoli-Pathos. Das wahre Ringen mit den heutigen Krisen generell und der katholischen Unglaubwürdigkeit speziell findet in uns statt und nicht bei sichtbar überfordernden Heroen. Das, was uns nach unten zieht, macht klein und isoliert. Man fühlt sich wie ein Niemand und nicht wie jemand, wen alle im Museum sehen wollen. Wer nachgibt und sich klein machen lässt von Würgeschlangen, ist schon verloren. Wer im Untergang auf eine viel bessere Zukunft schielt, verfällt dem Mythos im Pathos.

Keines von beiden beschreibt das Ende des Geschehens. Ganz und gar nicht. Diese Schlangen haben noch nicht einmal Köpfe und den, den uns das Museum sehen lassen will, hat kirchlicher Selbstdarstellungswille dort angebracht. Die Schlangen der katholischen Unglaubwürdigkeit und der Multikrisen der Gegenwart sind kopflos. Sie sind nicht zu bewältigen, wenn wir den jeweils einen Kopf für den katholischen Absturz und die gegenwärtig attackierenden Krisen haben. In dieser Hinsicht ist der ursprünglich aufgefundene und original ergänzte Laokoon wie ein Segen über die Jahrhunderte; seine kopflosen Schlangen und sein abgewinkelter Arm bewahren vor Ressentiments gegen die Schuldigen. Wir können uns keinen Namen machen, sie zu isolieren – aber mit dem Gespür dafür schon, wie viele Menschen diese Würgegriffe klein machen. Es ist ein Name ohne sichtbaren Namen, wenn es um die geht, die das betrifft. Es ist eine

Anonymität. Sie bedeutet nicht, dass es niemanden gibt, wer attackiert wird, sondern lediglich, dass wir die vielen Attackierten nicht alle mit den Namen würdigen können, die sie haben und die sie sich mit ihrer Widerspenstigkeit machen. Und doch gibt es diese namenlosen Namen und auch die Widerständigkeit im Glauben.

Beide muss man besonders im Blick haben, wenn wir jetzt den Anfang eines Anfangs setzen, jenseits von egal und nach der Geduld anders zu glauben. Die Schlangen mögen noch so kräftig zu würgen drohen, so muss sich niemand von den kopflosen Ungeheuern abschrecken lassen, weil man ihnen unterlegen zu sein scheint. Diesen Alptraum kann man getrost beim antiken Mythos lassen; es muss kein neuer gestiftet werden. Man kann die Schlangen nicht abschütteln, aber sie müssen nicht das letzte Wort haben.

Und doch findet man natürlich nicht so leicht ein anderes, die Alpträume auflösendes Wort. Aber diese sind nicht allmächtig, wohl jedoch unterschiedlich mächtig. Die katholische Unglaubwürdigkeit bedarf einer anderen Widerständigkeit als die multiplen Krisen. Bei ihr ist es wichtig, die Absurditäten zu erfassen, die ihr zugrunde liegen und darauf entsprechend zu reagieren. Das ist das Hauptthema dieses Buches. In ihm will ich die fehlende Rückversicherung durch die Kirche und die Religionsgemeinschaft mit der Größe ersetzen und ausfüllen, von der her die Glaubwürdigkeit wieder aufgebaut werden kann. Es ist das glaubende Individuum, das sich zugleich nicht einverstanden erklärt mit den Individualisierungen, mit der Kirche und Gesellschaft auf es zugreifen und in einen würgenden Griff nehmen. Es sind die Menschen, die so nicht regiert und diszipliniert werden wollen. Sie widerstehen den würgenden Zugriffen und bleiben widerspenstig zu deren autoritären Verlockungen.

Auf diese individuelle Gläubigkeit kommt es an. Eine Kirche, die lernt daraufhin flüssig zu werden, ist dann auch nicht mehr überflüssig, wohl aber über-flüssig mit Bindestrich. Das ist eine außerordentliche Chance für sie. Ich erhoffe mir von dieser Über-flüssigkeit, dass eine sich so in Aufbruch befindende Individualität, die anders zu glauben lernt als einfach nur vorgegeben, auch widerspenstig werden kann gegen den würgenden Griff der anderen Schlange, also die zeitgenössischen Krisen und die autoritären Versuchungen, vor ihnen davonzulaufen. Das kann in diesem Buch nur angedeutet werden. Aber es ist ein Thema, das uns die nächsten Jahre nicht erspart bleiben wird.

Es gab viel Auf und Ab, ob dieses Buch trägt in dem gleichzeitigen Ab und Auf der sich synodalisierenden katholischen Kirche. Ich danke dem Verlag und besonders Volker Sühs, dass sie an diesem Buchvorschlag festgehalten und auch die Verzögerungen hingenommen haben, die der Text, seine Strategie und die Musterung des Über-flüssigen eingefordert haben. Großen Dank sage ich Johanna Voithofer, die niemals nur einfach den Text auf Korrektur und fehlende Flüssigkeit durchgesehen hat, sondern verlässlich bei den Stellen insistierte, die einfach nicht verständlich waren und so nicht stehen bleiben konnten. Sie war eine außerordentliche Hilfe. Ich bin allein verantwortlich, was immer davon jetzt noch auf den Seiten lastet oder zwischen ihren Zeilen haust.

Ich widme das Buch den Salzburger Studierenden über die Jahre meiner Tätigkeit dort, die ich – die Pensionierung in meinem letzten Semester direkt vor Augen – vermissen werde.

Salzburg, im April 2024

Hans-Joachim Sander

Zum Einstieg:
Warum Austrittszahlen eine gescheiterte Kirche symbolisieren, aber die eigentliche Lage des Glaubens woanders liegt

Katholische Christ:innen zucken zunehmend die Achseln über ihre Kirche, die sehenden Auges immer weiter absteigt, und zugleich brodelt es deshalb unter ihnen. Sie wissen sich dezidiert als die, die diesen Abstieg nicht verursacht haben, aber sie erfahren sich als Opfer dieses Abstiegs. Sie sind darum nicht mehr bereit, weiter zu rechtfertigen, was nicht zu rechtfertigen ist, weil es absurd wäre. Aber sie werden ständig damit konfrontiert, was in ihrer Kirche nicht länger zu rechtfertigen ist. Daher sagen sie auch nicht: „Soll sie doch zu Grunde gehen, ist doch egal". Sie sagen: „Das hat sie selbst verschuldet und ich hänge drin". Katholisch Gläubige haben keine Geduld mehr und lassen sich nicht mehr wie bisher üblich kirchlich auf die nächste Synode, den nächsten Papst, das nächste Konzil, das nächste Allesveränderungswunder vertrösten. Zugleich werden sie immer souveräner, weil sie zu dieser Kirche in ein klares Gegenüber treten, während diese ihre katholischen Absurditäten nicht loswird, weil sie es entweder nicht will oder gar nicht kann.

Brodeln und Souveränität scheinen sich zu widersprechen, wir erwarten entweder das eine oder das andere. Aber beides ist da, das eine so innerlich bedrängend wie das andere nach außen drängend. Es bleibt auch nicht dabei, dass es widersprüchlich wäre und die Gläubigen zerreißen würde. Beide werden auf einer dritten Ebene verdrillt: Es nicht egal ist, was mit dieser Glaubensgemeinschaft geschieht, selbst wenn sie der eigenen Person längst überflüssig geworden sein sollte. Das kann man von gläubigen Menschen sagen, aber auch von Menschen, die nichts mit dieser Katholizität zu tun haben. Es ist schon deshalb nicht egal, weil die katholischen Absurditäten keine Folklore längst vergangener Zeiten darstellen. Sie sind immer noch mit einer Macht versehen, die Menschen schädigt und zu Opfern macht. Solche Absurditäten sind nicht unschuldig, im Gegenteil: Jeder Missbrauchs- und Vertuschungsbericht belegt das. Daran möchte man ungern mitschuldig werden und dem schon gar nicht zustimmen. Entsprechend ist es noch weniger akzeptabel, wenn interessierte Kreise derlei Absurditäten auch noch als unverrückbar, einer ursprünglichen Tradition gemäß oder gar als göttliche Einrichtungen verteidigen, weil sie eigene Pfründe daraus ziehen und sich erhalten wollen. Wer aber Absurdes rechtfertigt, hat selbst nur

Absurdes zu bieten. Diese Rechtfertigung muss sich ständig steigern, um das zu verstecken.

Spezifisch Katholisch in widersprüchlichen Zeiten

Aber das, was nicht egal ist, geht zugleich weit darüber hinaus. Im scheinbaren Widerspruch von persönlich-individueller Souveränität und gemeinschaftlich-nagendem Brodeln offenbart sich eine komplexe Gemengelage, die sich auch woanders in dieser widersprüchlichen und zugleich sehr kritischen Zeit zeigt. Wir leben ständig äußere Widersprüche und tun es auch noch innerlich widersprüchlich. Bei der katholischen Religionsgemeinschaft und den katholischen Christ:innen darin ist das allerdings noch einmal gesteigert, weil es in die Strukturierung dieser Religionsgemeinschaft eingewoben ist; das haben bisher buchstäblich alle Missbrauchsskandale belegt. Sie misst seit Generationen mit zweierlei Maß, die einen sind Sünder:innen, die der Erlösung – und der Beichte – bedürfen, die anderen sind solche angeblich Auserwählte, dass ihr gravierendes Fehlverhalten – nicht zuletzt im Rahmen des Beichtsakraments – um jeden Preis versteckt und verschwiegen werden musste und wer weiß wo immer noch muss. Die schamlose Heuchelei ist keine nebensächliche Größe, sondern eine Säule der Konstruktion. Die Gläubigen stehen beschämt davor und kommen nicht darum herum, davon angetastet zu werden.

Aufgrund dieses religionsgemeinschaftlichen Widerspruchs ist die katholische Glaubensgemeinschaft auch so peinlich berührt unter Druck. Das Maß dieses Drucks geht über das hinaus, was andere christliche Kirchen, Konfessionen und wohl auch was andere Religionsgemeinschaften durch ihre jeweiligen Widersprüche erfahren. Der katholische Druck ist schon besonders. Deshalb mühen sich diejenigen, die in der Pastoralgemeinschaft der Kirche arbeiten, so sehr, eine Alternative zu leben und zu aktivieren, selbst wenn sie sich wie Sisyphos hinter dem Stein vorkommen. Die Widersprüche der gegenwärtigen Lage und der zeitgenössische widersprüchliche Umgang damit sind bei der katholischen Kirche und auch für die katholischen Gläubigen deshalb besonders klar und mit Händen zu greifen. Das macht sie zu einem ebenso eklatanten wie dann auch überraschenden Thema. Dabei können sie so lange keinen konstruktiven Beitrag leisten, wie aus der prekären Lage herauszukommen wäre, für sie selbst wie für andere, wie das erstarrt im Raum ihrer

Religionsgemeinschaft steht. Und keine wohlklingenden Absichtserklärungen von Kirchenleitungen, die auf bessere Tage hoffen, oder Evangelisierungsimperative von ausgerechnet jenen, die ohne Scham an keinen wirklichen Änderungen interessiert sind, ändern daran etwas. Aber sie tragen zu dem Druck bei, der sich aus dem Widersprüchlichen ergibt. Bleiben wir deshalb bei der Spannung von nagender Ungeduld und rebellischer Souveränität, weil beide Potentiale aufbauen, die weiterführen. Sie führen sogar noch einmal über den Widerspruch hinaus in einen Raum, der widerspenstig ist und in dem Widerspenstiges auflebt. Es geht bei unserem Thema um das Aufleben dieser Widerspenstigkeit. Daran hängt alles.

Widerspruch und Widerspenstigkeit

Katholik:innen werden nahezu täglich damit konfrontiert, dass ihre Kirche überflüssig geworden ist und das auch noch selbst verursacht hat. Sie leiden darunter und zugleich realisieren sie immer stärker, wie wenig sich das wieder ändern wird, so als wäre ihr eigenes Erleben trügerisch. Aber sie spüren, dass sie sich nicht täuschen. Sie haben keinen Grund, ihren eigenen Erfahrungen nicht zu trauen. Sie können mit Leidenschaft dafür eintreten, dass ihre Erfahrungen stimmen, auch wenn sie in dem Sinn nicht stimmig sind, dass sie sich damit einverstanden erklären und mit ihnen aufleben. Schließlich zeigen sie doch, mit wie viel Leiden es heute verbunden ist, sich katholisch zu identifizieren, und wie wenig es diese Kirche verdient, eine Leidenschaft an sie zu verschwenden, die sich wirklich ins Leben einschreibt – „ce que son existence, par elle seule, m'a apporté."[6] Mittlerweile geht es für die Katholik:innen, die von ihrem Glauben überzeugt sind, für ihren Glauben eintreten und bei ihrem Glauben bleiben, allein darum, wie man diese Kirche davon abhält, ein solches Lebenselexier ständig weiter zur kontaminieren.

Das ist nicht so leicht, weil die einfache binäre Codierung „ich lebe den katholischen Glauben, aber für die Kirche bin ich nicht zu haben" an das Problem nicht heranreicht, um das es dabei geht. Wäre es so einfach, wäre es längst umfassend und befriedigend gelöst. Aber dieses Entweder-Oder ist unterkomplex und mehr noch: es ist trügerisch, weil es an der tatsächlichen Problemlage vorbeigeht. Die besteht zum einen in der Macht, die Kirche auf Gläubige weiterhin

---

[6] Annie Ernaux, *Passion simple*, Paris: Gallimard, 1991, 77.

ausübt und mit der sie diese kleinhält, gleich wie sehr sie sich davon selbst distanziert und wie authentisch und überzeugend sich Führungsgestalten der Kirche darum kümmern, dass es anders wird. So leicht ist die Macht von Kirche nicht auflösbar, wie viele es in den letzten Jahren und Jahrzehnten ehrlich versucht haben. Zum anderen besteht die Problemlage zugleich darin, wie sich diese Macht von einer belebenden Widerspenstigkeit aufbrechen lässt und wie sich diese Belebung in eine Ermächtigung derer verdichtet, die weiter glauben oder die nicht mehr glauben können. Wir müssen jenseits der viel zu simplen Entweder-Oder von Glauben und Kirche gelangen, um an dieses Problem überhaupt heranzukommen.

Der erste wichtige Schritt dabei ist es eben, den eigenen Erfahrungen zu trauen. Es stimmt, dass die katholische Glaubensgemeinschaft durch eigenes Versagen absteigt und der Abstieg sich beschleunigt. Die Gläubigen in ihr spüren, dass ihnen die Wahrheit zumutbar ist, wie es Ingeborg Bachmann einmal markiert hat. Ohne diese Zumutung ergibt sich keine Ermutigung, aber sie kann sich eben daraus ergeben. Das Ja von Gläubigen zum eigenen Glauben und dieses Nein schließen darum einander auch nicht aus. Sie stehen gleichzeitig im Raum.

Ebenso gilt, dass das Nein das Ja nicht auflöst. Lediglich verlagert sich das Ja immer stärker auf die individuelle Existenz der Gläubigen, ohne dass das große kirchliche Ja als Rückversicherung erfahren wird. Dazu passt auch, dass ein gemeinschaftliches Nein im Restposten der scheinbar wahren auserwählten Katholik:innen – „Es soll nicht anders werden in dieser Kirche!" – sich nicht darum kümmert, ob die Gläubigen schon Nein oder doch noch Ja sagen. Niemand, wer katholisch glaubt, muss sich entsprechend wundern, dass es das Wechselspiel von „Ja und Nein" zugleich gibt, welches die Katholik:innen umtreibt. Der Raum des auflebenden Widerspenstigen wird davon durchzogen.

Es sind es daher nicht die Gläubigen, die das Problem sind. Sie sind glaubwürdig und darin sind sie anders als ihre Kirche. Sie ist unglaubwürdig und deshalb sogar überflüssig geworden. Nicht den Gläubigen, wohl aber der Kirche fehlt offenbar der Wille, daran selbst nachhaltig etwas zu ändern. Sie startet seit Jahrzehnten ständig Reformüberlegungen, aber lässt sie dann im Sand verlaufen, wenn sie umsetzbar geworden sind. Meistens ist dieser Vorgang mit größeren Hoffnungen verbunden, dass es dieses Mal aber klappen würde – bei diesem Papst, bei diesem Bischof, bei dieser Versammlung, bei dieser Synode, bei diesem Versagen, bei diesem Skandal, bei dieser Empörung, bei dieser Unverschämtheit. Jedes „Aber diesmal!" ist bisher Treibsand gewesen. Die Führungsebene der katholischen Hierarchie stimmt regelmäßig öffentlich dem ‚Aber diesmal!' zu. Aber auch sie tut es nur mehr mit zunehmender innerlicher Skepsis. Die Schamlosigkeit der Verweigerung ist einfach zu groß geworden, weshalb selbst betonharte Verweigerer sich mühen, sie zu verstecken. Trotz dieser inneren Differenzierung, die wenigstens in unseren Breiten immer offenkundiger zu Tage tritt, lässt sich die katholisch-kirchliche Führungsschicht in ihrer Gesamtheit dann doch weiter so treiben, so dass sich schließlich nichts gravierend verändert. Das ist dann durchaus bei nicht wenigen Mitgliedern der Hierarchie mit persönlichen Enttäuschungen verbunden, weil sie es selbst wirklich geglaubt und sich für große Reformen eingesetzt haben. Auch sie leiden unter der Gleichzeitigkeit ihres Ja mit jenem Nein, weshalb das Brodeln bei ihnen auch Widerhall findet. Auch sie sind als Gläubige betroffen, auch wenn ihnen kein Ausgang zur Verfügung steht, dass es auf sie dann ja doch nicht ankäme. Aber es gibt eben auch das umgekehrte Moment. Manche verhalten sich entlang der Linie: „Das wird ja doch wieder nichts", was den Vorteil der kleinen klammheimlichen Bestätigung bietet, wenn dann später wieder einmal das Erwartbare eingetreten ist. Nur wenige und nachrangige Veränderungen sind davon ausgenommen.

Davon können alle katholischen Reformbewegungen und so manche Reformwillige in der Leitungshierarchie traurige Lieder singen. Kirche ist unfähig geworden, jetzt das weiterhin glaubwürdige Glauben ihrer Gläubigen aufzubieten, um ihre eigene Unglaubwürdigkeit zu sanieren oder zu überbieten. Das gelingt ihr nicht und dafür gibt es hausgemachte Gründe. Das ist umso unverständlicher, als nicht nur die normalen Gläubigen, sondern auch die Kleriker unter dem Klerikalismus leiden, in dem sich diese Gründe im doppelten Wortsinn bündeln.

Darum fragen sich katholische Christ:innen, wohin das noch führt und was schließlich bleibt von dem, was ihnen selbst so wichtig ist wie die christliche Botschaft und ihre humanen Werte und woran sie mit Leib und Seele festhalten. Sie fragen sich, was überhaupt noch Hoffnung macht und ob noch etwas darüber hinaus fließt, dass Kirche überflüssig geworden ist. Aber wie soll da etwas überfließen, wenn das „überflüssig!" so dominant im Raum steht? Die Gläubigen erleben hautnah, wie wenig ihre eigene Kirche ihnen hilft, ihr Glauben vor sich und gegenüber anderen noch zu verantworten. Sie haben das mulmige Gefühl, dass sich in dieser Kirche viel Unglauben zu-

Zum Einstieg 27

sammengebraut hat, den sie nicht mehr mittragen können. Sie sehen sich gefordert, immer weiter selbst und individuell für diesen Glauben einzutreten. Sie werden dabei souveräner im Glauben, ohne darin triumphieren zu können.

Ein Nein zur Kirche von anderer Qualität

An diesem Punkt springt so etwas wie ein Funken echter Hoffnung über. Denn die katholischen Gläubigen sind mit einer dynamisch wachsenden Mehrheit nicht länger bereit, sich über Widersprüche ungläubig die Augen zu reiben, treuherzig widersprüchlich auf Besserung der Lage zu setzen und vertrauensvoll den fälligen Schulterschluss der Widersprüchlichen in der kirchlichen Hierarchie mit ihnen zu erwarten. Sie gehen in einem offen erklärten Akt des Bruches weg oder mit einem offenherzig vollzogenen Widerspruch über sich hinaus. Mit beidem sagen sie ihrerseits dazu Nein, ständig vertröstet zu werden. Dieses Nein ist von anderer Qualität als das erste „Nein – das wird nicht anders". Es nimmt nicht hin, dass „nicht anders" unvermeidlich wäre und so etwas wie das letzte Wort darstellte. Und je autoritärer Machtfiguren in der Kirche mit so etwas auftreten, desto weniger verfängt es. Dieses Nein ist eben anders. Es lässt sich nicht wieder einmal enttäuschen. Und dieses Nein ist mit einem Ja verbunden, das mit all dem Widersprüchlichem zum Widersprüchlichen bricht und zu dem das erste Nein niemals gelangen wird. Das Nein der Gläubigen ist ein Ja zu dem, dass es so nicht weitergeht mit dieser Kirche. Daran ändert auch die hierarchiegebundene Hartnäckigkeit nichts, dass es doch so weitergeht. Wenn die Kirche das nicht begreift, dann geht es eben ohne sie so nicht weiter. Das kann man tatsächlich sagen, weil es keinesfalls so weiter geht, ohne dass die katholische Unglaubwürdigkeit auf die eigene Person überspringt. Und da macht niemand freiwillig mit.

Jene Gläubigen, die das Wechselspiel von Nein und Ja zu einem erregend anderen Verlauf bringen, wollen nicht alleingelassen werden. Und sie dürfen es auch nicht. Schließlich ist ihr Widerstand der Beginn davon, anders zu glauben, anders zu hoffen und sich anders aufeinander einzulassen, so dass es eben nicht weitergeht wie bisher. Es ist eine theologische Aufgabe, Glaubende in diesem Prozess zu begleiten und so weit wie irgend möglich zu ermächtigen, ihn auch gut zu bewältigen. Es ist derzeit sogar eine vorrangige Aufgabe von Theologie, dem Glauben zur Glaubwürdigkeit zu verhelfen, welcher der Kirche abgeht. Widerspenstige gläubige Menschen haben ein Recht darauf, theologisch ermächtigt zu werden.[7] Würden die Gläubigen weiter treuherzig auf eine kirchliche Besserung ihrer Lage warten, säßen sie dem heuchlerischen Habitus auf, der über Jahrzehnte im Binnenraum von Kirche aufgebaut wurde. Mit diesem Habitus glaubten vor allem Angehörige der kirchlichen Hochhierarchie genau zu wissen, was alles im kirchlichen Außen der modernen Welt moralisch falsch läuft, verfehlt ist und relativierend agiert, während im Innen der Kirche dagegen die wahren Werte, die hohe Moral und der große Gott bewahrt werden und die Erlösung der Welt von ihren Übeln auf Abruf bereitsteht. Aber das war bloß eine Fassade, während die Relativierung der Wahrheiten, der humanen Werte und des christlichen Gottes im kirchlichen Binnenleben immer fröhlichere Urstände feierte. Das ist offenbar geworden im sexuellen Missbrauch durch priesterliches Führungspersonal, mit dessen systemisch verbreiteter Vertuschung durch Bischöfe, in den nimmersatten Finanzskandalen, den für die jeweilige Sache unzureichenden Äußerungen des Lehramtes und nicht zuletzt von hoffnungslos überforderten Bischofskreisen weltweit, nicht zuletzt in Rom.[8] Es ist nicht mehr zu leugnen, wie sehr die Rechtfertigungen von Kirchenapparaten auf globaler, regionaler und lokaler Ebene anderen und sich selbst vormachen wollten, es handele sich beim sexuellen Missbrauch und seinem Zwilling, dem spirituellen Missbrauch, lediglich um persönliches, mehr oder weniger schwerwiegendes Fehlverhalten aber keinesfalls um ein systemisches Defizit der Kirche selbst. Vielmehr hätten sinistre Kräfte wie etwa die amoralischen 68er und/

---

[7] Rainer Bucher, ... *wenn nichts bleibt, wie es war. Zur prekären Zukunft der katholischen Kirche*, Würzburg: Echter, 2012 hatte nach dem letzten Deutschland-Besuch Benedikt XVI.', als die Dämmerung dieses Pontifikats gerade begonnen hatte, bereits weitsichtig konstatiert, „dass die Zukunft der katholischen Kirche nicht primär von der Verfügbarkeit diverser Ressourcen abhängt" wie etwa einem deutschen oder sonstigen Papst, „sondern von der Gestaltung zentraler, für die katholische Kirche typischer Kontraste" (9). Er zählte vier dazu Priester-Laien, Hauptamtliche-Ehrenamtliche, wir drinnen-die draußen, Männer-Frauen. Bleiben die Kontraste Gegensätze zur Überordnung des jeweils kleineren und mächtigeren Teils, dann wird es nicht einfach „anders kommen als geplant" (18), sondern verheerend heillos. Ich füge einen fünften hinzu: die Glaubwürdigen-das Unglaubwürdige, in dem die Glaubwürdigen sich wie Laokoon wehren und zu erschöpfen drohen. Sie benötigen eine Theologie, die sie widerständig ermächtigt, das Unglaubwürdige niederzuringen.
[8] Ein Update mit international geschärftem Blick und weiterführenden theologischen Bearbeitungen bieten die Themenhefte „Missbrauch in der Kirche" von *Concilium* 4/59 (2023) und „Schuld, Verantwortung, Priesteramt – im Umfeld der Missbrauchskrise" in der *Münchener Theologische Zeitschrift* 1/74 (2023).

oder homosexuelle Kleriker sich in ihr ausgebreitet, von denen man sich deshalb umso rigoroser reinigen müsse. So etwas musste man sich in aller Öffentlichkeit sogar von einem Papst wie dem emeritierten Benedikt XVI. anhören. Er konnte das unwidersprochen von seinem Amtsnachfolger vertreten, so als hätte es erst nach 1968 Opfer sexualisierter Gewalt von Priestern gegeben. Ebenso sah der gegenwärtige Papst Franziskus keinen Anlass zur Selbstkritik im Amt, als sich das Nichtstun von Johannes Paul II. immer stärker öffentlich als Belastung auswirkte, seine Nibelungentreue zu hochgradig von Missbrauch belasteten Geistlichen Gemeinschaften manifestierte und in seiner Berufung des notorischen Vielfachtäters Theodore McCarrick zum Erzbischof von Washington und Kardinal kulminierte. So mancher unter den US-Bischöfen hatte ihn vergebens davor gewarnt. Papst Franziskus hält das schlicht für das, was man damals so eben machte. Bei der ersten Runde der Weltsynode im Herbst 2023 wurde denn auch das Missbrauchsproblem kaum tiefergehend verhandelt. Der abschließende Synthesetext der Voten zeigt, wie wenig dort klar war, dass Kirche insgesamt unglaubwürdig geworden ist.[9] Man muss sich deshalb auch gar nicht wundern, dass diese Weltsynode kein Weltereignis war und bloß binnenkirchlich bei besonders Interessierten Aufmerksamkeit gefunden hat. Wie sollte das auch anders sein, wenn sie sich so wenig mit dem Offenkundigen beschäftigt.

Der Hohn, den ein solcher Umgang mit der Wirklichkeit des katholischen Missbrauchs spricht, springt katholisch glaubende Menschen zunehmend heftiger an. Da helfen auch die bisweilen 70–80 Prozent der Synodalen, die bei der Zusammenfassung der Gesprächsbeiträge für Änderungen eingetreten sind, nicht aus. Es ist die Unglaubwürdigkeit, welche die Gläubigen über heimliches Grübeln hinaustreibt und in immer größeren Scharen zum förmlichen Austritt aus ihrer Kirche bringt. Aber auch die Mehrheit, die noch bleibt, hat keine Geduld mehr damit und das breitet sich untergründig aus. Im deutschsprachigen Raum drängte dieser Zusammenhang beim Skandal um das Canisiuskolleg in Berlin 2010 erstmals nach draußen. Er hatte eine ähnliche Bedeutung wie in den USA die Enthüllungen des Boston Globe 2002 zum Missbrauchsskandal in der dortigen Erzdiözese. Das Rechercheteam *Spotlight* dieser Tageszeitung vermutet damals, dass dieser Skandal die ganze katholische Kirche in den USA in Mitleidenschaft ziehen würde. Diese Einschätzung sollte

---

[9] Vgl. https://www.dbk.de/fileadmin/redaktion/diverse_downloads/dossiers_2023/B0751-XX.01.pdf.

nicht Recht behalten, die Dimensionen waren noch erheblich größer. Und das weltkirchliche Dunkelfeld können wir auch nach 20 Jahren erst erahnen. Gerade die damalige Kirchenleitung in Rom um Johannes Paul II. hielt sich sehr bedeckt damit, das, was ihnen bereits erkennbar war, auch öffentlich einzuräumen. Man glaubte fest daran, dass die Kirche selbst und allein diese Krise bewältigen könne, weil eine heilige katholische Kirche letztlich doch über sexualisierte Gewalt erhaben sei.[10] Die Kirchenleitung räumte die unfassbaren Schuldgeschichte von priesterlichen Einzel- und Mehrfachtätern ein, aber keinesfalls ein Kirchenversagen. Sie standen mitten in einer Katastrophe, die *Spotlight* grob sichtbar machte, aber sie glaubten, ausgerechnet die Kirche würde von den Folgen der Katastrophe nicht erreicht, die als Organisation den Tätern flächendeckend Schutz, Absicherung und auch duldsame Milde bot. Vermutlich muss man hier theologisch noch härter urteilen. Sie taten so, als würden sie das glauben, obwohl sie die Mechanismen kannten und auch bedienten. So hat Johannes Paul II. den Erzbischof von Boston, Law, 2002 zum Erzpriester von Santa Maria Maggiore gemacht, also einer der vier Hauptkirchen Roms, nachdem er nicht mehr in Boston zu halten war. Und ausgerechnet Joseph Kardinal Ratzinger ließ zu, dass ein erster, die verfahrene Lage sichtender Bericht über seine Zeit als Erzbischof von München und Freising unter strengstem Verschluss blieb, ehe Jahre später ein neuer Bericht angefertigt werden konnte, über den es bis zu seinem Tod von seiner Seite ein unwürdiges Gezerre gab. Seine Einlassungen dazu sind notorisch unzureichend geblieben.

Die allfälligen wiederholten Schambekundungen der Päpste über sexuellen katholischen Missbrauch klingen eigentlich seit 2002 immer hohler. Die Opfer der kirchlichen sexualisierten Gewalt durch Priester, in von Orden geführten Internaten und nicht zuletzt in den so sehr geförderten Neuen Geistlichen Gemeinschaften erhielten jedenfalls nicht den hinreichend adäquaten Platz auf diesem Feld. Aber die Opfer sind von ihrem Platz von außen der Kirche nicht zu entfernen, ob man das innerkirchlich einräumt oder nicht. Mit jeder Bischofs-

---

[10] So insistierte am Ende dieses Jahres 2002 Joseph Ratzinger, *Die große Gottesidee ‚Kirche' ist keine Schwärmerei*, Frankfurter Allgemeine Zeitung 22.12.2002, 46. Das stimmt in gerade dem Sinn, den der spätere Benedikt XVI. hier unbedingt nicht herausstellen will, dass man seit 2002 über die katholische Kirche wahrlich nicht mehr ins Schwärmen kommt. Ebensowenig findet diese Apologetik eine glaubhafte Grundlage, diese Kirche sei „die große Gottesidee". Allerdings ist das evtl. Eingeständnis kleinlaut geworden, weiterhin in ihr Mitglied zu sein.

konferenz, die sich für ihren Bereich nach 2010 notgedrungen ehrlich zu machen versucht hat, wurde deutlich, wie gravierend falsch die Einschätzung der Verantwortlichen an der Kirchenspitze lag. Wir wissen seit den Enthüllungen des Missbrauchs in den Geistlichen Gemeinschaften der „Arche", der „Famille St. Jean", der Legionäre Christi, der Integrierten Gemeinde und wohl auch der Schönstattgemeinschaft und manch anderer mehr, dass die Päpste seit Mitte der 1950er mit dem sexuellen und spirituellen Missbrauch von Gründerfiguren geistlicher Gemeinschaften befasst waren. Die Konfrontation mit sexuellem Missbrauch gilt wohl auch für so gut wie alle Bischöfe auf dem Zweite Vatikanischen Konzil, ohne dass sich das dort niedergeschlagen hätte. Die jeweiligen Kirchenspitzen haben auch notorische Wiederholungstäter kaum gestoppt. Ob das auch auf die Zeit vorher ausgedehnt werden muss, wird sich zeigen. Es gibt viele Gründe für eine Hermeneutik des Verdachts.

Das innere Unbehagen vielen Gläubiger konnte nicht mehr länger privat bleiben, je sichtbarer dieser Komplex wurde. Es drängte lange nicht nach draußen, aber dann massiv. Für immer mehr ist die Kirche überflüssig geworden. Der Grund dafür liegt nicht in einem Vertrauensverlust der Gläubigen, sondern in der Kirche. Sie hat sich überflüssig gemacht mit dem, was sie unglaubwürdig macht. Weder waren die inakzeptablen Demonstrationen klerikaler Unbeweglichkeit die absurden Ausnahmen noch waren die hoffnungsvollen Erwartungen auf eine gravierende Umkehr zutreffend. Aufgeführt wird eine katholische Variante des „Warten auf Godot", von dem längst klar ist, dass er nicht kommen wird. Wer sich als katholisch gläubiger Mensch in der x-ten Inszenierung dieses Wartens kirchlich wiederfindet, greift sich mittlerweile an den Kopf, es so lange mitgemacht zu haben. Auf der Bühne ist das Stück ein Kunstgenuss, in der Kirche führt es zu heftiger Ernüchterung.

Nein! Die Bedingung der Möglichkeit des Ja

In dem Brodeln kommen daher bei den Gläubigen sowohl Empörung, dass das so ist, wie Ernüchterung zusammen, es lange viel zu duldsam hingenommen zu haben, und bilden eine prekäre Selbstkonfrontation. Sie geht mittlerweile weit über die schon lange bekannte Kluft zwischen christlich-gläubig sein und katholisch-religiös aktiv sein hinaus. Wir reden hier nicht bloß davon, dass der römische

Modus einer katholischen Kirche zunehmend abstirbt. Das hat er bereits seit Jahrzehnten getan und die Folgen sind unumkehrbar.

Die Tektonik des Katholischen hat sich signifikant verschoben und die aufgestaute Energie, die sich dabei Bahn bricht, lässt sich womöglich nur in der Größenordnung taxieren, die vor 500 Jahren zur Reformation geführt hat. Aber ebenso wenig wäre es heute damit getan, mit dieser Energie eine neue Kirche aufzumachen. Niemand will eine neue Kirche und niemand glaubt ernsthaft, damit das Problem zu überwinden. Eine neue Kirche müsste die Bösartigkeit der alten mit sich schleppen, weil sie sich nicht aus der Verantwortung davonstehlen könnte. Dem kann man nicht entkommen.

Es helfen uns Gläubigen keine Utopien, dass es jetzt aber bald wieder besser würde, noch Dystopien, dass das Schlimmste noch bevorstünde. Wir haben nichts anderes als die brisante Lage, wie sie jetzt da ist. In ihr gilt Nein und Ja zugleich, die sich auf dieselbe katholische Kirche beziehen. Von dieser Gleichzeitigkeit müssen wir ausgehen. Ich möchte einen theologischen Vorschlag machen, wie sie gestaltet werden kann. Das allfällige Nein ernüchtert für eine mögliches Ja, das seinerseits bedrängend für den üblichen katholischen Glaubensvorgang ist. Die ganze Glaubenslandschaft sieht jetzt anders aus. Jedes „Ja!" mit enthusiastischem Ausrufezeichen ist viel zu flach, um signifikant die prekäre Lage zu bearbeiten. Niemand kann jemand anderem mehr guten Gewissens raten, doch katholisch zu glauben, ohne mit Nachdruck empfehlen zu müssen, außerordentlich vorsichtig zu bleiben. Einfach keine Angst zu haben, katholisch zu sein und das zu zeigen, wie es vor allem Johannes Paul II. gerne empfahl, reicht bei weitem nicht mehr aus. Das war bestenfalls eine Illusion, die sich über säkulare Verhältnisse erhaben machen wollte. Wahrhaftigkeit läuft vielmehr anders: Man darf gerade auch als glaubender Mensch keine Angst haben, der Gefahrenzone des Katholischen aufmerksam zu begegnen. Diese Begegnung gelingt nur von einem signifikanten inneren Außen zur eigenen Kirche. Glauben ist kein Wohlfühlverfahren mehr, sondern zu einem ernsten Bemühen geworden, die zweischneidige, gefährliche und immer zum Extremen neigende religiöse Macht in der jeweils eigenen Glaubensgemeinschaft zu bändigen und im zivilisatorisch akzeptablen Bereich zu halten. Es ist nicht einfach zu haben, sich darum zu bemühen. Es ist herausfordernd und komplex.

Es brodelt daher unter katholisch glaubenden Menschen auch im Sinne dieser Komplexität. Darum reicht es nicht aus, die genervte Erfahrung von katholischer Kirche als Empörung so hoch zu kochen,

Zum Einstieg 33

dass sie damit schon los zu bekommen wäre. So ist die Belastung nicht zu bewältigen. Das Brodeln unter Katholik:innen führt daher auch nicht zu tobenden Massen vor Bischofspalais', in synodalen Konferenzräumen oder bei Pontifikalliturgien. Kein entschlossener Ansturm auf Reformen lässt längst nicht mehr tragfähige Mauern zusammenbrechen. Auch richten sich nicht aller Augen auf die beiden Vollversammlungen des päpstlichen synodalen Prozesses, weil alle gespannt die nun endlich alles entscheidenden Antworten für eine bessere katholische Zukunft hören wollten. Der Ablauf, die Details, die Auseinandersetzungen dort werden eine kleine Minderheit von besonders Engagierten und professionellen Beobachter:innen gespannt verfolgen. Aber niemand mit Sinn und Verstand kann ernsthaft erwarten, dass es ausgerechnet dieses Mal anders würde, als es aus den mannigfaltigen synodalen Aktivitäten dieses Papstes bisher längst bekannt ist. Es wurde auch dieses Mal ein Berg von Erwartungen aufgebaut, der dann, wenn er endlich kreist, ein weiteres kleines Nagetier geboren haben wird. Allerdings ist der Berg dieses Mal bereits um einiges niedriger als zuvor.

Die breite Nicht-Erwartung zum Besseren ist nachvollziehbar. Die offizielle katholische Kirche findet nun einmal zu ihren tatsächlich entscheidenden Fragen keine Einigkeit und niemand von ihren Verantwortlichen hat ein Rezept, sie herzustellen. Das bedeutet nicht, keine Überraschungen im positiven Sinn zu erwarten. Sie lassen sich immer erwarten, aber es wird auch sie nicht ohne gravierende „aber" geben. Bereits die entscheidenden Fragen anzuerkennen, ohne schon die Antworten zu geben, stellt das gegenwärtige Format dieser Kirche auf eine markante Weise in Frage. Das wäre durchaus eine Möglichkeit bei der Weltsynode gewesen, hätte Papst Franziskus nicht im März 2024 alle Konfliktpunkte ausgelagert und die weitere Debatte darüber still gestellt. Daher führt ausgerechnet seine Synodalmethode zu einer Art römischer Springprozession: Man hat die anderen jetzt verstanden, aber ist nicht bereit, deshalb nicht auf die Entscheidung, welche Position stimmt und übernommen gehört und welche falsch ist und überwunden gehört, zu verzichten. Je besser sich die Synodenteilnehmer:innen offenbar verstanden haben werden, desto weniger sind sie zu konkreten Zumutungen bereit, die nun geistlich doch viel leichter fallen müssten. Auf der Synode wird um einen heißen Brei getanzt, der aber dabei nicht abkühlen wird.

So wird sich die Gleichzeitigkeit von Nein und Ja nicht auflösen. Sollten auf der Weltsynode Antworten gegeben oder auch nur angedeutet werden, die von der bisherigen Linie nicht abweichen, wird es Empörung geben und zugleich ein noch einmal breiterer Ausstieg von Menschen als bisher. Sollte man andere Antworten als die bisherigen andeuten oder wirklich geben, die immer wieder die nötigen Reformen verweigern, ihnen ausweichen oder sie hinhalten, dann wird die binnenkirchliche Einheit erneut viel loser werden als zuvor. Es wird kein Ja möglich werden, das ein Nein auf der Gegenseite nicht verstärkt, und umgekehrt. Der Grund für diese Zwickmühle liegt in der verlorenen Glaubwürdigkeit der Kirche. Was immer sie mit den gravierenden ungelösten Fragen tut, denen sie ausweicht, wird Glaubwürdigkeit nicht wieder herstellen.

Das unbefriedigende Format Synode

Daher sind die jetzt artikulierten Fragen schon von sich her so brisant. Es handelt sich einerseits um Fragen, die auf eine prekäre Weise kirchlich unbeantwortet sind, weil sie immer verschleppt wurden, und andererseits um solche, auf die die katholische Kirche keine befriedigenden Antworten geben kann, ohne sich selbst zu relativieren. Das von ihr selbst gewählte Format ‚Synode' kann mindestens an dem zweiten Problem nichts ändern; es dient ja nach dem erklärten päpstlichen Willen vor und während dem ersten Teil überhaupt gerade erst dazu, eine synodale Kirche zu kreieren. Es wird von diesem Papst also versucht, die klassischen Kirchenprädikate „eine heilige katholische und apostolische Kirche" um ein „synodale Kirche" zu erweitern. Kirche nimmt sich also nicht zurück, sondern will mit verstärktem Selbstbezug nach vorn kommen. Sie sagt so etwas wie doppelt Ja zu sich, um nicht zu sehr Nein zu dem zu sagen, was sie nicht hinbekommt. Daher kann das Format Synode die Fragen immer irgendwo nur unbefriedigend beantworten oder gar keine Antwort geben. Das Problem mit dem Nein und Ja zugleich wird sich nicht auflösen, sondern sogar verstärken. Das hat man auf dem ersten Teiltreffen erlebt. Das Format Synode ist unbefriedigend geblieben. Mit weniger als Synodalität kommt man nicht weiter, aber mit ihr reicht es nicht aus. Hätte man früher auf ein solches ehrliches Bemühen wie bei dieser Synode gesagt: „Ja, das gibt Hoffnung für die nächste Neuauflage", so gilt das jetzt nicht mehr. Die Glaubwürdigkeitsfrage lässt sich nicht mehr so verschieben, dass die Katholik: innen jetzt ihrer Kirche wieder vertrauen. Es gibt keine Geduld mehr mit einer unglaubwürdigen Kirche. Das synodale Bemühen sitzt in dieser Zwickmühle, aber ihre Leitung und der Papst will ihr offenbar im Herbst 2024 mit erneuter Gruppendynamik ausweichen. Dabei ist sie aber schon zugeschnappt.

Die Zuwahl der Nicht-Klerikern in den ersten Synodenteil ließ das schon erahnen. Man muss die Basis über die Bischöfe und Kleriker hinaus erweitern, weil eine reine Bischofsversammlung auf jeden Fall unglaubwürdig gewesen wäre. Jetzt sind also Nicht-Kleriker für eine Lage mit in die Verantwortung genommen, an der sie nur drittrangig schuldig sind. Hätte der Papst eine signifikante Mehrheit der Sitze für Laien und Laiinnen vorgesehen, hätte er womöglich den erhofften Effekt erzielt. So ist nun aber die Unzulänglichkeit des Bemühens deutlich geworden. Daher stellt sich in diesem so anderen Raum kirchlicher Unglaubwürdigkeit nicht mehr bloß hinter vorgehaltener Hand die Frage, ob eine globalisierte Weltkirche über ein zentrales Amt des Papstes, seiner Kurie und einer von dieser abhängigen Hierarchie überhaupt inhaltlich noch zu leiten ist. Schließlich offenbart die derzeitige Lage, wie wenig diese drei noch eine Homogenität einfordern können – vom Durchsetzen ganz zu schweigen.

Päpste, Kurie, höhere Hierarchie hängen immer verzweifelter von dieser Homogenität ab; sie ist die Bedingung der Möglichkeit, ihre bestimmende Position und letztlich auch ihre Oberherrschaft zu ertragen. Je mehr die katholische Glaubensgemeinschaft selbst anerkennt, wie plural und divers sie geworden ist, und das synodal zum Tragen kommt, desto weniger kann der höhere Klerus die Kirche bestimmen. Nur ein spezifischer Druck von außen würde hier weiterkommen. Binnenkirchlich wird man deshalb von interessierter Seite immer wieder und zunehmend verzweifelter auf die übernatürliche Unverzichtbarkeit der Bischöfe hingewiesen, um überhaupt etwas in der Kirche zu ändern. Das ist auch nicht zu bestreiten, weil Bischöfe nun einmal – aber auch lediglich – Teil der Kirche sind und es sogar auf eine elementare Weise sind.

Diese Elementarisierung auf die Episkopalstruktur für das kirchliche Binnenleben hatte sich zwar vor dem Ende zweiten oder Beginn des dritten Jahrhunderts nicht vollzogen, also dem Zeitpunkt, als Episkopen wie Cyprian von Karthago den Zehnten der Gemeinden einforderten, um die Bischöfe und Priester zu bezahlen und diese damit ekklesiologisch zu professionalisieren. Die Vorbilder waren die Priester des römischen Imperiums. Für die Argumentation wurde dagegen das Alten Testament bemüht, das den Stamm Levi damit abfindet, weil er kein Siedlungsgebiet wie die anderen Stämme erhält. Auf jeden Fall war es bei diesem Zehnten ein besonders großes Anliegen, zwischen den Kirchenprofis, die mit der *religio vera* des Staates mithalten können sollten, und den anderen nicht-priesterlichen Mitgliedern der Kirche zu unterscheiden. Für den Schwenk zur episkopalen Kirchenverfassung und zur Verpriesterlichung von Gemeinschaft und Seelsorge war schließlich der Respekt des großen Gegners zu erhalten, also des römischen Imperiums, der von unschätzbarem Wert galt: „Von außen betrachtet, mit römischen Augen, wird die christliche Bewegung erst jetzt zu einer ‚richtigen' Religion. Denn nach römischer Vorstellung gehören dazu in ersten Linie Priester, Altäre und Opfer. Diese Vorstellung wird ab sofort bedient."[11]

Von nun an standen sich innerkirchlich die wenigen Auserwählten und die Masse der Gläubigen gegenüber, was nach der Verfolgungszeit durch die sog. Konstantinische Wende gesellschaftlich und politisch zum kirchlichen Grundsatz gemacht wurde und vom imperialen Staat mit seinen Machtmitteln abgesichert war. Im weströmischen Reich und seinen Nachfolgern wurde diese Grammatik von Kirche durch die beherrschende Theologie des Augustinus schließlich zu einem Grundbaustein der Gnaden- und Erlösungstheologie, ohne dass damit ein Freibrief für den sich entwickelnden Klerus und die Ordensleute ausgestellt wurde. Im weiteren Verlauf der Kirchengeschichte wurde aber genau diese Unterscheidung für die Zwei-Schwerter-Theorie relevant, die die kirchliche Sakralhierarchie als wesentlichen Faktor der *Civitas Dei* ansah, die der *Civitas terrena* überlegen sein sollte. Auch in der katholischen Kirche der Moderne verfestigte sich die Vorstellung, dass die klerikale Hochwürden-Existenz näher an der Erlösung dran wäre als das einfache Volk. Die Schlüsselidee dafür war der Zölibat, an den auch das Zweite Vatikanische Konzil nicht entschieden heranzugehen wagte. Erst das massive Ausmaß des sexuellen Missbrauchs durch Priester und die noch weiter verbreitete Vertuschung durch Bischöfe hat dieser Idee der klerikalen Übernähe zu Gott den Garaus gemacht; sie wird sich davon nicht mehr erholen. Sexueller Missbrauch ist missbräuchlicher Gebrauch von Macht und der Zölibat ist ein Index des Machtvorrangs in der Kirche. Es sind nicht sexuelle Defizite, die diese Lebensform in den Missbrauch verstricken, wohl aber ihr Überschuss an Macht.

---

[11] Martin Ebner, *Braucht die katholische Kirche Priester? Eine Vergewisserung aus dem Neuen Testament*, Würzburg: Echter, 2022, 84. Zu der darauffolgenden Kontroverse, welche Dieter Böhler mit dem Argument aufbrachte, das dreistufige kirchliche Amt sei „in Analogie zum alttestamentlichen Priestertum ausgeformt", vgl. Michael Theobald, *Dienen statt Herrschen. Neutestamentliche Grundlegung der Ämter in der Kirche*, Regensburg: Pustet, 2023, 282–286.

Man verstehe mich nicht falsch. Die Weihe von Bischöfen, also die eigentliche Priesterweihe, gehört zum elementaren Bereich der Kirche, also zu dem „quasi sacramentum / gleichsam Sakrament" von Kirche (*Lumen gentium* 1). Das muss man nicht aufgeben noch sollte man es tun. Zudem darf man nicht in eine a-historische Argumentation verfallen, die mit Utopien statt Heterotopien arbeitet. Aber auf den Heterotopos dieses Amtes kommt es auch an. Es ist zu dem Ort geworden, an dem am deutlichsten sichtbar eine Selbstrelativierung der katholischen Kirche stattfindet, die zwar ungewollt ist, aber sich deshalb umso nachhaltiger auswirkt. In so gut wie allen kirchlichen Skandalen sind die Bischöfe bis hinauf zu den Bischöfen von Rom die Ikonen des Scheiterns ihrer Kirche geworden. Das wurde besonders vom Pontifikat von Johannes Paul II. ausgelöst, das diesen Effekt deutlicher als jemals zuvor erzielt hat. Dieser Papst ist dafür auch besonders verantwortlich. Seine Ernennungspolitik folgte der Strategie, dass Kleriker umso eher Bischöfe werden konnten, je weniger sie dafür geeignet waren. Die Beispiele dafür sind zahlreich. Ich beschränke mich auf Österreich, die Schweiz und Deutschland: Groer, Meisner, Haas, Krenn, Degenhardt, Zollitsch, allerdings auch Lehmann. Und damit sind nur besonders bekannte Beispiele genannt, die entweder durch einen Missbrauch oder durch massive Vertuschungen notorisch dafür sind, wie wenig sie in der Lage waren, den Anforderungen ihres Amtes zu entsprechen, die Kirche glaubwürdig zu halten und potentieller Unglaubwürdigkeit zu widerstehen. Alle haben in diesem Pontifikat Karriere gemacht. Beim Nachfolger von Johannes Paul II. ging es bekanntlich nicht besser weiter. Derlei Ernennungen hatten wenig anderes als eine übergroße Loyalität zum Papst als Kapitalsorte zur Verfügung, um sich im Amt zu halten.

Der Respekt der Gläubigen vor der bischöflichen Autorität wurde dadurch nachhaltig als Kriterium missachtet; diese Autorität ist in den wenigsten Fällen der bischöflichen Führungsschicht seit 1978 vorhanden gewesen und wurde in so vielen notorischen Fällen von schamlosem Machtgebrauch ersetzt, der seit den Missbrauchsskandalen mittlerweile auch ans Licht kommt. Das Bischofsamt taugt daher nicht für utopische Perspektiven, dass ausgerechnet von ihm her die große Erneuerung in der Kirche ausgehen könnte. Es ist ein Heterotopos dafür, dass es so nicht weitergehen kann, wenn man den vollständigen Verlust der Glaubwürdigkeit vermeiden will oder sie sogar erneut aufbauen will. Und wer das nicht tun will, gehört noch weniger in eine katholische Führungsposition. Daher liegt heute die eigentliche Bedeutung der Übernatürlichkeit des Bischofsamtes in der Selbstrelativierung der kirchlichen Amtsvollzüge, vor der die katholische Kirche auf allen ihren Ebenen steht und die anzuerkennen ihr zugemutet wird. Sie ist die Bedingung der Möglichkeit, um die Erneuerung anzufangen, die nötig ist.

Innere Aushöhlung des Bischofsamtes

Die ekklesiale Entwicklung seit dem beginnenden dritten Jahrhundert lässt sich nicht rückgängig machen. Wir sollten es auch nicht tun; denn es ist eine elementare Einsicht, dass die Reformierung von Kirche über Bischöfe in der Regel nicht in die Wege geleitet werden kann. Ohne Druck von außen wird es nicht gut weitergehen. Nur in sehr seltenen Ereignissen wie Konzilien haben Bischöfe eine Chance, es selbst anders zu machen. Aber auch die Konzilsstruktur ist in der neuzeitlichen und modernen Kirche nicht immer entsprechend ihren Möglichkeiten genutzt worden, wie man am Ersten Vatikanischen Konzil und den quasi-konziliaren außerordentlichen Bischofsversammlungen seit Johannes Paul II. sieht. Bischöfe bleiben weit hinter ihren Möglichkeiten zurück, weil sie sich kein qualifiziertes Nein zu päpstlichen Vorgaben zutrauen, die erkennbar nicht weiterhelfen.

Ein berühmtes Beispiel dafür ist die Unfehlbarkeitserklärung des Ersten Vatikanischen Konzils, die Pius IX. unbedingt wollte. Aber es war von Beginn an klar, dass es für den Anspruch dieses Dogmas keine realistische Umsetzung gab. Dieses Dogma hat gar nicht dazu geführt, Glaubensprobleme zu lösen. Vielmehr trauen sich Päpste unfehlbare Definitionen so gut wie gar nicht zu, weil sie ja tatsächlich und sogar in jeder Hinsicht stimmen müssen. Sie werden nur benutzt, wenn es um Dinge geht, bei der keine großen Kontroversen zu erwarten sind, wie etwa bei der leiblichen Aufnahme Mariens in den Himmel. Bei den tatsächlich großen Glaubensstreitigkeiten wie Ökumene, Religionstheologie, Frauenordination, Partnerschaften und nicht zuletzt Sexualmoral wird gerne mal unterstellt, man habe es mit unfehlbaren Äußerungen zu tun, ohne dass sie dieses Niveau auch nur annähernd erreichen würden. Vor allem die Streitfragen mit Frauen sind von unfehlbaren päpstlichen Suggestionen regelrecht kontaminiert.[12]

---

[12] Sie sind daher auch nur kirchenbürokratisch zu halten, also wenn jede dynamisch-lebendige theologischer Debatte über die Sachfrage im Keim erstickt wird von einem Weltepiskopat, der sich nur als Wurmfortsatz päpstlicher Zentralgewalt versteht und als Handlanger ihrer Kurie agiert. Auf die Suggestionen trifft ziemlich genau eine

Die Glaubwürdigkeitskosten dieses Dogmas sind so enorm, dass es auch in Zukunft nicht dazu führen wird, sonderlich oft genutzt zu werden, wenn es überhaupt jemals wieder eine Rolle spielen dürfte. Nur so Minispezies wie katholische Dogmatiker:innen würden sich freuen, wenn es denn doch geschähe. Dann können wir so richtig debattieren, ob die Definition tatsächlich ohne Fehl und Tadel ist. Es ist regelrecht peinlich, „unfehlbar" zu beanspruchen, ohne das einlösen zu können. Hinzu kommt als der markante Nebeneffekt, dass sich das Dogma ständig dazu eignet, jede andere Form von päpstlicher Verlautbarung auch gegen deren Intention zu relativieren. Professionelle Theolog:innen fragen sich bei einer päpstlichen Wortmeldung immer, ob sie unfehlbar ist, und in 99,9 % der Fälle ist klar, dass sie das nicht ist. So gut wie alles, was ein Papst in Sachen Glauben sagt, bleibt daher hinter seinen Möglichkeiten zurück. Es ist eine Selbstrelativierung auf breiter Front, die natürlich nicht offensiv eingebracht, sondern nur verschämt eingeräumt wird.[13]

Ähnliches ergibt sich seit der außerordentlichen Bischofssynode von 1986, die sich auf Communio als dem eigentlichen Wesensmerkmal von katholischer Kirche kapriziert hatte. Seither kann man immer fragen, wie es um die Communio wenigstens unter den Bischöfen steht. Auch hier gilt, dass eine solche Communio in so gut wie allen strittigen Fragen des Glaubens nicht vorliegt. Die Abstände

---

ebenso pointierte wie abschätzige Analyse von Max Weber zu. Für ihn war „der Universalepiskopat der prinzipiell wichtige Abschluß [des vatikanischen Konzils im Jahre] 1870. Er schuf die ‚Kaplanokratie' und machte im Gegensatz zum Mittelalter den Bischof und Pfarrer zu einem einfachen Beamten der kurialen Zentralgewalt." (Max Weber, *Wirtschaft und Gesellschaft. Grundriss der verstehenden Soziologie*. Studienausgabe hg. v. J. Winkelmann, Tübingen: Mohr-Siebeck, 5. Aufl. 1976, 825 (Kapitel IX. Soziologie der Herrschaft, 8. Abschnitt, § 3) Diese Bürokratie agiert „unter der typischen Scheidung von ‚Amt' und ‚Privat'-Tätigkeit" (ebd. 127), also die Trennung von dem, was die Amtsträger tun und was sie selbst für richtig halten. Wer theologisch dem ‚iure-divino'-Gehalt der Bischofsherrschaft das Wort redet, muss zuerst einmal dieses Problem lösen. Synodal ist das weder nicht in Sicht noch in Absicht.

[13] Das, was Pius IX. mit dem Immaculata-Dogma erfand, nämlich „einen neuen, bislang unbekannten Typ von dogmatischer Definition: das Devotionsdogma" (Hubert Wolf, *Der Unfehlbare. Pius IX. und die Erfindung des Katholizismus im 19. Jahrhundert*, München: Beck, 2020, 210), sollte damit auf den Papst selbst überspringen, ihm also Devotion entgegengebracht werden. Das ist eine riskante Wette, die nicht zu gewinnen ist. Wird ein Papst oder auch nur sein Pontifikat auch nur irgendwie unglaubwürdig, hängen das Dogma und die Devotion in der Luft. Das erleben wir in den letzten Jahrzehnten und keine explizite Beanspruchung von Unfehlbarkeit wird das wieder herstellen. Es wird vielmehr zur Synodalität hin abgerüstet, vgl. Peter Neuner, *Synodalität oder Absolutismus. Die Herrschaft des ‚Gefangenen im Vatikan'*, Stimmen der Zeit 3/148 (2023), 163–173.

zwischen Anspruch und Wirklichkeit sind enorm und immer zu Gunsten der Realität einer nicht gegebenen Communio ausgegangen. Das Pontifikat von Franziskus ist das Paradebeispiel dieser selbst gestellten Falle seines Vor-Vorgängers: Die Nicht-Communio markanter Bischofskreise zu seinen Entscheidungen ist notorisch öffentlich. Aus all dem ergibt sich, wie fragwürdig die Unverzichtbarkeit bischöflicher Communio für tatsächliche Lösungen von tiefgreifenden Problemen ist.

Hier liegt ein derzeit besonderes Momentum des Umstandes vor, dass dieses Amt „iure divino" ist, wie wir Theolog:innen das nennen, sprich: Es hat seine Bedeutung aufgrund göttlicher Einsetzung und nicht aufgrund menschlicher Vereinbarung. Es käme also nicht einfach auf die Bischöfe an, um die Macht des Bischofsamtes zu verändern, sondern auf den Umstand, dass dieses Amt als göttlich begründet ständig mit der Selbstrelativierung seiner Ausübung zu verbinden ist. Es zeigt sich: Es geht nicht primär um den Bischofsbezug im Gottesbezug des Glaubens. Aber allein schon diese Unterscheidung ist alles andere als selbstverständlich. Bedeutet sie doch, dass man so oft wiederholen möchte, wie man will, die Leitung der Kirche durch Bischöfe sei kirchlich unverzichtbar, ohne dass damit irgendetwas bereits über den Umgang mit der Ermächtigung der kirchlichen Botschaft für die Menschen heute gesagt wäre. Allerdings kommt es auf diese Ermächtigung an; sie ist ein Menschheitserbe des Evangeliums und sie wurde auf dem Zweiten Vatikanischen Konzil auch ausdrücklich so eingebracht (*Lumen gentium* 1). Das Evangelium gehört allen Menschen und das umzusetzen ist die Aufgabe von Kirche. Dazu gibt es Ämter in ihr, die sich daran messen lassen müssen, ob sie dazu fähig ist.

Aber das gilt nicht umgekehrt. Nicht die Menschheit muss sich daran messen lassen, ob sie sich auf die Bischöfe als Repräsentanten dieses Einheitsbezuges einlässt. Auf keinen Fall ändert die sakramentale Natur von Kirche daher die prekäre Ausgangslage für die Bischöfe. Sie müssen den tatsächlich in der Kirche vorhandenen Gottesbezug rechtfertigen, der sie qualifiziert, aber auch evaluiert. Gott ist kein Garant episkopaler Herrschaft in der Kirche. Da mag man sich in Bischofszirkeln noch so viele Illusionen machen.

Selbst binnenkirchlich performativ aufgeladene und pompös inszenierte Demonstrationen von unverrückbarer Position durch Lehramt und Bischofsversammlungen nutzen sich mit jeder Beanspruchung viel schneller ab, als Ressourcen dafür nachwachsen. Wo immer eine Bischofsversammlung versucht, sich dafür stark zu machen, dass es einfach so weitergehen soll wie bisher, macht sie sich nur noch lächerlich. Anerkennung können solche Versammlungen nur mehr erreichen, wenn sie in starken Taten demonstrieren, dass es so nicht weiter gehen kann in der Kirche. Große Erwartungen an Bischöfe lösen daher das kirchliche Überlebensproblem nicht auf; sie verschärfen es.

Darum haben es auch all jene Bischöfe außerordentlich schwer, die ihre Kirche so gerne wieder glaubwürdig leiten würden und viele Opfer dafür zu bringen bereit sind, während deren Unglaubwürdigkeit in so gut wie allen zentralen Fragen des Lebens ständig wächst. Der episkopale Abbau der Unglaubwürdigkeit kann mit diesem Wachstum derzeit nicht Schritt halten. Das macht vor dem Papstamt nicht halt. Der jeweilige Amtsinhaber wird natürlich in der Regel sehr geschätzt, weil er eine der wenigen wirklich globalen Personen in einer Zeit darstellt, die sich auf ambivalente Weise als globalisierte Zivilisation erweist. Vom jeweiligen Papst wird stets eine moralische Instanz erwartet, die man angesichts der globalen Verwerfungen überall braucht. Aber das bezieht sich lediglich auf die Person nach außerhalb der Kirche, aber nicht umgekehrt. Je mehr ein respektierter Papst den Kurs seiner Kirche auf möglichst wenige Änderungen zurückfährt, desto weniger kann er die verfallende Glaubwürdigkeit aufhalten. Es wird entsprechend auf absehbare Zeit keinen Papst mehr geben, dessen kirchliche Leitungsaktivitäten auch nur annähernd die früher übliche Akzeptanz erlangen werden.

Selbst Bischöfe und ganze Bischofskonferenzen nehmen mittlerweile etwa den Ausschluss von Frauen vom Amt, die negative Bewertung von Homosexualität und die Heuchelei im lehramtlichen Lob des Zölibats nicht mehr hin. Sie stellen offen in Frage, dass das alles auf Ewigkeit hin festgezurrt sei, woran aber die römische Kirchenzentrale extremes Interesse hat, weil ihre Macht darauf basiert. Es gibt nicht so wenige einzelne Bischöfe, die, wenn sie für sich selbst sprechen, Vorbehalte in Sachen Kirche machen. Der Erzbischof von Malta, Charles Scicluna, der als Papstvertrauter gilt, weil er einer seiner Assistenten war und heikle kirchenrechtliche Missionen erfolgreich durchgeführt hat, forderte jüngst, das Pflichtzölibat in ein freiwilliges Zölibat zu verändern. Zu viele Priester würden ein Doppelleben führen. „One of my worries is that people are put in a situation where they are comfortable with a double life."¹⁴ Der Geduldsfaden ist bis hinauf in den Episkopat gerissen.

Zu diesem Wirrwarr kommen aus dem rechten Spektrum ein immer lauter werdender Widerstand gegen die Vorgaben des letzten Konzils hinzu sowie eine strikte Opposition gegen jede Aufweichung des traditionellen Fluchs über gleichgeschlechtliche Partnerschaften sowie der Sakralisierung des Zölibats.¹⁵ Es wird sich über jede Liberalisierung echauffiert, weil sie das identitär katholische Selbstbild dieses Spektrums anwidert. In beiderlei Hinsichten ist der Geist zwar längst aus der Flasche, wie natürlich auch das rechtskatholische Spektrum weiß. Es geht in diesem Spektrum daher nur mehr darum, eine Fassade aufrecht zu erhalten, die ohne Substanz ist. Die Auseinandersetzung muss deshalb ausgeweitet werden auf einen Kulturkampf um die angeblich wahre Katholizität, der sie jedoch unweigerlich verzwergt. Der Kampf zielt auf das Papstamt, das dadurch wegen seiner überragenden Machtposition zerrissen wird. Es kann keiner Homogenisierung genügen, die mehr sein soll als binnenkirchlich-verrechtlichte Bürokratisierung. Und auch die erfasst bestenfalls den Episkopat.

Dieser Vorgang belegt die nüchterne Analyse, dass ausgerechnet die doktrinale Verfestigung des Papstamtes als Zentrum der katholischen Welt im Ersten Vatikanischen Konzil die Provinzialisierung der gleichen Welt zur Folge hatte.¹⁶ Keine Papstreisen in die ganze

---

[14] https://www.ncronline.org/vatican/vatican-news/exclusive-vaticans-abuse-expert-says-ending-priestly-celibacy-could-prevent [abgerufen am 31.01.2024].

[15] „Ich möchte daher meine tiefe Empörung zum Ausdruck bringen, wenn ich höre, dass die Weihe verheirateter Priester eine Notwendigkeit sei, da die Völker des Amazonasgebiets den Zölibat nicht verstehen oder diese Tatsache ihrer Kultur immer fremd bleiben wird. Ich erkenne in solchen Argumenten eine verachtende, neokolonialistische und infantilisierende Mentalität, die mich schockiert. Alle Völker der Erde sind in der Lage, die eucharistische Logik des priesterlichen Zölibats zu verstehen." (Robert Sarah, *Aus der Tiefe des Herzens. Priestertum, Zölibat und die Krise der katholischen Kirche*, Paris: Fayard, 2020, 116f)

[16] „Den Höhepunkt dieser Provinzialisierung und doktrinalen Verfestigung bildete das I. Vatikanische Konzil. [...] Der zunehmende Widerspruch zwischen der beanspruchten Katholizität und der realen Provinzialität ist weniger ein Problem des Papsttums als eines vor allem in der vatikanischen Kurie verankerten Traditionalismus." (Franz-Xaver Kaufmann, *Kirche in der ambivalenten Moderne*, Freiburg: Herder, 2012, 303) Zehn Jahre später treibt Gregor Maria Hoff, *In Auflösung. Über die Gegenwart des römischen Katholizismus*, Freiburg: Herder, 2023 diese Einsicht weiter auf dem Hintergrund der weiterhin gerade vom Papsttum unbewältigten Missbrauchskrise und der fehlenden Kapazität einer sich selbst reduzierenden Synodalität, auch nur elementare Universalität zu erreichen. Die immer größer werdende Diskrepanz zwischen Anspruch und Wirklichkeit führt zu dem derzeit einzig möglichen Ge-

Welt oder Friedensgebete in Assisi, keine enthusiastisch gefeierten Weltjugendtage oder Präferenzen für die marginalen Lagen der Globalisierung können diese Provinzialisierung überwinden, weil sie den ursprünglichen Antimodernismus ständig neu befeuern. Da kommen sie her und entsprechend zeigen sie ständig neu an, worauf sich der Rest der Welt gerade nicht einlassen wird – auf einen pontifikalen Universalitätsanspruch, der bloß Urbi-et-Orbi-Fassade ist. Das letzte Konzil weckte Hoffnungen auf eine wirkliche Weltkirche. Aber sie wurden umso löchriger, je mehr sie danach mit den Päpsten verwuchsen. Von jener Weltkirche ist nur mehr eine weltweit verbreitete Kirche geblieben. Damit hat die katholische Kirche sich wieder zurück auf das Niveau von anderen weltweit verbreiteten Religionsgemeinschaften entwickelt. Aber eine Glaubensgemeinschaft, die sich von der gefährdeten Lage der Menschheit hier und jetzt her begreift, ist sie nicht geworden. Der zentralistische Machtanspruch der Päpste steht dem in der eigenen Kirche entgegen.

In der binnenkatholischen Uneinigkeit über den Widerspruch zwischen idealisiertem Anspruch und gravierend anderer Wirklichkeit haben nun weder Päpste noch kuriale Hochhierarchie eine Art vernünftiger Mittelposition zwischen zwei Extremen. Man ist in Rom selbst gespalten, was überall sonst wahrgenommen wird. Entsprechend würde jede Beanspruchung einer wie auch immer gearteten Letztentscheidung selbst in der eigenen Religionsgemeinschaft nicht mehr hingenommen. Da hilft weder die Autorität zur Unfehlbarkeit noch die Macht eines Jurisdiktionsprimats. Sie sind beide nicht tauglich in der jetzigen Lage der Kirche. Was auch immer davon beansprucht würde, würde lediglich die katholische Selbstblockade zementieren.

Niemand fragt deshalb in dieser katholischen Kirche, was er oder sie ohne Rücksicht auf die eigene Position für die eigene Religionsgemeinschaft tun könne. Es gibt keine katholische Gratismentalität mehr für die Anerkennung kirchlicher Entscheidungen; das katholische Volk verhält sich nicht mehr wie eine Herde Schafe, die nach den Hirten blökt. Niemand ist mehr bereit, ein Schaf zu spielen, damit die Hierarchie in den Stand versetzt wird, danach zu riechen. Da kann der Papst diese Geruchsresonanz noch so sehr empfehlen, wenn er

---

genwartsmodus des römischen Katholizismus: seine Auflösung. „Sein Ende wird nicht erklärt, es vollzieht sich: umwegig, langsam, widersprüchlich, diskret – nicht zuletzt in signifikanten Situationen und Entscheidungen. Der *römische Katholizismus* hört bereits auf, indem er sich behauptet – nicht zuletzt am entscheidenden Ort seiner Genese und Durchsetzung: in der römischen Kurie und mit dem Papst." (193)

sagt, die Priester sollen nach den Schafen riechen. Diese Metonymie ist absurd und angesichts des verbreiteten sexuellen Missbrauchs durch Priester sogar unverschämt. Jeder Täter roch schließlich nach seinem Opfer. Nur wenn tatsächlich ein Vorteil an Macht herauskommt, identifizieren sich die Mitglieder der Kirche mit der Taxonomie von Schaf und Hirt. Das schließt insbesondere die Hierarchie ein. Wo immer Bischöfe ein Narrativ versuchen, dass Gläubige doch bitte den Entscheidungen folgen sollen, auch wenn sie diese nicht mitzutragen bereit sind, laufen sie ins Leere und zwar bei den Gläubigen wie bei anderen Bischöfen.

Das ist eine veränderte Situation gegenüber früheren Zeiten. Damals benötigte man gute Gründe, die Gemeinschaft zu verlassen. Jetzt beginnt das Nachdenken darüber, ob ein gläubiger Mensch, der sich katholisch identifiziert, noch genug gute Gründe hat, es nicht zu tun. Selbst wenn Menschen die Kirche verlassen, ist es nicht so, dass sie einfach die Kirche verlassen. Sie ziehen vielmehr in der Regel die Konsequenz daraus, dass die Kirche sie längst schon verlassen hat. Das Nein tritt vor das Ja und beide spalten sich auf zum Nein gegenüber der Kirche und einem anders gelagerten Ja zum eigenen Glauben. Die Dynamik der Kirchenaustritte in den letzten vier Jahren spricht für diese Einschätzung.

Kaltes Brodeln, kein heißes Aufbegehren und umso durchschlagender

Es brodelt daher auf eine andere Weise, als wir es aus der Vergangenheit sozialer Bewegungen kannten, die eine Gemeinschaft in Aufruhr versetzt haben und innerhalb der Gesellschaft zu öffentlichen Zeichen genötigt hat. Man dreht sich jetzt gegenüber der eigenen Kirche um, aber attackiert sie nicht mit öffentlichen Zeichen, sondern auf anonymisierte Weise. So lange nicht wirklich unumkehrbar klar ist, dass es so nicht weitergeht, geht man selbst im Aufruhr mit dieser Kirche nicht mehr weiter. Ohne radikale, also an die Wurzeln gehende Veränderungen, die zugleich als undenkbar und unmöglich gelten, wird es daher nicht gehen. Die Geduld mit einer Kirche ist zu Ende, die das Unbekannte, Unbehauste, Unerwartete nicht wagt. Es werden also keine großartigen Alternativen erwogen, sondern das ekklesiale Gewürge der Verweigerung wird abgelehnt.

Darum fühlt sich diese Melange aus Ärger und Resignation, Enttäuschung und Wut, die Menschen in ihrem Inneren aufrütteln,

Zum Einstieg 45

auch so kalt an, insbesondere für kirchlich engagierte Menschen. Diese kalte Melange explodiert nicht in einer großen gemeinschaftlichen Massenbewegung; vielmehr individualisiert sie mit einer sehr spürbaren Ohnmacht. Und diese Individualisierung spürt in einer zunehmend unsicheren allgemeinen gesellschaftlichen, kulturellen und politischen Lage, wie es fröstelt, weil Menschen gerade auf breiter Front an Sicherheiten verlieren, was sie viel lieber erhalten hätten. Für die Kirche gilt aber kaum noch, dass man sie in diesem Zustand unbedingt für sich selbst und andere erhalten würde.

Darum ersetzt der Konjunktiv den Indikativ nicht. Es wäre noch schmerzlicher, wegen der allgemeinen unsicheren Lage jetzt all die Wut, die Enttäuschung und den Ärger in den Wind zu schlagen und so zu tun, als wäre es doch für alle besser, es ginge weiter für die Kirche wie bisher. Das ist inakzeptabel, wie kalt es sich auch anfühlt. Das gilt, obwohl wir doch ahnen, warum wir bald an Kirche das vermissen könnten, was von ihrer Glaubensgemeinschaft in schwierigen und heftigen Umwälzungen im gesellschaftlichen und persönlichen Leben immer noch hilfreich und vielleicht sogar nötig wäre. Aber die Absurditäten ihrer Religionsgemeinschaft halten davon ab, darum zu kämpfen. Und diejenigen, die dennoch wollen, dass es so weitergeht mit der Kirche, setzen sich auch gerade nicht für jene Perspektiven ein, die wirklich hilfreich wären. Sie verschärfen bloß die verfahrene Lage. Das ändert sich auch durch die Annahme nicht, dass es ein altes Glaubensargument sei, zu glauben, weil es absurd ist. Diese Position wurde Tertullian in der frühen Neuzeit und in der Aufklärung in die Schuhe geschoben, nicht zuletzt von Voltaire. Tertullian hat das „credo quia absurdum est" aber nie gesagt; er behauptete: Ein Glauben ist gewiss, weil es unmöglich ist.[17] Unmöglichkeit ist etwas völlig anderes als Absurdität. Unmögliches relativiert die Möglichkeiten, während Absurditäten einschärfen sollen, dass Möglichkeiten nicht relativiert werden können. So gilt im traditionalistischen Bereich der katholischen Kirche die Priesterweihe von Frauen als prinzipiell nicht möglich, weshalb es für die Protagonist:innen des Ausschlusses absurd ist, das zu fordern. Allerdings ist die Frauenweihe lediglich unmöglich, weil sie die bisherigen

---

[17] Vgl. Peter Harrison, „*I Believe Because it is Absurd*". *The Enlightenment Invention of Tertullian's Credo*, Church history. Studies in christianity and culture 86/2 (2017), 339–364.

Möglichkeiten überschreitet und das, was unmöglich ist, auf das patriarchale Segment des kirchlichen Glaubens beschränkt.[18]

In der Kälte der Abklärung und in der Schärfe der Lage zeigt sich etwas, was ziemlich wichtig ist: Auf das, was in der Kirche mit der Kirche geschieht, kommt es schon lange nicht mehr an. Was in der Kirche mit der Kirche geschieht, wird natürlich auf allen möglichen Ebenen weitergehen. Der Papst hat schließlich die Weltsynode auf zwei Jahre hin einberufen. Aber noch viel wichtiger ist, dass die Geduld damit zu Ende ist. Das muss man, glaube ich, noch einmal sagen: Auf die Kirche kommt es nicht mehr an, was mit ihr geschieht. Sie ist nicht mehr aus sich heraus souverän über das, was mit ihr geschieht. Aber, so möchte ich behaupten, auf die könnte es ankommen, die keine Geduld mehr haben mit dem, was in der Kirche mit der Kirche geschieht. Diejenigen, die innerlich abwinken, die dann vielleicht sogar äußerlich gehen oder die dann ihr Engagement in der Kirche einstellen, sind keine unwichtige Größe. Meines Erachtens sind diejenigen sogar die derzeit entscheidende Größe, die sich in einer mehr oder weniger stark entwickelten Distanz von außen zur Kirche verhalten. Von ihnen und von ihrer Position von außerhalb der Kirche kommt das Potential der Veränderung. Es kommt nicht von innen aus ihr selbst heraus, es setzt von außen her an. Das geschieht auf eine indirekte und sogar anonyme Weise, so dass die Kirche dem nicht mehr ausweichen kann, wie sehr sie es auch lieber täte. Das will ich hier untersuchen: Wie es mit der Kirche weitergeht,

---

[18] Ein Beispiel dafür, Unmögliches nicht von Absurdem zu unterscheiden, bietet Timothy Radcliffe OP, *Die unmögliche Notwendigkeit der Kirche heute*, Theologie der Gegenwart 2/66 (2023), 115–128: „Der erste Skandal war der des Missbrauchs, der zweite die Vertuschung des Missbrauchs. Der dritte Skandal wäre die Leugnung jeglicher Möglichkeit der Vergebung. Das wäre die Leugnung der Grundlage aller christlichen Gemeinschaft." (127) Diese Trias ist lediglich absurd, aber eben nicht unmöglich im positiven Sinn des Ausrufezeichens. Missbrauch und dessen Vertuschung sind und bleiben die Leugnung der Grundlage der christlichen Gemeinschaft. Sie können ebenso wenig vergeben werden wie das Herrschaftssystem der Sklaverei, auch wenn es ganze Nationen reich und groß gemacht hat; Menschenrechtsverbrechen lassen sich nicht vergeben, wohl aber erinnern. Zweitens kann eine Kirche, die die ersten beiden zu verantworten hat und sie nun erinnern muss, sich nicht selbst vergeben. Da hilft ihr auch die Heiligkeit nicht, auf die Radcliffe natürlich sofort danach zu sprechen kommt. Und drittens kann man es getrost Gott überlassen, ob seine Vergebung die Täter einschließt. Aber es steigert die Unglaubwürdigkeit einer Kirche, wenn sie darauf ausgerichtet wird, dass mit einer Vergebung der Täter Missbrauch und Vertuschung ein abschließend gutes Ende bei Gott fänden. Hier an ein Happy End zu glauben ist absurd.

entscheidet sich außerhalb von ihr und mutet sich ihr nach innen hin zu.

Das „extra ecclesiam" ist der Ort geworden, an dem sich das für den katholischen Glauben abspielt, was entscheidend ist. Damit hat sich etwas dem Selbstverständnis gegenüber gravierend umgedreht. Über Jahrhunderte wurde behauptet: „extra ecclesiam nulla salus – außerhalb der Kirche kein Heil". Lassen wir für den Augenblick dahingestellt, dass das tatsächlich nie richtig gestimmt hat. Wichtiger ist, dass man sagen muss: „intra ecclesiam nulla solutio – in der Kirche keine Lösung in Sicht" und da hilft keine Heilspräpotenz mehr, dass alle anderen ohne die Kirche verloren wären. Ohne die anderen und ihren Druck auf das Binnenchaos von Kirche ist sie verloren. Die Glaubwürdigkeit wird sich erst wieder aufbauen können, wenn das von den Binnenfiguren der Kirche respektiert wird. Andernfalls werden immer mehr von denen in dieses Außen gehen, die ihre Vollzüge noch am Laufen halten.

Theologie ist dem Glauben und seiner Glaubwürdigkeit verpflichtet; dafür gibt es sie. Entsprechend muss jemand wie ich gerade das äußere Moment besonders beachten und thematisieren, mit dem es auf die ankommt, die jetzt und künftig keine Geduld mehr haben. Dieses Moment ist ein Momentum, das binnengelagerte Selbstverständliche mit einem präzise gelagerten Nein zu relativieren und ihm die Selbstrelativierung zuzumuten, sich auf den Respekt zu diesem Nein hin zu entwickeln. Diesem theologischen Ortswechsel von innen nach außen und zu einem Nein vor dem Ja komme ich hier nach. Das Außen, welches das Innen bedrängt, sich zu relativieren, ist auch der bestimmende Ort für katholische Gläubige geworden. Es ist gerade dabei, sich zur generellen Bedingung der Möglichkeit zu entwickeln, noch Ja sagen zu können. Alle die Menschen, die sich katholisch verstanden haben oder sogar noch verstehen und gerade deshalb mit der katholischen Kirche keine Geduld mehr haben, machen keine gute Miene mehr zum unrühmlichen Spiel auf den binnenkirchlichen Bühnen der Macht. Unterwerfung wäre für diese katholischen Gläubigen das Einverständnis in den Untergang. Es wäre für den eigenen Glauben selbstzerstörerisch, sich daran zu beteiligen. Darum suchen so viele nach einer für sie passenden Form des Widerstands von außen und im Außen. Sie lassen sich nicht länger vor eine Wahl zwischen Loyalität oder Glaubwürdigkeit stellen, sondern wählen eine Glaubwürdigkeit, die binnenkirchlich für sie nicht zu erlangen ist, wenn sie an Illoyalität zum eigenen Glauben gebunden ist. Das hat die katholischen Dinge gravierend verändert.

Entsprechend brodelt es längst nicht mehr nur heimlich und verschlossen im Innern von Menschen. Eine kalte Fusion von Enttäuschung und Absurditäten bricht sich Bahn und sie verbindet diejenigen, die sich selbst kirchlich verstehen und in der Kirche engagieren, mit jenen Menschen, die es längst nicht mehr oder seit kurzem nicht mehr tun. Auch denen außerhalb der katholischen Kirche ist schon lange nicht mehr egal, was kirchlich derzeit geschieht, auch wenn sie sich persönlich sehr leicht davon distanzieren könnten. Diese beiden Gruppen sind keine zwei verschiedenen Gruppierungen mehr, so als gäbe es immer noch die einen, die dazu gehörten, und ihnen gegenüber die anderen, die kirchlich gesehen schlichtweg außen vor wären. Beide Gruppen teilen etwas, was für die katholische Glaubensgruppe gravierende Bedeutung hat, nämlich die Erfahrung, dass es reicht, wirklich reicht, wahrhaftig reicht mit dieser katholischen Religionsgemeinschaft.

Weder Religionskritik noch bloße Kirchenkritik, weder Atheismus noch Religionsfeindschaft brechen in dieser Erfahrung auf und boxen sich mit Wucht Bahn. Das sind alles Positionen von gestern und sie hatten auch nie die Durchschlagskraft, die sich im kalten Brodeln jetzt aufbaut. Ihre Effekte und Affekte halten sich noch in bestimmten intellektuellen Zirkeln, aber ohne dass eine weiter reichende Bedeutung oder eine weiterführende Erklärungskraft darin läge. Schließlich setzen solche Aktivierungsmuster eine Kirche auf einen Thron der Macht wie früher einmal, den es aber nicht mehr für diese Kirche gibt. Die Lage ist sehr anders geworden und es gilt eine ganz andere Grundeinstellung.

Ich bleibe hier und im Folgenden bei der katholischen Kirche und spreche nicht über andere Kirchen. Es wäre völlig unangemessen, diese Begrenzung nicht vorzunehmen. Für die katholische Kirche gilt jedoch sehr klar: Was soll man schon mit einer weiteren Kirche, wenn man mit der bestehenden schon so viel genug hat? Es treibt nur wenige Menschen an, sich für eine Kirchenaufspaltung zu verkämpfen, und daran wird sich nichts ändern, auch wenn die gesellschaftlichen oder individuellen Ausgangslagen sich gravierend verschlechtern sollten. Das, was jetzt brodelt, ist nicht mehr einfach von jener Art der Empörung über mangelnde Reformbereitschaft, die eigentlich immer noch Gehör finden will bei binnenkirchlich Mächtigen. Die Ausgangslage ist anders geworden. Statt sehnsüchtiger Empörung über fehlende Reformen steht nun empörte Distanzierung angesichts offenkundiger Reformunfähigkeit des Kirchensystems im Raum. Das ist komplexer und gravierender, weil diese Distanzierung nicht mehr rückgängig zu machen sein wird, gleich welche nachrangigen Reformen geschehen sollten.

Die Kirchenkrise der vergangenen Jahrzehnte ist eine Führungskrise, die auf Dauer nicht vergehen wird. Mit der Vertuschung des sexuellen Missbrauchs bei katholischen Bischöfen ist das eigentlich belegt. So lange das nur als Abirrung einer Minderheit abgetan wird, kommt man hier nicht weiter, weil es sich nicht um eine Minderheit gehandelt hat. Mit dem Argument, darin läge kein strukturelles Problem und wir müssten endlich zur Evangelisierung der säkularen Welt schreiten, rechtfertigt man lediglich den bestehenden Machtanspruch über die kirchliche Religionsgemeinschaft. Entsprechend ist dann die Bereitschaft, sich selbst zu relativieren, zu gering ausgebildet.

Umgekehrt jedoch ist die Bereitschaft, sich selbst zu relativieren, in hohem Maß ausgerechnet bei denen gegeben, die nicht länger bereit sind, diesen kirchlichen Habitus, seine unterschwellige Arroganz und die daran hängende Unverfrorenheit noch länger hinzunehmen. Sie haben lange an der Kirche und oft auch wider besseres Wissen an ihrer eigenen Identifizierung mit ihr festgehalten. Sie haben auch noch weiter gehofft, obwohl bereits klar war, dass das vergebens war. Das müssen sie dann vor sich selbst eingestehen, wenn sie gehen. Ihnen wird von ihrer Entscheidung, einen Schlussstrich zu ziehen, die Selbstrelativierung zugemutet, der sich die episkopale Entscheidungsebene noch verweigern kann, solange sich der sich schleichend vollziehende Absturz schönreden lässt. Wer dagegen die Kirche verlässt, muss sich relativieren; anders ist das nicht zu machen.

Austritte – Symbole des kirchlichen Scheiterns über die Austretenden hinaus

Eigentlich bedeutet dieser Vorgang etwas, was die katholische Kirche dringend benötigt. Das betrifft ihren innersten Kern, eben das Evangelium zu vertreten. Ohne Umkehr ist dieses Evangelium weder zu haben noch zu präsentieren. Und jetzt lässt sich die Umkehrforderung nicht mehr vorrangig an die anderen richten; es trifft die im Binnenbereich von Kirche, weil ihnen aus guten Gründen Unglaubwürdigkeit konstatiert wird. In einer Kirche, die unfähig bliebe, auf die Suggestion von Macht zu verzichten, die sie so ausgezehrt hat, wird sich dieser Kern ihrer Existenz – eben das Evangelium zu verkünden -zunehmend auflösen.[19] Dann wandert der Kern nach außen ab, in ganz andere Regionen des menschlichen Lebens hinein. Diese Regionen sind jenseits von religiösen und spirituellen Territorien angesiedelt, wo Umkehr immer bei anderen angefordert wird, aber die, welche Umkehr einfordern, sie selbst nicht liefern wollen. Das ist ein theologisch sehr brisanter Vorgang, weil er gefährlich für die katholische Glaubensgemeinschaft ist. Sie würde auf Dauer unglaubwürdig bleiben, wenn sie selbst nicht lernt, sich gravierend selbst zu relativieren. Darüber gibt es eine Gemeinsamkeit der empörten Distanzierten, die eine sehr andere Art darstellt als die übliche kirchliche Communio. Diese andere Gemeinschaft ist anonym, aber lässt sich nicht von einem Entweder-Oder zwischen stramm Gläubigen und den nicht so Gläubigen beeindrucken. Sie wäre daher nicht länger taktisch von einem „wir oder die anderen" einzufangen. Die Gläubigen wie die anderen, also „die da draußen" und „wir da drinnen", machen keinen Hehl mehr daraus, dass es reicht. Es ist keine Geduld mehr vorhanden. Dieser Faden ist gerissen.

Das ist längst allen klar. Aber damit ist noch längst nicht alles klar. Es hat gerade erst begonnen, sich aufzuklären. Das ‚es' meint die veränderte Identifizierung mit dieser Gemeinschaft. Die meisten Gläubigen und die meisten Nicht-Gläubigen außerhalb von ihr hatten bis zur Aufdeckung, wie verbreitet der sexuelle Missbrauch in ihr gewesen ist, trotz all des Unverständnisses über die vielen merkwürdigen katholischen Eigenheiten immer noch Geduld mit ihr. Aber diese Position hat eine Kirche nicht mehr, mit deren Ausflüchten Menschen keine Geduld mehr haben, nicht anders zu können als eben nur so, bei gleichzeitigen Autoritätsanmaßungen, von anderen alles Mögliche zu verlangen und sie nur zu gerne mit Unmöglichkeiten zu beschuldigen.

Der lange herrschende Geduldsfaden signalisierte auch bei jenen, die von der Kirche weggegangen sind, immer noch heimlich eine Art Rückversicherung für den Fall, dass man sie vielleicht doch noch mal brauchen würde. Bei aller Kritik und Kopfschütteln gab es da überaus lange ein weit verbreitetes Zutrauen in ihre Fähigkeiten, Menschen

---

[19] Vgl. die groß angelegte Studie von Herbert Haslinger, *Macht in der Kirche. Wo wir sie finden – Wer sie ausübt – Wie wir sie überwinden*, Freiburg: Herder, 2022, der die Auflösung kirchlicher Macht nicht nur beschreibt und auf konkrete Zusammenhänge zurückführt (587–592), sondern zu ihr rät. Vgl. mit einem ähnlichen Vorschlag Christian Kern, *Scheitern Raum geben. Theologie für eine postsouveräne Gegenwartskultur*, Ostfildern: Grünewald, 2022, der das Evangelium als Kultur des Scheiterns präsentiert.

im Labyrinth ihres Lebens zu begleiten, wenn es darauf ankommt und wenn ein Ungeheuer um die Ecke droht, was immer es auch im jeweils konkreten Fall sei. Dieses Zutrauen ist durchaus berechtigt; es gibt diese kirchlichen Fähigkeiten und es gibt Menschen, die sie buchstäblich verkörpern. Das bleibt auch weiter bestehen und hier traue ich mir zu sagen „sicher weiter bestehen" und nicht nur „höchstwahrscheinlich weiter bestehen". Es gibt viele Ariadnes in dieser Kirche und sie stehen vielen Menschen bei, die Fäden ihres Lebens auch dann in der Hand zu behalten, wenn sie zerbrochen zu werden drohen und einem Minotaurus zum Opfer fallen. Aber das bedeutet eben nicht mehr, dass der Kirche selbst weiterhin noch Zeit gegeben wäre, allmählich herüberzukommen, wo Menschen in den Labyrinthen ihres Lebens stehen. Sie hat diesen Nimbus der Rückversicherung längst verspielt.

Wie sollen sich in dieser Lage nun jene mit ihrer Glaubensgemeinschaft identifizieren, denen wichtig ist, wofür sie eigentlich steht? Sollen sie gehen und das Weite suchen, wo es scheinbar weniger gefährlich brodelt? Oder sollen sie gerade jetzt in Treu und Glauben zu den höheren Werten von Kirche stehen und sich einer dann auch noch selbst verschuldeten Vergiftung aussetzen? Sollen sie vielleicht als Superidentische an der Fassade schnellstmöglich auf höhere gut sichtbare Positionen klettern, damit das toxische Geschehen unten in den dunklen Zonen sie nicht so einfach erwischen kann? Keiner dieser Varianten hilft weiter.

An den inneren Ungereimtheiten, der eigenen Doppelmoral und der fortgesetzten Heuchelei einer Beschuldigungstheologie gegenüber den anderen ist jener Modus von katholischer Kirche gescheitert, der diesen Varianten überhaupt zur Verfügung stünde. Diese drei Verdrehungen der Verhältnisse bestimmten einen Habitus, der allen Versuchen das Wasser abgrub, sich ehrlich zu machen. Das führte zu dem Wegkippen des katholisch-kirchlichen Systems, dessen Augenzeug:innen wir derzeit sind. Es scheitert an sich selbst. Dafür gibt es ein Symbol und einen Index, was beides repräsentative Vorgänge meint, die nicht zu übersehen sind und die auch von denen nicht zu vermeiden sind, die das Scheitern nicht eingestehen wollen. Das Symbol für das Scheitern stellt im doppelten Sinn des Wortes eine symbolische Kapitalform dar, nämlich Verlustkapital. War die ständige Beschuldigungen anderer, vor allem in sexueller Hinsicht als Sünder:in, der Buße bedürftige Menschen und so fort, ein regelrechtes religiöses Kapital der Kirche für Generationen, so ist jetzt ein Kredit daraus geworden, den sie nicht mehr zurückzahlen kann und wird.

Es ist der Beginn des Vorgangs, moralisch bankrott gegangen zu sein. Indiziert, also von für alle fassbaren Zeichen ausgedrückt, wird das von den jährlichen Austrittszahlen aus der katholischen Kirche, die hierzulande zwar am Gericht oder Standesamt angezeigt werden, aber zugleich und davor tief im Inneren von Menschen vollzogen werden. Zunehmend weniger Menschen wollen sich für etwas rechtfertigen, an dessen Wahrheitsanmaßungen sie nicht mehr glauben. Das gilt generell im gesellschaftlichen Kontext, aber insbesondere gilt es für die katholische Kirche. Deshalb muss es auch nicht verwundern, dass die lange Zeit frappierende Parallele für die Verläufe der Austritte aus der protestantischen und der katholischen Kirche so nicht mehr gibt. Dieser Trend hat sich mittlerweile so gut wie umgekehrt, für 2022 sogar auf hohem Niveau.

Erstmals ist das nach 2010 geschehen, dem Jahr des Skandals um das Berliner Canisiuskolleg. Damals schlugen in Deutschland 145.250 Austritte für die protestantische, hingegen 181.193 für die katholische Kirche zu Buche.[20] Konnte man das damals noch als Ausreißer ansehen, so geschieht nun auch in den letzten Jahren Ähnliches. Seit 2018 sind die Austritte so gut wie gleich hoch, wobei für 2019, 2020, 2021 und 2022 die katholischen die protestantischen jeweils übersteigen: 2019 standen 272.771 katholische 266.738 evangelischen Austritte gegenüber, dann 221.390 katholische gegenüber 219.270 evangelischen für 2020. Diese noch leichte Differenz wurde dann in den nächsten beiden Jahren dynamisch weitergeführt mit 359.338 katholischen gegenüber 283.975 evangelischen Austritten für 2021 und für 2022 nun 522.821 katholischen Austritte gegenüber 380.000 (vorläufige Angabe) evangelischen. Auch die Schallmauer der halben Million dürfte nicht das letzte Wort für die katholische Kirche gewesen sein, weil sich die verfahrene Lage ihrer Weltkirche weiter gravierend auswirken dürfte. Die auseinandergehende Schere zwischen den Denominationen zeigt, dass es sich nicht mehr um eine allein gesellschaftliche Entwicklung handelt. Die Kirchenaustrittszahlen sind ein symbolisches Kapital des Verlustes. Die katholische Kirche rutscht sichtbar ab und dieser Vorgang ist empirisch nachvollziehbar.

Für jeden Austritt gibt es persönliche Gründe, die sich natürlich nicht über einen Kamm scheren lassen und das sollte man auch nicht

---

[20] https://de.statista.com/statistik/daten/studie/4052/umfrage/kirchenaustritte-in-deutschland-nach-konfessionen/

tun.²¹ Die persönliche Seite ist unableitbar und in jedem einzelnen Fall zu respektieren. Und zugleich ist das, was dem inneren Ringen derer gegenübersteht, die austreten, jeweils die gleiche Kirche. Sie würde sich etwas über sich selbst vormachen, wenn sie das hinter den unableitbaren persönlichen Gründe verstecken würde. Es ist eine Kirche, die große Schwierigkeiten damit hat, sich ehrlich zu machen über sich selbst. In diesem Vorgang hinter der jeweils persönlichen Seite offenbart sich eine kirchliche Einstellung zur Wahrheit über sich selbst, die einen Abgrund von dem weg ist, wie sie anderen immer mit der Wahrheit gekommen ist. Jene Wahrheiten, die gegen sie selbst sprechen, werden bei weitem nicht so hochgehalten wie jene, die sie so trefflich gern gegen die anderen ins Feld führt. Das ist die lastende Tradition des Katholizismus in der Neuzeit und Moderne gewesen. Die katholische Kirche hat sie weidlich genutzt. Daher trifft nun das Symbol ihres Scheiterns, die Kirchenaustritte, sie so heftig. Es handelte sich wohl auch früher im Wesentlichen nur um eine Fassadenkirche, die sich gerne in erwählendem Klerikalismus für sich und lauthalser Beschuldigungstheologie gegen andere erging, aber jede nötige Selbstrelativierung scheute.

Diese Kirche muss sich den Austritt als Symbol ihres Scheiterns zurechnen lassen.²² Das bedeutet auch: Der Rechtfertigungsdruck ist auf sie übergegangen; er bleibt nicht bei der Person hängen, die austritt. Das wird immer normaler. Wer austritt, will sich in der Regel mit einem Ärger, einer Empörung, einer Unzufriedenheit gegenüber

---

[21] Nach der Studie von Michael Ebertz/Monika Eberhardt/Anna Lang (Hg.), *Kirchenaustritt als Prozess: Gehen oder Bleiben? Eine empirisch gewonnene Typologie*, Münster: Lit, 2012, die den länger dauernden Prozess bis zum Austritt freilegte, sind die Austritte offenbar kaum beforscht worden. Auf der Grundlage eines acht Jahre langen Forschungsprojekts hat Birgit Almer 2019 dann vier Typen taxonomiert, zu denen Martina Bär einen fünften hinzufügt: „der ‚Protest-Austritt', der ‚Vertrauensverlust-Austritt', der ‚Verletzungs-Austritt' und der ‚Apathismus-Austritt'. Diese Typologie hatte viele Tausend Telefonate mit Kirchenausgetretenen zur Grundlage. Inzwischen ist, wenn ich recht sehe, eine weitere Gruppe hinzugekommen, nämlich die Resignierten. Aktuelle Studien sind nicht vorhanden." (Martina Bär, Vertrauenskrise. Kirchenaustritt als Ort der theologischen Erkenntnis, in: Dies./Maria Blittersdorf/Elisabeth Migge/Kerstin Rehberg-Schroth (Hg.), *In Beziehung sein. Relationalitäten als Orte theologischer Erkenntnis (FS Hilberath)*, Ostfildern: Grünewald, 2023, 335–349, 341) Bär vermutet, Austritte haben ähnliche habituelle Konsequenzen wie Scheidungen (ebd.).

[22] Prägnante Indizierungen dieses Symbols benennt Eva-Maria Faber, *Kirchenaustritte: Wenn Menschen fehlen*, Stimmen der Zeit 2/148 (2023), 105–114. Ihr Vorschlag, unterschiedliche Partizipationsformen ohne scharfe Grenzziehung, leuchtet ein. Schließlich gilt: „Die formal definierte Mitgliedschaft ist kein so hohes Gut, dass um ihretwillen Verletzungen in Kauf genommen werden dürften." (110 f)

der Kirche äußern und sieht darin die einzige Möglichkeit, sich Gehör zu verschaffen. Das ist aber nicht gerade ein Habitus, dem egal ist, was mit Kirche geschieht, ohne dass damit schon dieses „was" klar zu bestimmen ist. Klar ist nur, dass es nicht auf die Kirche ankommt, um was es geht. Sie fehlt in der Regel jenen nicht, die gehen. Aber ihnen ist nicht egal, dass es da etwas gibt, für das es nicht auf die Kirche ankommt. Das macht sie dann umgekehrt zu einem „Ort der theologischen Erkenntnis [...], genauer: als ein Ort der *ekklesiologischen* Erkenntnis."[23]

An diesem Punkt setzt etwas ein, was theologisch sehr wichtig ist. Wenn es nicht egal ist, dass gerade Nein gesagt wurde, dann hat dieses Nein noch eine andere Dimension, als die binnenkirchlichen Defizite einer echten Innovation anzuzeigen. Mit diesem Nein wird kirchliche Identifikation nicht einfach als nicht länger gegeben abgehakt. Es wird vielmehr das, was hinter dieser Identifikation eigentlich stand, herausgehoben. Dazu wird jetzt direkt und nicht bloß implizit Ja gesagt. Es muss sich dann das eigens artikulieren, was nicht egal ist, und das ändert das gesamte Bild. An das, was nicht egal ist und lange bloß untergründig vorhanden war, gelangt jemand erst über das vorherige Nein heran. Dann ist dieses dem Nein nachfolgende Ja mehr als nur symbolisch gesetzt. Wäre es das, dann wären wir wieder bei einem binären Code, in dem man sich eben für die Ja-Seite oder die Nein-Seite entscheiden müsste. Das Ja verstärkt aber dann, was nicht egal ist und was vom Nein her nun zugänglich geworden ist. In dem Ja wird das, was aufgrund der absurden katholischen Realitäten zu einem klaren und bleibenden Nein führt, zum Kristallisationskern eines Widerstands, der diese Realitäten nicht mehr und nicht länger für die eigene Existenz in Glauben und Spiritualität, in gesellschaftlichen und kulturellen Zusammenhängen hinnimmt. Das, worauf man nun statt des Scheiterns zugeht und Ja sagt, ist dennoch von diesem Scheitern indiziert. Aber diesem Scheitern ist dann nicht mehr die symbolische Macht zu einem weiteren Nein gegeben, mit dem man sich desinteressiert und desillusioniert abwendet. Es gibt eine andere Zustimmung, nämlich die zu der in der Tat großen Alternative zu den absurden Verhältnissen, die nun tatsächlich zum Greifen nah angekommen ist. Das Ja, das an die Stelle eines zweiten Nein gesetzt werden kann, anerkennt und respektiert das erste Nein als das, was diesen Raum eröffnet hat. Es wird buchstäblich eingeräumt als eine unausweichliche Notwen-

---
[23] Bär, Vertrauenskrise, a.a.O., 344.

digkeit. Nein und Ja sind dann beide bleibend verbunden, weil das eine – das Nein – die Bedingung der Möglichkeit des Ja ist. Das ist eine sehr andere Konstellation, als darauf zu setzen: „Es gibt diese und jene Ärgernisse in der Kirche, aber dennoch gibt es auch jenes und dieses, was gut ist und was uns wichtig ist" oder ein „Trotzdem bleiben wir dabei" dem überzustülpen, was man verneint. Bei den Konjunktionaladverbien „dennoch" und „trotzdem" wird lediglich eine Tätigkeit angezielt, die darüber hinausgeht, was das Nein ausmacht und begründet. Sie setzen eine Konjunktion, die an der Oberfläche bleibt und nicht tatsächlich mit den Gründen des Nein verbunden ist. Das, was in Konjunktion zu dem, was abgelehnt wird, dann gesetzt wird, folgt einer anderen Ordnung. Die absurden Realitäten können, ja dürfen dann nicht antasten, was mit „dennoch" und „trotzdem" angeführt wird. Dann hat das Ja nicht wirklich etwas mit dem Nein zu tun, es wird lediglich eine Konjunktion gesetzt, in der mit den sattsamen Hinweisen auf „dennoch etwas Gutes etc." diese und jene Gründe für das Ja hinzufügt werden. Aber diese Gründe haben mit den anderen Gründen für das Nein nur lose eine Verbindung. Dann hat all das, wozu zugestimmt wird, eigentlich nichts mit dem zu tun, weshalb man ‚Nein' sagen muss. Bei Konjunktionaladverbien soll daher vor allen Dingen das relativiert werden, was als schlimm und zu überwinden angesehen wird, weil weitere positive Punkte daneben gesetzt werden.

Wer also ‚dennoch' zur Kirche ja (mit kleinem j) sagt und ‚trotzdem' an seinem/ihrem Glauben festhält, obwohl sie derart in Missbrauch von Sex, Macht und Geld verstrickt ist, will dieser Erfahrung eigentlich die Schärfe nehmen. Aber das misslingt, weil man sich dann nur auf einen binären Code versteift, dass es eben auf der einen Seite die Gründe für das ‚Nein' gibt und auf der anderen aber die viel wichtigeren Gründe für das ‚Ja'. Die „Dennoch"-Gläubigen entscheiden sich dann eben für das Ja, während die Nein-Sager das nicht tun. Sie gelten für diesen Code dann als „nicht mehr Gläubige". So etwas ist zwar systemstabilisierend, aber keine wirkliche Veränderung. Damit kommt Kirche nicht vom Fleck und so lässt sich ihre bedrängende Krise nicht lösen, weil die Gründe für das Nein! viel gravierender sind als die für ein „Ja, gut". Wer nur „dennoch" Ja sagt oder „trotzdem" dabei bleibt, flieht daher eigentlich vor der gravierenden Kraft des Nein, weil es offenbart, wie es tatsächlich steht um diese Glaubensgemeinschaft. Bei dem, worum es jetzt kirchlich geht, gehen daher „Nein!" und „Ja!" Hand in Hand, oder sie ist tatsächlich nur noch überflüssig. Das Ja relativiert das Nein nicht, sondern stellt sich ihm ganz und gar und registriert seine indizierende Kraft für die wirkliche Lage. Daher kann auch nur ein Ja! wagen, wer bereit ist, die Tiefe und Schärfe des Nein! auszuloten. Sonst bleibt so ein Ja illusionär, hält sich krampfhaft an Oberflächlichem fest und kommt nicht um Schönfärberei herum. Alles das muss vermieden werden, will die katholische Glaubensgemeinschaft wieder glaubwürdig werden.

Teil I:
Aufrütteln statt aufregen.
Warum Maria 2.0, #liebegewinnt, #OutInChurch, ausgesetzte Eucharistiefeiern Illusionen aufgeben, jedoch die Ungeduld bestärken

In der modernen Theorie der Zeichen lässt sich der im Einstiegskapitel genannte Zusammenhang von Nein und Ja zugleich veranschaulichen. Das eine Zeichen – hier das „Ja" – baut auf das andere Zeichen auf – hier das „Nein". Es ist der Zusammenhang von Symbolen und Indizes, die als Zeichen miteinander verwandt sind, aber verschiedenen Zeichenklassen entsprechen. Symbole setzen eine andere Klasse von Zeichen voraus, die das, was sie symbolisieren, mit einer Realität in Kontakt bringen, die jenseits des symbolischen Universums liegt. Das sind die Indizes. Ein Index stellt eine Klasse von Zeichen dar, die Kontakt zu Realitäten außerhalb des Zeichens herstellen. Diese Außengrößen sind jetzt und hier vorhanden. Symbole können dagegen sowohl mit vergangenen Tatsachen wie mit erwünschten künftigen Geschehnissen verbunden werden, die aus der Größe selbst kommen, die solche Symbole aufstellt und verwendet. Für Symbole im katholischen Glauben – Glaubensbekenntnis, Sakramente, liturgischer Jahreskalender – ist das auch ihre spezifische Natur. Aber zugleich besagt die semiotische Theorie, dass kein Symbol ohne einen Index präzise zu fassen ist. Symbole sind von einer Realität indiziert, mit der die ihnen zugeordneten Indizes verbunden sind, sonst lösen sie keine Aktivitäten aus, die wahrheitsfähig wären. Sie werden auf der symbolischen Ebene in einen Verständnishorizont eingebaut, der diese Indizierung aufgreift. Ohne Indizes hängen Symbole in der Luft.

Auf den Börsen kann man diesen Zusammenhang beobachten. Finanzindizes wie DAX, DowJones, Nikkei usw. ergeben sich ja aus tatsächlich getätigten Geschäften mit Aktien und anderen Finanzprodukten. An ihnen lassen sich die aufsteigende oder die abfallende wirtschaftliche Tätigkeit erkennen, die sich dann in besonders gravierenden Gewinnen oder Verlusten bestimmter gehandelter (Finanz-)Produkten auch symbolisieren lassen. Von daher hängen Symbole und Indizes zusammen. Indizes sind die Voraussetzungen, um die jeweilige symbolische Interaktion herausstellen zu können.

Nach solchen Indizes suche ich hier, um den Verlust des symbolischen Kapitals der Identifizierung mit der katholischen Kirche auf die Spur zu kommen. Meines Erachtens lassen sich solche Indizes dort finden, wo dem katholischen Scheitern nicht ausgewichen wird. Das ist der entscheidende Fokus, um auf jene Indizes zu kommen, die den Symbolen der gescheiterten Kirche unterliegen. Menschen, die austreten, zeigen zugleich an, mit welchen Realitäten das Scheitern indiziert ist, weil sie ja auf Realitäten in der Kirche reagieren und nicht einfach *out of the blue* auf die Idee kommen, das zu tun.

Aktionen, Bewegungen, Unternehmungen, die sich das katholische Scheitern zumuten, nehmen daher eine besondere Rolle für die Suche danach ein, wie es weitergehen kann. Sie öffnen dieser Suche einen Raum, der größer ist und hinter dem liegt, was die vielfachen Dialogbemühungen in der Kirche abdecken. In diesem Raum besteht die enge Verknüpfung von Glauben an Gott und dem kirchlichem Leben nicht mehr. Gleich, ob Kirche sich über ihr Scheitern hinwegsetzen will, dieser Riss tritt integral auf, weshalb „auch der Dialog über notwendige Veränderungen zu führen [ist], wenn die verfasste Gestalt der Kirche den Raum dazu nicht mehr zu bieten vermag, den Glauben in sich verändernden Gesellschaften lebendig werden zu lassen."[24] So richtig dieser Imperativ des Dialogs ist, so lotet der dialogische Resonanzraum noch nicht hinreichend das Nein aus, das dem Ja notwendigerweise vorausgeht. Vielmehr indizieren die hier gesuchten Aktionen, Bewegungen, Unternehmungen die Lage des Glaubens, der mit dem Scheitern und der Überflüssigkeit der Kirche verkettet ist, und sie geben Hinweise, warum man sich damit nicht abfinden kann. Es kommt bei der Suche nach einem Ausweg aus der jetzigen Krise auf solche Indizes an und nicht einfach auf das Symbol des kirchlichen Glaubensuniversums. In ihnen engagieren sich Menschen, die kirchlich enttäuscht wurden, aber daraus Kraft schöpfen, dass es so nicht weiter gehen kann. Sie geben sich nicht damit zufrieden, wie die Kirche ihre Enttäuschungen ständig bestätigt. Sie äußern daher sehr entschieden mehr als das, was sie enttäuscht, und vereinbaren sich zu Aktionen, die auf dem Boden dieser Enttäuschungen aufrütteln. Damit bauen sie Potential auf, um sich mit anderen klein- oder auch großflächig zu vernetzen.

Die aufrüttelnden Aktionen müssen daher zugleich Alternativen zu einer Ohnmacht erkennen lassen, die sich achselzuckend der Enttäuschung unterwirft, weil es scheinbar keine andere Möglichkeit

---

[24] Magnus Striet, Was ist ‚katholisch'. Ein Bestimmungsversuch im Horizont ‚der' Moderne, in: Marianne Heimbach-Steins/Gerhard Kruip/Saskia Wendel (Hg.), „Kirche 2011: Ein notwendiger Aufbruch". *Argumente zum Memorandum*, Freiburg: Herder, 2011, 58–70, 65.

mehr gibt. Eine solche Ohnmacht entmutigt nur, während jene Gruppierungen aus der Ohnmacht eine andere Form von Ermächtigung zu machen verstehen. Gemeinsam sind ihnen drei Dinge: dass sie sich dagegen verwahren, die Lage zu verharmlosen, dass sie eine praktizierbare Alternative anbieten und dass sie christliches Glauben dadurch jenseits von Utopien ansiedeln. Mit dieser Triade führen sie den Glauben auf anders gelagerte Felder als die vor lauter Enttäuschungen zerfurchten. Dort muss man es anders machen, als weitere Furchen erwartbarer Enttäuschungen zu ziehen.

Ich möchte vier zeitgenössische Entwicklungen nennen, die diese Eigenschaften haben: *Maria 2.0, Liebe gewinnt, #OutInChurch, das zeitweise Aussetzen von Eucharistiefeiern wie in Aschaffenburg Sankt Maria.* Es gab sie nicht vor 2019 und bereits das ist signifikant. Es handelt sich um gegenwärtige und zeitgenössische Entwicklungen. Sie fliehen weder in eine scheinbar große Vergangenheit noch fürchten sie sich vor einer offenbar bedrängenden Zukunft. Entsprechend haben sie sich in den wenigen Jahren, in denen sie agieren, wechselseitig verstärkt, ohne eine bloße Abfolge voneinander zu sein. Es gibt sicher noch viele weitere Bewegungen, Vorgänge, Einrichtungen, Entwicklungen, die hier aus diesen letzten Jahren zu nennen wären. Das will ich nicht ausschließen, sondern ausdrücklich deutlich machen. Entsprechend nehme ich diese vier als signifikant für einen größeren Raum. Der gemeinsame rote Faden ist kein neuer Geduldsfaden, sondern ist hartnäckig verknüpft mit der tatsächlichen und nicht nur der erwünschten Lage des katholischen Glaubens.

Indizes unterlegen Symbole mit Kontakten zu Realitäten, die unvermeidbar im Raum stehen. Die vier genannten Größen sind solche Indizes für eine Kirche, deren Selbstsymbolisierung gravierend davon erschüttert wird. Sie stehen für eine alternative Kirchlichkeit, die sich weder Illusionen über die Kirche macht noch sich mit jener Form abfindet, mit der sich zu identifizieren aufgrund fehlender Glaubwürdigkeit nicht mehr möglich ist. Diese vier Größen empören sich, aber tun es auf eine Weise, die nicht an der hartleibigen Verweigerung jeder tiefgreifenden Veränderung zerschellt. Vielmehr treiben sie die Kirche auf eine Weise vor sich her, dass die gar nicht anders kann, als die Anliegen dieser Größen auch auf eine Weise einzuräumen, die ihr gegen den Strich geht. Sie kann die Selbstrelativierung darin weder ignorieren noch diskreditieren. Vielmehr muss sie genau den Dammbruch ihrer symbolischen Bedeutung befürchten, den sie seit 150 Jahren mit der kurzen Ausnahme des Zweiten

Vatikanischen Konzils bisher mit allen Mitteln zu vermeiden versuchte.

Natürlich versuchen Kirchenleitungen immer noch ständig, den Damm mit vielen Mitteln zu sichern; erhebliche Ressourcen gehen dort hinein. Das, was sich aber gravierend verändert hat, befindet sich hinter dem Damm. Er ist gar nicht mehr in der Lage, die Wassermassen zu halten, für die er gebaut wurde, weil es diese Massen nicht mehr gibt. Das Wasser ihrer symbolischen Relevanz ist längst versickert, verdunstet, verlandet. Der Druck besteht nicht auf den Damm, sondern durch den Damm. Er bröckelt und damit zerbröselt die Kirchenform, die solche Dämme aufzubauen nötig hat. Der Damm ist ruinös. Wer ihn sichert, baut nur eine Ruine auf.

Die hier zu besprechenden Gruppen stehen nun nicht am Damm und zeigen auf Risse, durch die Vorboten der durchbrechenden Wassermassen sickern. Diese Netzwerke stehen auf dem Damm und weisen darauf hin, wie niedrig der Wasserstand dahinter tatsächlich ist. Bereits ihre schiere Existenz entmythologisiert, dass der Damm nötig wäre. Da ist nichts mehr zu halten, was ihn rechtfertigt. Daher nutzen auch kirchliche Dammsicherungsmaßnahmen nichts; der Damm bricht, weil er vertrocknet ist und zerbröckelt. Beginnen wir mit Maria 2.0.

Maria 2.0 – Widerruf einer gestundeten Zeit draußen vor der Tür für die Fülle des Evangeliums

Sie ist die erste der eindrucksvollen jüngeren katholischen Rebellionen, denen nicht mehr auszuweichen ist. Frauen im Bistum Münster haben das Netzwerk mit einer Aktionswoche vom 11. bis 19. Mai 2019 aus der Taufe gehoben, also dem Marienmonat. Sie haben vor Ort in konkreten Pfarrgemeinden zum Kirchenstreik aufgerufen und ihn mit weiteren Aktionen ausgeführt. Dieser Streit indiziert kirchliches Scheitern: Maria 2.0 startet nicht in der Kirche, sondern darin, raus zu gehen. Dagegen ist Kirche machtlos. Die Ohnmacht der Frauen, die diese Bewegung verbalisiert, bleibt weder im Inneren der betroffenen Menschen noch im Inneren der Kirchengebäude noch im Inneren von katholischer Lehre. Das macht diese Revolte gegenüber früheren gravierend anders, die ausgesessen wurden und versandet sind. Sie kommt von außen, weil sie selbst nach draußen gegangen ist, und kommt dann erst nach innen. Dadurch schlägt sie mit sehr viel mehr Gravitation im Kircheninnen auf. Maria 2.0 ist ein Netzwerk von

Frauen, denen es mit der katholischen Kirche in dieser Form reicht, weil sie Frauen in jeder Hinsicht inadäquat behandelt. Maria 2.0 belegt, dass erst eine Ohnmacht kreativ wird, die im doppelten Sinn raus geht, und sich nicht in diversen Binnenlagen in der Kirche oder im eigenen Innen verquält. Dort verschärft sie sich nur, während sie dort draußen eine eigene Form von Macht entfaltet, die mit machtvollen Attacken aus dem jeweiligen Innen heraus nicht zu fassen und zu stoppen ist.

Die prägende Aktion war ein Kirchenstreik gegen die real vorhandenen, männerbündischen und vom Klerikalismus geprägten Machtstrukturen. In einer Pressemitteilung von Anfang April 2019 heißt es: „Engagierte Frauen aus der kath. Kirchengemeinde Heilig Kreuz in Münster finden: ‚Das Maß ist voll.' Aus diesem Anlass rufen sie zum Kirchenstreik auf und nennen ihre Aktion ‚Maria 2.0'. Sowohl der Diözesanverband Münster als auch der Bundesverband der ‚Katholischen Frauengemeinschaft Deutschlands' (kfd) unterstützen diesen Aufruf und auch die Frauen der kfd St. Nikolaus Wolbeck wollen nicht länger schweigen und sich an dem Kirchenstreik aller Frauen vom 11. bis 18. Mai 2019 beteiligen. Um zu zeigen, dass die katholischen Frauen von den Männern außen vorgehalten werden in einer männlichen, klerikalen und hierarchisch verfassten Kirche, wollen sie am Sonntag, 12. Mai 2019, draußen vor der Kirche bleiben und dort einen Wortgottesdienst feiern – bei Regen im Pfarrheim. Es geht dabei nicht um die Situation in unserer Gemeinde vor Ort, sondern es geht um eine grundsätzliche Erneuerung der Kirche als Institution, indem sie für die Dauer der sonntäglichen Eucharistiefeier draußen blieben und eine alternative Gottesdienstform dabei vollzogen haben. Statt am Sonntag in die Kirche zur Messe zu gehen, blieben sie draußen stehen, weil sie eben ständig von dieser Kirche nach draußen verdrängt werden, sobald es um Einfluss, Gestaltungsmacht, Entscheidungsvollmacht geht."

Hier zeigt sich eine Ansage von Fülle. Sie lautet zum einen, dass jetzt das Maß voll ist. Und sie lautet zum anderen, dass genau dieses Voll-Sein so gravierend von der kirchlich eigentlich zu erwartenden Fülle entfernt ist, dass es zum Himmel schreit. Es wird also eine Fülle markiert, die das Gegenteil jener Fülle ist, über welche die Kirche als Glaubensgemeinschaft eigentlich eine Botschaft auszurichten hat. Damit kann man sich nicht abfinden und deshalb findet der Kirchenstreik jeweils gerade in jenen Stunden statt, die eigentlich der Botschaft von der Fülle gewidmet sind. Denn die Eucharistie selbst wird gravierend zu ihrem Nachteil getroffen, wenn sie der Diskrepanz einen Ort gibt, die zwischen den beiden Formen der Fülle besteht. Die streikenden Frauen wollen nicht davon lassen, dass die Eucharistie für etwas anderes da ist, als an dieser Diskrepanz zu zerbrechen.

Die Aktivistinnen nutzen dafür zwei Differenzen, die auf den ersten Blick harmlos erscheinen, die es aber in sich haben. Es sind die Differenz von drinnen und draußen sowie die von sitzen und stehen. Wer wie diese Frauen keinen adäquaten Platz in der Kirche bekommen kann, muss nach draußen gehen. Auch wenn sie in der Kirche sitzen, haben sie nie mehr als einen Stehplatz für das Geschehen am Altar. Dort sitzen andere und dann, wenn die dort stehen und die Differenz von göttlicher Transzendenz und patriarchaler Immanenz verschwimmt, dann wird für jede Frau der Distinktionsgewinn erfahrbar, den die am Altar stehenden Männer einstreichen, weil Frauen dort niemals als Hauptpersonen stehen dürfen. Eine gläubige Frau kann nicht drinnen bleiben, ohne sich angesichts der offenen Diskriminierung und Ausgrenzung vorführen zu lassen. Zugleich ist es unbequemer, draußen zu stehen, während drinnen das normale Programm abläuft. Drinnen gäbe es Sitzplätze – und an jedem Sonntag in so gut wie jeder Kirchengemeinde mehr als genug. Draußen müssen die Frauen stehen, aber ihr Stehplatz hat eine größere Reichweite als jeder Sitzplatz drinnen. Das schließt den Priestersitz ein. Der Stehplatz draußen hat eine höhere innere Befriedigung als jedes rituelle Wechseln drinnen von sitzen, stehen, knien, sich etwas vormachen.

Was haben Frauen schon von Sitzplätzen, wenn damit nicht der gleiche Einfluss möglich ist wie Männern? Dann werden sie zur Staffage, gleich um wieviel zahlreicher sie gegenüber den Männern in den Gemeinden und Pfarreien vor Ort sind. „Oben" in der Kirchenführung sind sie nicht wirklich vertreten; die Frauen in vatikanischen Kurienabteilungen oder Entscheidungspositionen in bischöflichen Ordinariaten sind platziert worden, um die Debatte um die männlich-klerikale Hierarchie im Sinne ihrer Machterhaltung zu beruhigen. Sie sind Staffage eines Kirchensystems, dessen Glaubwürdigkeit abgewirtschaftet ist, auch wenn das den Personen nicht gerecht wird, die dort arbeiten. Sie leisten weithin glaubwürdige Arbeit, aber gerade das kann das System nicht stabilisieren, weil es für dessen Ressentiment gegen Frauen in den wirklich entscheidenden Positionen offenbarend ist.

Das drehen die Frauen von Maria 2.0 in ihrem Auszug um. Ihre Revolte ist keine Staffage, sondern der Schlüssel für die tatsächliche

Realitäten in der katholischen Kirche. Es fehlt ihr auf fast allen Ebenen vom Papstamt bis hinunter zu den Pfarreien der Ort, der auch nur annähernd die Bedeutung der Frauen hinreichend würdigt. Je höher die Ebene der Macht ist, desto offenbarender ist dieses Defizit. Die Macht ist zwar in der Sprache weiblich, aber in der katholischen Kirche männlich. Sie wird nicht geteilt unter den Geschlechtern und das in einer Kirche, die ständig vom Teilen und Miteinander der Geschlechter spricht. Das ist nicht mehr hinnehmbar und deshalb revoltieren diese Frauen draußen vor der Tür. Sie verkrümmen sich nicht nach innen in ihrer Ohnmacht.

Das Stehen dieser Frauen draußen vor der Tür ist ein Ikon des Austretens, das die gesamte Kirche erfasst hat und mit dem diese Bewegung das kirchliche Scheitern indiziert. Den meisten Grund, nach draußen zu gehen, haben in der katholischen Kirche Frauen, gerade weil sie es sind, die die Kirchengemeinden vor Ort eigentlich noch am Leben erhalten. Aber die Frauen von Maria 2.0 haben etwas viel Besseres vor, als geduldig am Leben zu erhalten, was sie klein hält. Sie sagen Nein!, um die Dinge zu verändern, und auf der Basis des entschiedenen Nein! ein ebenso entschiedenes Ja. Sie revoltieren. Ihr Stehen draußen vor der Tür ist auch ein Index des Aufstandes, den die Kirche benötigt, um darüber hinaus zu kommen, überflüssig zu werden, auch wenn sie das ziemlich nervt und sogar ängstigt. Die Frauen draußen drehen die Verhältnisse um. Es ist daher mehr als ein symbolischer Erfolg der Frauen, dass sich dieser Aufstand seither eindrucksvoll ausgebreitet hat. Diese Frauen lassen sich nicht mehr hinsetzen, um sich zu beruhigen. Sie revoltieren sichtbar nach außen, nachdem sie schon länger innerlich rebelliert haben.

Von der inneren Rebellion über die äußere Revolte zum gravierenden Aufstand ist es ein Dreischritt. Diesen Dreischritt sollten wir uns merken. Er ist das bisher eindrucksvollste Resultat, das Aktivitäten nach dem Ende der Geduld erreicht haben. Ein solcher Aufstand kann scheitern und ist in gewisser Weise auch gescheitert, weil die Macht ihre Fratze seither zeigt, einfach so weiter zu machen wie zuvor. Schließlich haben sich trotz der großen Zustimmung zu diesem Kirchenstreik die Dinge nicht geändert. Und es sieht nicht danach aus, dass sich das in nächster Zukunft ändern würde.

Wer jetzt noch als Frau Geduld mit der Kirche aufbrächte, würde nur das Beharren gegen die Veränderungen stabilisieren. Für die Frauen, die Maria 2.0 mitgestalten, kann es daher durchaus auch die gleichen Enttäuschungen geben, die in Kirchenaustritten sichtbar sind. Manche von ihnen sind auch aus der Kirche ausgetreten, was aber gerade nicht gegen sie spricht. Denn in ihrer inneren Rebellion und äußeren Revolte wird eine Glaubensform gelebt, die eine durchschlagende Präsenz dafür hat, wie es anders werden müsste in der Kirche. Diese Fähigkeit, anders zu glauben, lässt den Symbolen der unendlich vielen vergangenen Enttäuschungen nicht das letzte Wort. Die Frauen im Netzwerk fangen jetzt damit an, die Misere hinter sich lassen.

Die Frauen sind die Revolte ihren enttäuschenden Erfahrungen mit der eigenen Kirche schuldig. Den Aufstand sind sie ihren Töchtern schuldig, die die Geduld ihrer Mütter nicht mehr aufbringen dürfen, weil sie sich selbst dann schädigen würden. Aber den Anfang des Geschehens, die innere Rebellion, sind die Frauen sich selbst schuldig, weil sie über Jahrzehnte des eigenen Lebens die absurde Diskrepanz zwischen Männermacht und Frauendiensten beschämt, aber geduldig hingenommen haben. Dieser Rechtfertigungsdruck ist durch den sexuellen Missbrauch gravierend erhöht worden, weil hinter der duldsamen Hinnahme die Vertuschung umso reibungsloser agieren konnte. Es lässt sich keinesfalls mehr rechtfertigen, warum man so lange hingenommen hat, dass der Geduld ständig Hohn gesprochen wurde.

Vor wem lässt es sich nicht mehr rechtfertigen? Bei dieser Frauengeneration von Maria 2.0 sind es vor allen Dingen die eigenen Kinder und die Enkelkinder, aber auch vor den Opfern des Missbrauchs, deren Kinder und Enkelkinder nicht länger in diese Lage gebracht werden dürfen. Die Unmöglichkeit, sich selbst weiter rechtfertigen zu können, geht unter die Haut. Dazu heißt es auf der Homepage des Netzwerks: „Wir haben darüber gesprochen, wie sehr uns die aktuelle Situation in der Kirche beschäftigt. Wie schwierig es manchmal ist, Menschen, die fern der Kirche stehen, zu erklären, warum man überhaupt noch dabei ist, bei all dem Grauen, das da in den letzten Jahren immer und immer wieder und immer mehr zu Tage getreten ist und tritt und wie sehr uns der Umgang der meisten Amtsinhaber mit den Tätern, den Mittätern und den Opfern entsetzt. Dass seit Jahren die immer gleichen Fragen diskutiert werden und dass trotz der allseits beteuerten Reformbereitschaft die Abschaffung bestehender männerbündischer Machtstrukturen nicht in Sicht ist."[25] Die Absurdität eines Wartens auf bessere Zeiten ist unerträglich; denn sie kommen nicht.

---

[25] https://www.mariazweipunktnull.de

Mit ihrem längst gerissenen Geduldsfaden sind diese Frauen die Avantgarde für all jene, die so nicht mehr in der Kirche weitermachen können, ohne alles einfach in den Wind zu schlagen. Hier geht es um viel mehr als nur um Reformen. Im Fokus stehen die unerträglichen Absurditäten, die auch beim besten Willen nicht mit kleinen oder auch größeren Reformschritten zu verändern sind. Es geht längst nicht mehr um Reformen im bestehenden Rahmen von Kirche. Das reicht alles nicht mehr. Die Frauen von Maria 2.0 fordern die Zeit ein, die sie dieser Glaubensgemeinschaft sehr lange gestundet haben, aber die nur auf Widerruf für sie freigehalten wurde. Man kann daher mit Ingeborg Bachmann sagen, worauf es ankommt: „Es kommen härtere Tage. Die auf Widerruf gestundete Zeit wird sichtbar am Horizont."[26] Weder kann die katholische Kirche den Horizont wegwischen noch den Widerruf aussetzen und schon gar nicht die von den Frauen gestundete Zeit als ihre eigene reklamieren. Es kommen härtere Tage und das ist gut so; denn es geht nicht anders. Reformen reichen nicht hier hin. Es geht um den ganzen Aktionsrahmen von Kirche, der nicht weiter tun kann, wie sie es gerne hätte. Schließlich bürdet er den Frauen über die Diskriminierungen hinaus auch noch die Last dafür auf, sich darüber freuen zu sollen, diskriminiert zu werden. Das haben Maria 2.0 und die Frauen draußen vor der Tür widerrufen. Die Kirche kann sich nicht mehr nach Gutsherrinart an der ihr nur gestundeten Zeit bedienen. Diese ist nun widerrufen.

An diesem Punkt nach der Geduld würde jeder normale Mensch unweigerlich vor der Frage stehen, ob Aufgeben und Weggehen nicht die einzigen noch verbleibenden Optionen sind. Das sind sie tatsächlich, wenn man es bei den normalen Möglichkeiten belässt. Aber das Netzwerk Maria 2.0 bleibt nicht bei seinen Möglichkeiten. Es geht in den Bereich hinein, der für die Machtverhältnisse der Kirche unmöglich mit Ausrufezeichen ist. Dieses Ausrufezeichen tritt buchstäblich auf: „Für uns alle ist ein stillschweigender Austritt keine Option. Kämpfen wollen wir für uns und für unsere heranwachsenden Kinder und Enkelkinder! Kämpfen für einen Weg, der es uns und auch den nachfolgenden Generationen nicht nur erträglich macht, sondern sogar Freude, in dieser Kirche zu bleiben!"[27]

Das Ausrufezeichen kommt unscheinbar daher, aber es markiert einen Wechsel in der Grammatik zu glauben. Es kann kein christliches Glauben geben, das nicht die Zeit widerruft, die der Kirche nur

---

[26] Ingeborg Bachmann, Die gestundete Zeit, in: *Werke. Bd. I*, München: Piper, 1978, 37.
[27] https://www.mariazweipunktnull.de

gestundet ist. Der Widerruf ermächtigt jene, die glauben, zugleich an sich selbst zu glauben und ihre eigene Bedeutung für das Evangelium zu glauben. Die Ermächtigung geht einen Umweg. Sie bleibt draußen, weil sich drinnen nichts von Belang bewegt. Das ist der für die katholische Kirche neuralgische Punkt, weil sie nicht zu stoppen vermag, dass härtere Tage kommen. Das können wir nur begrüßen.

#liebegewinnt – Widerstand gegen unverblümte schamlose Selbstwidersprüche

Ähnliches wie bei Maria 2.0 lässt sich bei dem zweiten Netzwerk beobachten, das eine rebellische Änderung in eigenen Inneren zur offenen Revolte verdichtet hat, *#liebegewinnt*. Es indiziert ebenfalls eine massive Enttäuschung mit der Kirche, die nicht nur absurde Einschränkungen bei Partnerschaft und gelebte Sexualität macht. Sie bevorzugte zugleich eine über Jahrhunderte gepflegte Beschuldigungstheologie gegen abweichendes Verhalten, dessen Anormalität sie allein aufgrund göttlicher Auserwählung einzuschätzen beansprucht. Die Beschuldigung der anormalen, widernatürlichen, völlig verderbten Menschen war für sehr lange Zeit eine der primären Kapitalsorten der Kirche, um ihr Milieu gegenüber der modernen Welt zu stabilisieren. Darin mischen sich Absurdes und Unverschämtes und gegen diese Mischung stand die Initiative *#liebegewinnt* auf. Das Netzwerk wurde von einem buchstäblichen Ikon der empörenden Unverschämtheit ausgelöst, die das Fass der Enttäuschungen zum Überlaufen braucht – das Responsum der Glaubenskongregation der päpstlichen Kurie auf ein ihr angeblich gestelltes Dubium mit Datum vom 22. Februar 2021. Es lautet: „AUF DAS VORGELEGTE DUBIUM: Hat die Kirche die Vollmacht, Verbindungen von Personen gleichen Geschlechts zu segnen? WIRD GEANTWORTET: Nein Punkt"[28] Den Punkt muss man wirklich ausdrücklich sagen. Er steht im Text.

Die Unverschämtheit dieses Textes ergibt sich aus dem primären Argument der päpstlichen Behörde. Dort beansprucht sie nicht einfach bloß eine lehramtliche Tradition, was sich im Rahmen des Üblichen bewegt hätte und wofür es vorausgehende lehramtliche Äußerungen gibt, die ähnlich wie dieses Responsum auf vergleichsweise

---

[28] https://press.vatican.va/content/salastampa/it/bollettino/pubblico/2021/03/15/0157/00330.html#ted

niedriger Autoritätsstufe angesiedelt waren. Das wollte man offenbar überspielen oder übertrumpfen. Der springende Punkt des unverschämten Übergriffs ergibt sich aus der direkten Beanspruchung Gottes. Zunächst wird daran erinnert, „dass Gott selbst nicht aufhört, jedes seiner Kinder zu segnen, die in dieser Welt pilgern", aber das gilt nicht für jene in solchen Partnerschaften: „Aber er segnet nicht die Sünde und er kann sie nicht segnen".[29] Die einzelnen Menschen in diesen Partnerschaften können gesegnet sein, aber lediglich gegen die Sünde, die sie im Zusammenleben miteinander ständig begehen. Auch darüber ließe sich noch streiten, aber die Vorschrift, die hier Gott gemacht wird, schlägt dem Fass der Enttäuschungen den Boden aus. Diese Äußerung deckt sich mit dem ein und delektiert sich daran, was Gott nicht könne. Ein vatikanisches Dikasterium sieht sich in der Lage, Gott Vorschriften zu machen, was einem ziemlich unverblümten Übergriff mittels Gottes auf alle gleichkommt, die zuvor so gönnerhaft lächerlich „seine Kinder" genannt wurden.

Diesem Nein stellte das Netzwerk *#liebegewinnt* dann einen Aktionstag am 10. Mai 2021 gegenüber, an dem über hundert Segnungsgottesdienste für genau diese Paarkonstellationen angeboten wurden und zwar in katholischen Kirchen. Wie sehr man dabei vom Ende der Geduld profitierte, kann man an der sehr kurzen Vernetzungszeit der Initiative erkennen. Dieser Aktionstag wurde intensiv beachtet und zog ziemlich weite Kreise. Dafür gab es inhaltliche Gründe. Durch die Beanspruchung von Gottes Nicht-Können wird die Antwort auf das Dubium zu einer kaum verhüllten Verfluchung dieser Partnerschaften und zu einer Beschuldigung derer, die diesen Segen nachfragen, also nicht nur die Menschen in solchen Beziehungen. Die vatikanische Behörde lehnte nicht einfach bloß solche Segnungen ab, sondern qualifizierte sie als widergöttlich. Man sieht förmlich im Text, wie Gott sich angewidert von solchen Menschen abwendet, und wie huldvoll er dem Dikasterium dankt, endlich Klarheit geschaffen zu haben, was er so alles nicht könne.

Die angewiderte Abwendung von „der Sünde" verweist natürlich auf die Paare selbst, aber auch auf Seelsorger:innen vor Ort, die sich dieser „Sünde" pastoral öffnen. Dem hält das Netzwerk entgegen, dass die Verheimlichung der Segen, die natürlich erteilt wurden, weil sie offenbar auf eine pastorale Notwendigkeit für die jeweiligen Paare reagieren und die kirchliche Glaubwürdigkeit erhalten wollen, beschämend ist: „Es ist auch ein Schlag ins Gesicht für alle Seelsorger:

---

[29] Ebd.

innen und Theolog:innen, die Menschen in entscheidenden Situationen ihres Lebens den Segen Gottes zusagen, den Gott allein schenkt. Zur Realität dieser Kirche gehört bislang, dass eine Segensfeier für homosexuelle Paare und für Menschen, die nach einer zerbrochenen Ehe sich neu verlieben, meist heimlich passieren muss. Ein Segen durch die Hintertür jedoch ist beschämend – für die zu Segnenden und für die Kirche."[30]

Insofern das *Responsum ad dubium* sich nur wenige Wochen zuvor darauf berufen konnte, von Papst Franziskus gut geheißen worden zu sein, stellte die Aktion einen global wahrgenommenen Aufstand gegen eine lehrhaft erklärte Position dar. Das hat der Aktion eine weltweite und auch transkirchliche Rezeption beschert – „von der ‚Washington Post' bis zum Chinesischen Staatsfernsehen", wie das Netzwerk betont. Der Grund des hohen Interesses liegt wohl in der Beschuldigungstheologie in der Erklärung der Glaubenskongregation: „'Wir segnen nicht die Sünde' – das ist ein Schlag ins Gesicht für Menschen weltweit, die z. T. ein Leben lang um ihre Art zu lieben ringen und dafür lange genug diskriminiert wurden – auch von der Kirche." Diese Beschuldigungstheologie hat einen langen Atem, der aus der pianischen Epoche ins 21. Jahrhundert hineinweht. Sie setzt sich immer in eine überlegene Position, die keine Anfechtung dulden und keine Zweifel aufkommen lassen darf. Deshalb muss sie auch immer so betont bestimmt auftreten und sich selbst gegen andere erhöhen. Das hat Tradition seit Pius IX. und allein das lässt schon Skepsis aufkommen. Es gibt einen alten scholastischen Grundsatz *nimis probat nihil probat*, der in diesem Äußerungshabitus schlicht nicht beachtet wird. Das beschuldigungstheologische Bedürfnis, keine Unklarheiten zu hinterlassen, wird dann so bedrängend groß, dass auch Gott ohne Spielraum in die eigene Argumentation eingebunden werden muss. Nur so unverblümt auffällig wie bei diesem Responsium findet man es selten. Es wird nicht über Gott informiert, sondern darüber, was er nicht kann – die Sünde segnen. An die Osternachtfeier mit ihrer glücklichen Schuld hat offenbar niemand gedacht, wer an diesem Text gearbeitet hat.

Die Beschuldigungstheologie wird als so übergriffig erfahren, dass der Widerstand dagegen ein öffnendes Drehmoment erhält. Wer von solchen Beschuldigungen attackiert wird, muss sich ständig danach umsehen, wer nun mitbekommt, was tatsächlich geschieht

---

[30] https://st-nikolaus-muenster.de/unsere-lebenswirklichkeit-ist-anders/, Zitate von dort.

und abweichend ist. Eine A-Normalität wird niemals einfach nur konstatiert, sondern als verworfen deklariert. Sie soll gerade das nagende Gefühl auslösen, erwischt worden zu sein, mit dem die Betroffenen kirchlich allein gelassen werden. Eine solche Lage beschämt und isoliert. Dem setzt *#liebegewinnt* eine andere Rechnung entgegen, eben Liebe gewinnt. Was oder wer gewinnt mit der Liebe, während was oder wer nun aufgrund des mangelnden Respektes davor verliert? Offenkundig hat die Glaubenskongregation und über sie auch der Papst zwar den Zweifel ausgeräumt, ob derlei Segenshandlungen im großen unübersichtlichen Kosmos der katholischen Kirche doch irgendwie möglich wären. Aber beide haben an Glaubwürdigkeit verloren, weil sie als unmöglich brandmarken, was dennoch in der Kirche geschieht und was Gott offenkundig doch nicht verhindert. Die Gesegneten erfahren sich tatsächlich als gesegnet und eben nicht als von ihm verflucht. Und das bleibt nicht bei der einzelnen Person stehen, die gegen „die Sünde" angesegnet wird.

Hinzu kommt, dass man nicht sehr weit das Reich der Spekulation abdriften dürfte, wenn man vermutet, dass nicht zuletzt die Belegschaft der vatikanischen Glaubensbehörden von diesen Segnungen wissen. Schließlich dürfte es im Vatikan mehr als genug gleichgeschlechtliche Paare geben, die sich im Segen Gottes sehen. Niemand in der katholischen Kirche konnte die Äußerung der Glaubenskongregation entsprechend tatsächlich für bare Münze halten. Sie erklärt lediglich, was nicht möglich ist, aber zugleich so unmöglich ist, dass es gerade deshalb vor Gott gebracht wird, ohne dass ihm unterstellt werden kann, er könne sich gar nicht dazu positiv verhalten.

Auf dieses banale Ergebnis läuft es hinaus. Die Antwort der Glaubenskongregation auf das Dubium begrenzt nur den Raum des Möglichen, weil das, was nicht möglich ist, eben unmöglich geschieht. Ihr Text präsentierte schon bei ihrer Veröffentlichung ihren eigenen Autoritätsverfall, weil sie nicht abschütteln kann, dass katholisch glaubende Menschen sich dann eben den Raum des Unmöglichen erschließen. Diese Erklärung war geradezu lächerlich und dem konnten sich auch die kurialen Behörden im Vatikan nicht entziehen. Es dauerte zwar ein paar Jahre, aber am 18. Dezember 2023 hat die Nachfolgebehörde, das Glaubensdikasterium, diese Position regelrecht einkassiert, aber ohne es einzugestehen. Sie wurde gleichwohl formal und inhaltlich ersetzt durch eine neue Erklärung, „Fiducia supplicans". Sie rangiert als Erklärung über dem Responsium und erlaubt nun diese Segnungen in vollem Umfang und mit jedem nur möglichen rituellen Rahmen, der nicht an eine sakramentale Ehe erinnert. Den segnenden Priestern wurde ermahnt, keinen Gottesdienst daraus zu machen, obwohl Segnungen ein Dienst Gottes als genitivus subjectivus sind. Bischöfen wiederum wurde eingeschärft, keine rituellen Vorgaben zu machen und keine Liturgie dafür zu dulden. Das Anliegen von #liebegewinnt hatte sich durchgesetzt, auch wenn *Fiducia supplicans* nicht erkennen lässt, ob und wie sehr die Erklärung von dieser Revolte angetrieben wurde. Es verwundert daher auch nicht, wie sehr die Behörde hinter der Qualität des Widerstands im weiteren Erklären ihrer Erklärung zurückbleib.

Die Schlüsselstelle der eigentlichen 180-Grad-Kehre in dieser Erklärung steht in der Nr. „31. In dem hier umrissenen Horizont liegt die Möglichkeit der Segnung von Paaren in irregulären Situationen und von gleichgeschlechtlichen Paaren, deren Form von den kirchlichen Autoritäten nicht rituell festgelegt werden darf, um keine Verwechslung mit dem dem Ehesakrament eigenen Segen hervorzurufen. In diesen Fällen wird ein Segen gespendet, der nicht nur einen aufsteigenden Wert hat, sondern auch die Anrufung eines herabsteigenden Segens von Gott selbst für diejenigen ist, die sich als mittellos und seiner Hilfe bedürftig erkennen und nicht die Legitimation ihres eigenen *Status* beanspruchen, sondern darum bitten, dass alles, was in ihrem Leben und ihren Beziehungen wahr, gut und menschlich gültig ist, durch die Gegenwart des Heiligen Geistes bereichert, geheilt und erhöht wird." Von dem, was Gott bei Segnungen gleichgeschlechtlicher Paare gar nicht könne, weil er es schließlich kirchlich gesehen nicht dürfe, ist nicht mehr die Rede. Es war wohl zu peinlich, diese irrwitzige Passage des Vorgängertextes überhaupt wieder zu erwähnen.

Sie bleibt daher den traditionalistischen Gegnern des Papstes weiter erhalten, die sie sofort für ihre Attacken auf den Papst, der so etwas dulde, nutzten. So verwarf Kardinal Müller auf traditionalistischen Websites bereits vier Tage später *Fiducia supplicans* als „Gotteslästerung", wofür er Gott wieder wie zuvor als Zeugen bemüht: „Selbst wenn diese Segnung durchgeführt würde, bestünde ihre einzige Wirkung darin, die Menschen zu verwirren, die sie empfangen oder an der Segnung teilnehmen, weil sie denken würden, dass Gott gesegnet hat, was Er nicht segnen kann."[31] Einige notorisch homophobe afrikanische, lateinamerikanische Bischöfe, sonstige von Franziskus vorzeitig ausgetauschte Bischöfe sowie afrikanische und

---

[31] https://kath.net/news/83375, abgerufen am 22.12.2023.

osteuropäische Bischofskonferenzen folgten auf dem Fuß. Pikant war die Einlassung des vormaligen Pariser Erzbischofs, der wegen sexuell zweideutiger Beziehung und Gewaltverdacht zu einer sehr vulnerablen Frau aus dem Amt geschieden war; die Kirche sei das Sakrament der Erlösung und müsse den Sünder warnen, dem aufgrund seiner Lebensform der Zugang zu Gott verwehrt sei. Und der zuständige Präfekt des Glaubensdikasteriums zeigte im ersten medialen Erklären seiner Erklärung wiederum Verständnis für regionale Unterschiede, zudem habe man doch sehr bewusst nichts an der Lehre geändert und jede Liturgie für die Segnungen ausgeschlossen.

Das war noch nicht genug, um den Furor der Ablehnung zu besänftigen. Der Präfekt und sein Dikasterium mussten nachlegen, was sie dann am 4. Januar 2024 in einer Presseaussendung taten. Dort wurde klargemacht, dass wir hier über einen Instant-Segen sprechen, der wie die Weihwassertropfen beim Segensschnelldurchlauf der Gräber an Allerheiligen auftritt: „We are talking about something that lasts about 10 or 15 seconds. Does it make sense to deny these kinds of blessings to these two people who ask for them?"[32] Diese Paare werden husch-husch peinlich berührt gesegnet und das auch noch einzeln, während die Ehepaare eine ein- bis zweistündige konstante Segenszeremonie bei ihrer Eheschließung und immer als Paar erhalten. Ich kann mir nicht helfen, aber hier taucht die Peinlichkeit des früheren Textes wieder auf. Der Instant-Segen enthält noch ganz den Fluch, den über solche Paare zu verhängen die Kirche offenbar nicht lassen kann. Irgendwie segnet sie, um sich zugleich von der Beziehung zu distanzieren; sie schiebt gesenkten Blicks so etwas wie eine aufgewärmte Teebeutel-Tasse Tee kurz rüber statt dem Paar nach einer japanischen Teezeremonie den Tee zu reichen.

Muss man dem Dikasterium dankbar sein, dass es die Absurdität der tiefen Kluft zwischen vorherigem Anspruch und tatsächlicher Wirklichkeit anging und aufhob? Man kann darüber durchaus froh sein, vor allem wenn man zu den betroffenen Paaren gehört, denen ein solcher Segen religiös und existentiell viel bedeutet. Von der Faktizität her hat die Erklärung *Fiducia supplicans* lediglich eine Position aufgehoben, deren Lächerlichkeit den Glaubwürdigkeitsschwund in nicht geringem Maß beschleunigt hatte, und sie durch

---

[32] Dicastery for the Doctrine of the Faith, Press release concerning the reception of Fiducia supplicans, 4 January 2024 (https://www.vaticannews.va/en/vatican-city/news/2024-01/dicastery-for-the-doctrine-of-the-faith-on-fiducia-supplicans.html, abgerufen am 4. Jänner 2024).

eine andere Position mit nicht geringem Peinlichkeitswert ersetzt. Die Verfluchung dieser Beziehungen durch die Kirche und ihre Tradition erwähnt diese Erklärung nicht und hebt sie auch nicht auf. Die Erklärung macht nämlich deutlich, dass der Segen keine Anerkennung des verworfenen Status darstellt. Entsprechend konnte die episkopale Verweigerung segensfähiger gleichgeschlechtlicher Beziehungen auch so weiter machen und tut es bis heute. Dieser Änderungstext des Glaubensdikasteriums ist noch sehr weit davon entfernt, den *locus theologicus* in dauerhaften, auf Liebe gebauten gleichgeschlechtlichen Paare zu erkennen oder gar zu respektieren. Der nun erlaubte Segen ist bestenfalls dritter Klasse. Das ist besser als das volle Ressentiment davor. Aber mit diesem Schritt ist nur die Dringlichkeit für das Lehramt, sich tatsächlich selbst zu relativieren, umso deutlicher geworden.

Die Dringlichkeit ergibt sich aus dem gravierenden Autoritätsverfall, der für die Äußerungen der Kirche zu Fragen von Sexualität und Partnerschaften schon seit Jahrzehnten geschieht. Er hat wahrlich nicht erst eingesetzt, seit schwule und lesbische Paare wenigstens die Segnung ihrer Beziehungen vor Gott einfordern. Er geschieht schon sehr lange in den anderen Bereichen katholischer Sexualmoral und hat auch dort bereits vielfältige Indices öffentlicher Widerspenstigkeit gegen ihre Absurditäten gefunden. Zum Gewinn von Liebe, gleichgeschlechtlichen Partner:innen den ersehnten Segen Gottes zugesagt und sich selbst ehrlich gemacht zu haben, sagt das Netzwerk offen und geradezu mit Inbrunst Ja. Zu dem, was sich im bloßen Möglichkeitsraum verliert, sagt es Nein. Der Gewinn liegt auf dem Ja, nicht beim Nein. Das Ja ist also mehr wert als das Nein. Dieses Wechselspiel von Nein und Ja fehlt auch dem neuen Lehrtext des Glaubensdikasteriums; es kann sich nicht zu einem Nein über die lächerlichen Positionen des Vorgängertextes durchringen.

Aber das Wechselspiel von Nein und Ja ist ein signifikanter Vorgang über das Netzwerk und die anderen revoltierenden Bewegungen hinaus. Ihnen allen ist das Ja mehr wert als das Nein, obwohl sie erst durch das Nein in den Raum des Ja eintreten können. Der buchstäblich gesetzte Punkt des „Nein." der Glaubenskongregation kommt gar nicht auf das Niveau des Ja der Segensfeiern, die diese Homophobie abschütteln. In jenem „Nein." verdichtet sich dagegen der Verlust an Glaubwürdigkeit der offiziellen Kirche in der moralischen Qualifizierung von Sexualität und Partnerschaften abseits der Norm. Ihrem moralischen Argument für das „Nein." mangelt es an Perspektiven, um über den engen Blick der bloßen Möglichkeiten hinauszukommen. Daran sieht man auch, wo Chancen für die Kirche liegen, ihre Glaubwürdigkeit in diesen Fragen wieder zu erlangen, die sie im sexuellen Missbrauch, im ungerechtfertigten Machtgebrauch und in ihrer Beschuldigungstheologie verloren hat. Sie muss über den Möglichkeitsraum hinauskommen und in den Bereich dessen gehen, was nur scheinbar nicht möglich ist, aber dann tatsächlich unmöglich ist.

#OutInChurch – einer Ängstigung widersprechen aufgrund höherer Loyalität

Das verstärkte sich nochmals mit dem nächsten Netzwerk, das den kirchlichen Verlust des symbolischen Kapitals der katholischen Religion indiziert: *#OutInChurch*. Es handelt sich um den Gang in die Öffentlichkeit von 125 kirchlichen Mitarbeiter:innen auf allen Ebenen kirchlicher Seelsorge. Sie offenbarten sich am 24. Januar 2022 in einer Fernsehdokumentation zur Primetime mit ihren jeweiligen queeren Existenz- und Partnerschaftsformen, die für genau in diesen Bereichen beschäftigte Menschen von der Kirche nicht nur nicht vorgesehen, sondern aus Gründen der Loyalität zur offiziellen Sexualmoral kirchlich und vor allem kirchenrechtlich ausgeschlossen wurden. Der Untertitel der Dokumentation war dementsprechend auch: „Für eine Kirche ohne Angst". Hier hat man bereits in der Selbstmarkierung das angesprochene Wechselspiel von Ja und Nein mit einer Präferenz eines klaren Ja: „*Für* eine Kirche ohne Angst". Zugleich geht dem ein Nein voraus: zur Angst, die von der Kirche unter ihren engsten Mitarbeiter:innen verbreitet wird, weil und sofern sie nicht mit ihren Sexualnormen konform gehen, gleich wie absurd diese Normen auftreten. War *#liebegewinnt* auf andere fokussiert, die von der Kirche einen Segen erbitten, so setzt dieses Netzwerk im Innen von Kirche bei denen an, die die eben benannte Unmöglichkeit pastoral und institutionell tragen. Das ist kein so seltener Vorgang – die eigentlichen Innovationen bleiben entweder draußen wie bei Maria 2.0 oder setzen im Außen an wie *#liebegewinnt*. Erst dann ist der Boden bereitet, auf dem im Binnenraum der jeweiligen Größe Revolten greifen können und ein rebellischer Geist Einzug hält. Dieses Mal ist es die absurde Situation, dass diejenigen, die von der Freude des Evangeliums erzählen und dazu begeistern sollen, unter der Knute einer Angst agieren, die ihnen von der eigenen Kirche auf die Schultern gelegt wird.

#OutInChurch ist mit diesem doppelten Ja und Nein zugleich gestartet. Es handelt sich auch darum, eine massive Beschämung aus sich heraus zu überwinden, die für lange Zeit verleugnet haben zu müssen das eigene Selbst mitbestimmte. Beschämung individualisiert nicht nur. Sie isoliert und attackiert ständig. Sie ängstigt, weil ständig ein Gefühl da ist: „Oh Gott! Was wenn mir die anderen drauf kommen?" Sie beschwört regelrecht eine Herrschaft der Angst, sollte der Grund für sie ruchbar werden. Es geht um Lebensformen und sexuelle Identitäten, die Menschen aus Gründen der Bedrängnis durch die eigene Kirche mit Heimlichkeit versehen mussten. Sie lebten versteckt, was sie ständig alarmiert hielt. Darum wusste natürlich die Kirche, auch wenn ihr nicht jeder einzelne Fall bekannt gewesen sein dürfte. Aber der Alarmmodus in diesen Beziehungen lag auf der Linie der schon erwähnten Beschuldigungsmoral; aus deren Sicht geschieht diesen Paaren das recht. Sie sollen nicht genießen dürfen, was anderen Liebespaaren selbstverständlich ist.

Es geht um eine Ohnmacht, gegen die Kirche nicht nur nicht hilft, sondern die sie selbst erzeugt. Statt von dieser Ohnmacht weiterhin innerlich vergiftet zu werden, brachten über hundert Menschen die schiere sexuelle Realität ihrer Existenz und deren Realisierungen in Partnerschaften ins Wort und ins Bild. Wer das eigene Gesicht in diesen intimen Bereichen und sehr persönlichen Angelegenheiten in die Öffentlichkeit stellt, zeigt für eine Kirche ohne Angst, die (noch) gar nicht da ist, auf das eigene Leben. Das erfordert Mut und es ist für die Religionsgemeinschaft der Kirche eine Zumutung. Zugleich ist der Schritt in die Öffentlichkeit für diese Personen demütig, weil sie sich als sehr verwundbar markieren. Schließlich handelt es sich um Personen, die sich existentiell und professionell mit der Kirche verbunden haben. Sie sagen Ja zur eigenen Identität und Nein zur beschuldigenden Identifizierung durch die offizielle Kirche.

Diese Wechselwirkung von Ja und Nein beruft sich auf ein Wir, das in einem begleitenden Manifest zu Wort kam. „Wir, das sind hauptamtliche, ehrenamtliche, potentielle und ehemalige Mitarbeiter*innen der römisch-katholischen Kirche. Wir arbeiten und engagieren uns unter anderem in der schulischen und universitären Bildung, in der Katechese und Erziehung, in der Pflege und Behandlung, in der Verwaltung und Organisation, in der sozialen und caritativen Arbeit, als Kirchenmusiker*innen, in der Kirchenleitung und in der Seelsorge. Wir identifizieren uns unter anderem als lesbisch, schwul, bi, trans*, inter, queer und non-binär. [...] Was uns eint: Wir alle waren schon immer Teil der Kirche und gestalten und prägen sie heute mit. Die meisten von uns haben mannigfach Erfahrungen mit Diskriminierung und Ausgrenzung gemacht – auch in der Kirche. [...] Eine solche Diskriminierung ist ein Verrat am Evangelium und konterkariert den evangeliumsgemäßen Auftrag der Kirche, der darin besteht, „Zeichen und Werkzeug für die innigste Vereinigung mit Gott wie für die Einheit der ganzen Menschheit" zu sein. Angesichts dieser Zustände wollen wir nicht länger schweigen."[33]

Hier wird eine Konfrontation zwischen der Loyalität, die wie selbstverständlich von der Kirche zu ihren moralischen Positionen speziell von ihrem Seelsorgepersonal eingefordert wird, und dem Evangelium angesprochen, dem zu glauben und zuzuarbeiten diese Menschen trägt. Es ist kirchlich nicht vorgesehen, die Konfrontation zu bearbeiten, weil die katholische Kirche keine Diskriminierung durch sich selbst an ihrem innersten Personal anerkennen kann. Täte sie es, müsste sie ihre Positionen ändern, und zwar alle. Das reicht bis zum Zölibat und dem Ausschluss von Frauen vom Sakrament der Weihe. Die Menschen austauschen, also einfach entlassen, kann sie jedoch auch nicht mehr. Das mag früher vielleicht möglich gewesen sein, heute würde das ihre Krise erheblich verschärfen. Es würde ihr mittlerweile auch vor Gerichten schwerfallen, sich durchzusetzen. Spätestens beim Europäischen Gerichtshof wäre Schluss damit, wie sich in der Vergangenheit gezeigt hat. Entsprechend wurde selbst beim Wissen um moralisch anormales Verhalten von Seelsorgepersonal lieber weggeschaut oder darauf gesetzt, dass die betroffenen Mitarbeiter:innen von sich aus die jeweiligen Ämter und Anstellungen aufgeben, also resignieren und nicht revoltieren. Nur in eher wenigen Fällen ließ Kirche sich auf Konflikte ein und keiner von denen wurde so gefahren, dass man damit ein öffentliches Exempel statuiert, das andere abschrecken soll. Diese Potenz, mit hehrer Moral Exempel zu statuieren, hat eine Kirche nicht mehr, die systematisch sexuellen Missbrauch gedeckt, vertuscht und damit befördert hat. Sie wird diese Potenz auch nicht mehr wiedergewinnen und zwar weltweit nicht mehr. Genau auf diesen Machtverfall zielte #OutInChurch mit traumwandlerischer Sicherheit und traf ins Schwarze. Das war neu und extrem spannend zu beobachten.

Eine konfliktive Spannung zwischen Moralaussprüchen und Loyalitätsansprüchen ist also für die Kirche nicht auflösbar, ohne dass sie dabei gravierend verliert. Das macht diese Spannung für die Einschätzung so interessant, ob man sie überhaupt noch brauchen

---
[33] https://outinchurch.de/manifest/.

oder gar überhaupt noch gebrauchen kann. Diese Spannung hat einen viel weiteren Bogen als die binnenkirchliche Loyalitätsidee, die dabei mehr oder weniger als bloße Fassade offenbar wird. Sie rührt an den Glutkern ihrer Religiosität. In einer Analyse von Alfred North Whitehead wird Religion als Spannungsgefüge begriffen zwischen dem, was individuell für einen Menschen unvermeidlich ist, und dem, was Menschen speziell von anderen her und von allem überhaupt her unvermeidlich ist. Einerseits kann Religion sein, „was das Individuum aus seinem eigenen Solitärsein macht. [...] wer niemals solitär ist, der ist niemals religiös."[34] Solitärsein ist keine Form von Individualismus, sondern eine elementare Identifizierung der/des Solitär mit dem, was es gravierend über sich hinausführt und bestärkt: „In seinem Solitärsein fragt der Geist: Was kann das Leben über den Weg des Werts erreichen? Und er kann einen solchen Wert nicht finden, bis er seinen individuellen Anspruch mit dem des objektiven Universums verschmolzen hat. Religion ist Welt-Loyalität."[35] Welt-Loyalität verstärkt Solitärsein und umgekehrt zu jeweils souveräner Augenhöhe von Universalität und Individualität. Dagegen schleifen die Loyalitätsimperative einer Religionsgemeinschaft das Solitärsein immer auf ein Niveau herab, das für die Gemeinschaft erträglich ist, aber für das Individuum entmächtigend. Weder Solitärsein noch Welt-Loyalität ertragen daher Angstzustände vor einer Kirche, die sich in jeder Hinsicht ihrer Ansprüche und Imperative auf erheblich niedrigerem Niveau bewegt als dieses elementare religiöse Webmuster. Mit herkömmlicher Kirchenloyalität sind solche Universalität und Individualität zugleich nicht zu erreichen, sondern bestenfalls eine lauwarmes Biedermeier dazwischen.

In der widerständigen Aktion von #OutInChurch wird der Loyalität in Sinn von ‚Welt-Loyalität' Rechnung getragen und daher ein jeweils authentisches Solitärsein derer, die sich dabei geoutet haben, verstärkt. Denn sie haben sich nicht geoutet, um sich selbst groß zu tun, sondern um einen schamlosen Angstzustand in ihrer Kirche nachhaltig zu erschüttern. Ihr jeweiliges Solitärsein war das glaubwürdige religiöses Zeugnis der diese Aktion tragenden Personen; sie wurden auf ein menschliches Niveau gehoben, das tatsächlich jenseits der Angst steht. Denn sie ließen sich nicht abschrecken von den zum Zeitpunkt der Veröffentlichung realen Gefahren; die sind defi-

---

[34] Alfred North Whitehead, *Wie entsteht Religion?*, Frankfurt: Suhrkamp, 2. Aufl. 1986, 15–16.
[35] Ebd., 48.

nitiv nach wie vor nicht völlig abgestellt. Das aber erzeugt Respekt jenseits aller Kirchenkontexte.

Die Menschen, die sich zu ihrer Existenz und zu ihren Partnerschaften bekennen, die sie ausmachen, schütteln daher nicht einfach die kirchlichen Loyalitäten ab wie lästige Pflichten. Sie sind vielmehr einer Aktivität verpflichtet, die sich in ihnen als universaler Wert zeigt und an der sich andere Menschen ermutigend orientieren können. Diese Aktivität ist das Evangelium. Personen wie die in #OutInChurch markieren ihr jeweiliges Solitärsein im Modus einer Welt-Loyalität, die weiterführt, weil sie das Entscheidungskriterium „entweder normal und daher akzeptabel oder a-normal und deshalb nicht hinnehmbar" als unterkomplex entlarven. Dieses binäre Kriterium schafft mehr Probleme als die, die es zu lösen beansprucht, was im Fall der Kirche allein schon daran erkennbar ist, dass sie selbst eigentlich nicht mehr daran glaubt, aber das nicht zugeben kann. Es war daher auch kein Wunder, mit welchem großen Respekt dieser Gang in die Öffentlichkeit wahrgenommen wurde. Er beschränkte sich weder auf den binnenkirchlichen Raum noch auf das Feld des Arbeitsrechtes. Es war ein breiter Respekt vor der religiösen Leistung der Betroffenen und dieser Respekt wurde nicht bloß von religiösen Menschen ausgesprochen.

Entscheidend für diese Revolte ist daher die religiöse Qualität, die dieser riskante Schritt in Offene besitzt. Es blieb der offiziellen Kirche wenig anderes übrig, wenn sie nicht das Problem ihrer mangelnden Glaubwürdigkeit massiv verstärken wollte, als diese religiöse Qualität zu respektieren. Deshalb hat sie innerhalb sehr kurzer Zeit ihr geltendes Arbeitsrecht wenigstens außer Kraft gesetzt, das Loyalitätsverpflichtungen als Sanktionsmechanismen auslöst. Weltkirchlich steht das noch aus, aber mit jedem Missbrauchsbericht stürzt überall in dieser Kirche die Fähigkeit, Exempel gegen angebliche moralische Anormalität zu statuieren. Darum wehren sich Bischofskonferenzen wie die italienische, die spanische, die ungarische etc. ja auch so sehr dagegen. Sie fürchten einen Verlust der Macht, die sie jedoch schon gar nicht mehr haben.

Eucharistie aussetzen, um sich auf Gottes Präsens zu konzentrieren

In ein ähnliches Spannungsgefüge, das die Herzkammer des Katholischen berührt, um die Heucheleien im Zugang dazu auszumerzen, führt die letzte der hier vorzustellenden Reaktionen ein, dass es so nicht mehr weitergeht für die Kirche. Sie setzt an dem innersten Glaubensvollzug der Religionsgemeinschaft selbst an, der sonntäglichen Eucharistiefeier. Nach der Publikation des Gutachtens der Kanzlei Westphal-Spieker-Wastl vom Januar 2022 über den sexuellen Missbrauch in der Erzdiözese München und Freising und über das Fehlverhalten der verantwortlichen Bischöfe, vor allem des späteren Papstes Benedikt XVI., reagierte die Pfarrei Maria Geburt in Aschaffenburg auf eine bis dahin unbekannte Weise. Sie gab in einem Offenen Brief an den Bischof von Würzburg vom 25. Januar 2022 bekannt: „Wir werden die nächsten drei Sonntage bis 13.2.22 auf die Feier des Gottesdienstes verzichten. Denn der 12-jährige Skandal ist ein Verrat am Wort GOTTES und der auf IHN verweisenden Sakramente. Wir werden uns an diesen Sonntagen um 10 Uhr aus Solidarität mit den sexuell missbrauchten Menschen in der Kirche Maria Geburt versammeln."[36] Die 12 Jahre beziehen sich auf die Initialzündung des Skandals um das Berliner Canisiuskolleg 2010.

Was wird hier getan und wie wird es beschrieben? Es wird eine Unterbrechung geschildert, über die zwar die Pfarrei entscheidet, aber zu der sie sich genötigt sieht aufgrund der Unfähigkeit der kirchlichen Hierarchie zur Selbstrelativierung, die in dem Missbrauchsgutachten einer Münchner Anwaltskanzlei, also von außen, deutlich geworden ist. Die Unterbrechung ihrer Sonntagsgottesdienste indiziert, was aus Sicht der Pfarrei so nicht weitergehen kann. Dieser Index ist innovativ, weil die Gottesdienste am Sonntag nicht einfach ausgesetzt, sondern abgesetzt wurden.

Damit wird mehr unterbrochen als nur sonntägliche Gottesdienstroutine, zu der gute Katholik:innen selbstverständlich ja sagen. Die Gottespräsenz in der Eucharistiefeier wird gegen eine Kirche gestellt, die dabei ist, Gottes Präsens zu verlieren, weil sie weiter zu machen droht wie bisher. Die Präsenz Gottes wird nicht wie am Karfreitag und Karsamstag verhüllt, sondern zieht sich unverhüllt aus der kirchlichen Zugänglichkeit des normalen Kirchenjahres zurück. Das drückt sowohl Solidarität mit den Opfern kirchlicher sexualisierter Gewalt aus wie Unterbrechung der kirchlich üblichen Gottesroutine. Denn auch die routinierte Gottesgegenwart in der katholischen Kirche geht so nicht weiter, ohne dass sie von deren Unglaubwürdigkeit erfasst wird. Das ist eine tiefreichende Konfrontation mit dem abwesenden Gott, zu der die unglaubwürdige

---

[36] https://maria-zwei-punkt-null-gmuend.de/aktuelles-ueberregional/38-aktion-statt-gottesdienst-in-aschaffenburg.

Kirche ungewollt führt. „In bestimmten Momenten ist es gerade das Erleben der Abwesenheit Gottes, der Unbegreiflichkeit der Welt und der Tragik des menschlichen Schicksals, das zum Motiv des Wartens auf Gott und der dürstenden Sehnsucht nach Gott wird. Gott selbst erweckt diese Sehnsucht und ist bereits in ihr auf eine bestimmte Weise anwesend; er kommt nicht nur als eine Antwort zu uns, sondern auch schon als Frage."[37] Allerdings gilt für dieses Warten, dass diese bestimmten Momente von der Kirche selbst verschuldet sind und die göttliche Erweckung jener Sehnsucht mit der Hinnahme der Überflüssigkeit dieser Kirche einhergeht. In die „gewisse kulturelle Obdachlosigkeit", wohin das Christentum geraten ist,[38] sind zumindest die Katholik:innen von ihrer Kirche gestoßen worden. Man sieht es an der Aktion dieser Pfarrei. Sie sagte Ja zur Gottespräsenz in der Kirche, aber Nein zu deren Routinen. Das Ja folgt dem Nein und nicht umgekehrt; denn diese Gemeinde stellt sich damit gegen einen dreifachen Verrat: „Was uns als Gemeinde dieser Kirche schockiert, ist nicht nur das unsägliche Leid, das so viele Menschen durch Priester, Bischöfe und Generalvikare erfahren mussten. Was uns besonders erschüttert, ist der Verrat an Opfern, am Evangelium und eigener Verantwortung." Dagegen sagte sie Ja zu einer Form von Liturgie, die sie selbst erfunden hat, um eine Perspektive zu haben in ihrer Bedrängnis.[39] Ein Newsletter nannte sie „eine liturgielose Liturgie". In einem Interview darauf angesprochen, erläuterte der damalige Pfarrer der Gemeinde Markus Krauth: „Die Stimmung war so dicht und so geistgetragen, dass einmal die Betroffenen den Mut hatten, sich zu Wort zu melden. Und zum anderen war die Gemeinde so präsent, dass am Ende alle gesagt haben: Das war ein Gottesdienst. Wir hatten keine liturgischen Elemente, wie man es vom Gottesdienst kennt, mit Kreuzzeichen, Gebet und Bibellesen und so weiter. Nur die Struktur war da. Hören. Hören auf die Betroffenen, aus dem Gut-

---

[37] Tomáš Halík, *Der Nachmittag des Christentums*, Freiburg: Herder, 2022, 49.
[38] Ebd. 71.
[39] Diese Liturgie drückt das aus, wie Knut Wenzel, „*Hört, ihr Himmel, ich will reden*" *Theologie aus den Krisen in Kirche und Welt*, Freiburg: Herder, 2023 Kirche versteht: eine „Gemeinschaft selbst-bewusster Glaubenssubjekte" (101–123) Sie erfüllt auch sein Liturgie-Kriterium: „Eine Frei-Setzung der Erfahrung eines Ausgleichs zwischen Theonomie und Autonomie ist die Liturgie nur, wenn dabei die Kirche sich selbst vergisst. Nur dann kann das spirituelle Selbst sich dieser Erfahrung überlassen, ohne Gefahr laufen zu müssen, in dieser vulneranten Selbst-Exponierung ekklesio-systemisch übergriffig berührt, missbraucht, ausgebeutet zu werden." (119)

achten haben wir auch vorgelesen."[40] Nach den drei liturgielos-liturgischen Sonntagen ist die Gemeinde wieder in die normale Sonntagsroutine zurückgekehrt. Sie hat gezeigt, wie sehr das Nein-Sagen eines Aufbegehrens sich in die Suche nach kirchlichen Formen einschreibt, mit deren Hilfe es nicht so nicht weitergeht wie immer.

Ringen um Glaubwürdigkeit, nicht für Überflüssiges

Die vier hier besprochenen Glaubensvorgänge sind nicht die einzigen, die auf Distanz zu einer Kirche gehen, die nicht einsehen will, dass es so nicht weitergeht. Es gibt viele weitere Aktionen und Aktivitäten, die theologisch ähnlich weiterführen und hier nicht vorkommen, aber eigentlich hier her gehörten. Sie sind eher Legion als entlegene Aktivitäten. Ihnen wird von Gegner:innen vorgehalten, bloß einen Aufstand im katholischen Binnengewässer zu sein, anstatt mit der Kirche die angeblich wahren Probleme der Welt anzupacken. Evangelisieren statt umstrukturieren – das ist meist die Formel, um solche komplexen Nein-Ja-Konstellationen abzuweisen, weil sie für die präferierte Kirche der Gegner:innen prekär und gefährlich sind. Die hält sich an binäre Codes wie „Kirche-Welt", „katholisch-säkular", „gläubig-heidnisch" und die sind sicherlich viel einfacher. Aber mittlerweile hält sie sogar der hierarchiegeleiteten Mainstream nicht mehr für plausibel.

Schließlich lässt sich die Sachlage auch ganz anders verstehen. Jeder normale Mensch hätte längst mit der Kirche für immer gebrochen, die sich auf die sattsam bekannte Weise aus der Verantwortung herausmogelt, statt sich ihren Problemen zu stellen. Es ist schon ein sehr großes Entgegenkommen, überhaupt noch ein Ja sagen zu wollen, obwohl es derart viele gute Gründe für ein entschiedenes und prinzipielles Nein gibt.

Die Entscheidung für ein Ja aus dem Nein heraus ringt um Glaubwürdigkeit. Solange katholisch Glaubwürdigkeit wegfällt und in Unglaubwürdigkeit gekippt ist, nutzen weder katholische Schönheit noch Sonderkultur, weder Ästhetik noch Erhabenheit. Die Entscheidung liegt auch nicht bei der katholischen Gemeinschaft, die sich religiös zu solchen Haltungen verhalten muss, wie sie bei diesen vier Vernetzungen auftreten, weil sie Probleme so signifikant auf den

---

[40] https://www.domradio.de/artikel/gemeinde-zieht-fazit-nach-drei-wochen-ohne-sonntagsmessen.

Punkt bringen. In Ihnen kommt jeweils ein feiner Unterschied zum Tragen, die zu einer anders gelagerten Form von Glaubenspräsenz führt. Es geht um eine erfahrbare Souveränität für diejenigen, die glauben, weil ohne sie kein Glaube auf Dauer zu leben ist.

Teil II:
Rebellieren statt reformieren.
Warum Souveränität sich entfesselt, wenn kirchliche Absurditäten verneint werden

Ein gerissener Faden löst Illusionen auf. Das erleben wir gerade hautnah. Lange galt es als selbstverständlich, dass das schon „irgendwie" werden wird mit der Kirche, und das beruhigt ebenso „irgendwie" alle, die dazu gehörten. Aber diese Selbstverständlichkeit war seit langem nur mehr eine Illusion des Klerikalismus. Ihr Zugriff ist nicht damit erledigt, dass mittlerweile selbst ein Papst den Klerikalismus beklagt. Schließlich kann auch derselbe Papst sich noch nicht einmal selbst davon ausschließen. Alle seine Aktionen – Stand Advent 2023 – in Sachen Kölner Erzbischof machen genau das, was er im Brief an das Volk Gottes in Irland selbst Klerikalismus genannt hat. Für das „irgendwie" ist Klerikalismus wie ein Säurebad; es bleibt nichts davon übrig und man beginnt sich zu schämen, sich Illusionen gemacht zu haben.

Eine bruchlose vollmundige Ja-Entscheidung kann es daher nicht mehr geben. Das gilt auch für künftige Generationen, gleich wie groß deren Sehnsucht nach autoritärem Gehabe sein sollte. Schließlich war gerade der klerikale Kirchenmodus ursächlich am Verfall der Glaubwürdigkeit beteiligt, den die Missbräuche von Sex, Macht und Geld verursacht haben. Gerade junge Menschen stützen diese Modus nicht mehr, weil sie spüren, wie leicht sie selbst Opfer werden können. Die Verbindung zwischen dem Druck von unten, der Rebellion von innen und der Revolte von außen wird leider nicht von kommunizierenden Röhren hergestellt; sie verläuft nicht harmonisch. Das Brodeln nach der Geduld wird eruptiv enden, also in unwägbarer Empörung über weitere absurde Abgründe von Unglaubwürdigkeit. Dann pegelt sich der Druck von Innen und Außen aufeinander ein.

Was soll man bis dahin tun? In aufgeklärten modernen Gesellschaften gelten Reformen als Königsweg für Veränderungen, um gefährliche, alles niederwalzende Revolutionen zu vermeiden. Eine hierarchiebasierte Kirchenleitung kann Revolutionen nicht hinnehmen, aber fürchtet sie natürlich ständig. Immerhin haben sie seit 1989 viele absurde Systeme hinweggefegt, die als langfristig stabil galten. Daher werden Reformen mittlerweile auch von der hierarchischen Leitung der Kirche auf den Weg gebracht. Es ist daher auch kein Wunder, dass jetzt viele in der Kirche, speziell in ihrer Hierarchie, vom zweiten Teil der Weltsynode 2024 namhafte Reformschritte erwarten. Man will so unbedingt wieder den Faden der Geduld der Gläubigen und der gesellschaftlichen Kontexte knüpfen. Niemand mit Sinn und Verstand traut sich zu sagen: „Was wollt ihr denn? Nur so, wie es ist, können wir die Wahrheit garantieren." Diejenigen, die das im ultrakonservativen Spektrum sagen, sagen das womöglich auch, weil es ihre Chance erhöht, tieferen Zugriff auf Ressourcen einer kleiner werdenden Kirche oder auf rechtskonservative Großspenden zu bekommen.

Aber das mit der Revolutionsangst ist zu einfach gedacht. Der Fall der katholischen Kirche heute im doppelten Sinn des Wortes ist anders gelagert. Ihm geht keine Revolution voraus, vielmehr wurde ihr Umbau zu einer unglaubwürdigen Religionsgemeinschaft als wahre Treue zur Tradition verklausuliert betrieben. Werden Reformen aber auf diese Weise verweigert, die Unglaubwürdigkeit den Reformern zugeschoben und eine vorgeblich traditionswahrende Umwälzung als ohne Alternative angepriesen, tritt meistens das Gegenteil davon ein. Dann brechen rabiat und sehr schnell Umwälzungen auf, die niemand mehr im Griff hat. Das war im politischen Bereich beim Zusammenbruch des Sowjet-Imperiums, beim Fall der Berliner Mauer und schon früher in der westlichen Welt im kulturellen Umbruch von 1968 zu beobachten, als die autoritären Vollzüge in Gesellschaft, Staat und im privaten Bereich nicht mehr erträglich waren und ihre Unglaubwürdigkeit nicht mehr zu verstecken war. Auf dem kirchlichen Feld des Katholischen geschieht jetzt etwas Ähnliches.

Kein Warten auf Godot

Gravierende Probleme haben die unangenehme Eigenschaft, dass sie einfach nicht vergehen, wenn sie nicht entschieden bearbeitet werden. Mit jedem Jahr verweigerter Reformen werden revolutionäre Eruptionen wahrscheinlicher; keine Grabesruhe des Ewiggestrigen und der übergeordneten Werte kann darüber hinwegtäuschen. Besonders die Verfechter:innen des Ewiggestrigen trommeln längst für Revolution und neigen zum Extremismus. Sie zieht es zum Entscheidungskampf, der allerdings nie stattfindet, weil die Protagonist:innen wissen, dass sie ihn verlieren würden.

Auch das ist allen Beteiligten klar, die auch nur entfernt mit den übelriechenden Dämpfen aus den katholischen Abgründen des Missbrauchs in Berührung kommen. Kein Verantwortlicher aus der katholischen Hierarchie weltweit dürfte in der glücklichen Lage sein, dass ihm noch nie der Atem gestockt ist über das, was aus diesem Schoß gekrochen kommt. Reformen wären in dieser Lage der normale Weg, um die nötigen gravierenden Veränderungen in die Wege zu leiten, die eine viel weitreichendere Ausbreitung des Desasters verhindern. Aber in der katholischen Kirche gilt dieser Weg bisher als nicht wirklich gangbar. Lieber verschleppt man die Aufarbeitung des Missbrauchsdesasters oder erklärt sie als bald beendet, weil man doch schon so viel getan habe. Aber Reformen finden nicht statt, die den Problemen wirklich auf den Grund gingen. Den Satz muss man eigentlich mehrfach wiederholen, weil in allen möglichen Dialogrunden, Debattenforen, synodalen Wegen, Synodalitätsverheißungen wiederholt Hoffnungen auf eine andere Sachlage geweckt wurden. Sie alle waren und sind reformorientiert. Aber am Ende jeder dieser Veranstaltungen ist dann alles bei der gleichen Lage stecken geblieben: Jene Reformen, die unerlässlich sind, finden nicht statt. Es gibt nur Reförmchen auf einer oberflächlichen Ebene, die nicht hinreichend ist. Man kann natürlich weiter warten. Aber man wartet dann auf Godot, während die Probleme sich weiter absurd verdichten.

Ich spiele natürlich auf das berühmte Bühnenstück von Samuel Beckett „Warten auf Godot" an. Es ist ein absurdes Theater und gerade deshalb eine entlarvende Offenbarung für Menschen, die ständig auf ein wen, ein was, ein wie, ein warum warten, das sich aber eigentlich nie einstellt. Es klärt die moderne menschliche Existenz ab, die ständig auf etwas ausgerichtet ist, was ihr immer dann besonders entgleitet, wenn sie fest mit der jeweiligen Erscheinung, Auftritt, Begründung, Erklärung rechnet. Dieses Stück ist eine ernüchternde Plattform für alle katholisch Glaubenden, die bald, sehr bald, unmittelbar, nach der jeweiligen nächsten Gelegenheit mit dem rechnen wollen, wonach sie sich so sehr in ihrer Religionsgemeinschaft sehnen und womit sie immer wieder enttäuscht wurden. Es ist auch eine bittere Kost für eine Kirche, die das quälende Warten ebenso zumutet wie fürchtet, weil ihr schwant, wie wenig sie noch zu erwarten hat angesichts der bitteren Absurditäten, die sie für selbstverständlich und unverrückbar hält. Sie mag sich nicht vorstellen, dass das, was von ihr als unverrückbar und unvermeidlich dargestellt wird, lediglich absurd ist und dass es umso absurder wird, je mehr sie sich daran als unveränderlich gebunden erklärt, ohne dauerhafte Begründungen zu liefern.

Becketts Bühnenstück war ausgesprochen ungewöhnlich, als es 1953 in Paris uraufgeführt wurde. Es passt gar nicht zu dem, wie man sich damals ein Drama vorstellte. Es benötigt eine Einheit von Personen, Ort und Handlung, die sich wechselseitig zum Höhepunkt der Dramatik treiben. So etwas gibt es zwar auch in den zwei Akten von Warten auf Godot, also eine einheitliche Handlung – das Warten der zwei Hauptfiguren, die auf der Straße leben, und der ihr Warten unterbrechenden drei Nebenfiguren, einen klar eingegrenzten Ort – die Straße mit einem ebenso wie die Hauptfiguren sehr heruntergekommenen Baum, und eine präzise Anzahl von Personen – Wladimir und Estragon als Hauptfiguren, Pozzo und Lucky als Nebenfiguren und schließlich ein namenloser Junge, der den ersten beiden jeweils ausrichten muss, dass Godot jetzt dann doch nicht käme bzw. kommen könne, obwohl sein Kommen schon angekündigt war. Aber jede Art von Höhepunkt bleibt aus, nichts verdichtet sich zu eruptiver Klimax.

So ähnlich verhält es sich mit der Kette der diversen Reformvorhaben in der katholischen Kirche, deren letztes Glied nun die Weltsynode in zwei Etappen ist. Auch hier ist klar, dass sich Dinge ändern werden; denn darum dreht sich das ganze Vorhaben schließlich. Es werden einige Dinge nicht weitergeführt werden, aber das betrifft niemals die wirklich entscheidenden. Das Kommen eines weltkirchlichen Godot ist damit angekündigt. Wir werden sehen, ob er tatsächlich kommt, oder wie sein Erscheinen weiter in die Zukunft geschoben wird. Derzeit geschieht erklärtermaßen das zweite und das macht aus dieser Weltsynode die nächste Ankündigung, dass der erwartete Godot leider wieder einmal nicht kommen kann, dann eben bald wirklich das nächste Mal kommt. Die vorerst letzte Etappe dieser nicht endenden Quälerei derer, die endlich auf bessere kirchliche Verhältnisse warten, ist die Verschiebung aller strittigen Punkte aus der Weltsynode auf zehn Unterkommissionen jenseits davon. Das wurde vom Papst im Frühjahr 2024 entschieden. Die strittigen Punkte dürfen nicht mehr auf der Weltsynode auftreten, weil sie diese so sehr verstören. Dafür kann die Weltsynode jetzt endlich, so die Grammatik der päpstlichen Entscheidung, von konfliktfreier Synodalitätssynodalität bespielt werden.

In Becketts Stück wird die Absurdität eines ständig um weiteres Warten verzögerten Auftritts Godots aufgeführt; das macht Absurdität auch aus. Ihr Ende lässt sich ständig für demnächst ankündigen, ohne dass dann geschieht, was eigentlich erwartet wurde. Einer Absurdität macht es nichts aus, dann bald beendet zu werden, weil das eben nicht heißt, dass es auch so kommt.

Hier muss ich aufpassen, nicht Dystopien oder Mythen das Wort zu reden. Das absurde Theater hält sich nicht mit diesen Dingen auf. Es geht um viel mehr. Es ist schließlich auch nicht so, dass sich gar nichts geändert hätte in den bisherigen Reformdebatten. Es ist auch nicht so, dass man jede Hoffnung fahren lassen muss, wie Dante über das Inferno schreibt; aber das gehört auch zur Göttlichen Komödie und nicht zum absurden Drama. An der Reformverschleppung ist nichts göttlich und auch die Synodalität der Synodalitätskirche beansprucht das nicht. Es wird sich in ihr wohl manches ändern. Aber die Frage steht im Raum, ob das dann der Godot ist, den alle erwarten, also den *gamechanger* in eine leuchtende Zukunft.

So hat sich im Verlauf der letzten fünfzig Jahre vieles verändert. Ich bin alt genug, um das seit meiner Kindheit im katholischen Intensivmilieu des Saarlandes ein wenig zu überschauen. Es ist so gut wie vollständig verdunstet. Dabei sind viele der unverschämten Praktiken und Muster verschwunden, die milieukulturell Menschen entmächtigt haben und klein hielten. Man nehme nur die Disziplinarmächte des kollektiv verpflichtenden Beichtens, der ehemännlichen Verfügungsgewalt über die Frau, der Verachtung für Alleinerziehende oder der Stigmatisierung der Scheidung. Diese Mächte haben ausgespielt und nichts davon wird wiederkommen. Allerdings sind die Änderungen nicht von innen her vollzogen worden, sondern waren Reaktionen auf äußeren Druck, dem sich die Kirche in Gestalt ihrer Gläubigen nicht mehr entziehen konnte. In keinem der angesprochenen Bereiche hat das aufgrund der Bereitschaft zu einer *ecclesia semper reformanda* (*Lumen gentium* 8) aus dem katholischen Lehramt selbst heraus eingesetzt. Das Beichten wird weiterhin als sakramentale Königsdisziplin des gläubigen Subjektes angepriesen, als wäre es im sexuellen Missbrauch nicht zum Exkulpationsmechanismus für allfällige Täter und Vertuscher degeneriert. Natürlich ist das Sakrament der Buße viel mehr als das, aber es wird aus dem Sumpf dieser klerikalistischen Heuchelei nicht mehr herauskommen.[41] Die notorischen Empfehlungen im fünften Kapitel des Epheserbriefes an die Frauen, sich gefälligst ihren Männern unterzuord-

---

[41] Es ist daher entschieden zu wenig, wie Andrea Riccardi, *Die Kirche brennt. Krise und Zukunft des Christentums*, Würzburg: Echter, 2023 davon zu sprechen: „Mit dem Thema der Sexualität und der Familie hängt auch die Krise des Bußsakraments zusammen." (129) Seine Analysen versuchen bemüht, den Elefanten im Raum der brennenden Kirche zu ignorieren, ihren sexuellen und spirituellen Missbrauch. Die katholische Kirche brennt nicht wie Notre Dame im April 2019, sie hat selbst das Feuer an ihre Fundamente gelegt und das verzehrt nicht einfach den Dachstuhl.

nen, werden immer noch mit der Inbrunst eines katholischen Familienidylls bepredigt. Auch Alleinerziehende müssen sich nach wie vor gefallen lassen, dass eine Familienmoral sie mit den klebrigen Fäden selbst verschuldeter Unvollständigkeit bezichtigt, statt ihnen Respekt zu zollen. Und vor der „Seuche der Ehescheidung" hat selbst die Pastoralkonstitution des Konzils (*Gaudium et spes* 47/2) dringend gewarnt, ohne irgendeinen Impfstoff gegen den Tod der Liebe bei Verheirateten zu präsentieren. Die Betonmauern des katholischen Milieus bröckelten von außen weg, nicht von innen heraus.

Solche Abstiegserfahrungen betreffen nicht nur den Klerus, sondern auch die Laien und Laiinnen. Bei Partnerschaften, Ehen, Scheidungen, Wiederheiraten, Kinderzahlen, Taufen, Sonntagspflicht, Konsum der weiteren Sakramente, Hingabe an katholische Sexualmoral und selbst einfachen Frömmigkeitsritualen haben schon lange tiefe Traditionsabbrüche stattgefunden. Nichts von dem, was früher einmal die „guten Katholik:innen" von den „schwarzen Schafen" getrennt hat, steht als Distinktionsgewinn noch zur Verfügung. Das ist Privatsache geworden. Wer anders lebt als man selbst, verstört nicht mehr. Die Visionen für ein besseres und wahreres Leben, das in der katholischen Verkündigung versprochen wurde, werden als existentieller Leitfaden nicht mehr ernst genommen.

Es arbeiten nur mehr Gruppen damit, deren Geschäftsmodell in Modulierung von „wir sind die wahren Christ:innen/Katholik:innen/Spirituellen und halten uns von allem fern, was die wahre Freude am Glauben stört" besteht. Aber auch diese Visionen sind nur Geschäftsmodelle. Die Hörer:innen des Wortes dagegen horchen sich außerhalb der Kirche nach einem erlösenden Wort über die Liebe um, nach dem sie sich sehr sehnen, weil Liebe so selten auf Dauer bleibt.

Diese Ausdünnungsvorgänge sind nicht ohne positive Konsequenzen innerhalb der Kirche geblieben. Frauen erreichen mittlerweile gottlob Leitungspositionen bei vielen Diözesen im deutschsprachigen Raum und können selbst in der Trutzburg des Klerikalismus, dem Vatikan, Ökonomie und Finanzen, mediale Aktivitäten und Synodalitäten leitend gestalten. Sie sind zum „Geschlecht mit Gewicht" geworden, also gestalten mit der Gravitation von Macht, was nun „jedoch auch sensibel mit einer Entdramatisierung des Geschlechts im Blick auf kirchliche Leitungspositionen einhergehen" muss.[42] In der Priesterausbildung wird größerer Wert daraufgelegt,

---

[42] Andrea Qualbrink, *Frauen in kirchlichen Leitungspositionen. Möglichkeiten, Bedingungen*

sich mit der jeweils vorhandenen eigenen sexuellen Identität auseinanderzusetzen, statt einer zölibatären Erhabenheit nachzutrauern, die eigentlich nie mehr als Idee zur Disziplinierung der Abweichenden taugte. Es gibt ein viel größeres Augenmerk auf systemische Zusammenhänge hinter dem sexuellen Missbrauch als jemals zuvor, was zu Prävention, Kinderschutzkonzepten und auch wissenschaftlicher Auseinandersetzung damit geführt hat, die nicht zuletzt von den bischöflichen Leitungen einer Diözese, eines Landes, einer Region ausgehen. Die Aufarbeitung geht zwar langsamer vonstatten, als es sich viele Betroffene wünschen, aber bisher hat sie noch nichts stoppen können. So lange weiterhin nicht die nötigen Reformen eingerichtet sind, wird die Not umso größer, sie endlich anzugehen.

Nicht reformier-, aber revoltierbar

Damit sind wir auf ein elementares Problem der allfälligen Veränderungen gestoßen: Es sind punktuelle Änderungen in der Kirche, die aber die elementaren Bereiche des binnenkirchlichen Vollzugs nicht wirklich betreffen. Alles, was geändert wurde, entlud nicht die nötige Energie tektonischer Verschiebungen. An den Bruchkanten des katholischen Klerikalismus trauten sich die Verantwortlichen bisher nicht zu rütteln, weil sie immer noch den Weg des geringsten Widerstandes gehen und die Selbstrelativierung des hierarchischen Amtes scheuen. Sie trauen sich nicht, zuerst einmal Nein zu all dem Absurden zu sagen, das sie von Amts wegen repräsentieren müssen, und bevorzugen ein Ja-Sagen zu ihrer Kirche ohne den Brustton authentischer Überzeugungskraft. Nur wer auf diese Weise Ja sagt und das Nein vermeidet, hat eine Chance auf einen der Bischofsposten. Wird ein gravierendes Nein auch nur angedeutet, ist man davon ausgeschlossen. Wer umsteuern könnte, bleibt also fern von der Macht. Und wer dann im episkopalen Führungspersonal ankommt, bleibt auch dann noch beim vorrangigen, wenn auch mulmigen Ja-Sagen. Hier wiederhole ich mich gerne – natürlich gibt es auch hier Ausnahmen, gottlob. Aber sie bestätigen die Regel.

Die Glaubensfinsternis des Missbrauchs wird sich so aber nicht verziehen. Daher tritt jetzt jene Erfahrung wie nach jeder totalen Sonnenfinsternis ein: Die Welt sieht sehr anders aus, wenn man sich

---

und Folgen der Gestaltungsmacht von Frauen in der katholischen Kirche, Stuttgart: Kohlhammer, 2019, 504/507.

nicht länger blenden lässt. Entsprechend werden weder eine Hermeneutik des Vertrauens noch Verschönerungsbrillen akzeptiert. Ernüchterung, Erschrecken und Empörung breiten sich heute aus. Man macht sich nicht vor, dass sich daran künftig etwas ändern würde. Sie beschleunigen sich vielmehr, auch wenn ich mir keine Einschätzung der Beschleunigungsrate zutraue.

Es zeigt sich eine prekäre Wahrheit: Ist das vergangene Geschehen des Missbrauchs einmal auch nur ein wenig gelüftet, lässt es nichts anderes mehr zu als eine Hermeneutik des Verdachts. Jegliche Hermeneutik des Vertrauens ist elementar verfallen, obwohl man sie sich natürlich dringend herbeiwünscht. Damit stellt sich ernsthaft die Frage: Ist diese Kirche überhaupt noch reformierbar? Nach der Erfahrung der letzten Jahrzehnte lautet die ernüchterte Antwort: Diese Kirche ist nicht reformierbar.

Für diese Behauptung muss ich noch nicht einmal die Beweislast übernehmen. Vielmehr muss belegen, wer sich zu brüsten traut, diese Kirche sei natürlich reformierbar, wie sie es doch schon so oft im Lauf ihrer zweitausend Jahre getan habe. Aber vergangene Reformierungen sind eben vergangen und haben meistens auch eher Reformationen ausgelöst, weil sie zu spät kamen. Die Unglaubwürdigkeit der Kirche weist in eine andere und bedrängende Zukunft: Diese Kirche kippt weg aus der Menge der Vergemeinschaftungen, die auf eine breite Akzeptanz ihrer Existenz zählen können. Sie wird zu einer fortlaufend sich verkleinernden Minderheit und das geschieht ihr nicht einfach, weil die Welt so säkular wäre. Gerade in dieser Welt wächst Christentum ja wie nie zuvor. Aber das bedeutet eben nicht innere Akzeptanz. Das hat sie selbst ausgelöst und dafür muss sie sich an die eigene Nase fassen. Mit Illusionen über eine scheinbar untadelige Tradition, die „immer schon" im genau richtigen Moment Reformen einleitete, kommt kein Wendepunkt.[43]

Und jetzt? War es das? Also gleich zur großen Apokalypse übergehen? Staub von den Schuhen schütteln und zu anderen religiös-spirituelleren Gestaden aufbrechen? Auf den Gedanken kommen

---

[43] Hans-Joachim Höhn, Zeichen der Zeit – Zeichen des Wandels. ‚Modernisierung' als Thema kirchlicher Veränderungsdiskurse, in: Stefan Kopp (Hg.), *Kirche im Wandel. Ekklesiale Identität und Reform*, Freiburg: Herder, 2020 (QD 306), 264–286 nennt das treffend „Innovationsparadox": „Es ist reichlich paradox: Wer alles beim Alten lassen will *und* wer etwas Neues will, muss denselben Satz verwenden ‚Das war immer schon so!' Wer progressiv sein will, muss sich in der Kirche auf Traditionen berufen. Die eigentlichen Konservativen sind demnach die Innovationstraditionalisten." (285/286)

nicht wenige und ziehen die Konsequenzen. Sie beteiligen sich nicht länger am unwürdigen Spiel ständiger neuer Anläufe, die dann doch nicht zum Springen über ihre Schatten kommen. Ich konzediere, dass eine solche Entscheidung nachvollziehbar ist, aber ich fälle sie dennoch nicht, weil sich dann eine binäre Codierung durchsetzt, die das Problem auch nicht löst. Meines Erachtens gibt es eine Alternative zur zweizinkigen Aufgabelung „Reformen oder Aussteigen". Die Alternative zu „reformieren oder weggehen" ist aber komplexer. Sie ist keine Kompromissformel dazwischen. Diese Kirche ist durchaus nicht reformierbar, aber deshalb muss man nicht unbedingt weggehen. Es gibt ein Drittes dazwischen. Sie ist revoltierbar. Dazu wird sie von Rebellionen gegen ihre Nicht-Reformierbarkeit von außen genötigt; sie finden explizit und anonym statt. Die Voraussetzung dafür ist, dieses Außen zu stärken, und das kann man von außen und von innen. Im Außen liegt das Heil für diese Kirche, *salus ecclesiae de extra est*.

Das muss ich formal und inhaltlich einordnen. Im Entweder-Oder von verweigerten Reformen und tief enttäuschtem Weggehen bewegt man sich auf derselben Ebene. Sie passen im Widerspruch zueinander und brauchen einander auch in wechselseitiger Ablehnung. Mit verweigerten Reformen meine ich die Taktiken, die jede ernsthafte Bemühung, organisatorisch und institutionell weitreichende Änderungen zu implementieren, torpedieren und versenken. Sie werden in der Kirche insbesondere von Mitgliedern ihrer Hierarchie als erbitterter Machtkampf ausgeführt und dabei alle zur Verfügung stehenden Mitteln genutzt, also auch intrigante und rücksichtslose. Es geht dabei nicht einfach um Macht in einer Organisation; das ließe sich gut und gerne mit Gegenorganisation, mit Opposition, mit öffentlicher Debatte ins Leere laufen lassen. Es gibt keine Erfolgsgarantie, aber es wäre ein gangbarer Weg, wie viele Organisationen politischer, wirtschaftlicher, kulturellen Art belegen.

Aber beim Kampf in der Kirche geht es um religiöse Macht. Das ist ein Steigerungsmodus, weil hier Auserwählung, Reinheit, Souveränität in den Raum treten, die nicht nur von außen ansetzen, sondern Menschen direkt in ihrem Inneren betreffen. Sie gehen unter die Haut. Man wird nicht bloß genötigt, sich zu unterwerfen, sondern ebenso ermuntert, es voller Inbrunst freiwillig zu tun. Macht kommt dann zum Höhepunkt, wenn sie Menschen dazu bringt, sich ihr selbst zu unterwerfen und dafür auch noch dankbar zu sein. Keine andere Form von Macht schafft dieses doppelte Spiel auf eine so effiziente Weise wie die religiöse Macht. Deshalb ist der Machtkampf dafür, dass Kirche sich aufgrund ihrer Identität gerade nicht verändern darf, so verführerisch mit Selbstgerechtigkeit gepaart. Die Verweigerung der Reformen ist nicht einfach eine organisatorische Entscheidung, die fragwürdig ist und daher befragt werden kann. Es ist vielmehr eine Frage auf Alles oder Nichts hin. Der Kampf wird von den Protagonist:innen mit der Überzeugung „wir oder der Untergang!" geführt, weshalb sie immer so tun, als könnten sie mehr Mittel aktivieren, als sie tatsächlich zur Verfügung haben. Die Suggestion genügt, weshalb es bei ihnen ja auch bloß beim Taktieren bleibt. Strategien haben sie nicht, weil die immer einrechnen, was nicht klappen könnte wie gewollt. Daher ist die Reformverweigerung oft mit der apokalyptischen Haltung versehen, dass man jetzt in der alles entscheidenden Stunde stünde, um den Untergang noch zu verhindern. Hier sieht man die Ambivalenz religiöser Ermächtigung von Personen; sie kann in das Gegenteil davon umschlagen, was intendiert ist.

Die andere Seite in der beschriebenen Binarität bilden jene, die weggehen, weil sie sich nicht länger als zugehörig empfinden und nicht mehr länger für alle Unsäglichkeiten ihrer Kirche einstehen wollen. Mit Weggehen meine ich das „jetzt reicht es mir aber wirklich", was dann auch nicht mehr aufzuhalten ist, weil das Verrat am eigenen Selbstverständnis wäre. Diese Entscheidung wird nicht einfach so aus einer Laune heraus getroffen, auch nicht aufgrund von Religionskritik oder nachrangigen Kirchendefiziten und auch nicht mehr aus bloß finanziellen Erwägungen wie Kirchensteuer und Ähnlichem. Die Haltung im Weggehen resultiert in aller Regel aus vielen enttäuschenden Erfahrungen zuvor, bei denen durch kirchlichen Machtgebrauch der lange vorhandene gute Wille und die duldsam eingeübte Bereitschaft, auf bessere Tage zu warten, unverschämt ausgenutzt wurde. Menschen, die das innerkirchlich erleben, sind sehr hellhörig für die kaum verhohlenen Triumphgesänge jener, die weiter oben erfolgreich die wirklichen Reformen versenkt haben. Sobald diese Gesänge angestimmt werden, was in jedem einzelnen Fall auch mehr oder weniger unverschämt geschieht, stehen solche Menschen dann unausweichlich vor der Frage, ob sie sich brechen lassen oder ihrer Ohnmacht einen Bewegungsraum draußen suchen. Mit jeder Person, die auf diese Weise die Kirche verlässt, sehen sich wiederum die Protagonist:innen der Reformblockaden bestätigt. Schließlich bleiben sie nicht nur dabei, sondern sehen sich als die eigentlichen Bewahrer:innen kirchlicher Wahrheit. Beides schaukelt sich also hoch.

Dieses Entweder-Oder ist eine Konfrontation von Macht und Ohnmacht, bei der sich, wie über Jahrhunderte binnenkirchlich belegt, die Macht durchsetzt, obwohl sie bloß noch innerkirchlich etwas bewirken kann und außerhalb von Kirche belanglos bleibt. Aber sie braucht keine Gefolgschaft mehr, so lange sie nur zu triumphieren vermag. Unverschämtheit und Schamlosigkeit sind ihr Elixier. Es ist sogar so, dass mit jedem gewonnenen Machtkampf die Bedeutung dieser Kirche außerhalb von ihr stark an Boden verliert. Aber das ist für die Macht im Entweder-Oder nebensächlich. Sie hat aufgrund ihrer religiösen Modalität einen Tunnelblick darauf, nicht verlieren zu dürfen. Dieses Entweder-Oder ist heillos, also sowohl losgelöst von den Fassaden des Heils, die die Kirche so gerne aufbaut, wie auch selbst des Heils los, für das die kirchliche Botschaft steht.

Daran leidet meines Erachtens die große Mehrheit der Katholik:innen. Mit jeder Folge der Soap Opera „gute Katholik:innen-schlechte Katholik:innen" – In welcher Staffel sind wir eigentlich schon? – verdichtet sich die blanke Wahrheit, dass irgendwelche Ausbesserungen der Fassade sich verbieten. Darum ist es auch nicht verwunderlich, dass zwar nicht von so vielen, aber doch eben auch von so manchen kirchlich Verantwortlichen gesagt wird, dass die Kirche es jetzt anpacken muss und ihre systemischen Probleme nicht länger verschleppen kann, egal was die vorgeblich wahren Katholik:innen sich dabei denken.

Noch ist das die Position der Minderheit, aber die, die sie vertreten, wollen mehr. Daran kann man sie nur unterstützen. Der Synodale Weg der deutschen Kirche war ein solches Projekt. Er wurde angesetzt, weil es so nicht weitergeht in der deutschen Kirche nach der MHG-Studie. Seine Ergebnisse waren durchwachsen, aber konnten sich sehen lassen. Das eigentliche Drehmoment ist der entschiedene Widerstand der römischen Zentrale gegen diesen Weg, was den Papst einschließt. Er ist der wichtigste Stichwortgeber gegen diesen Weg. Damit hat er alle ermuntert, die sich für die besseren Katholik:innen gegenüber den relativierenden Deutschen halten, die zudem auch noch ihren eigenen Papst, also Benedikt XVI., so kritisch angegangen waren. Die Gründe, die dafür ja zahlreich gegeben waren, zählen bei den wahren Katholischen nicht. Aber gleich, wie sehr die „besseren Katholik:innen" päpstlich ermuntert auftreten, die auf dem deutschen Synodalen Weg angestoßenen Diskursivierungen bleiben auch dann im Raum stehen, wenn die oberste Macht sie ignorieren möchte. Probleme verschwinden nicht dadurch, dass sie bis zur Spitze hin ignoriert werden. Vielmehr steigern sie die Performanz gerade des Synodalen Weges, weil er sie ansprach.[44]

Das belegen das Arbeitspapier der Weltsynode und das wenige, was wir über die Debatten von der Versammlung 2024 erfahren konnten. Daran zeigt sich aber auch, dass der Fokus auf Reformen im bestehenden Kirchensystem zu gering ist; er ist mutlos und geht nicht tief genug. Eigentlich ist dieser Fokus provinziell. Die Kirche ist global so nicht weiter zu betreiben und das Unbehagen wird Überhand nehmen. Das schließt die monarchische Kirchenherrschaft durch die Päpste ein; sie kann so nicht weiter machen. Es geht um elementare Strukturen, die allerdings jenseits der einfachen Entweder-Oder „die wahren oder die lauen Katholik:innen", „reine Lehre oder lebenstaugliche Angebote" etc. stehen. In diese Binarität hat sich die katholische Kirche jedoch verbissen. Sie wird daran ausbluten.

Zerbrecht die Zwickmühlen binärer Codes

Nach den Jahrzehnten, in denen die Kirche vergeblich versuchte, ihre Probleme zuzuschütten, kommt nun durch ihren sexuellen Missbrauch wie in einem Kristallisationskern alles zusammen und ihre Entweder-Oder-Vorlieben zerbrechen an dieser Unfähigkeit. Diese Einsicht öffnet den Raum, in dem es um die elementaren Strukturen geht. Sie liegen jenseits binärer Codes. Auf diesen elementaren Bereich werde ich mich hier konzentrieren. Er lässt keine Trennungen und Abtrennungen zu, bei denen drinnen und draußen, Welt und Kirche, Glaubensantworten und Lebensfragen, göttlich Internes von menschheitlich Externem getrennt werden. Solche Trennungen sind künstlich und unterstellen, dass an das hohe, reine, gläubige Wesen katholischer Religiosität nichts anderes heranreichen würde, weshalb auch alle Kirchenprobleme letztlich nicht das gefährden könnten, worum es wirklich und eigentlich im katholischen Glaubensmodus geht. Diese Trennungen sind lediglich Immunisierungsstrategien, um sich nicht von dem her ändern zu müssen, was man kirchlich nicht kontrollieren kann, und sie sind Selbstbestätigungsfantasien, dass nur die Kirche selbst aus ihrer verfahrenen Lage herausfindet. Es stimmt zwar, dass sie jene Kraft ist, die selbst jene ihrer Dinge ändern muss, die absurden Charakter haben. Aber zugemutet wird ihr das

---

[44] Gregor M. Hoff, *Performative Macht. Zur ekklesiologischen Bedeutung des Synodalen Weges*, Theologie und Glaube 111 (2021), 125–136.

von den jeweils anderen, vor allem von jenen, über die sie meint erhaben zu sein. Diese Zumutung ist eine Ressource, die es zu nutzen gilt.

Daher müssen auch die internen Ressourcen größer werden als bisher, um mit dieser Zumutung zu Recht zu kommen und anders zu glauben als bloß trotzdem. Diese Ressourcen investiert die katholische Kirche sichtbar nicht, gleich wie sehr ihre Verantwortlichen beteuern, dass sich jetzt doch bald alles zum Besseren verändern wird. Offenbar fehlen ihr diese Ressourcen, weil sie nun einmal ganz ähnlich wie der Staat gerade das nicht garantieren kann, wovon sie lebt. Aber diese Selbstrelativierung vermeiden die Leitungsfiguren der Kirche umso mehr, je höher sie kirchenintern platziert sind.

Auch der gegenwärtige Papst traut sich lediglich, die Kirche in einen synodalen Prozess auf ein globales Niveau zu schicken. Er traut sich aber nicht, ein Konzil einzuberufen. Konzilien relativieren das Papsttum und das päpstliche Lehramt, ob sie das nun anstreben oder nicht; ihre schiere Existenz belegt, dass eben nicht alles und vor allem nicht alles Entscheidende auf den Papst ankommt. Würde der gegenwärtige Amtsinhaber ein Konzil einberufen, dann könnte er nicht mehr kontrollieren, welche Veränderungen sich dann Bahn brächen, weil ein Konzil eine ganz andere öffentliche Dynamik entfalten würde als jede noch so global angesetzte und medial angespielte Synode. So besteht zum weltkirchlichen synodalen Prozess entsprechend lediglich eine binnenkirchliche Erwartung, dass die Akteur:innen sich mit ihren Themen und Entscheidungen rechtfertigen. Sie will gar kein Weltthema sein, gleich wie sie sich nennt, und sie ist bisher auch kein Weltereignis geworden. Wie auch, wenn es so sehr auf spirituelle Gruppendynamik ankommt wie bei den so schön geschmückten runden Tischen der ersten Runde. Bei einem Konzil dagegen müssten die Akteur:innen sich außerkirchlich rechtfertigen, ohne sich darauf zurückziehen zu können, dass das lediglich die Kirche etwas angeht. Es ist eine erheblich komplexere Herausforderung, weil es sich nicht auf den kirchlichen Binnenraum verlässt. Konzilien können dem nicht ausweichen, was im Raum steht, während für eine Synode am Ende alles dem Papst überlassen bleibt, was er denn nun umsetzen will. Keine Synode der Kirchengeschichte hat die Kirchenleitung je genötigt, nach ihren Debattenergebnissen zu entscheiden; die jetzige wird am Ende keine Ausnahme sein.

Eine elementare Struktur des christlichen Glaubens ist das Evangelium. Es sprengt Binaritäten von Entweder-Oder, weil es für alle da ist. Es lässt seit der ursprünglichen Botschaft Jesu alle Machtkämpfe

Teil II: Rebellieren statt reformieren 97

hinter sich, die aus Entweder-Oder resultieren, und ersetzt sie durch Ermächtigungen jener, die unter Mächten und Gewalten zu leiden haben. Statt Macht für die, die dieses Evangelium anbieten, wird von ihm immer eine dritte Größe eingeführt, um mit ihm in Kontakt treten zu können: Umkehr als Bedingung der Möglichkeit, überhaupt glauben zu können; Reich Gottes als Widerspruch zur ungerechtfertigten Verachtung des Kleinen, der Kleinen und der Ohnmächtigen; Feindesliebe, welche die feindselige Gewalt auch noch mit der anderen Wange herausfordert; Einheit von Gottes- und Nächstenliebe in der Selbstliebe; Kreuz und Auferstehung, die erst nach der entlarvenden Selbstkonfrontation mit karsamstäglichen Phantasien zusammenfinden; Petrus als Fels und zugleich Satan, von Jesus direkt hintereinander so identifiziert; bei Paulus Heiden und Juden, die einander gleich gelten und zu gelten haben; Petrus und Paulus, die weder einander noch dem Martyrium entgehen können u.v.a.m.

In ihre jetzige Schieflage hat sich die Kirche nicht zuletzt dadurch manövriert, weil sie auf diverse, Macht versprechende Entweder-Oder glaubte nicht verzichten zu können. Schutz der Kirche ging vor dem Wohl der Opfer, weshalb sie die Taten der sexuellen Missbrauchstäter vertuschte. Insbesondere wurde bei den männlichen Gründern geistlicher Gemeinschaften weggesehen, die sich sexuell und ökonomisch an den jungen Mitgliedern bedienten, weil das ja dort angeblich alles so sehr zum größeren Wohl der Kirche geschah. Für Benedikt XVI. blieb die wahre Kirche immer rein und sündenlos, während die Untaten allein auf das Konto der sündigen Täter zu verbuchen seien. Derlei Höhepunkte ihrer dualen Vorstellungswelt ziehen Kirche rasant nach unten. Bei jedem Aufklärungsschritt zum sexuellen Missbrauch, der das freilegt, wird sie unglaubwürdiger, während das christliche Evangelium im allgemeinen Bewusstsein immer deutlicher von ihr abgesetzt wird. Seine Glaubwürdigkeit steigert sich sogar dadurch, dass mit seiner Hilfe die Unglaubwürdigkeit von Kirche qualifizierbar wird.

Dieser Prozess nimmt an Dynamik immer weiter zu, gleich wie lauter, gottesfürchtig oder idealistisch auch immer die kirchlichen Absichten hinter all den Entweder-Oder sein mögen. Dafür gibt es bereits ein elementares Narrativ im Evangelium. So wird der notorische und schwere Sünder, der um seine Sünde weiß und um Gnade bittet, von dieser Botschaft als gerechtfertigt erklärt, während der Fromme, der neben ihm zum Tempel hinaufgeht und sich täglich stets um besonders intensive Gottesfurcht bemüht, ohne Rechtfertigung bleibt (Lk 18,10–14). Des Frommen Dankgebet „Gott, ich danke dir, dass ich nicht wie die anderen Menschen bin, die Räuber, Betrüger, Ehebrecher oder auch wie dieser Zöllner dort" offenbart, wie sehr ein Entweder-Oder die Steigerung religiöser Macht gegen andere nutzt. Dazu heißt es: „Denn wer sich selbst erhöht, wird erniedrigt". Das ist sehr lehrreich für die gegenwärtige Lage der katholischen Glaubensgemeinschaft. Jeder Schritt, binäre Codes für den christlichen Glauben auszuräumen, geht zugleich auf die elementaren Strukturen des Glaubens zu. Binäre Codes zerstören die Überzeugungskraft des Glaubens und heben seine Fähigkeit auf, eine „mission" zu entwickeln, die über die längst schon Überzeugten hinaus sprachfähig ist. Mit diesen Codes ist ein Scheitern der kirchlichen Mission zum Glauben vorprogrammiert.

Von der Verführung, Komplexität zu reduzieren

Ein Zweites verschärft die Probleme. Bei komplexen Herausforderungen ist es naheliegend, die Komplexität zu reduzieren, also die Arena der Auseinandersetzung möglichst klein zu halten. Das ist das übliche Verfahren in der Moderne, wenn Probleme uns über den Kopf zu wachsen drohen. Das scheinbar überwältigende Problem wie jetzt bei der Kirche wird in Unterabteilungen portioniert – wie zuerst Synodalität, dann nicht öffentliches synodales Besprechen der Probleme und schließlich Auslagerung in Unterkommissionen auf ein erneut nächstes Jahr. Warum sollte das nicht möglich sein? Die Antwort liegt auf der Hand: Die Zahl der nachgeordneten Probleme ist so groß, dass man mit dieser Methode nicht mehr nachkommt, zweitens dem Vorwurf Vorschub leistet, zu verschleppen und drittens die Monstrosität zu verharmlosen. Das binäre Ordnungsverfahren der religiösen Dinge ist in den letzten Jahrzehnten ständig versucht. Es hat die Massivität der Sachlage nur verstärkt. Jede Portionierung in kleinere Bereiche wäre kontraproduktiv, weil die Tiefe der Probleme immer wieder neu auftaucht.[45]

Man muss daher tatsächlich in die Tiefe gehen. Aber der Komplexität nicht auszuweichen ist eine eigene Kunst. Es ist die Kunst des Glaubens. Diese Kunst weicht nicht aus, was in der Kirche selbst die Existenz des Glaubens gefährdet. Es ist die Kunst, beim Warten auf

---

[45] Vgl. dazu die Unterscheidung zwischen „möglichst weitgehende Reformen" und tatsächlich „wirksamen Reformen", die Manfred Belok, *Nur eine Krise oder eine Zeitenwende?*, Theologie der Gegenwart 3/66 (2023), 214–223, 222 f mit Hinweis auf Doris Reisinger trifft.

einen Godot, der sicherlich nicht kommen wird, in der absurden Warterei mit der Absurdität des vergeblichen Wartens aufzuwarten. Samuel Beckett hat diese Kunst mit seinem Stück auf die Bühne gebracht. In dieser Kunst wird nicht das Warten produktiv, das ständig nach mehr Geduld ruft, sondern erst das Aufwarten mit seiner Absurdität wird kreativ. Als Hinnahme einer Art Schicksal ist Warten zerstörerisch, weil man verbittert und letztlich verzweifelt. Mit dem Aufwarten der Absurdität des Wartens entsteht ein zartbitterer Widerstand, der die Schleier der Täuschungen über das absurde Geschehen zerreißt.

Der katholischen Kirche geht diese zartbittere Kunst bisher allerdings weitgehend ab. Sie zieht es seit Jahrhunderten vor, auf etwas zu warten, was ganz sicher schon allein deshalb kommen wird, weil sie es unbedingt vermeiden will und es doch nicht kann. Es kommt nicht, weil sie es vermeiden will, sondern weil sie es unbedingt vermeiden will. Darin steckt schon die Ahnung, dass unvermeidlich ist, wogegen sie sich als „unmöglich!" verwahrt, weshalb sie gar keine Bedingungen zulassen will, unter denen es vielleicht doch diskutabel wäre. Sie wartet daher darauf, dass sich das auflöst, was für die Gläubigen unvermeidlich geworden ist und was eben unmöglich geschieht. Generell gesagt sind das all die verworfenen Teile, gegen die sie sich mit binären Codes „unbedingt" verwahrt und verwahrt hat, weil sie die Selbstrelativierung nicht zulassen kann, die jenseits dieser Codierungen auf sie wartet. Dieses Warten, dass unbedingt draußen bleiben soll, was nicht drinnen sein darf, ist bisher stets vergeblich gewesen, aber das wird weggewischt. Dieses vergebliche Warten soll eigentlich auch bloß die eigenen Mitglieder gegen das stabilisieren, was nicht zu vermeiden ist. Die Sexualmoral ist voll davon, der katholische Antimodernismus belegt es und das weihevolle Gehabe der Hierarchie bietet immer ein Refugium dafür. Vor allem die Diskriminierung von Frauen durch das allein Männern vorbehaltene Amt und die Abweisung demokratischer Relativierung ihrer eigenen autoritären Leitungsmacht stehen derzeit ganz oben auf dieser Liste, was unbedingt als unmöglich auszuschließen ist.

Die historische Erfahrung belegt jedoch: Je mehr die Kirche unbedingt vermeidet, sich auf das von ihr Verworfene einzustellen, desto stärker ist es jeweils geworden und desto unvermeidlicher trat es ein. Kein kirchliches unbedingtes Nein kommt an Wirklichkeiten vorbei, die nun einmal da sind und sich als stärker erweisen. Derzeit sind das jene Reformanstrengungen, die tatsächlich gravierend wären und die durch sexuellen und spirituellen Missbrauch sowie deren Vertuschungen nötig geworden sind. Werden diese Reformanstrengungen nicht unternommen, geht die kirchliche Glaubwürdigkeit dynamisch verloren. Sie hat bereits den Kipppunkt erreicht, an dem die weniger gravierenden Veränderungen, zu denen Kirche bereit ist, nicht mehr geglaubt werden.

Man steht hier also an einem Punkt weit jenseits oberflächlicher Kirchenkritik oder bissiger Religionskritik. Man steht hier vielmehr vor dem schieren Faktum, dass die Geschichte nicht auf die Kirche wartet, nachdem sie sich daran vorbeimogeln wollte, was sie dort entlarvt. Auf die kirchliche Einwilligung in das, was nicht zu vermeiden ist, kommt es nicht mehr an. Ihre Glaubwürdigkeit wird völlig unabhängig davon taxiert, was sie sich selbst wünscht. Glaubwürdigkeit ist kein Wunschkonzert. Kirche erhält sie von denen geschenkt, die sie ihr konzedieren – und die werden Tag für Tag weniger. Je unbedingter sie verhindert, dass der Reform-Godot in ihr kommt, umso absurder wird es, immer weiter auf Besserung ihrer Lage zu schielen. Aber damit werden zugleich die Gründe umso zweifelhafter, mit denen sie sich gegen die Selbstreformierung verwahrt. Godots Nichtkommen flutet die innerkirchlichen Warteräume mit Absurdität, bis gar keine Geduld mehr da ist. Das wiederum mästet die Macht einer binnenkirchlichen Selbstherrlichkeit, was wiederum Unglaubwürdigkeit vergrößert.

So entsteht die Lage, dass sich das, was zwar unvermeidlich ist, aber mit aller Macht in der Kirche nicht sein darf, umso sicherer in der Form der absurden Verweigerung einstellt und die Lage mit seinen Winkelzügen beherrscht, es unbedingt zu verweigern. Diese Lage ist jedoch durch die Absurdität der Verweigerung aus der Hand der kirchlichen Souveränität genommen. Es kommt nicht auf das an, was Kirche tut oder nicht tut, um ihre Bedeutung einzuschätzen. Die wahre Lage lässt sich vielmehr über die Ohnmacht der vergeblich Wartenden erfassen, die sich in zwei sehr differente Modi aufteilt. Der eine Modus des absurden Wartens ist von der Qual bestimmt, dass es nicht abgestellt wird. Der andere Modus lässt sich nicht länger von der Warterei gängeln und quälen, weil angeblich nichts dagegen zu machen ist. Man muss schließlich „nichts dagegen zu machen" tatsächlich tun, um nichts dagegen zu machen. Umso mehr die Kirche ihre Gläubigen auf „Widerspruch ist zwecklos" einstellt, umso weniger lassen diese sich in einen hinnehmenden Widerspruch dagegen hineintreiben, der bloß die Vergeblichkeit des Wartens auf Godot bestätigen würde.

Dieser zweite Modus von Ohnmacht tritt nach der Geduld auf den Plan. Ein Kampf gegen die Kirche lohnt längst nicht mehr; sie hat ihn schlichtweg nicht verdient. Viel effektiver ist es, ihre Ansprüche schlicht abzuschütteln, also nichts zu machen, was ihr mehr Bedeutung gibt als die Absurdität, mit der sie auftritt. Die einfache Verweigerung wird durch Widerspenstigkeit auf einer anderen Ebene ersetzt. Dort wird auf komplexe Weise anders geglaubt, als es die kirchlichen Absurditäten anbieten können. Sie werden ihrer zugriffigen Macht beraubt, etwa dass ohne Kirche dieses Glauben über die Generationen hinweg nicht wirklich überleben würde, wie die jüngste ökumenisch datierte Kirchenmitgliedschaftsuntersuchung prognostiziert. „Es ist nicht richtig anzunehmen, dass unbestimmte individualisierte Religiosität quer zu kirchennaher Religiosität stünde, vielmehr hängen beide Religiositätsformen relativ eng zusammen. Das legt den Schluss nahe: Wenn kirchennahe Religiosität zurückgeht, sind Formen unbestimmter individualisierter Religiosität mit betroffen. Gleichwohl geht letztere in erster nicht einfach auf."[46] Das mag so sein, aber für die Widerspenstigkeit gegen jene Absurditäten ist das irrelevant. Sie lässt sich davon nicht in eine Rechtfertigung hineindrängen. Wenn dem so ist, wie von der Untersuchung beschrieben, warum sollte man das bedauern? Durch diese Haltung wandelt sich die Ohnmacht von einem knechtenden Sich-Klein-Machen-Müssen zu einem widerspenstigen „so what". Der widerspenstige Glaubensmodus hält sich nicht mit den möglichen Folgen auf, wenn Kirche gesellschaftlich überflüssig geworden sein wird. Der Modus ist davon nüchtern indiziert, dass Kirche „nie mehr jenen primären Bezugspunkt des Glaubens innehaben können" wird und sie „als institutionalisiertem Glaubensvollzug bleibend auf den zweiten Platz"[47] gegenüber der individuellen Gottesbeziehung verwiesen ist.

Mit dem Aufwarten der absurden Warterei geschieht eine Aktivierung der nicht länger quälenden Ohnmacht. Sie wird zu einer scheinbar unmöglichen Machtressource, mit der eine souveräne

---

[46] *Wie hältst du's mit der Kirche? Zur Bedeutung der Kirche in der Gesellschaft*. Erste Ergebnisse der 6. Kirchenmitgliedschaftsuntersuchung. Herausgegeben von der Evangelischen Kirche in Deutschland (EKD), Leipzig: Evangelische Verlagsanstalt, 2023, 30.

[47] Johanna Rahner, Glaub-Würdig? Warum Kirche, wenn es um Gott geht, heute schlechte Karten hat und wie etwas mehr Geist hilfreich wäre, in: Martina Bär/Maria Blittersdorf/Elisabeth Migge/Kerstin Rehberg-Schroth (Hg.), *In Beziehung sein. Relationalitäten als Orte theologischer Erkenntnis (FS Hilberath)*, Ostfildern: Grünewald, 2023, 319–333, 325.

Überlegenheit des Individuums in Sachen Glauben jede noch so gängelnde und drängelnde Gemeinschaft, die sich als überlegen wähnt und es doch nicht ist, als belanglos abschüttelt. An diesem Kipppunkt gibt Kirche dann hektisch bemüht in weniger absurden Punkten nach. Aber selbst wenn sich etwas von jenem famosen Reform-Godot einstellt, der zuvor noch ersehnt wurde, aber jetzt belanglos geworden ist, so löst die Absurdität des unsäglichen Wartens die Glaubwürdigkeit dieses „wenigstens etwas davon" bereits in dem Moment auf, in dem es da ist. Es kommt nie zu dem Punkt, dass man sagen könnte „Endlich ist es da!".

Dieser von den kirchlichen Absurditäten vorgeschlagene Habitus, sich mit etwas abzufinden, was gar nicht da ist, und immer so nachgeben zu müssen, wie die eigene Ohnmacht des vergeblichen Wartens gesteigert wird, hat enorme Konsequenzen für die kirchliche Glaubwürdigkeit. Mit jedem Triumph dieses Habitus über die Wartenden geht die Glaubwürdigkeit nach unten, weil sie lediglich mit Ohnmacht identisch ist. Daher ist die Ohnmacht komplexer als der Triumph über sie. Wer sich mit ihr bloß abfindet, wird von ihr zerstört. Wer sich gegen den Triumph verwahrt, der die wartende Ohnmacht weiter absurd steigert, wendet sich davon ab, sich von der kirchlichen Verweigerung beherrschen zu lassen und so zu tun, als wäre sie nicht absurd. Vergebliches Warten quält, solange die Absurdität darin hingenommen wird. Wird Absurdität verweigert, weil man damit aufwartet, dann wird aus der Kluft, die sich dabei auftut, eine Ressource der Ermächtigung. Menschen werden widerspenstig, indem sie die Qual eines absurden Wartens abschütteln. Um es noch einmal zu sagen: Das bedeutet nicht zwangsläufig, sich unbedingt mit der Kirche befassen zu müssen; man kann sie auch übergehen. Auch dann löst sich die quälende Ohnmacht auf.[48]

---

[48] Michael Ebertz, *Entmachtung. 4 Thesen zu Gegenwart und Zukunft der Kirche*, Ostfildern: Patmos, 2021 schlägt vor, der Entmachtung der Kirche auf den Feldern Familie, Ehe, Geschlechterordnung und Sozialisation mit dem Gewinn anderer Quellen der Macht zu begegnen, bei denen Individualität in den Vordergrund tritt. Das könnte auf vier Gegenfeldern – Attraktivität, Wertorientierung, Multiperspektivität und Frieden – stattfinden. „Die Vision heißt: Die Kirche schöpft Macht, weil sie für die Einzelperson in deren jeweiligen Beziehungsgeflechten mit ihren ‚subjektiven Relevanzstrukturen und biographischen Bedeutungshorizonten' zur Quelle der Inspiration wird." (94 f) Diesem binären Umschalten steht m. E. zum einen die Ohnmacht aus den Absurditäten im Weg und zum anderen die dritte Option, jene Quelle auch schlicht ohne Kirche erschließen zu können. Es ist schließlich nicht so, als hätte Kirche ein Copyright auf jene Ressourcen, die für die Ermächtigung der Individuen nötig sind, zumal sie gegen deren eigenständige Beziehungsgeflechte immer noch Res-

Die historischen Beispiele dafür sind zahlreich. So fiel es der neuzeitlichen katholischen Kirche schwer, die Weltdeutung durch Naturwissenschaften als ihren Glaubenslehren überlegen anzuerkennen; dafür zahlte sie den hohen Preis, bis heute in diesem Bereich nicht mehr relevant zu sein. Auch kam sie in den jeweiligen Auseinandersetzungen immer zu spät, die übergeordnete Position der Religionsfreiheit gegenüber ihren Wahrheitsansprüchen und die Letztinstanz des Gewissens zu respektieren. So sah sie sich nach dem Abbruch ihrer gesellschaftlichen Position durch die Säkularisierung der napoleonischen Zeit nur in der Lage, ganz dagegen zu sein, um sich zu stabilisieren. Diese unbezweifelbare Organisationsleistung seit der Mitte des 19. Jahrhunderts benötigte aber zugleich eine beschuldigende Theologie gegen die Souveränität des individuellen Subjektes, welche die Moderne versprach. Die prinzipielle Ablehnung von Religionsfreiheit wurde zwar durch das letzte Konzil saniert, aber nicht das Versuchungspotential der Beschuldigungstheologie ausgeräumt. Daher ist die Hermeneutik des Verdachts geblieben, dass sie auf Privilegierung durch autoritäre Herrschaftsverhältnisse immer positiv reagiert, weil sie nur darin ihre beschuldigenden Moralansprüche erfolgreich über individuell-existentiell relativierende Kontexte wie Verhütung, Abtreibung, Wiederheirat, nicht-eheliche Partnerschaften usw. stellen kann. Unspezifisch gesprochen hat sie bis in die Gegenwart hinein große Schwierigkeiten damit, der Moderne überhaupt und ihren Aufklärungsfähigkeiten zu trauen, die Säkularität und ihre Trennung zwischen Kirche und Staat positiv zu sehen, die Demokratie als Herrschaft der Menschenrechte höher zu validieren als autoritäre Herrschaftsformen mit Privilegierung der eigenen Religion, der eigenen Schuldgeschichte im Kampf gegen religiöse Pluralität ins Auge zu sehen, die schlichtweg vorhandene sexuelle Diversität zu respektieren und die eigene Verfluchungsgeschichte dagegen nicht zu überspielen. All das springt ins Auge.

Dieser Komplex eines absurden Wartens auf Godot trifft jetzt nach der vielfachen Skandalisierung des katholischen sexuellen Missbrauchs die Reformnöte der Kirche. Jede noch so positive Bearbeitung davon bleibt vergeblich, solange tiefgreifende strukturelle Veränderungen nicht begonnen werden. Wer darauf wartet, dass die Kirche Reformen einleitet, tut daher gut daran, sich mit diesem absurden

---

sentiments aufbietet wie bei der de-facto-Rücknahme der Segensfeiern gleichgeschlechtlicher Paare durch *Fiducia supplicans* schon zwei Wochen danach.

Warten zu befassen und damit aufzuwarten. Es ist wichtig zu vermeiden, dass aus der Erwartung kirchlicher Reformen eine zerstörerische Verzweiflung wird; denn dann fällt die Glaubwürdigkeit auch des Glaubens ins Bodenlose. Das kann aber geschehen, weil die Kirche nun einmal keinen demokratischen Verfahrensweisen folgt, um jenen Machtwechsel zu organisieren, der bei so tiefgreifenden Reformen nötig ist. Sie kennt nur autoritäre Verfahren und dabei wird die herrschende Macht nie wirklich gestoppt, was demokratisch dagegen fortlaufend geschieht. Daher ist auch in ihren obersten Leitungsetagen viel Platz für Intrigen und autoritäre Winkelzüge, um allein schon die Vorstellung von Machtwechsel zu blockieren.[49]

Andererseits gilt, dass es in der Kirche derzeit nicht an gutem Willen zu Reformen mangelt. Das möchte ich ausdrücklich anerkennen; dieser Willen lässt sich bis in die Hochhierarchie hinein ausmachen. Allerdings nutzt dieser gute Wille bisher nicht viel, weil es an der nötigen Formatierung der Abläufe bei Auseinandersetzungen fehlt, in denen um Macht gerangelt wird. Das führt auch in der höheren Hierarchie zu Beschämung und Rückzug.[50] Die Kirche

---

[49] „Grundsätzlich zeigt sich die pathogene Situation im Fehlen verlässlicher kirchlicher Verwaltungsverfahren und der gerichtlichen Überprüfbarkeit bischöflicher Entscheidungen, wie überhaupt im *Fehlen von innerkirchlicher Konfliktschichtung*. In einer rein hierarchischen Organisation sind Konflikte nicht vorgesehen. Solange Gehorsam bedingungslos eingefordert wird, ist nur Ungehorsam, aber kein in Auseinandersetzung zu klärender Konflikt möglich." (Franz-Xaver Kaufmann, *Kirchenkrise. Wie überlebt das Christentum?*, Freiburg: Herder, 3. Aufl. 2011, 168 f) Auch die mittlerweile kurialgerichtliche mögliche Anklage gegen missbrauchende Kleriker, den Missbrauch vertuschende Bischöfe und sonstige kirchliche Leitungspersonen, wie es das Motu proprio *Vox estis lux mundi* in der Fassung von 2023 regelt, ändert daran nicht viel (https://www.vatican.va/content/francesco/en/motu_proprio/documents/20230325-motu-proprio-vos-estis-lux-mundi-aggiornato.html). Erstens ist der Papst davon ausgenommen (vgl. Artikel 6) und zweitens ist es kein pars pro toto für eine rudimentäre Gewaltenteilung. Vgl. dazu – kritisch zu den Akteuren, unkritisch zum Recht – Myriam Wijlens, Der sexuelle Missbrauch von Minderjährigen. Entwicklungen im kanonischen Recht zwischen 1983 und 2020, in: Birgit Aschmann (Hg.), *Katholische Dunkelräume. Die Kirche und der sexuelle Missbrauch*, Paderborn: Schöningh, 2022, 77–95, 92–94.

[50] Ein Beispiel dieser Zerrissenheit innen wie außen ist der vormalige Generalvikar der Diözese Speyer Andreas Sturm, *Ich muss raus aus dieser Kirche. Weil ich Mensch bleiben will*, Freiburg: Herder, 2022. Er wünscht seiner ehemaligen Kirche sehr, „dass es ihr gelingt, sich aus der Sackgasse zu befreien. Ich werde aber nicht mehr darauf warten. Ich kann es einfach nicht mehr, denn ich habe die Hoffnung und Zuversicht auf Veränderung verloren, mein Herz ist leer – ist wie tot. Aber ich will meinen Glauben, meine Berufung an Jesus Christus weiter leben. [...] Ich gehe deshalb, um mich und meinen Glauben zu schützen." (183) Das gleiche Phänomen gibt es im Bereich gleichsam der „Laienhierarchie", also von leitenden Funktionsträger:innen der Diözesen. Die vormalige Leiterin der Abteilung ‚Kinder, Jugendliche und junge Er-

hat ein gravierendes Defizit an Prozeduren und Prozessen, um eine in sich verbogene oder gar bösartige Macht in ihr selbst zu attackieren und nieder zu ringen. Man schielt immer noch oben auf den „guten Herrscher", der es geradezu mythisch „richten" wird. Aber was, wenn der selbst scheinheilig ist, mit Falschaussagen arbeitet, Heuchler:innen Bühnen bietet oder selbst korrupt ist? Das haben wir alles schon erlebt.

Der Absturz beginnt bereits damit, dass dieser Machtbezug einfach geleugnet und mit irgendwelchen „Dienst"-Bezügen verharmlost wird. Das ist wahrscheinlich auch der Hauptgrund, warum es für gravierende Veränderungen und Reformen eines starken Drucks von außen bedarf. Die Formierung des inneren Systems, um Macht auszutarieren, wird sich immer dagegenstellen; es fehlen dort einfach die Formate, es anders anzugehen. Selbst nach dem Zweiten Vatikanischen Konzil und dessen ausdrücklicher Anerkennung von Menschenrechten und demokratischen Verfahrensweisen für die internationale Ordnung wurde die kirchliche Selbstanwendung von Menschenrechten peinlich bemüht vermieden.[51] Nicht zuletzt die

---

wachsene' im Bistum Essen und Trägerin eines Predigtpreises Regina Laudage-Kleeberg, *Obdachlos katholisch. Auf dem Weg zu einer Kirche, die wieder ein Zuhause ist*, München: Kösel, 2. Aufl. 2023 beobachtet, was zugleich ihre eigene Erfahrung im Ausstieg aus der Funktion ist: „Es scheint, als ob die Menschen in tiefer Ambivalenz mit ihrer Kirche leben: Entweder fragen sie sich als Kirchenmitglieder, ob und wie lange sie wirklich noch ‚zu diesem Laden' gehören wollen. Oder sie fragen sich nach dem Austritt, wo sie mit ihren Sehnsüchten, Spiritualitäten und Sorgen ein (neues, vorübergehendes oder wechselndes) Zuhause finden können." (10) Weder Sturm noch Laudage-Kleeberg sind Ausnahmen, auch wenn sie nicht die Regel auf der Leitungsebene sind. An schlechten Tagen ist man versucht, „noch nicht" hinzuzufügen. Den Weg in die andere Richtung bei fast denselben alarmierenden Erfahrungen schlägt Meik Schirpenbach, *Retten wir die Kirche. Zwischen Resignation, Skandalen, Sehnsucht und Begeisterung. Ein Landpfarrer schlägt Alarm*, Paderborn: Bonifatius, 2022, vor: Nicht woanders, wohl aber „Anders weitermachen, weil es keine Alternative gibt" (222–225). Schon sein offener Brief „Ich bin ratlos" von 2020 fand hohe Beachtung. Er setzt auf die Kraft der Fragen und sie sind auch kraftvoll. Wollen wir, die Gläubigen, so wird gefragt, uns die Kirche kaputtmachen lassen, ausgerechnet jetzt, wo Krisen an immer mehr Stellen aufbrechen? Das ist von Schirpenbach nicht rhetorisch gefragt, so wenig wie seine Antwort: Nein.

[51] Karl Gabriel, *Häutungen einer umstrittenen Institution. Zur Soziologie der katholischen Kirche*, Frankfurt: Campus, 2023 sieht darin das Kennzeichen einer „wojtylistischen Kirche". „Ihr zentrales Charakteristikum ist eine scharf polarisierte Struktur. Nach außen, in die Gesellschaft hinein, emanzipiert sich die katholische Kirche von ihrer im 19. Jahrhundert angenommenen Gestalt. Sie nimmt zentrale Errungenschaften der kulturellen Moderne auf und sucht ihnen eine eigene Note zu geben. Sie bekennt sich zur Religionsfreiheit, setzt sich weltweit für die Verwirklichung der Menschenrechte ein und initiiert eine ‚catholic wave' der Demokratisierung. Nach Innen hält sie aber an der im 19. Jahrhundert angenommenen Struktur in verschärfter Form fest und

nachgeordnete Position von Frauen belegt das. Selbst dieses Konzil konnte kaum mehr als Anstöße geben, die im innerkirchlichen Machtgebahren leicht zu übergehen waren. Zudem ist auch dieses Konzil tatenlos gewesen gegenüber der episkopalen Vertuschung des sexuellen Missbrauchs, die es bereits zu seiner Zeit gab und wahrscheinlich irgendwie allen Konzilsvätern bekannt war. Bis auf Weiteres werden sich daher wohl die nötigen tiefgreifenden Reformen erst dann einstellen, wenn die katholische Kirche dazu von außen genötigt wird. Selbst induzierte gravierende Reformen kennt die Kirche bisher nicht.

Das Zweite Vatikanische Konzil ist dafür sogar selbst ein Beleg; es wurde nicht als Reformkonzil von der kurialen Vorbereitung konzipiert. Sie hatte die Vorphase der Antepraeparatoria und Praeparatoria als antimodernistischen Triumph angelegt. Das Konzil wurde erst von der öffentlichen Aufmerksamkeit und dem Druck, den diese Aufmerksamkeit in ihm erzeugte, dazu gebracht, sich zu einem Reformkonzil zu entwickeln, was es dann aber gegen die eigene kuriale Vorbereitung auch tat. Es scheint so, dass Johannes XXIII. das regelrecht erwartet hatte, weil er wusste, dass er das auch als Papst nicht allein initiieren könnte.[52] Von sich her wäre dem Konzil das nicht gelungen, weshalb seine Umsetzung nach innen in den Jahrzehnten danach auch so hartnäckig von der kurialen Zentrale behindert, verzögert und versperrt werden konnte. Sie will bis heute eigentlich bloß ihre damalige längst gescheiterte Vorbereitung ins Kircheninnere hinein umsetzen.

Darin taucht aber auch ein Hoffnungsschimmer am Horizont auf. Die nötigen Veränderungen wird es geben, wenn die der Kirche eigene, autoritär befeuerte Starrheit, Reformen unbedingt zu vermeiden, so überhandnimmt, dass sie ihr über den Kopf wächst. Je mehr sie genötigt wird, diesen Gegendruck aufzubauen, desto gravieren-

---

erweist sich als reformunfähig. Die Zentralisierung der römisch-katholischen Kirche wird auf die Spitze getrieben und mit dem neuen Kirchenrecht von 1983 umfassend abgesichert." (46/47) Aber das sind keine Antworten auf ihre gesellschaftliche Lage. „Mit überdehntem Zentralismus und dem Versiegen des Priesternachwuchses steht sie sich selbst im Weg." (75). – Zur Welle der Demokratisierung nach außen und dem Wellenbrechen nach innen s. u. Teil VI.

[52] „Au cours de la première semaine du concile, Jean XXIII m'avait déclaré: 'Le plan est là dans mon tiroir [qu'il ouvrit comme pour prouver ses dires]. Je vous ferai signe au moment voulu: pour l'instant, le devoir du pape est de tendre l'oreille [il mit alors ses deux mains en éventail derrière ses oreilles] et d'écouter attentivement ce que l'Esprit Saint inspire aux évêques.' J'obéis volontiers à cette consigne de patience." (Léon Joseph Cardinal Suenens, *Souvenirs et esperances*, o.O. Fayard, 1991, 80)

der tritt ein, dass das, was unvermeidlich ist, auch tatsächlich von ihr nicht mehr zu vermeiden ist. Sie wird dabei stets zu immer absurderen Behauptungen, Aktivitäten, Rechtfertigungen gezwungen, die sie ständig mehr an Aufwand kosten, als sie an Glaubwürdigkeit einbringen. Das war in der Anerkennung der Menschenrechte so, in der fälligen Auseinandersetzung mit dem eigenen historischen Antijudaismus, im allmählichen Respekt vor der bleibenden religiösen Pluralität. Der Kipppunkt ins strukturelle Minus, das von autoritärer Selbstabschließung nicht mehr zu verändern ist, ist allerdings erst vor Kurzem erreicht worden, nachdem das Pontifikat von Benedikt XVI. einräumen musste, dass auch die katholische Weltkirche mit autoritär-ästhetischem Gehabe gegen die moderne Welt nicht zu beherrschen ist. Sein Rücktritt, der unvermeidlich geworden war, ist so lange noch nicht her.

Bei den Dingen, um die es bei den allfälligen Reformagenden jetzt geht – fehlende Gewaltenteilung, Diskriminierung der Frauen, Ideologisierung von pathologisch paternalistischer und homophober Sexualmoral, eine sich beständig selbst sakralisierende Amtstheologie, hidden agenda von autoritären politischen Präferenzen u.v.a.m. – wird es nicht anders gehen. Wer glaubt, die Kirche würde das aus sich heraus und aufgrund besserer Einsicht in die Wege leitet, wartet auf einen Godot, ohne einzusehen, dass dieser nie kommen wird. Wer so wartet, verbittert.

Die Gläubigen, die auf die Reformen in der Kirche setzen, weil sie sonst mit dieser Kirche brechen müssen, um vor sich selbst authentisch zu bleiben, tun daher gut daran, die zartbittere Kunst des Aufwartens mit der absurden Warterei auf Godot zu entwickeln. Das verhütet die Verzweiflung eines bitteren Wartens auf den Kirchengodot, der vergeblich auf sich warten lässt. Bisher ist jedoch noch das verzweifelte Warten darauf, dass Godot vielleicht doch noch kommt – morgen, übermorgen, nach dem übernächsten Skandal, bei der nächsten Synode, spätestens beim nächsten Papst oder dann doch, wenn es endlich wieder zu einem großen Konzil gekommen sein wird –, ein Riesenhindernis für die Not der Gläubigen, selbst in ihrem Glauben souverän zu werden. Es wird Zeit, das sich hier grundlegend etwas ändert. Darum müssen wir uns die Komplexität des Wartens auf Godot ansehen, mit der das verbitternde Warten, das nie wirklich zu Ende kommt, und das Aufwarten unterscheidbar werden, welches die Absurdität dieses Ausbleibens aufdeckt. Es gilt, die zartbitteren Wege zu finden, auf denen das erste schrumpft und das zweite wächst.

Zartbittere Wege wider die Beschuldigung verlorenen Vertrauens

Ein wichtiger Schritt besteht dabei darin, Beschuldigungstheologien zu entlarven und hinter sich zu lassen. So war noch bis vor wenigen Jahren die weithin präferierte Sprachregelung, Menschen würden Vertrauen in die katholische Kirche verlieren oder hätten es verloren. Diese Vertrauenskrise sei schmerzlich und bedauerlich, aber es sei eben genau das, nur eine Vertrauenskrise. So erkläre sich, warum so viele die Religionsgemeinschaft verließen. Das ergibt im Umkehrschluss, man müsse also nur alles daransetzen, verlorenes Vertrauen wieder zu gewinnen. Dann verändere sich die Lage wieder zu Gunsten der Kirche. Das ist nichts anderes als eine verkappte Beschuldigungstheologie an die, die das Vertrauen verloren haben. Ihre Sprachregelung wird bis heute vor allem in der Hochhierarchie eingesetzt, nicht zuletzt vom Papst. So wurde in der offiziellen Mitteilung der Apostolischen Nuntiatur in Berlin von 2021 über die Gründe für die Auszeit – also die Nicht-Abberufung –, die der Papst dem Kölner Erzbischof, Kardinal Woelki gewährt hat, zuerst einmal dessen Entschlossenheit „die Verbrechen des Missbrauchs in der Kirche aufzuarbeiten" gelobt, und dann erst zugegeben: „Dennoch hat Kardinal Woelki in der Herangehensweise an die Frage der Aufarbeitung insgesamt, vor allem auf der Ebene der Kommunikation, auch große Fehler gemacht. Das hat wesentlich dazu beigetragen, dass es im Erzbistum zu einer Vertrauenskrise gekommen ist, die viele Gläubige verstört."[53] So ähnlich hieß es in einer Erklärung des Ständigen Rates der Deutschen Bischofskonferenz, nachdem das ebenso ernüchternde wie verheerende Gutachten der Kanzlei Westphal Spieker Wastl über die Jahrzehnte unzulänglicher Bearbeitung des sexuellen Missbrauchs in der Erzdiözese München und Freising im Januar 2002 publiziert worden war: „Wir spüren den erheblichen Vertrauensverlust und verstehen das große Misstrauen, das uns Bischöfen aus der Gesellschaft und von den Gläubigen entgegengebracht wird. [...] Wir sehen die hohen Austrittszahlen, wir erleben den extremen individuellen wie öffentlichen Vertrauensverlust."[54]

---

[53] Einsehbar auf der Webseite der Erzdiözese Köln: https://www.erzbistum-koeln.de/export/sites/ebkportal/.content/.galleries/news/2021/2021_downloads/210924ErklaerungRom.pdf.
[54] https://www.dbk.de/presse/aktuelles/meldung/erklaerung-des-staendigen-rats-der-deutschen-bischofskonferenz-zur-aufarbeitung-sexuellen-missbrauchs, Pressemeldung 006 vom 25.01.2022.

Hier hat man in Reinform die Strategie, von Vertrauensverlust zu sprechen: Viele Gläubigen seien verstört, es fehle an adäquater Kommunikation und die Krise des Vertrauens sei auf bestimmte nachgeordnete Einrichtungen der Kirche beschränkt. Hier war das eben das Erzbistum Köln, der dortige Erzbischof mit seinen hampeligen Kommunikationsversuchen und die Reaktionen der Gläubigen auf seine Unzugänglichkeit. Es geht um die berühmt-berüchtigte Missbrauchsstudie, die Kardinal Woelki versprach, mit Klarnamen zu versehen, was er sich dann aber nach manchem Hin und Her doch nicht traute. An ihrer statt beglückte er die Öffentlichkeit mit einer zweiten Studie, die für ihn selbst erheblich harmloser war. Auch in der Erzdiözese München und Freising gab es zwei Berichte, wobei der zweite allgemein als tiefergehend als jener zu Köln angesehen wird. Er wird entsprechend auch als sprechend für die Lage in allen deutschen Diözesen aufgefasst. Aber auch wenn diese zweite Erklärung härter mit der Kirche selbst ins Gericht geht als die Nuntiatur-Diplomatie des ausgebreiteten Mantels über die Kardinalsfehler des Kölner Erzbischofs, so bleibt es auch hier bei der Sprachregelung „Vertrauenskrise/-verlust bei den Gläubigen". Diese Erklärungsformel arbeitet mit einer subtilen Täter-Opfer-Umkehr. Sie geht unweigerlich damit einher, dass bereits die richtigen Schritte eingeleitet seien, die nun konsequent gegangen werden müssten. Das sind die (erz-)bischöfliche Entschlossenheit, den sexuellen Missbrauch aufzuarbeiten und sich den Betroffenen zuzuwenden sowie weitere noch konsequentere Prävention.

Das klingt zunächst einmal vernünftig. Aber es hat einen Haken. Wer von Vertrauenskrise als bloßem Verlust des Vertrauens spricht, kennt bereits die Ursachen dafür, hat die Analyse darüber schon an der Hand und weiß auch bereits um die unbedingt nun zu setzenden Schritte. Wer so von Vertrauenskrise spricht, schiebt implizit das Problem weiter an jene, deren Vertrauen mangelhaft ist, also die das Vertrauen eben verloren haben. Das klingt immer ein wenig danach, als hätten sie nicht so richtig auf das Vertrauen aufgepasst und jetzt sei das eben andere Wege gegangen. Der eigentliche Verlust liegt also bei ihnen. Das gilt leider auch dann, wenn man genau das eigentlich nicht sagen will und das Verlieren des Vertrauens authentisch nachvollziehen, also verstehen kann. Die Aktion der Gläubigen ist und bleibt dann das Verlieren und ihnen wird jetzt von der Kirchenleitung eine zweite Chance gegeben, das Verlorene wieder zu finden. Die Metaphorik ‚Vertrauenskrise' in Kombination mit ‚Vertrauensverlust' unterstellt unweigerlich, dass das Vertrauen das kritische Problem repräsentiert, und eben nicht die böse Tat oder die bösen Taten, deren Fluch die Glaubensgemeinschaft überschattet. So sind dann die Gläubigen, die das Vertrauen so unaufmerksam verloren haben, das bevorzugte Objekt der Betrachtung und nicht die Betroffenen von sexualisierter Gewalt. Es ist nicht die Kirche insgesamt, die Vertrauen verloren hat, sondern ein – mehr oder minder kleiner – Teil ihrer Gläubigen.

Diese Strategie hat den Vorteil, dass zwar Schuldige genannt werden, deren Handlungen durchaus als verwerflich oder defizitär benannt werden, aber die Kirche selbst dabei nicht in Misskredit gerät. Vertrauensverlust ist nicht Glaubwürdigkeitsverlust und verschiebt das Verlorene zu jenen, die darunter leiden. Das ist sehr subtil, aber gleichwohl effektiv für kirchliche Selbstbestätigung. Es sind nicht Realitäten in der Kirche, die unglaubwürdig sind, sondern es geht um die Einschätzungen der Gläubigen, die enttäuscht wurden. In der angeführten Nuntiatur-Mitteilung heißt das „verstört". Das ‚die sind verstört' wird vorgeschoben, um das andere nicht besprechen zu müssen.

Das, was damit verschwiegen wird, quillt jedoch hervor. Die Emphase „Vertrauen" kann die Phase „Glaubwürdigkeit" nicht ablösen, wenn das Vertrauen mit Verlust gekennzeichnet wird. Etwas anderes wäre es, von Vertrauen zu sprechen, das geschenkt wird; denn geschenktes Vertrauen basiert auf Glaubwürdigkeit der Größe, der es geschenkt wird. Es ist ‚gesichtsabhängig' – „[M]an vertraut genau genommen nicht der Kirche als Institution, sondern ihren Priestern und Festangestellten, die man schon kennt und die einen bislang anständig behandelt haben."[55] Erweisen die sich dieser Schenkung als nicht würdig, weil sie gar nicht oder nicht länger einlösen, was sie glaubwürdig machen würde, dann wendet sich das in Unglaubwürdigkeit. Dann wird Vertrauen entzogen, womit die so analysierte Vertrauenskrise etwas anderes ist als lediglich Vertrauensverlust; entzogenes Vertrauen verweist auf die fehlende Glaubwürdigkeit. Wird in der Politik die ‚Vertrauensfrage' gestellt, dann ist die Glaubwürdigkeit als Geschäftsgrundlage vertrauensvoller Zusammenarbeit verloren gegangen.[56] Die Markierung ‚Vertrauensverlust' dagegen umgeht diesen Zusammenhang subtil und ersetzt ihn mit einer klandestinen Demütigung der nicht länger Vertrauenden.

---

[55] Bär, Vertrauenskrise, a.a.O., 339.
[56] Ute Frevert, *Vertrauensfragen. Eine Obsession der Moderne*, München: Beck, 2013, 194–205.

Mit der Emphase auf dem Verlust wird Druck auf Gläubige ausgeübt, doch bitte geduldig zu sein; sie bekämen das ja wieder, weil die Kirche doch anderswo so viel Gutes tut. Es gibt tatsächlich gute Arbeit in der Kirche, das will ich überhaupt nicht bestreiten. Aber nichts davon rechtfertigt es, die Gläubigen zu beschuldigen, sie würden der Kirche zu wenig in der bedrängten Lage vertrauen.[57] Darum geht es gerade nicht. Es kann keinen bedeutsamen christlichen Glauben geben, wenn er nicht glaubwürdig vertreten wird. Da helfen weder Appelle, doch wieder zu vertrauen, noch Vorschüsse, es trotzdem zu tun. Wir stehen nicht vor einem Vertrauensverlust von Gläubigen, der Glaubwürdigkeit behindert, sondern vor einem Glaubwürdigkeitsverlust von Kirche, der Vertrauen verhindert.

Es geht erstens um die Kirche selbst, nicht bloß um das, was gläubige Menschen scheinbar verloren hätten. Dann geht es zweitens um das, was in der Kirche selbst gegen das steht, wozu sie da ist. Dann geht es drittens um den Maßstab, an dem sie ihre eigenen Aktivitäten und ihre schiere Existenz messen lassen muss. Dann geht es viertens um den Riss, der sich zwischen ihr und ihrer Aufgabe aufgetan hat. Und schließlich geht es um den Abstand ihres Wahr-Sagens des Guten, Reinen und Moralischen zu dem Bösen, das dahinter tatsächlich toben kann und fröhliche Urstände feiert. Glaubwürdigkeitsverlust ist daher erheblich prekärer als Vertrauensverlust, weil er mit Selbstrelativierung einhergeht. Verlorenes Vertrauen relativiert die Vertrauensseligen in der Glaubensgemeinschaft, Verlust der Glaubwürdigkeit jedoch hohle Versprechungen der Religionsgemeinschaft.

Auch hier gilt: Das Bild ist nicht einfach schwarz und weiß. Auch unter denen, die von verlorenem Vertrauen ausgehen, wird natürlich ehrlich bedauert, was geschehen ist, und ernsthafte Veränderung versucht. Einen Verlust der Glaubwürdigkeit kann man aber nicht bedauern, weil er alarmierend ist. Er zeigt auf einen elementaren Bruch und nicht bloß auf eine historische Delle. Wer ihn in der Kirche anspricht, kann gar nicht anders, als zugleich auf den eigenen Anteil

---

[57] Der demütigende Verlust der Vertrauensgrundlage bei den Gläubigen wird damit in eine Politik ihrer eigenen Demütigung überführt, die zur Sicherung der Macht derer dienen soll, die unglaubwürdig geworden sind. So wird zwar in Nuntiatur-Erklärung der Kölner Erzbischof gedemütigt, Fehler in der Kommunikation gemacht zu haben, aber ebenso die Gläubigen, die an seiner Entschlossenheit zweifeln, den kirchlichen Missbrauch aufzuarbeiten. Die Kirche insgesamt soll darüber jedoch erhaben anerkannt werden. Für den Zusammenhang zwischen Demütigung vor Publikum, die beschämen soll, und Machtdemonstration vgl. Ute Frevert, *Die Politik der Demütigung. Schauplätze von Macht und Ohnmacht*, Frankfurt: Fischer, 2017, 7–24.

daran schauen und entsprechende Konsequenzen bei sich selbst überlegen. Schließlich sind alle Gläubigen und zugleich jede:r einzelne für die Glaubwürdigkeit zuständig, was natürlich ganz unterschiedliche Folgen haben kann. Vertrauensverlust folgt der Partionierung des Problems in nachgeordnete Einheiten, um Herr:in der Situation zu bleiben. Glaubwürdigkeitsverlust erhöht dagegen die Komplexität und wirft ein Licht darauf, was in der Kirche erschreckend, abstoßend und absurd ist und was davon von wem wie widersprochen oder getragen wird.

Angesichts einer verlorenen Glaubwürdigkeit ist daher der dramatische Vorgang ziemlich anders als eine allfällige Zuspitzung der zuvor üblichen Warterunden. Warten im Wissen darum, dass nicht glaubwürdig ist, was immer wieder bloß angekündigt wurde, spielt sich nicht nur im Inneren von Menschen ab. Man kann Becketts Stück gar nicht anschauen, ohne in die Konfrontation des eigenen Inneren mit dem Nichtgeschehen des Stücks zu gehen. Dabei stößt man auf ein viel tiefer liegende Dimension im Warten. Das, was nicht geschieht, offenbart so viel mehr als das, was sich tatsächlich ereignet. Es offenbart, wie unglaubwürdig es geworden ist, der Warterei zu vertrauen, weil ihre Sinnlosigkeit alles kontaminiert. Das, was abwesend ist, nicht benennen zu können, es nicht in Erfahrung bringen zu können, es nicht umsetzen zu können, es nicht irgendwie sonst erschließen zu können, ist um einiges aussagekräftiger als das, was zu sagen, zu erkennen, zu bearbeiten, zu glauben ist. Es offenbart sich, wie absurd es ist, gegen den Strich an dem festzuhalten, was sich nicht einstellen wird, und wie aussichtslos es ist, das mit dem positiv zu verrechnen, was man alles ja sonst noch Sinnvolles, Hoffnungsvolles, Erwartungsvolles sagen kann.

Wenn denen, die zuschauen, dämmert, wie absurd ihre eigene Warterei ist, sind sie Teil des Stücks geworden. Absurd ist das, was sinnlos ist, aber dennoch in den Bann schlägt, so dass man sich entscheiden muss, sich ihm weiter wartend zu unterwerfen oder widerspenstig anders zu warten.

Mit Aufwarten warten und was dann passiert

Wer sich dem stellt wie alle Zuschauer:innen des Stücks, erfährt etwas, was für die eigene Verhaltensstruktur so entlarvend ist, dass man unwillkürlich in die Absurdität hineingezogen wird. Je länger das Drama voranschreitet, desto mehr wird man als Zuschauer:in oder Leser:in mit dem konfrontiert, was man eigentlich selbst erwartet, aber ebenso wenig eintritt wie der imaginäre Godot. Der wird ja bloß so sehr erwartet, weil man ihm immer wieder glaubte, jetzt käme er aber wirklich. Man wird auf eine unausweichliche, erschreckende und zugleich äußerst faszinierende Weise auf die potentielle Sinnlosigkeit der eigenen Warterei hingewiesen, die vor ihrer Sinnlosigkeit die Augen verschlossen hat. Das, was erwartet wird, jemanden, der erwartet wird, irgendetwas, was dann aber weder eintritt noch die Lage dramatisch ändern könnte, weil man es doch so sehr ersehnt, lohnt das Warten eigentlich nicht. Es ist absurd, auf so etwas zu warten. Der Sinn dieses Wartens liegt darin, die Sinnlosigkeit der Warterei zu erfassen. Das, was Beckett tatsächlich auf der Bühne geschehen lässt, scheint nicht eigentlich das zu sein, was geschieht, weil eben nicht geschieht, was geschehen soll. Hier geschieht Sinnloses und das ist möglicherweise so etwas wie eine Plattform, auf der sich mehr abspielt als das, was sich abspielt, und auf der sich auf absurde Weise abspielt, was sich gerade nicht abspielt. Das, was sich als absurd erweist, führt in einen anderen Raum hinein, der viel bedeutsamer ist als alles, was sich erwartbar einstellt. Aber sicherlich stimmt auch das nicht, wenn man damit den Sinn glaubt gefunden zu haben.

Auch der Ort der Handlung von Becketts Godot-Stück, also die Straße, ist mehr als bloß die Kulisse; sie verrottet ebenso wie die Lebensmittel, die die beiden Hauptfiguren dort zu sich nehmen. Sie haben keine Chance aus der elenden Lage herauszukommen, in der sie sich befinden, solange sie warten. Der Baum, der die Szene belebt, belegt das auf eine symbolisch-erschütternde Weise. Er ist ohne Blätter, eine Trauerweide. Und die Begegnungen mit den Nebenfiguren verbessern das nicht besonders, die wenig anderes sind als Provokateure der eigenen und fremden elenden Lage. Selbst der Junge, der gegen Ende jedes Aktes ankündigen muss, dass es Godot doch nicht möglich sei zu kommen, ist von absurder Tragik. Es macht die Sache auch nicht besser, wenn der Junge noch von seinem Bruder berichtet, den Godot schlägt und der jetzt krank ist, und wenn er sagt, er glaube, Godot sei weiß. Das Bühnenstück verrätselt sich immer mehr und zugleich offenbart sich immer klarer, wie absurd ein Warten ist, dem niemand ausweichen kann. Denn was sollte man sonst tun, wenn man schon so in die Warterei verstrickt ist?

Die heute nur zu bekannte Not, komplexer existieren zu müssen, ohne der damit einhergehenden Ohnmacht zu entgehen, zeichnete sich zur Mitte des 20. Jahrhunderts schon ab und wird vom Godot-

Modus des Wartens verstärkt. Aber worin die Komplexität tatsächlich besteht, ist nach wie vor offen. So fragte schon Joachim Kaiser, kein geringer Literaturkritiker, gut 20 Jahre nach der Uraufführung mit gerunzelter Stirn, aber ohne Antwort: „Aber was war damals so beispiellos neu und anders, warum mußte ‚Warten auf Godot' so wirken wie ein *absurdes* Kernspaltungs-Experiment mit unaufhaltsamen, unübersehbaren und gewiß unwiderruflichen Konsequenzen?"[58]

Wie immer die Frage dann literarkritisch ausgeht, so ist wohl klar, dass menschliches Leben hier und heute von einem derart retardierenden Element wie dem Godot-Modus des Wartens indiziert ist. Wer auf welchen Godot auch immer wartet, wird von dem, was dabei mit dem Warten getan wird, relativiert, weil es absurd ist, sich dem auszusetzen. Das gilt sowohl für die Ressource Religion wie auch die christliche Religionsgemeinschaft. Auch ihnen sind unseliges Warten und absurde Erwartungen auf den Leib geschneidert und die Frage ist, wie sie mit diesen Hüllen umgehen. Sind die Anfragen an die Kirche, angesichts ihres sexuellen Missbrauchs so nicht weitermachen zu können, das Warten auf eine erlösende Godot-Veränderung, die zwar oft genug angekündigt wird, aber dann eben doch nicht kommt? Oder lösen diese Anfragen eher die Ernüchterung aus, dass die Kirche eigentlich gar nicht auf so etwas wartet, weil sie sich der Konfrontation damit entziehen will? Die elende Warterei, dass sich doch bitte endlich in der eigenen Kirche etwas grundlegend verändert, ist so absurd, dass das zuzugeben dem Warten ein erlösendes Ende geben würde – und was deshalb gerade unbedingt vermieden werden will.

Schauen wir uns deshalb jetzt einige Dialoge in dem Stück an. So wirkt sich Warten auf einen Veränderungswillen aus, wenn sich einfach nichts tut: „*Wladimir* Man kann nichts dafür. *Estragon* Was man auch anstellen mag. *Wladimir* Man bleibt, wie man ist. *Estragon* Wie man sich auch winden mag. *Wladimir* Im Grunde ändert sich nichts. *Estragon* Nichts zu machen."[59] Warum soll ein Mensch, eine Institution, eine Gemeinschaft davon ausgehen, dass sich etwas ändern lässt, wenn man ständig wartet, dass die Not, es zu tun, endlich mal ankommt, es aber nicht tut? Dann ist „nichts zu machen", weil

---

[58] Samuel Beckett, *Warten auf Godot. En attendant Godot Waiting for Godot.* Deutsche Übertragung von Elmar Tophoven. Vorwort von Joachim Kaiser, Frankfurt: Suhrkamp, 10. Auflage 1977, 7f.
[59] Ebd. 59.

sich ja „im Grunde nichts ändert". Nimmt man diesen Dialog als Kontaktzone zur Verweigerung, überhaupt aus dem Warten heraus- und bei Veränderungen anzukommen, dann erinnert er an die Lage der Frauen in der Kirche. Die Standardantwort, wie es steht um die Zulassung von Frauen zum Priestertum, ist schließlich „leider nichts zu machen". Jener Godot, der es auf die Änderung der kirchlichen Verhältnisse ankommen ließe, ist nicht gekommen – noch nicht gekommen, sagen die einen, kann gar nicht kommen, sagen die anderen, und wird niemals angekommen sein, sagen schließlich die dritten. Man bleibt, was man bleibt, sagt diese Kirche, in der Warten auf Veränderung sinnlos im Raum steht.

Sinnloses Warten löst jedoch noch etwas aus: „*Estragon* Es passiert aber auch gar nichts. *Pozzo untröstlich* Langweilen Sie sich? *Estragon* Kann man wohl sagen. *Pozzo zu Wladimir:* Und Sie, mein Herr? *Wladimir* Es ist kein reines Vergnügen."[60] Noch deutlicher wird es mit der französischen Version: „En attendant, il ne se passe rien." Wer wie Estragon auf einen Godot wartet, der nie kommt, kann nicht dem Zustand entrinnen, dass schlichtweg nichts passiert. Der Wartezustand verhindert damit, dass etwas geschehen könnte, was erwartet wird, weil in ihm ja schon nichts passiert. Wer ein Warten auf Godot nicht unterbrechen kann, wird von dem absurden Zustand eingeholt, dass nichts passiert, was wiederum belegt, dass eben nichts anderes passieren kann. Aufgrund des Nichts im quälenden Warten kann nicht eintreten, was so sehnlich erwartet wird. Dieses Warten wird auf Dauer auf eine eigentümlich prekäre Weise langweilig. Die Langeweile im Warten macht das Warten zwar erträglich, aber raubt ihm genau die Kreativität, ohne die es nicht aufgebrochen werden kann. Man kann sich darin einrichten, aber belegt sich selbst zugleich mit Mehltau.

Diese Langeweile ist längst bei denen eingetreten, die mal wieder hören, jetzt wolle sich die Kirche aber wirklich reformieren. Sie kennen das Stück schon, das damit auf der Bühne der Kirche gegeben wird. Godot wird sehnsüchtig erwartet, aber er kommt eben nicht. Ersetzt man „Godot" mit „elementaren Reformen", wird die Brisanz der Strategie deutlich, mittels Reformen den Vertrauensverlust wett zu machen, den die verlorene Glaubwürdigkeit erzeugt hat. Solche Reformen müssen dann kommen und zwar sehr schnell. Tun sie es nicht, dann schlägt die Sache um, es wird langweilig, immer neue Beteuerungen zu hören, die Reformen seien zwar aufgehalten wor-

---

[60] Ebd. 101.

den, aber jetzt kämen sie. Nach der Langeweile kommt die Einsicht, wie absurd es war, ausgerechnet von der Kirche Reformen zu erwarten, in der sich längst „nichts tut". Man beginnt zu gähnen, wenn wieder mal auftaucht, was schon so oft zu hören war, dass man sich gar nicht genau erinnert, wie oft eigentlich. Wer innerhalb der Kirche und möglicherweise auch außerhalb auf die Reformen wartet, die einfach nicht kommen, will sich diese Langeweile vom Leib halten. Aber das ist derart anstrengend, dass dabei die nötige Kraft geraubt wird, ohne die das Warten nicht zu überwinden ist. Daher kommen auch immer wieder dieselben Themen hoch, die zu reformieren wären, aber die zu reformieren das „immer wieder" genau vermeidet. Das ist schlimmer als ein „ewig grüßt das Murmeltier", weil man da wenigstens weiß, was ständig wieder eintritt, ohne dass sich etwas ändert. Mit jedem Mal von „jetzt aber wirklich!" tritt wieder Hoffnung auf, aber bei jedem Mal wird die Halbwertszeit kürzer, in der sie verfällt. Die Absurdität des Wartens zwingt an einen toten Punkt, der sich als ein ewig gleich langweiliges Nicht-Geschehen erweist.

Dazu gibt es bei Beckett noch eine dritte Einsicht und die ist noch brisanter: „*Wladimir* Nun wird es wirklich sinnlos. *Estragon* Noch nicht genug."[61] Wenn wir auf etwas, jemanden, Veränderungen warten, die so auf sich warten lassen, dass eben nichts geschieht, wird das Warten scheinbar sinnlos. Damit ist der eigentliche Abgrund noch nicht erreicht. Sinnlosigkeit stoppt ein solches Warten nicht. Das ist „noch nicht genug", weil auch die Sinnlosigkeit zu attestieren einem sinnlosen Warten einen gewissen Sinn gibt. Dann wissen wir wenigstens, dass es keinen Sinn hat zu warten. Aber es gibt einen Zustand dahinter: noch weniger als sinnlos. Es hat dann nicht nur keinen Sinn zu warten, sondern die Frage nach dem Sinn stellt sich gar nicht mehr. Sie ist schlichtweg obsolet. Auf diesem Niveau sind die absurden Verhältnisse angesiedelt. Die ständig verschobenen und ausbleibenden Reformen sind noch nicht einmal „wirklich sinnlos", so dass wir uns mit einer Abkehr und dem Suchen nach einem anderen Sinn von diesen Absurditäten befreien könnten. Dass ihr Ausbleiben sie „wirklich sinnlos" macht, ist schlichtweg „noch nicht genug", weil absurde Erfahrungen noch tiefer in die Problemlage hineinführen.

Beckett hat mit seinem Stück mehr als die Drama-Literatur um eine intellektuelle Kostbarkeit erweitert. Er hat mit der Metonymie des Wartens auf jemanden, der unter keinen Umständen kommen

---

[61] Ebd. 171.

wird, gleich was er selbst beteuert, zugleich ein Maß kreiert, um Absurditäten wie die genannten zu messen: Warten auf Godot, das in jeder Hinsicht vergeblich ist und erfolglos bleiben wird, ist ein Maßstab dafür, dass man es mit Absurdem und mit der Unverfrorenheit zu tun hat, es auch noch aufzuführen. Mit Reformen warten wir in der katholischen Kirche auf einen solchen Godot und bauen eine Bühne für die Unverfrorenheit, das Warten zum Daseinszweck zu erheben. Der Maßstab, den Becketts Stück liefert, sagt zugleich: Erstens, die katholische Kirche ist nicht Godot; denn den kennt niemand. Er ist noch nie gekommen, während diese Kirche nun einmal da ist. Die Reformen, die nicht kommen, und die Kirche, in der man auf sie wartet, passen nicht zusammen. In der Kirche kommt nicht Godot, sondern bleibt nur ihr Reform-Godot ständig aus. Deshalb können jene, die auf diese Reformen gleichwohl weiterhin warten, zugleich aus jenem Zustand der Kirche heraus warten, der diese Reformen verweigert. Aus der Kirche wird dabei aber ein abgestorbener Baum wie auf der Bühne des Godot-Stücks, ein tragisches Kulissenstück eines viel bedeutsameren Geschehens, das sich jenseits von ihm abspielt und das es illustrieren kann.

Auf dieses „viel bedeutsamer" kommt es daher an. Darum ist zweitens beim Warten auf den Godot „Reformen" nicht die kirchliche Reformierung entscheidend, sondern das Warten. In der Kunst des Wartens halten sich die Wartenden nicht bei Reformen auf, die nicht kommen, sondern stellen auf die Unglaubwürdigkeit ab, die sich ständig dynamisiert. Wer dagegen einfach weiter auf Reformen wartet, unterstellt der Kirche Glaubwürdigkeit, was aber ihre Unglaubwürdigkeit nur verdeckt. Es ist keine Kunst, dass Reformen ausbleiben; dafür muss Kirche sich bloß verweigern. Darauf muss auch niemand warten, weil ihr Verweigern ständig da ist. Es ist mittlerweile so sicher wie das Amen in ihr. Es ist nicht mehr dahinter als eine elend einfache Verweigerung, von Macht zu lassen. Die kirchliche Verweigerung hat keine Tiefe, was man daran sieht, dass sie gekoppelt wird mit einem ziemlich flachen Vorgang von Beschuldigungstheologie, für die die allgemeine Nicht-Akzeptanz ihrer Behauptungen nicht von Belang ist.

Wer sich auf ein Entweder-Oder einlässt und weiter wartet, weil man die Enttäuschung nicht erträgt, muss die Nichtigkeit der Ergebnisse dann zu einem besonders wichtigen Ereignis hochstilisieren. Das wiederum bedeutet sowohl, die Absurdität gesund zu beten, wie die Unterwerfung unter die Machtstrategie der Kirche, ihre eigenen

Entscheidungen über alles andere zu stellen. Diese Strategie ist keine Kunst, sondern nur künstlich bemüht.

Widerspenstig aufwarten und souverän glauben

Die Kunst des Wartens besteht dagegen darin, nicht darin nachzulassen, mit der Absurdität aufzuwarten, dass Godot kommt, obwohl längst klar ist, dass er niemals kommen wird. Es wird in dieser Kunst nicht auf eine Ankunft gewartet, die es nicht geben wird, sondern damit aufgewartet, dass das nicht geschieht. Godot ist schlichtweg unfähig, in den Raum zu treten; er kann nur außerhalb davon seine Macht behalten. In dem Raum, der das Nicht-Eintreten absurd werden lässt, entsteht dann eine andere Aktivität, wenn mit dieser Absurdität aufgewartet wird: Man wird souverän dagegen, ob Godot nun zu kommen gedenkt oder – wie zu erwarten – eben doch nicht. Das Warten wartet auf, wie absurd es ist, dass man in der Kirche mit so etwas aufwarten muss. Es ist eine souveräne Kunst des Umgangs mit den nicht eintretenden Reformen, genau damit aufzuwarten. Wer wartet, wird davon belastet. Wer aufwartet, löst eine widerspenstige Aktivität aus. Wer wartet, versinkt im Warten, weil es kein Ende findet; es wird absurd, so zu warten. Wer aufwartet, widerlegt das Warten von jenem Ende her, das es unbedingt vermeiden muss, eben dass es sinnlos ist und sogar noch mehr als sinnlos. Die niederdrückende Last des Wartens wird gravierend relativiert. Das ändert nicht bloß einen Seitenaspekt des Absurden, sondern die gesamt absurde Konstellation. Ihre Macht zerbricht.

Auf Godot kommt es nicht mehr an, sondern auf die Wartenden, die der elenden Warterei widerstehen, weil sie damit aufwarten. Wer irgendwo warum auch immer auf irgendeinen Godot wartet, die oder den belastet dieses Warten. Es tut ständig so, als könne es ein Ende haben, man müsse sich eben nur diszipliniert genug ins Warten schicken. Aber nichts davon bringt dann das Ende zu Stande. Es zerbricht aber unmittelbar dort, wo damit aufgewartet wird. Die Gründe, warum dieser Godot nicht zu kommen vermag, hat dann dieser Reform-Godot allein zu verantworten; eigentlich interessieren sie nicht länger. Sie sind zwar nicht ohne Belang, immerhin lösen sie ja das Warten aus. Aber sie haben nicht die Macht, den Wartenden den Glauben zu vermiesen oder gar sie mit Warten entmächtigend zu disziplinieren. Gläubige, die mit der Absurdität aufwarten, der sie ausgesetzt werden von ihrer Kirche, warten vielmehr mit Souveränität über ihren eigenen Glauben auf und machen ihn anders. Die Absurdität des Wartens wird auf ein Glaubensformat hin geöffnet, was bei dem Kirchenformat mit seinen vielen elenden, zugigen und entmächtigenden Wartesälen gar nicht eintreten kann.

Es ist also nicht so, dass Godot nicht kommt, weil die Wartenden so wenig vertrauensvoll auf ihn warten. Absurd ist, dass Godot warten lässt, weil er nicht hinüberkommen will zu den Wartenden und die präsentieren das nun mit einem eigenständig souveränen Glauben, der quälendes Warten abschüttelt. Das bedeutet zugleich: Die Erwartungen an den katholischen Godot sind absurd. Wer sie hegt, sehnt sich nach Enttäuschung. Das tut nicht gut. Dagegen warten die kunstvoll Wartenden mit einer empörenden Absurdität auf, der sie sich nicht länger geduldig unterziehen. Das ist souverän. Der ausbleibende Kirchen-Godot kann nicht triumphieren über eine widerspenstige Kunst des Wartens. Sie hat eine markante Konsequenz: Wer aufwartet, muss nicht länger warten, sondern kann gehen und zwar auf eine Weise, in der die Macht des Absurden seine Bedeutung verliert. Es bleibt dann auf der Godot-Seite nur mehr die blanke Macht der Verweigerung im Raum und sie ist nicht beeindruckend. Die Kunst des aufwartenden Wartens besteht darin, bei sich selbst und der eigenen Souveränität im Glauben zu bleiben. Man muss sich dann an keinen Godot mehr hängen und deshalb spielt es auch gar keine Rolle mehr, ob man jetzt tatsächlich geht. Es genügt, dass man bei sich bleibt.

Am Warten auf Godot gemessen wird zweierlei deutlich an den Reformen, die in der katholischen Kirche immer am entscheidenden Punkt auszubleiben wissen. Es wird zunächst einmal deutlich, dass die Kirche über die Kunst des Aufwartens nicht verfügt. Die katholische Kirche ist darauf angewiesen, dass die Leute weiter warten, egal wie absurd das ist. Diese Kirche selbst wartet nicht auf Godot, weil ihr Einfluss auf die Wartenden davon abhängt, dass er nicht kommt. Sie hat deshalb aber auch keine Erwartungen an ihre eigene Fähigkeit, anders zu werden. Sie wartet nicht einmal damit auf, die eigenen absurden Zusammenhänge als das zu deklarieren, was sie nun einmal sind, eben absurd, und verkündet diese als ihr selbstverständlich.

Eine Kirche, deren Reformen niemals in der Weise kommen werden, dass das Warten sich als sinnvoll erweisen wird, hält ihre absurden Verhaltensweisen und Standpunkte für etwas, das man, d. h. die anderen wie ihre Gläubigen, einfach zu akzeptieren hat. Sie offenbart, dass sie gar nicht erkennt, wie absurd alles in ihr geworden ist und wie wenig es so weiter gehen kann. Damit lässt sich eine binnenkatholische Macht noch generieren, aber sie ist die sich selbst täuschende Macht, auf eine schamlose Weise nicht zu kommen. Es ist die Macht, einfach am längeren Hebel sitzen zu bleiben und die Wartenden beliebig in der Luft zappeln zu lassen, die noch etwas von ihr erwarten. Es ist die zynische Macht der Verweigerung von all dem, was unvermeidbar ist. Es ist die Macht ständig wachsender Unglaubwürdigkeit. Diese Macht richtet sich gegen sie selbst und macht es mehr als sinnlos, weiter mit ihr mit den Dingen zu rechnen, auf die es im Leben und im Glauben ankommt.

Wer aber vor derlei Absurdem steht, das er/sie selbst zu verantworten hat, ist dann mit der Frage konfrontiert: „Wann fliege ich auf?" Das ist eine Frage, der jene nicht entgehen können, die um die eigenen Absurditäten wissen. Es ist eine Frage der Selbstrelativierung. Eine Kirche, die sinnlos auf ihre Veränderungen warten lässt, mag sich dem nicht stellen, aber sie gelangt nie in die Lage, in der sich nicht die Frage stellt, wann sie auffliegt. Denn wer Absurdes ständig produziert, ohne sich diese Frage zu stellen, wird mit Absurdem identisch. Ein Warten darauf, dass Absurdes sich ändert, wenn man nur lange genug wartet, ist sinnlos.

Zur Kunst des Wartens gehört noch ein Zweites. Jene, die sinnlos warten und davon wissen, dass das noch nicht sinnlos genug ist, verfallen nicht in Verzweiflung. Sie unterwerfen sich nicht der Absurdität in diesem Warten, sondern überschreiten die Hoffnungslosigkeit darin durch ihr Aufwarten des Wartens. Wladimir und Estragon ringen in Becketts Stück am Ende in ihrer ganzen Gebrochenheit mit sich selbst und auch miteinander, ob es nicht jetzt einfach auch genug ist mit der Warterei. Schließlich ist es doch sinnlos, weiter zu warten – dieser Godot wird nicht kommen. Aber mit dem Aufwarten aufzuhören würde bedeuten, das Warten zu einer sinnlosen Warterei zu deklarieren und sich mit unverschämter Absurdität abzufinden. Das würde nicht nur Gebrochenheit bedeuten; es würde sie zerbrechen. Das lässt das Aufwarten aber nicht zu.

Daher gibt es am Schluss des Stücks eine ebenso überraschende wie überragende Perspektive, wie das tatsächlich verhindert werden kann: „*Estragon* Ich kann nicht mehr so weitermachen. *Wladimir* Das sagt man so. *Estragon* Sollen wir auseinandergehen? Es wäre vielleicht besser. *Wladimir* Morgen hängen wir uns auf. *Pause* Es seid denn, daß Godot käme. *Estragon* Und wenn er kommt? *Wladimir* Sind wir gerettet. *Wladimir nimmt seinen Hut – den von Lucky – ab, schaut hinein, steckt die Hand hinein, schüttelt ihn aus und setzt ihn wieder auf.*

Estragon Also, wir gehen? *Wladimir* Zieh' deine Hose rauf. *Estragon* Wie bitte? *Wladimir* Zieh deine Hose rauf. *Estragon* Meine Hose ausziehen? *Wladimir* Zieh deine Hose HERAUF. *Estragon* Ach ja. *Er zieht seine Hose herauf. Schweigen.* *Wladimir* Also? Wir gehen? *Estragon* Gehen wir! *Sie gehen nicht von der Stelle. Vorhang*"⁶²

Das Aufwarten des Absurden geht nicht von der Stelle und offenbart damit umfassend die Absurdität, die den Raum beherrschen will. Hier hat man in einer verdichteten Form die binäre Alternative, vor der jene stehen, die auf die nötigen Reformen in der katholischen Kirche warten, die aber nicht kommen, und zugleich einen Weg, wie man diese zerstörerische Binarität „warten oder gehen" überschreitet. Es ist nur normal und im besten Sinn rational, sich nicht länger bieten zu lassen, auf den katholischen Godot zu warten, weil es mehr als sinnlos ist, darauf zu setzen, er käme. Es wird nicht kommen, zumindest nicht in dem Maß, das nötig wäre, um die Absurditäten aufzulösen, gegen die angewartet wird. Aber es ist noch weit sinnloser, diesem Godot das Feld zu überlassen und sich seiner Macht zu unterwerfen. Darum bedeutet, dem Warten ein Ende zu setzen, noch lange nicht, zu gehen und nicht länger abzuwarten. Die Dignität des Wartens bedeutet gerade nicht zu gehen, vielmehr: „Nicht von der Stelle zu gehen". Nur so entgeht man dem Absurden in der Erwartung der Erlösung durch Godot. Man geht nicht von der Stelle weg, an der die Absurdität dessen klar wird, wer oder was niemals als Godot, mit Godot oder durch Godot kommen wird. Man stellt die Absurdität der Erwartung und damit schrumpft ihre Macht. Es wird keine Erlösung dieses Wartens geben, aber die Auflösung der irren Erwartung im Aufwarten ihrer Absurdität. Wer dagegen weiter an Erwartungserlösung glaubt, macht sich selbst absurd.

Vom Elend hinauf zu widerspenstigen Umwegen

Damit sind wir daher auch gar nicht am Ende; wir stehen nicht ohne Ausweg da. Es sind lediglich die Möglichkeiten sinnlosen Wartens zu Ende. Alle seine Möglichkeiten sind von dem Absurden indiziert, dessen Zugriff sie duldet. An diesem Punkt beginnen jedoch die Unmöglichkeiten eines Aufwartens damit. Sie gehen weit über das hinaus, was nicht möglich ist. Die Kunst des Wartens gehört dazu, das duldsame Warten nicht. Die Kunst macht sich keine Illusionen dar-

---

[62] Beckett, Warten, a.a.O., 231–233.

über, dass aus seiner Wurzel heraus absurd bleibt, was derart vergeblich auf sich warten lässt wie der katholische Reform-Godot. Diese Kunst widersetzt sich dem, dass ausgerechnet von der Kirche ein Warten auf Godot weder respektiert noch überhaupt verstanden wird. Die Kunst bleibt genau an dem Punkt, wo Godot eben nicht eintrifft, weil dieser Ort die Schamlosigkeit offenbart, mit der die Leitung der Kirche einfach ein immer geduldiges Abwarten der Gläubigen erwartet, ohne jemals zu respektieren, wie sehr es auf diese Gläubigen ankommt. Sie werden behandelt wie Becketts Landstreicher auf der Straße, deren Anblick man nicht erträgt. Die Kunst des Wartens vollendet sich darin, damit aufzuwarten. Sie öffnet so den Ausweg aus diesem Elend.

Das Aufwarten bietet eine alternative Verhaltensweise an, auch wenn wir dafür keine einfache Topographie zur Verfügung haben wie abwarten auf bessere Zeiten. Wir können nicht einfach aus dem Warten angesichts des absurden Ausbleibens herausspringen und dann hätte die ganze Warterei doch noch ein gutes Ende gefunden. Das Motto „lieber ein Ende mit Schrecken als ein Schrecken ohne Ende" ist eine zu einfache Formel. Aber dort, wo sich öffnet, dass diese Warterei nicht so weiter geht, stellen sich die nötigen Umwege ein, auf denen die Macht des absurden Wartens außen vor bleibt.

Der erste Umweg führt tiefer in die Welt katholischer Absurditäten hinein, weil das Aufwarten ihrem Elend nicht ausweicht. Dort lässt sich die Macht der Warterei stellen und sie erweist sich als hässlicher Zwerg, der sich großtut. Es ist der Raum des katholischen Klerikalismus. Wer darauf wartet, dass dieser Raum jetzt nach den Enthüllungen des sexuellen Missbrauchs einfach aufgelöst wird und der katholische Godot einer vom Klerikalismus befreiten Welt endlich eintrifft, verfällt seiner Absurdität. Klerikalismus hört nicht auf zu existieren und zu wachsen, bloß weil irgendwelche Kirchenrepräsentanten sich gegen ihn aussprechen. Das schließt den Papst ein. Das ist nur die Abkürzung in weitere und noch stärker versklavende Warterei. Der Umweg führt in den Raum der Selbstbeteiligung am Klerikalismus. Er handelt mit Beschuldigungen und diejenigen, die sich davon beschämen lassen, geben ihm Raum. Es ist verstörend, diesen Raum zu betreten. Aber erst dort kann die Selbstermächtigung geschehen, die aus der Rebellion gegen die Beschämung erwächst, weil die Beschuldigungen dann ins Leere laufen. Der Wechsel von der Selbstbeteiligung am Klerikalismus zur Selbstermächtigung dagegen ist schwierig. Der Wechsel hat nur persönliche Souveränität im Glauben zu bieten. Dieses „nur" ist eine Art Free Solo an den Steilwänden zu glauben. Aber es führt hinauf und dafür gibt es den Glauben.

Teil III:
Sich nicht beschuldigen noch beschämen lassen.
Warum Klerikalismus Höhepunkte ständig heuchelt, während Widerstand dorthin führt

Wer glaubt, wird erfüllt von allem, was das Leben bietet und was Leben anbietet. Wer davon nicht erfüllt ist und nicht erfüllt wird, wird sehr bald aufhören zu glauben. Ob das für jede Form von Glauben gilt, ob für den Modus ‚faith' oder ‚believe' oder beides, kann ich nicht mit völliger Sicherheit sagen. Für den christlichen Glauben gilt es aber auf jeden Fall und ich vermute, dass das auch für die allermeisten anderen Glaubensweisen gilt. Warum sollte man sich sonst all die Mühen machen, die mit einem Glauben verbunden sind, der sich – bleiben wir beim christlichen – konkretisiert in einer immer irgendwo nervigen Gemeinschaft, der sich lokalisiert in allen möglichen immer zur Sorge Anlass gebenden realen Größen wie Gebäuden, Liturgien, Rechtsformen, der ständig alles mit einer nonchalanten Selbstverständlichkeit zu seinem weiteren gedeihlichen Fortkommen adaptiert, der bis ins familiäre Umfeld hinein polarisiert wegen seiner über Jahrhunderte ausgeübten Gewalt- und aufgebauten Kulturgeschichte, der bis in die intimsten Kapillare einer Existenz hinein Aufmerksamkeit, Sensibilität und Aufstieg intensiviert.

Wer sich existentiell an einem solchen Glauben ausrichtet, folgt daher nicht zuletzt einem Versprechen auf ein besonders lebenswertes Leben. Fülle ist verheißen und nicht abgekochte Dosierung davon. Glaubende Menschen hoffen auf eine Erfüllung, die sich nicht unbedingt sofort, aber doch irgendwann und dann sicher einstellen wird. Dabei geht es nicht um irgendwelche Ängste vor verschlossenen Himmeln, weit offenstehender Hölle und drohendem Fegefeuer dazwischen oder um rachelüsterne Verwünschungen anderer dorthin. Das ist längst vorbei und schon vor Generationen zerrüttet worden; es gab auch nie überzeugende Argumente für derlei Wirklichkeiten. Wer damit noch glaubt, einen Blumenstrauß zu gewinnen, dem verdorren die Blüten unter den Händen. Es handelt sich um Diskursivierungen von offenen Fragen, die aus selbsterzeugten Problemen entstehen. An denen kann man sich beteiligen, die verhandelten Dinge aber gehören auf den Komposthaufen der Geschichte.

So ist die Sehnsucht nach innerer Erfüllung nicht zu stillen. Die bedrängende Ohnmacht, um die Fülle betrogen zu werden, scheint mir einer der Hauptgründe zu sein, warum es so brodelt unter katholischen Christ:innen. Sie müssen befürchten, dass sich gerade nicht erfüllen wird, was ihnen immer verheißen wurde, nämlich authentisch vom eigenen Glauben so erfüllt zu werden, dass man sich damit voll und ganz identifiziert. Sie müssen befürchten, ohnmächtig in den Sumpf gezogen zu werden, in den die Kirche absteigt. Das hat eine denkwürdige Konsequenz – man kommt aus dem Problem selbst dann nicht heraus, wenn man sich einfach von der Kirche distanziert. Auch wenn so gut wie niemand mehr deshalb an den kirchlichen Glauben glaubt, weil die Kirche so überaus glaubwürdig wäre und über all den grässlichen Dingen dieser Welt stünde, so ist das Gemeinschaftsmoment für den eigenen Glauben weiterhin wichtig.

Die kirchliche Gemeinschaft gibt hierzulande zwar keine Rückversicherung mehr, äußerlich aufzusteigen, aber sie kann sehr wohl dem inneren Aufstieg förderlich sein oder ihm im Weg stehen. Man denke nur an die langwierigen Kämpfe gleichgeschlechtlich liebender Menschen mit der Kirche, wenigstens einen Segen für ihre dauerhaften Beziehungen zu bekommen. Die katholische Kirche ist bereit, alles Mögliche – vom Auto über das neue eröffnete Geschäft bis hin zur Gebäuden im Rahmen der Müllentsorgung – zu segnen, aber sie war bis vor kurzem äußerst verschlossen gegen Segen für diese Partnerschaften. Mittlerweile ist durch die 10 bis 15 Sekunden Instantsegen, die der Papst und sein Glaubensdikasterium für gleichgeschlechtliche Partnerschaften einräumen mussten, ein verschämter Riss in diesem Bollwerk aufgebrochen.

Der Segen war wohl nötig geworden, nachdem der erste Teil der Weltsynode weltweit so wenig beachtet wurde. Nachdem der Aufstand der afrikanischen Kirche gegen einen normalen Segen, wie ursprünglich von *Fiducia supplicans* festgelegt, so heftig ausgefallen war, wurde er auf jenes beschämende Instantformat eingedampft. Aber das wird die echten Segen nicht stoppen, die sowieso erteilt werden, und das wird auch in Afrika nicht anders geschehen. Die Bischöfe dort haben derart empörte Tänze des lehramtlichen Verrats und des angeblichen Neokolonialismus selbst gegen diesen Instantsegen aufgeführt, dass es unvermeidlich ist, dahinter mehr zu vermuten als eine lediglich inkulturierte Pastoral. Hier will man prekären Wahrheiten nicht ins Auge sehen, die den Klerikalismus in der afrikanischen Kirche betreffen.

Keine Unterwerfung statt Klerikalismus

Der äußerliche Aufstieg ist mit der katholischen Kirche selbst für Priester und Bischöfe mittlerweile kaum mehr gegeben. Sie müssen sich ständig rechtfertigen und können es nicht. Aber Kirche ist für viele Menschen weiterhin eine Größe, die in Betracht gezogen wird, um nicht zu den Verlierer:innen zu gehören. Sie gilt noch als zu dem Rahmen gehörig, den man benötigt, um innerlich aufzusteigen. Das ist weiterhin für viele Menschen relevant, besonders natürlich für die Glaubenden selbst. Sie darf dem gefälligst nicht im Weg stehen und sollte vielmehr förderlich sein. Das wird umso wichtiger, als es aufgehört hat, mit dem katholischen Glauben noch draußen, in der Welt, bei den anderen aufzusteigen. Die dogmatische Vorgabe im Glaubensbekenntnis, dass wir an die eine, heilige, katholische und apostolische Kirche glauben, ändert daran nichts. Man kann das auf die Formel bringen: Heute glauben Gläubige mit der Kirche, so weit das zu ihnen wirklich passt, aber nicht mehr an die Kirche, auch wenn das dieser gar nicht passt. Unterwerfungen werden von Glaubenssubjekten nicht mehr gewährt, weil sie weder einen Vorteil im Außen noch eine Bestärkung nach Innen darstellen. Aber zwischen Unterwerfung und völliger Distanzierung gibt es ganze Welten von Glaubensräumen und nicht einfach nur ein paar Grauzonen. Daher ist es äußerst relevant, wenn Menschen den Eindruck gewinnen müssen, dass die Kirche sie auch innerlich nach unten zieht,

Aber an der Stelle innerer Erfüllung machen sich immer mehr Drohkulissen eines gläubigen Scheiterns auf breiter Linie breit. Das ist es, was Menschen nicht kalt lässt. Wer heute katholisch positiv den kirchlichen Glauben mitglaubt, sieht sich einem Fegefeuer schon hier und jetzt ausgesetzt. Dafür muss man nicht erst sterben. Wie für die Soldaten die Hölle von Verdun, so ist das Fegefeuer für Katholik:innen kein verblassender Mythos; sie können tatsächlich verworfen werden. Das ist jetzt da und sie wissen nicht, oder ob es nicht noch schlimmer kommen wird. Katholik:innen erleben hautnah, wie ihre Religionsgemeinschaft abgleitet und wie sehr sie davon innerlich mit hinabgezogen werden. All das ist hausgemacht und dafür gibt es schon seit Jahren sogar eine päpstlich beglaubigte Ursache – den Klerikalismus.

Die einstige Volkskirche ist auf dem Weg zu einer nachrangigen Sekte, wenn die katholische Kirche aus dem Sumpf ihres Klerikalismus nicht herauskommt. Vor allem seine Versprechen auf heilvolle Gegenwelten zur modernen Lebensweise werden immer schaler. Das stört aber den Klerikalismus wenig. Auch wenn kirchlich-hierarchisch versichert wird: „Wir stoppen das!", kann das die kurial-klerikale Strategie der Entweltlichung nicht als hoch gehandelte Strategie verdrängen. Nachdem die Gläubigen sich nicht weiter vertrösten lassen, wird nun die schlechteste Variante dieser klerikalen Entweltlichung realisiert. Sie sieht hässlich aus wie etwa bei den tausenden konzelebrierenden Priestern beim Papstgottesdienst des letzten Weltjugendtages in Portugal.

Bereits ein paar Jahren zuvor hatte die kritische Auseinandersetzung mit dieser katholischen Plage die päpstliche Ebene erreicht. 2018 schickte Papst Franziskus einen Brief an das Volk Gottes anlässlich seines Irlandbesuches. Das war damals fast eine Sensation, nachdem zuvor Klerikalismus päpstlich geradezu gefördert wurde mit den famosen Gründonnerstagsbriefen, den fortlaufenden Belobigungen der Priestergründer geistlicher Gemeinschaft durch Johannes Paul II. trotz massiver Missbrauchsverbrechen und dem erratischen Jahr des Priesters durch Benedikt XVI. Dieses Jahr strebte ausgerechnet dann auf seinen Höhepunkt zu, als mit dem Berliner Canisiuskolleg seine Herkunftskirche in ihren Abgrund des Missbrauchs blicken musste.

Deutschland war aber nicht die Region, in der das große Ausmaß des sexuellen Missbrauchs erstmals offenbar wurde. Irland war früher. Als Papst Franziskus dann am 25. August 2018 Irland besuchte, war schon im Vorfeld ein offenkundig weit verbreitete Widerstreben der irischen Katholik:innen gegen den Papstbesuch deutlich geworden. Die irische katholische Kirche war aufgrund massiven sexuellen Missbrauchs durch Kleriker, seiner intensiven Vertuschung durch Bischöfe und katholische Politiker und der schmierigen Selbstgerechtigkeit in der Hochhierarchie unglaubwürdig geworden. Die über Jahrzehnte gehende Diskriminierung von unverheirateten und ungewollt Schwangeren durch einen Trutzbund aus klerikaler Kirche und paternalistischem Staat war noch zu gut in Erinnerung. Der Trutzbund hatte nicht nur Abtreibung gesetzlich praktisch unmöglich gemacht. Vielmehr standen junge ungewollt schwangere Frauen allein und meist schutzlos da, weil die oft verheirateten Väter dieser Schwangerschaften sich leicht ihrer Verantwortung entziehen konnten, weil die eigenen Familien die Frauen als Schmach verstießen und weil die eigene Kirche für die ‚Sünderinnen' nur zu gerne Korrektionsanstalten bereitstellten. Die sog. Magdalene Laundries wurden von einer spezialisierten Ordensgemeinschaft betrieben, wo jungen Frauen ihre Kinder entzogen wurden, um von einem florierenden

Adoptionsbusiness auch über den Atlantik hinweg veräußert zu werden. Der Staat stand daneben und ermunterte. Das war auch anderswo in Europa, wie etwa in Belgien, der Fall; aber in Irland wurde diese toxische Kombination erstmals zum Skandal. Mit dem Murphy-Bericht über die Erzdiözese Dublin 2009, der vom Justizministerium in Auftrag gegeben worden war, riss der Geduldsfaden. Dann ging es Schlag auf Schlag und der Zugriff der Kirche auf die Sexualität der Menschen stürzte öffentlich ab. Am 24. Mai 2015 erhielt ein Referendum zur Ehe für gleichgeschlechtliche Paare eine Zustimmung von 62% und am 25. Mai 2018 wurde schließlich auch ein Referendum zur deutlichen Liberalisierung von Abtreibung mit 66,4% angenommen. Es war kein Wunder, dass ein Papstbesuch unmittelbar danach keine Begeisterung auslöste. Papst Franziskus musste also nachlegen, um endlich auch von kirchlicher Seite die systemischen Gründe für den sexuellen Missbrauch der Kirche anzusprechen und die immer noch katholisch Gläubigen zu stärken. Er machte dafür den Klerikalismus aus.

Vom hausgemachten zum ausgemachten Klerikalismus

Das hatte die katholische Kirche bis dahin nicht getan, obwohl die klerikalistischen Hintergründe längst gut zu greifen waren. Sie finden sich nicht zuletzt in einem Herrschaftshabitus, sich ständig auf die Suche nach sexualisierter Sünde zu machen, damit immer die anderen anzuprangern und nie sich selbst zu beschuldigen. Vor allem die weibliche Sexualität war im Fokus und wurde ständig in einer Weise zur Rede gestellt, die stets jene exkulpierte, die mit den Mitteln von Sakrament und Milieu zur Rede stellten.[63] Für sie galten offenkundig andere Maßstäbe, wofür die Heuchelei immer gute Gründe zu liefern bereit ist.

Darum versuchte der Papst unmittelbar vor diesem Besuch mit einem „Schreiben an das Volk Gottes" vom 20. August 2018 lehramtlich präziser als je zuvor, Klerikalismus zu markieren und zu erklären, warum er für die Kirche eine katastrophale Plage ist: „Jedes Mal, wenn wir versucht haben, das Volk Gottes auszustechen, zum Schweigen zu bringen, zu übergehen oder auf kleine Eliten zu reduzieren, haben wir Gemeinschaften, Programme, theologische

---

[63] Tony Flannery, *From the Inside. A Priest's View of the Catholic Church*, Dublin: Mercier, 1999, bes. 35–125.

Entscheidungen, Spiritualitäten und Strukturen ohne Wurzeln, ohne Gedächtnis, ohne Gesicht, ohne Körper und letztendlich ohne Leben geschaffen. Das zeigt sich deutlich in einer anomalen Verständnisweise von Autorität in der Kirche – sehr verbreitet in zahlreichen Gemeinschaften, in denen sich Verhaltensweisen des sexuellen wie des Macht- und Gewissensmissbrauchs ereignet haben –, nämlich als Klerikalismus, jene Haltung, die ‚nicht nur die Persönlichkeit der Christen zunichte [macht], sondern dazu [neigt], die Taufgnade zu mindern und unterzubewerten, die der Heilige Geist in das Herz unseres Volkes eingegossen hat'. Der Klerikalismus, sei er nun von den Priestern selbst oder von den Laien gefördert, erzeugt eine Spaltung im Leib der Kirche, die dazu anstiftet und beiträgt, viele der Übel, die wir heute beklagen, weiterlaufen zu lassen. Zum Missbrauch Nein zu sagen, heißt zu jeder Form von Klerikalismus mit Nachdruck Nein zu sagen." (Nr. 2)[64]

Hier werden zwei Dinge gesagt: Erstens gehen Klerikalismus und sexueller Missbrauch Hand in Hand. Sie sind die schrecklichen Zwillinge der selbst erzeugten katholischen Glaubenskrise. Und zweitens lässt sich diese Zwillingsherrschaft beim Klerikalismus dort aufbrechen, wo er auf zweifache Weise spaltet. Er spaltet erstens eine Gemeinschaft auf und zweitens eine kleine Elite ab; beides bringt das Volk Gottes zum Schweigen. Vom Papst wird nicht ausgeführt, wodurch das Volk zum Schweigen gebracht wird. Es ist die toxische Kombination von intensiver Fremdbeschuldigung und verweigerter Selbstrelativierung, die sich auch noch zur Anklage einer angeblichen Diktatur des Relativismus in der modernen Welt aufschwingt, dabei vor allem anderen die menschliche Sexualität im Kopf hat und über diesen Weg insbesondere das eigene Wahr-Sagen sakrosankt gegen Zweifel und Kritik stellen will.[65]

---

[64] https://www.vatican.va/content/francesco/de/letters/2018/documents/papa-frances co_20180820_lettera-popolo-didio.html

[65] Wer nach einem „aletischen Relativismus" sucht wie Michael Seewald, Christliche Glaubensüberzeugungen im Kontext religiöser Pluralität. Zur dogmatisch-theologischen Auseinandersetzung mit dem alethischen Relativismus, in: Bernd Irlenborn/ ders. (Hg.), *Relativismus und christlicher Wahrheitsanspruch*, Freiburg: Alber, 2020, 212– 236, und dabei auf den bedenklichen katholischen „Mangel an einer Kultur des Umgangs mit der eigenen Fehlbarkeit" (Theologie und Kirche vor den Anfragen des Relativismus, in: ders. (Hg.), Glaube ohne Wahrheit?, Freiburg: Herder, 2018, 11–34, 27) stößt, wird im Klerikalismus besonders fündig, auch wenn diese Bonanza ein überraschender Ort sein mag. Die Bonanza aufgefüllt hat aber nicht nur Pius XII. mit seinem Monogenismus, sondern auch Benedikt XVI. mit seiner Beschuldigung einer Diktatur des Relativismus, was natürlich nicht die Vertuschungen des sexuellen Missbrauchs durch Bischöfe im Sinn hatte, von denen er nur zu gut wusste.

Klerikalismus überfällt die Kirche also nicht von außen, argumentiert dieses Papstschreiben, so als übernähme ein Relativismus sie von Staat oder Gesellschaft, Wissenschaft oder Kultur her. Klerikalismus ist eine katholische Eigenleistung über Jahrhunderte hinweg, mit dem die *societas perfecta supernaturalis* die eigenen Falschheiten durch Beschuldigen der anderen zu relativieren versuchte. Er ist letztlich ohne Leben, aber wendet sich sehr wohl gegen die Lebendigkeit der Glaubensgemeinschaft. Dabei fördert er dreifach Missbrauch: den Missbrauch durch Macht, den Missbrauch der Gewissen und schließlich den sexuellen Missbrauch. Im Extremfall kann das tödlich enden, besonders für Betroffene sexualisierter Gewalt, während die Akteure abgesichert wurden.

Der Papstbrief geht noch einen Schritt weiter und stößt einen Weg auf drei Dimensionen an: „Es ist unumgänglich, dass wir als Kirche die von Ordensleuten und Priestern begangenen Gräueltaten wie auch die von all jenen, die den Auftrag hatten, die am meisten Verwundbaren zu behüten und zu beschützen, anerkennen und mit Schmerz und Scham verdammen." Kirche muss überhaupt erst einmal die Gräueltaten durch Priester und Ordensleute anerkennen, die sich die besonders Verwundbaren im Volk Gottes gegriffen haben, und die Wunden anerkennen, welche diese Verbrechen geschlagen haben. Und sie muss sich schließlich schämen.

Dieser letzte Schritt wiederum wird dann weiter verdichtet: „Zugleich werden uns die Buße und das Gebet helfen, unsere Augen und unser Herz für das Leiden der anderen zu schärfen und die Begierde des Herrschens und des Besitzens zu besiegen, die so oft die Wurzel dieser Übel sind." Es geht nicht nur darum, das eigene Leiden am Klerikalismus dem der anderen nachzuordnen, sondern zugleich darum, „die Begierde des Herrschens und des Besitzens" aus dem Feld zu schlagen. Damit ist der Punkt erreicht, an dem sich die katholische Kirche über die sexualisierte Natur ihres Klerikalismus ehrlich zu machen beginnt. Er – pardon – geilt sich an der Beschämung anderer auf, weil klerikale Praxis der Gier des Begehrens nicht einfach nur folgt, sondern damit identisch ist. Klerikalismus ist ein Begehren zu Lasten andere und damit macht er jene geil, die davon profitieren. Sie delektieren sich an der Ohnmacht derer, die ihr Klerikalismus beschämt. Deshalb ist er selbst ein Ausdruck sexualisierter Macht.[66] Dabei tut er äußerst moralisch und macht sich regelrecht mit

---

[66] Man vgl. nur die sexualisierte Sprache traditionalistischer Attacken auf die von ihnen ausgemachte Feinde bei Karl Josef Lesch, Nach dem Missbrauchsskandal. Zum

der Moral identisch, weil er die eigenen Herrschaftsgier verschleiern muss. Aber die moralische Heuchelei ist auch nur ein weitere Stufe der Gier, andere mit Ohnmacht zu belasten, um sich umso leichter an sie heranzumachen.

Klerikalismus ist deshalb stets mit Körpern verbunden, allerdings in einer sehr gefährlichen Form. Er begehrt danach, die Körper von anderen so zu beschuldigen, dass sie sich ihres Begehrens so sehr schämen sollen, dass sie in Reichweite derer geraten, die dem Kartell des Beschuldigens der anderen angehören wollen. Das ist regelrecht das Geschäftsmodell dieses Kartells. Die Höhepunkte der Macht, die aus diesem Beschuldigen und Beschämen anderer entstehen, sind das schmierige Produkt einer Heuchelei, es sei doch nur zu deren Besten. Eine Kirche im Bann des eigenen Klerikalismus lebt von der Beschuldigung anderer, die dagegen nicht aufzubegehren imstande sind, und belohnt die jeweiligen Akteure des Beschuldigens mit hochmoralischer Entschuldigung für ihre Geilheit auf die Ohnmacht der anderen. Mit dieser Kirche muss es zu Ende sein, so der Papst. Sie muss raus aus diesem Bann. Moralisches Aufspielen über die Sexualitätspraktiken anderer, derer diese sich schämen sollen, ist besonders effektiv für diesen Bann wegen der hohen Moralität, die den klerikalen Beschuldigern unterstellt wird. Die wiederum werden im Bann des Klerikalismus mit ganz anderen, viel weniger moralischen Maßstäben beurteilt, wie sich im Vertuschen der Missbrauchsverbrechen gezeigt hat.

Aber deshalb schämt sich auf dem Territorium des Klerikalismus auch niemand, der sich moralisch selbst befriedigt, indem er sich über andere aufspielt, sie beschämt und dafür auch noch kirchlich belobigt wird.[67] Ein solches Verhalten ist einfach unverschämt, aber die Unverschämtheit der Moralischen gilt geradezu als Ausdruck ihrer erhabeneren Position, gleich aus welch niederen Affekten des Begehrens sie besteht. Wer klerikal agiert, sieht sich im Recht, sich moralisch durch die schamlose Beschämung anderer selbst zu befriedigen. Über Jahrhunderte hat dieser Vorgang die Macht und Herrlichkeit der

---

Ausmaß der aktuellen Kirchenkrise, in: Elmar Kos (Hg.), *Kirchenkrise als letzte Chance*, Münster: Lit, 2012, 11–42, 37 f.

[67] Für die räumliche Reproduktion dabei, die über eine bloß habituelle Dekadenz hinausgeht, vgl. Fabian Brand, *Dem Druck des Raumes widerstehen. Über Klerikalismus und dessen räumlichen Gehalt*, Münchener Theologische Zeitschrift 1/74 (2023), 81–92: „Ist der Klerikalismus einmal im Raum eingeschrieben, lässt er sich nicht so schnell wieder aus diesem Raum tilgen. Er wird vielmehr zu einem Selbstläufer, wie der Raum diesen Klerikalismus begünstigt und durch ständige Reproduktion immer weiter vorantreibt." (87)

katholischen Kirche in unseren Breiten begleitet und ganze Milieus beherrscht.[68] Es dürfte in weiten Teilen der katholischen Weltkirche weiterhin der Fall sein. Nur dort, wo intensiv, nochmal: intensiv, an der öffentlichen Aufarbeitung des sexuellen Missbrauchs gearbeitet wird, verblasst der Klerikalismus allmählich, weil seine Unverschämtheit offenkundig wird.

Klerikalismus beruht im Grunde auf einer Verdrehung, die sehr tief in die Struktur religiöser Macht blicken lässt. Die erschreckend klar unverschämte Beschuldigung anderer, die den Beschuldigern gegenüber im Nachteil der Ohnmacht sind, wechselt sehr schnell und sehr leicht in einen faszinierten Respekt vor dieser scheinbar beeindruckenden Tat. Die scharfe Zumutung, andere wegen ihrer Sexualpraktiken zu beschuldigen, löst ein fasziniertes Aufblicken bei jenen aus, die erstens nicht davon getroffen sind, sich zweitens das selbst nie trauen würden und schließlich drittens Vorteile aus dieser Zumutung gegen andere für sich selbst wittern. Wer sich des Klerikalismus bedient, um andere unter Druck zu setzen, kann darauf setzen, dass diese Zumutungen der eigenen Person, die scheinbar mutig die anderen beschuldigt, stets mehr Bewunderer:innen einbringen wird als Kritiker:innen. Die Solidarisierung mit den so Beschuldigten wird dem gegenüber stets zurückbleiben. Jede Form von Klerikalismus über die Jahrhunderte hinweg setzte auf die Verbreitung von Ressentiments gegen die Beschuldigten. Auf ihnen ruht dann die Solidarisierung mit den unverschämt agierenden Beschuldigern, die auf Kosten ihrer beschämten Opfer geht. Wer hier mitmacht, bekommt selbst ein paar Brocken der Macht mit, die aus der Ohnmacht der Beschuldigten abfällt.

Das ist so heikel und so nahe an den Abgründen kirchlicher Machtzugriffe, dass davon bisher nichts in den päpstlichen Äußerungen zum Klerikalismus zu finden ist. Das wird wohl auch noch dauern. Aber man muss dem ins Auge sehen: Die Differenz zwischen der Macht der Beschuldigung anderer und der Ohnmacht, das be-

---

[68] „Immer noch wird die zölibatäre Lebensform mit dem Argument verteidigt, in ihr werde die Sexualität sublimiert und auf eine höhere Ebene gehoben, und damit die körperliche Sexualität zur niederen Daseinsform abqualifiziert. Die Wechselwirkung zwischen der so gezeichneten Sexualität und dem Weiheamt liegt auf der Hand: Je deutlicher Sexualität im Bewusstsein der Menschen als Sphäre des Niederen, Verwerflichen, Wertlosen eingraviert ist, umso mehr können die zölibatären Träger des Weiheamtes im Habitus des Erhabenen, Höherwertigen und Sakrosankten auftreten." (Herbert Haslinger, Sexualität und Macht. Ein Problemknoten des Weiheamtes, in: Stefan Kopp (Hg.), *Macht und Ohnmacht in der Kirche. Wege aus der Krise*, Freiburg: Herder, 2020, 173–197, 181)

schämte Objekt davon zu sein, ist nicht einfach abstoßend, sondern faszinierend anstößig für jene, die sich das selbst niemals trauen würden. Daher rühren sowohl der Hordeninstinkt jener, die klerikal mit anderen klerikal Agierenden das Beschuldigungskartell tragen, wie der Co-Klerikalismus jener, die mit großen Augen fasziniert vor dieser schamlosen Horde stehen. Beide weiden ihre Begierde an der beschämten Ohnmacht anderer. Anders gesagt, Klerikalismus ist derart hässlich, dass das wiederum einen religiös verbrämten Hingucker darstellt.

Das hat es nicht zuletzt mit seiner primären Aktivität zu tun, andere insbesondere auf Sexualpraktiken hin zu beschuldigen, die als unmoralisch, anormal oder widernatürlich markiert werden. Aus dem Umstand, dass da andere so böse sind, dass sie damit auf Verdammnis und Unheil hin beschuldigt werden können, die ihnen blühen und sogar mit Gottes Macht ereilen werden, wird der Kurzschluss geboren, dass diejenigen, die sich diese Beschuldigungen anderer zutrauen, besonders gut sein müssen. Die Wasserscheide zwischen Klerus und Nicht-Klerus in Sachen göttlichem Heil und die basale „Grundmatrix der katholischen Kirche, nämlich von einer sakralisierten Ständedifferenz Klerus/Lai*in auszugehen und letztliche alle theologischen Vollzüge in Liturgie, Verkündigung und Nächstenliebe von dieser Basisdifferenz her zu verstehen"[69], wertet die Akteur:innen der klerikalistischen Einstellung zu Gott und der Welt auf. Das geschieht durch die Abwertung der Anderen, die dabei an einem besonders verwundbaren Punkt getroffen werden. Der Abstand kann dabei nicht groß genug werden, weil mit jeder Vergrößerung die Macht des so aufgeführten scheinbar heiligen Anspruchs selbst wiederum größer wird. Wie in jeder Binarität muss man sich auch bei dieser entscheiden, welcher Seite man den Vorzug gibt: den moralisch unterlegenen anderen oder der klerikalen Überlegenheit. Da jedoch den Ressentiments der verwerfenden Beschuldigung anderer eine Nähe zu Gott unterstellt wird, weil sie so moralisch mutig sind, geht das im Normalfall zugunsten der klerikalistischen Akteur:innen aus.

Eines wird dabei eindeutig ausgeschlossen, nämlich dass jene, die andere beschuldigen, damit zugleich davon ablenken, weswegen sie selbst zu beschuldigen wären. Diese Umkehrung der Beschuldigung war schlichtweg ausgeschlossen im katholischen Milieu; wer sie äu-

---

[69] Michael Schüssler, Un/doing Co-Klerikalismus, in: Lebendige Seelsorge 73 (2022), 50–54, 50.

ßerte, war eine Person, die das eigene Nest beschmutzt, und wurde sanktioniert. Die frühe Phase im Skandal um sexuellen Missbrauchstäter Kardinal Groer, damals Erzbischof von Wien, ist dafür sehr lehrreich. Seinen journalistischen Kritikern wurden Nazi-Methoden vorgehalten, obwohl sie eine stichhaltige Recherche vorgelegt hatten. In der Struktur des Klerikalismus darf jenen keinen Zentimeter Raum gegeben werden, die sachhaltige Gründe für die Beschuldigung der Beschuldiger vorbringen können. Sie müssen aus der Gemeinschaft exkludiert werden. Die Gründe für die Beschuldigung müssen, selbst bei großer Stichhaltigkeit, in den Respektzonen dieser Gemeinschaft verschwiegen werden, weil sonst das gesamte System in gefährliche Schieflage gerät. Neben der Beschuldigung anderer und dem Aufbau von Fassaden durch überzogene Gegnerschaft hat man hier die dritte Säule der Machttechnologie des Klerikalismus, das Ressentiment.

Diese im Grunde relativ einfache Machttaktik hat den Klerikalismus befähigt, sich in der katholischen Kirche so weit zu verbreiten. Und es sind weiß Gott nicht bloß direkte klerikale Träger, also Priester, die ihn ausbreiten. Das tun auch Nicht-Kleriker:innen. Und es gilt ebenso, dass nicht alle Kleriker klerikal sind, auch wenn natürlich alle Kleriker vom Klerikalismus betroffen sind, weil die Beschuldigung sie immer auch selbst treffen kann. Nicht jeder Priester macht Aufhebens über seine Priesterexistenz und das geschieht auch glaubwürdig. So manche:r Laie/Laiin macht ein Aufhebens über Priester, das unter Klerikalismus pur fällt und diese Priester mit einem Klerikalismus indiziert, für den sie nichts können. Klerikalismus agiert jenseits der Personen, die ihn tragen oder ertragen müssen. Es handelt sich um eine Machtkonstellation, die auch Menschen zu ihrem Wehe versklavt, die darin ihr Wohl suchen. Sie werden dann sogar selbst zu einem gewissen Grad zum Opfer dieser Herrschaftsbegierde, sobald sie sich auf diese einlassen. Und sie werden es auf jeden Fall, sobald sie ihr widersprechen oder sich ihr in den Weg stellen. Eine solche Herrschaftsform lebt mit jedem Opfer auf, das ihr gebracht wird, weil jedes die Begierde nach mehr mästet. Nur mit großer innerer Souveränität, die sich von Opfern jeglicher Art für die Gegengabe dieser Macht fernhält, kann man dem entgehen. Aber das bedeutet eine erheblich komplexere Aufgabe als die eigentlich banal einfache Verhaltensform des Klerikalismus.

Dem katholischen Klerikalismus wurde auf dieser Linie im alten katholischen Milieu auch von Nicht-Kleriker:innen verbreitet zugestimmt. Auch sie zogen aus ihrer Unterwerfung Vorteile für sich und

Nachteile für andere. Der irische Katholizismus ist ein trübes Beispiel davon, von dem sich die irische Gesellschaft zur Zeit des angeführten Papstbesuches gerade zu befreien begann. Das ist nicht auf Irland beschränkt. Es gibt immer eine Menge von Beschuldigungsgewinnler:innen, wenn andere als sündig, boshaft, verachtenswert stigmatisiert werden. Der Abstieg von Menschen, die in die Klauen solcher Beschuldigungen geraten, lässt sich von anderen für den eigenen Aufstieg nutzen oder auch von ihnen selbst als reuige Sünder:innen wieder nutzen, sofern sie als spirituell und kulturell Unterworfene in den Schoß einer Gemeinschaft zurückkehren, deren Moral von Klerikalismus zertifiziert wird. Zu den Gewinner:innen gehören daher sowohl jene, die sich damit unliebsame Konkurrenz vom Hals halten oder sogar übertrumpfen können, aber auch jene, die sich dieser Beschuldigung unterwerfen und aufgrund ihrer Reue eine aufsteigende Wiedergeburt verzeichnen. Darum gibt es entsprechend nicht wenig Co-Klerikalismus in der katholischen Kirche. „Man vertraut sich als Gläubige*r in religiösen Dingen den fürsorglichen Kontrollbereichen verfasster Kirche an und erhofft sich im Gegenzug Anteil am Heils- und Rettungsversprechen des Klerus und seiner religiösen Expertise. Die*der Einzelne kann so existenziell empfundene Ängste und Bedrohungen an eine andere ‚höhere' Instanz abgeben, ist aber umgekehrt zu Dankbarkeit und Loyalität verpflichtet."[70]

Das co-klerikale katholische Milieu gibt es hierzulande nicht mehr. Es ist an seinen eigenen Widersprüchen gescheitert. Allerdings hat der Klerikalismus überlebt und noch weiter Bestand. Er ist kein Ausdruck des Milieus, sondern hat es sich selbst geschaffen. Löst sich das Milieu auf, sucht er sich andere Ausdrucksformen, um seine Begierde nach Herrschaft zu stillen. Mit disziplinierender Dominanz füttert er ständig seinen einzigen wirklichen Daseinszweck: den Selbsterhalt seiner Macht. Alles andere ist Fassade. Es gibt hier längst nicht mehr das Pathos einer höheren Idee und eine historisch überlegene Herrschaftsform wie bei linken Eliten, die sich viel lieber mit dem Bewusstsein, eine geschichtsprägende Avantgarde zu sein, betören, oder wie bei neo-konservativen Eliten, die sich mit autoritärer Nostalgie an einer einstigen immensen Größe berauschen.[71] Im Klerikalismus braucht es keinen Überbau mehr, um ein Bündel von scheinbar irrationalen, aber dann doch sich wieder auszahlenden

---

[70] Ebd. 52.
[71] vgl. Anne Applebaum, *Die Verlockung des Autoritären. Warum antidemokratische Herrschaft so populär geworden ist*, München: Siedler, 3. Aufl. 2021, bes. 61–108.

unmöglichen Aktivitäten loszutreten. Die Begierde allein genügt, um erotisierende Männerbündelei auszubrüten, die sich Menschen pastoral und spirituell andient. Hier genügt schon der blanke Willen zur Macht über die Körper von anderen, weil die sich von den ständigen Beschuldigungen doch innerlich beeindrucken lassen. Schließlich geht es um ewiges Seelenheil. Und wer will das schon von denen verspielen, die daran glauben?

Das lässt sich in den letzten Jahrzehnten besonders gut beobachten. Mitten in den weltweit zusammenbrechenden katholischen Milieus nährte sich der Klerikalismus vor allem von der enthusiastischen Begeisterung, nicht zuletzt von Jugendlichen, die im Modus von Neuen Geistlichen Gemeinschaften für irgendeinen der diversen Traditionalismen brennen. Johannes Paul II. hatte sie gerufen, keine Angst zu haben, katholisch zu sein, um das aus seiner Sicht Zuviel an relativierender Modernität, politisierter Befreiungsaktivität und kritischer Bildungsbürgerlichkeit aus dem katholischen *Mainstream* zu drängen. Er wollte all das mit hingebungsvollen Menschen ersetzen, die eine katholische Persönlichkeitsschulung bekamen, die an diese Gemeinschaften gekoppelt waren. Aber das war bestenfalls eine Illusion, in Wahrheit wohl aber eine der gefährlichsten religiösen Machtstrategie der letzten hundert Jahre. Sie hat die Weltkirche mittlerweile an den Rand eines Abgrunds geführt, dem sie nur entgehen kann, wenn sie ihren moralischen Bankrott offen erklärt. Ohne ihn wird sie nicht neu anfangen können.

Die jugendliche Begeisterung für den alternden Papst haben die jeweils charismatischen Gründer der Gemeinschaften für ihre mehr oder weniger versteckten, höchst erotisierten spirituellen, ökonomischen, aber vor allen Dingen sexuellen Machtinteressen nutzen können. Man wird nur wenige von diesen Gründungsfiguren finden, die nicht persönlich in gravierende spirituelle, sexuelle und nicht selten auch ökonomische Missbrauchstaten verstrickt sind, von den allfälligen Vertuschungen durch den ihnen wohlgesonnenen Teil des katholischen Hierarchiesystems ganz zu schweigen.[72] Diese Interessen, die auf den jugendlichen Enthusiasmus übergreifen, der daran unschuldig ist, waren und bleiben schamlos und unverschämt. Sie wurden mit Hilfe des sozialen Kapitals abgesichert, das diesem

---

[72] Céline Hoyeau, *La Trahison des Pères. Emprise et abus des fondateurs de communautés nouvelles*, Montrouge: Bayard, 2021 (dt. *Der Verrat der Seelenführer. Macht und Missbrauch in Neuen Geistlichen Gemeinschaften*, Freiburg: Herder, 2023).

Klerikalismus im Modus von hierarchischer Vernetzung zur Verfügung steht.

Bei dieser Vernetzung spielten nicht nur handfeste gemeinsame Interessen der päpstlich so überaus wohlwollend geförderten Gründergilde eine Rolle, sondern auch das innerkirchliche Erpressungspotential, das sich aufgrund von prekärem Wissen aufbauen lässt, mit dem potentielle episkopale oder sonstige Überwacher dieser Gemeinschaften effektiv unter Druck gesetzt werden konnten.[73]

Das ist eine traurige Wahrheit, der man sich nicht gerne stellt, weil sie so arg entmythologisierend ist. Aber für Klerikalismus zahlen letztlich alle den Preis. Er war nicht nur in einer öffentlich sichtbaren kirchlichen Welt platziert, sondern auch in einer schmierigen Halbwelt angesiedelt, die zur *dark side of the Catholic Moon* führt. Erst durch die Skandale des Missbrauchs kam eine Haltung auf, zu Klerikalismus wenigstens für die Zukunft Nein zu sagen, wie es der Brief von Papst Franziskus ja empfiehlt. Aufarbeitung der vergangenen Skandale und Prävention für die künftige Zeit wurden etabliert und demonstrieren nicht unerfolgreich eine kirchliche Entschlossenheit und Handlungsfähigkeit. Dem kann man nur zustimmen und positiv verstärken, wenn Aufarbeitung und Prävention vorangetrieben werden.

Aber es bleibt auch dann das Problem der Gegenwart des Klerikalismus, der sich gegen jene strukturellen Änderungen nach Kräften wehrt, die ihm hier und jetzt den Nährboden entziehen. Änderungsperspektiven, wie sie nicht zuletzt vom deutschen Synodalen Weg verfolgt wurden, werden als überstrukturiert, überbürokratisiert und überkritisch attackiert. Eigentlich muss man es noch deutlicher sagen: Sie werden diffamiert als Reformvorschläge, die sich vom eigentlichen Ziel der Evangelisierung des Planeten entfernen. Diese Ablenkung vom tatsächlichen Problem wird auf Dauer nicht funktionieren, wie ja *Fiducia supplicans* zeigt. So lange die Lehre zur Homosexualität nicht geändert wird, wird dieser Klerikalismus so weiter machen. Es findet ein ziemlich heftiges Ringen zwischen zwei Wahrheitsansprachen statt: dem klerikalem Wahr-Sagen nach außen

---

[73] Vgl. die historische Studie über die Machenschaften der frühen neuen geistlichen Gemeinschaft „Eau de Vie" und die nach ihrem Verbot folgenden Gemeinschaften der Arche und der Famille St. Jean, die von den Brüdern Thomas und Marie-Dominique Philippe ins Leben gerufen wurde und von Päpsten bis zu Benedikt XVI. intensiv gefördert wurden: Tangi Cavalin, *L'Affaire. Les Dominicains face au scandale des frères Philippe. Enquête historique.* Avec la collaboration de Caroline Mangin-Lazarus, Sabine Rousseau, Charles Suaud, Nathalie Viet-Depaule, Paris : Cerf, 2023.

und den skandalisierten Wahrheiten von außen. Das eine beschuldigt andere, das andere klärt die eigenen Heucheleien auf. Durch den sexuellen Missbrauch zeigt sich, dass eine Kirche, die sich Klerikalismus ausliefert, moralisch auf eine weit darüber hinausragende Form Pleite geht, weil sie alles verschweigen und vertuschen muss, was auf die beiden ungleichen Wahrheitsformen verweist.

Das Wahr-Sagen, welches andere beschuldigt, ist in jedem Fall mit einem Ressentiment kombiniert, das sowohl deren Schwächen benötigt, um sich selbst stark zu fühlen, als auch die eigene, dazu nicht passende Moral zu verstecken hat. Dieses Wahr-Sagen ist das Gegenteil der Souveränität, die das Evangelium benötigt, weil es Umkehr mit sich bringt. Hier kommt dagegen die eigene Stärke aus der Begierde, sich an anderen aufgrund ihrer Überlegenheit zu rächen.

Sexualpraxis Klerikalismus

Die Begierde, von der der Papstbrief 2018 spricht, ist daher keine bloße Metaphorik. Man muss sie wörtlich nehmen. Ein Enthüllungsbuch über die römischen Modi des traditionalistischen Klerikalismus spricht davon: „Den beruflichen Ambitionen eines Priesters in die Quere zu kommen, kann äußerst gefährlich sein. Noch gefährlicher ist es allerdings, seine sexuellen Ambitionen zu durchkreuzen. Ich selbst hatte gleich dreimal das zweifelhafte Vergnügen, dass mich ein anderer, jeweils älterer Priester zu seinem Günstling erkor. Es begann stets mit Einladungen und frommen Geschenken (wie Büchern und Devotionalien), denen sich anfangs mehrdeutige, mit der Zeit aber immer eindeutigere Bemerkungen anschlossen. Der nächste Schritt bestand in einem vorsichtigen Herantasten, was in diesem Zusammenhang ganz wörtlich zu verstehen ist: vom in die Länge gezogenen Handschlag über scheinbar zufällige Berührungen an Arm oder Oberschenkel bis hin zum Kniff in den Po. Verweigerte man sich solchen Begehrlichkeiten – auch das musste ich schmerzlich erfahren -, verwandelte sich die Zuneigung des anderen schlagartig in gekränkte Eitelkeit, Hass und Rachsucht."[74] Man muss auch hier vorsichtig sein; Rothes Enthüllungsbuch hat zwei Seiten. Die eine gehört der Aufklärung und der Reflexion, was mutig ist und nicht ohne Folgen blieb. Der vormalige Bischof von St. Pölten, Klaus Küng,

---

[74] Wolfgang Rothe, *Missbrauchte Kirche. Eine Abrechnung mit der katholischen Sexualmoral und ihren Verfechtern*, München: Droemer, 2021, 102 f.

etwa hat gegen dieses Buch geklagt. Die Sätze folgen zugleich aber auch dem Interesse des Autors, sich reinzuwaschen; er hat selbst lange in einem katholischen Glashaus gesessen und davon profitiert, wie er zugibt. Aber bei aller Vorsicht liegt damit ein authentischer Bericht eines früheren Akteurs des Klerikalismus vor, wie leicht dieser sich gegen den ihm ergebenen Akteur selbst richten kann. Sind solche Akteure nützlich, erhalten sie Boni; hört das auf, werden ihnen die Privilegien entzogen.

Damit rühren wir an die elementare Struktur der Alternative zum Klerikalismus. Er folgt der Linie „Du gehörst zu uns und unterwirfst dich – oder du bist gegen uns und wirst ausgestoßen". Elementar ist nun der Ort, an dem eine solche binäre Zuordnung auf ein Drittes hin aufgebrochen werden kann. Es handelt sich um die Kontaktzone zwischen Sexualität und Wahrheit. Sexualität, Sexualpraktiken, sexuell aktive Partnerschaften sind nicht einfach nur Privatangelegenheiten, die im intimen Bereich des menschlichen Lebens angesiedelt sind und die außer den Beteiligten andere nichts angehen. Es stimmt natürlich, dass sie das sind, und es ist gut, das auch christlich zu akzeptieren. Wer an den christlichen Gott glaubt, muss sich nicht um die Sexualität anderer kümmern, um die eigene Position vor diesem Gott zu verbessern. Der relativ freie Umgang Jesu mit Sexarbeiterinnen und moralisch diskreditierten Menschen seiner Zeit belegt das. Klerikalismus samt Beschuldigungstheologie stehen dazu in schroffem Gegensatz und setzten Sexualität unter kirchliche Aufsicht. Die wurde aber auch im Milieu ebenso verschämt wie heimlich ständig überschritten.

Aber auch das umgekehrte Moment gelingt nicht. Es war im Verlauf der Moderne nicht möglich, Sexualität als bloßen Intimbereich zu respektieren. Nach den Barockkriegen sind auch die letzten absolutistischen Herrschaftsbereiche im hintersten Winkel darauf gekommen, dass die Steigerung der Bevölkerungszahl nicht nur ein politischer Vorteil war, sondern eine wirtschaftliche Notwendigkeit ihres Merkantilismus darstellte. Ohne ausreichende Bevölkerung funktionieren die regionalen, nationalen und kontinentalen Märkte nicht. Von daher wurde das Interesse der Herrschaften immer größer, Lebensverhältnisse zu schaffen, in denen Menschen sich vermehren wollten, aber auch sollten. Die christliche Religion beteiligte sich an dieser Steigerung der Bevölkerungszahl durch den Zugriff auf die Reproduktionsfähigkeit menschlicher Körper und schloss mit dem ungeliebten absolutistischen Nationalstaat eine Art Pakt. Die Seele gehörte der Kirche, der Körper dem Staat und dort, wo beides betroffen ist, sollte nur noch eine indirekte kirchliche Macht (*potestas indirecta*) gelten. Das, was die Kirche für die Bevölkerungssteigerung zu liefern hatte, wurde durch mindestens eine, aber wahrscheinlich zwei Wissensformen aufgebracht: Moraltheologie und Pastoraltheologie. Gemeinsam bearbeiteten sie das Sakrament der Buße. In der Wahrheit, die in der Beichte aufgespürt wird, geht es eben auch um die Generierung von Macht. Das hat sehr tiefe Wurzeln in der kirchlichen Religionsgeschichte.[75]

In der christlichen Tradition wird in Sexualität ständig auf Disziplinleistungen ausgerichtet, mit denen man spirituell und dann zunehmend auch sozial aufsteigen konnte. Die Innovation der Spätantike bestand darin, dass das für beide Geschlechter galt, also nicht nur für die Männer. Seit der Lebensbeichte als Bedingung der Möglichkeit von Taufe ist Sexualität mit Wahrheit verbunden. Wer jedenfalls getauft werden wollte, musste sich ehrlich machen über das Leben davor und das bedeutete über das Leben in und mit der Sünde davor. Das schloss Sexualität ein und konzentrierte sie auf Askese. Sie war der Königsweg zur Wahrheit Gottes, insbesondere mit ihrer Spitzenleistung bleibender Jungfräulichkeit über die Eheschließung hinaus, für die Ordensleute und später dann durch das verpflichtende Zölibat der Priester.

Die Erbsündentheorie des Augustinus setzte sich intensiv mit Sexualität auseinander, um für den kleinen Teil der Elite der Auserwählten von dieser Sünde wegzukommen. Schließlich war sie Ausdruck von *concupiscentia*, also Begierde nach immer mehr. Aktivie-

---

[75] Für Kaufmann, Kirche in der ambivalenten Moderne, a.a.O. beginnt dieser Vorgang etwa in der Mitte zwischen der erlösenden und die Existenz radikal wendenden Lebensbeichte vor der Taufe in der Spätantike und der Verkirchlichung des katholischen Christentums in der Moderne, nämlich mit Innozenz III. 1215. „Unter ihm wurde die jährliche Beichte zu einer kanonischen Pflicht aller erwachsenen Gläubigen und damit auch zu einem *Modus der Unterwerfung unter die Macht der Kirche*, an der nun kein Weg mehr vorbei zu Gott führte. [...] Das juristische Korrelat wurde der Inquisitionsprozess, in dem das Geständnis des Täters an die Stelle älterer ‚Beweisformen' (z. B. durch Eideshelfer oder Gottesurteile) trat. So geriet die Beichte in den frühen Neuzeit auch in den Kontext von Inquisition und Folter." (155) Diese Disziplinierung durch Geständniszwang drängt auf der einen Seite zur gläubigen Individualität unter der kirchlich-katholischer Seelenführung und bedrängt das gleiche Individuum zum anderen mit einer immer weiter wuchernden Beschuldigungstheologie. Deren Wirksamkeit ist in der Gegenwart umfassend am Missbrauch zerbrochen, weshalb eine andere Form von katholischem Individuum zu einer eigenständigen Instanz des Glaubens im Außen der eigenen Kirche aufsteigt. Sein Ort ist nicht gegen die eigene Kirche, wohl aber außerhalb und alternativ zu ihr gottunmittelbar. Diese Individualität kann über-flüssig mit Bindestrich werden, während die Kirche ins Überflüssige abrutscht.

rung von Sexualität war lediglich als reiner Überlebenszweck der Menschheit akzeptabel; als Stabilisierung von Partnerschaft oder gar als Lust war sie noch nicht einmal denkbar. Das gehörte zur verpönten *Civitas terrena* mit all ihren Schlechtigkeiten. Jungfräulichkeit, Keuschheit, asketische Disziplinierung der Begierde waren dagegen Bestandteil der *Civitas Dei*. Das wurde zur tragenden Säule der sog. Konstantinischen Epoche der westlichen Kirche bis ins frühe 20. Jahrhundert hinein. Dort, wo sich Kirche um autoritär regierende Machthaber bemüht, wird das bis heute aktiviert mit Verknappung von Verhütungsmitteln, Ausweitung des Adoptionsbusiness bei gleichzeitiger Attackierung von Abtreibungen und Kriminalisierung von Homosexualität.

Die Wahrheit Gottes war zu erhalten durch Abkehr vom Körper. Das macht Sexualität zu einer ausschließlich fleischlichen Angelegenheit, gegen die zu rebellieren ein Ausweis von Überlegenheit war, weil man dann schon auf der richtigen Seite des Heils zu stehen schien. Ohne die negative Konfrontation mit Sexualität war Heil nicht erhältlich. Verworfenheit drohte.

Dadurch werden aber genau diese Aktivitäten, die unbedingt vermieden werden müssen, unweigerlich zum Fokus des primären Interesses. Das hängt nicht an der Spiritualität der Askese, sondern am Regime und der Taktik, mit der diese Disziplinierung praktikabel gemacht werden muss. Das, was nicht sein darf, ist ständig im Fokus derer, die es nicht tun dürfen – wodurch es zu einer hintergründigen, ja: hinterhältigen Macht wird. Das ist dem westlichen Christentum passiert und die Bruchstücke dieses Habitus liegen noch immer im Hinterhof der gegenwärtigen Kirchen.

Bekenntnis und Geständnis werden so unvermeidlich. Beide waren regelrecht ein Zwang, dem sich zu unterwerfen unvermeidlich war. Die *Confessio* besagt beides, also sich bekennen zu einem neuen Leben und das gestehen, was dem aus dem früheren Leben heraus im Weg steht. Es entsteht ein Geständniszwang, um sich vor Gott und vor den Mitgliedern der religiösen Gemeinschaft ehrlich zu machen. Diese Ehrlichkeit war nötig, um sich künftig von der Sünde, also Sexualität, fern zu halten. Dieser Zusammenhang hat den westlichen Glaubensmodus im Christentum formiert. Zwischen Wahrheit und Sexualität findet also ein wechselseitiges Geschehen statt.

Aber das geht nicht einfach zweiwertig vor sich, so dass man schon Wahrheit hätte, wenn man sich von Sexualität fernhält. Zwischen beiden steht eine dritte Größe, eben Macht, die sich sowohl im Wissen um Sexualität wie im Bekennen von praktizierter Sexualität niederschlägt. Wahrheit wird erst vollendet in der Macht des Wissens über die Aktivierung von Sexualität. Wer sagt, man könne direkt Wahrheiten über Sexualität verkünden, ohne dabei bereits von Macht erfasst und vom Begehren nach mehr Macht verlockt zu werden, gelangt nicht auf das Niveau des Problems. So eine Vorstellung ist unterkomplex, weil sie die Machtabsicht versteckt. Es geht aber ebenso wenig darum, dass, wer sexuell aktiv ist, nicht auf der Seite der Wahrheit stehen kann. Es gibt Wahrheiten über Sexualität und sie können auch vertreten werden, wenn man sich dabei der Machtdimension in den eigenen Aussagen stellt. Es geht entsprechend auch nicht darum, dass, wer die Wahrheit wählt, sich einfach nur von Sexualität fernhalten muss. Es geht vielmehr darum, dass die innere Einstellung zur Wahrheit daran zu erkennen ist, ob jemand sich über Sexualität ehrlich macht.

Die Taktik des Bekennens hat den Zugriffsmodus des Christentums auf das Individuum wie die Machthaber, auf Geschichte wie Staat möglich gemacht, den Michel Foucault „Pastoralmacht" genannt hat. Die Pastoralmacht ist eine Innovation von Macht, weil sie nicht nur die Gesamtheit der zu erfassenden Menschen im Blick hat, sondern jede einzelne Person und zwar ihr Leben lang. Während die in der Antike entwickelte Königsmacht die Opfer der Einzelnen für das höhere Wohl der Gesamtheit einforderte, wird in der Pastoralmacht das Wohl aller und jeder einzelnen Person zugleich verfolgt. Zwischen beiden Zugriffen gibt es also kein Nullsummenspiel, wodurch das jedoch zugleich für die Zugreifenden prekär wird. „Die Pastoralmacht ist keine bloß ordnende Macht. Ihr Inhaber, der Hirte, muss auch bereits ein, sich für das Leben und das Seelenheil seiner Herde zu opfern. Darin unterscheidet sie sich von der Macht des Herrschers, der von seinem Untertanen verlangen kann, dass sie sich opfern, um den Thron zu retten. […] Diese Form von Macht ist auf das Seelenheil ausgerichtet (im Unterschied zur politischen Macht). Sie ist opferbereit (im Unterschied zum Herrschaftsprinzip), und sie individualisiert (im Unterschied zur richterlichen Macht). Sie ist koextensiv mit dem Leben und dessen Fortsetzung nach dem Tod. Sie ist mit der Erzeugung von Wahrheit verbunden, und zwar der Wahrheit des Einzelnen."[76]

Diejenigen, die als religiöse ‚Hirten' auf die individuellen Subjekte zugreifen, können an dem Nicht-Nullsummenspiel scheitern und tun

---

[76] Michel Foucault, Subjekt und Macht, in: ders., *Schriften in vier Bänden Dits et Ecrits*, Bd. IV, Frankfurt: Suhrkamp, 2005, 269–294, 277.

es in der Regel auch. Das gilt auch für Mächtigen des Sozialstaats, der ebenfalls Pastoralmacht ausübt; sie greifen disziplinierend auf die Bevölkerung insgesamt zu und jede einzelne Person, woran sie aber immer auch wieder scheitern. Die Inhaber von Pastoralmacht haben entweder alle im Blick und verlieren die einzelnen aus den Augen oder umgekehrt. Läuft man, so das biblische Bild, dem verlorenen Schaf nach, dann büxt die Herde aus; bleibt man bei der Herde, reißen die Raubtiere das verlorene Schaf. Was man auch macht, irgendwo klappt es immer nicht. Aber deshalb ist der Machtzugriff so effizient, weil niemand der Beteiligten bei diesem bitterernsten Spiel aus Beschuldigung, Bekenntnis, Geständnis, Auserwählung, Betreuung, Fürsorge, Selbstdisziplinierung, Überwachung ungeschoren davonkommt. Die Hirten scheitern an ihrer eigenen Macht, weil sie sich vor Gott rechtfertigen müssen, es nicht können und dabei immer defizitär dastehen. Die „Schafe" werden zu einer Individualisierung gebracht, der sie nicht ausweichen wollen, weil sie ihnen einen großen Vorteil an Ermächtigung verspricht, aber mit der sie sich den Hirten zur Verfügung halten. Und mit dem modernen Sozialstaat wird eine Gemeinschaft dieser Subjekte zur wechselseitigen Disziplinierung gedrängt, die zum Wohlergehen aller wie jedes einzelnen Mitglieds auch – weitgehend – übernommen wird. Von der Kirche ausgehend breitet sich die Pastoralmacht „auf die gesamte Gesellschaft aus und stützte sich auf eine ganze Reihe von Institutionen. Statt einer mehr oder weniger deutlichen Trennung und eines Rivalitätsverhältnisses zwischen Pastoralmacht und politischer Macht entwickelte sich eine ‚Taktik' der Individualisierung, die für diverse Machtformen typisch war, für die der Familie, der Medizin, der Psychiatrie, des Bildungswesens, der Arbeitgeber usw."[77]

---

[77] Ebd. 279. Das sich wechselseitige ermächtigende Individualisierungspastorat von Staat und Kirche erklärt auch, warum in Deutschland der Staat und seine Repräsentant:innen die Kirche trotz Missbrauchsskandale so sanft anpacken. Wenn jemand wie die damalige Justizministerin 2010 ausscherte, wurde sie über andere Ministerinnen und die damalige Bundeskanzlerin auf Linie gebracht, wie es das Ultimatum des sich empörenden damaligen Vorsitzenden der Bischofskonferenz Zollitsch forderte. Nach dem Missbrauchsbericht des Erzbistums Freiburg im April 2023 konnte man erkennen, warum dieser Bischof eigentlich so auftat, nämlich um seine Vertuschungen im Bistum abzusichern und seine Nicht-Nennung von Fällen an die Kurie nicht zu gefährden, welche der Vatikan damals auch nicht weiter beanstandete. Vgl. „Ein tiefer Ausdruck von Missachtung", Interview mit Sabine Leutheusser-Schnarrenberger, Süddeutsche Zeitung online 21. April 2023. Ein solches Pastoratskartell lässt sich nur aufbrechen mit großer Widerspenstigkeit.

Die Individualität, die Menschen entwickeln, resultiert nicht einfach aus ihnen und ihren Entscheidungen, sondern aus ihrem Willen und ihren Entscheidungen, mit denen sie sich den pastoralmächtigen Konstellationen unterworfen haben. Will man wirklich individuell werden, muss man um diese Unterwerfung der eigenen bereits bestehenden Individualität wissen. Das hat enorme Auswirkungen auf die Mitglieder des Klerus, die diesen Zugriff vollziehen und überwachen müssen, weil er ihnen Macht in die Hand spielt. Es wurde zu ihrer Hauptbeschäftigung, sich der Sexualität der Anderen auszusetzen und den Bekenntniszugriff als klerikalen Wissensvorsprung auszubauen, dem ihre „Schafe" sich nicht entziehen können. Ein Klerus muss stets Orte, Gelegenheiten und Personen im Blick haben, wo, wie und von wem Geständnisse abgelegt werden. Das können geschützte Räume sein wie Beichtstuhl und Eheberatung, aber auch öffentliche wie Kanzel und Religionsunterricht, wo die jeweils anderen nicht ausweichen können. Das gilt unabhängig davon, ob ein klerikaler Überwacher weiß, was er da tut oder selbst Zweifel an der übergriffigen Annäherung hegt. Es geht nicht einfach um priesterliche Pflichten, sondern um Machtzugriff auf den individuellen Kern, das Innere von Menschen, der im katholischen Milieu lange ebenso schamlos wie unbehelligt auftrat.[78]

Anders als bei anderen Berufsgruppen, die ins Innere von Menschen eindringen, weil diese Beistand benötigen, kommt hier etwas Gravierendes hinzu: „The one question that has been asked, especially in recent years, is how a Church which exercised substantial control over the sexual lives of people could be guilty of so much mismanagement in that area when it came to their own priests."[79] Der Klerus war gleichsam freigestellt von dem Problem mit der eigenen

---

[78] Für Thomas Großbölting, Sexueller Missbrauch als Skandal, in: Aschmann, Dunkelräume, a.a.O., 23–42 verketten sich in der Pastoralmacht Täter und Opfer spirituell: „Im katholischen Zusammenhang wurden die Betroffenen zum Opfer nicht obwohl, sondern weil sie katholisch waren und Überzeugungen mit dem Täter teilten. Die Macht des Täters über sein Opfer rührte aus den spirituellen Zusammenhängen, in die beide eingebunden waren." (36) Aber ist dieses scheinbare Teilen nicht unterkomplex und schiebt den Opfern Mitschuld zu? Gerade an dieser Macht scheitern Täter sogar noch posthum, wie die Skandalisierung und die Straßenumbenennungen belegen, die Großbölting anführt, während die Opfer – leider auch viel zu oft posthum – mit ihrer Ohnmacht selbst glaubwürdiger in diesen Überzeugungen werden als ihre eigene Kirche. Die Überzeugungen teilen sich also auf in jene der Täter, die unglaubwürdig sind, und jene der Opfer, die immer wahrhaftiger werden, je tiefer der Skandal reicht. Allerdings kontaminiert die Pastoralmacht das Innere der Opfer mit tiefer Scham, die sie manchmal lebenslang verwundet.
[79] Flannery, From the Inside, a.a.O. ,177.

Sexualität. Das ist eine kirchliche Selbsttäuschung, der es auch wenig hilft, dass in der säkularen Moderne soziale Netzwerke, private Bilderwelten, Racheenthüllungen über einstige Sexualpartner:innen wohl kaum weniger übergriffig sind. Nichts von dem, was über das Sexualleben einer Person bekannt wird, ist gegen machtgierige Weiterverwertung der Intimität gefeit. Bei allen Bekenntnisvorgängen sind die persönlichen Risiken nicht gerade gering. Aber diese Zusammenhänge belegen nur, wie sehr es auch in der Kirche beim Bekennen um Macht über andere geht. Davon kann sie sich nicht freisprechen. Sie muss sich der Macht, ihren Ambivalenzen und körperlichen Zugriffen stellen. Das wissen wir mittlerweile durch den Missbrauch und deshalb scheitern einst hoch geschätzte Seelsorger an dieser Macht, selbst wenn sie schon seit Jahrzehnten tot sind. Ihre Reputation ist weg; selbst bei Bischöfen werden mittlerweile Benennungen von Plätzen und Straßen geändert.

Die Machtanalyse von Michel Foucault verweist darauf, wie sehr Macht körperlich, also biopolitisch, ansetzt. Das vollendet sich nicht im Zugriff von außen, sondern im Einverständnis zur Macht, weil auch der Zugriff mit Vorteilen für die Betroffenen lockt. Diese Einsicht zeigt, warum Klerikalismus einerseits so gefährlich und andererseits so sprechend für die europäisch-abendländische Zivilisation ist. Er macht sich dieses Einverständnis für seine pastoral motivierte Beschuldigungstheologie sexueller Praktiken und Lüste zunutze, die Menschen angeblich auf den Weg der Erlösung bringen. Und er lauert auf das Geständnis der anderen, das für eine Zivilisation sprechend ist, die als einzige „im Lauf von Jahrhunderten, um die Wahrheit des Sexes zu sagen, Prozeduren entwickelt hat, die sich im wesentlichen einer Form von Macht-Wissen unterordnen."[80] Dieses Lauern und jenes Beschuldigen können daher dem nicht entgehen, dass darin zuallererst einmal ein Machtkalkül verfolgt wird, eben das einer Religionsgemeinschaft, Menschen zu disziplinieren und zur freiwilligen Unterwerfung zu bringen. Das ist eine schlichte historische Tatsache. „Man gesteht – oder man wird zum Geständnis gezwungen. Wenn das Geständnis nicht spontan oder von irgendeinem inneren Imperativ diktiert ist, wird es erpreßt; man spürt es in der Seele auf oder entreißt es dem Körper. Seit dem Mittelalter begleitet wie ein Schatten die Folter das Geständnis und hilft ihm weiter, wenn es versagt: schwarze Zwillingsbrüder. Die waffenloseste Zärtlichkeit

---

[80] Michel Foucault, *Der Wille zum Wissen. Sexualität und Wahrheit 1*, Frankfurt: Suhrkamp, 1977, 61.

wie die blutigsten Mächte sind auf das Bekennen angewiesen. Im Abendland ist der Mensch ein Geständnistier geworden."[81]

Die biopolitische Seite des Geständnisses entlarvt die Gier des Klerikalismus auf körperlichen Zugriff anderer im Modus der Dominanz seiner klerikalen Akteure. Es geht um Begierde pur, in die jene einstimmen, die diesen Zugriff aktivieren, weil es ihnen Macht ermöglicht. Das Geständnis von Personen andererseits, die sich dem unterwerfen, ist so etwas wie der geheuchelte Orgasmus des Klerikalismus. Der wiederum ist sein Anteil daran, dass es kaum ein Feld des menschlichen Lebens gibt, auf dem mehr gelogen wird als zur Sexualität. Klerikalismus lebt in dieser Verlogenheit und er lebt darin auf. Aber die primäre Lüge liegt nicht bei den Gestehenden, sondern bei jenen, welche die Geständnisse der Versuchten und Gefallenen ernötigen. Der Zwilling des Geständniszwangs für die anderen ist der Verschweigensimperativ für die Mitbrüder. Das zeigen bisher alle Missbrauchsberichte.

Die Selbstrelativierung, gegen die Heuchelei zu rebellieren

Daher bedeutet der Missbrauchsskandal auch für die gänzlich unbescholtenen Mitglieder des Klerus mittlerweile einen gravierenden Distinktionsverlust, obwohl sie die Mehrheit sind. Auch dieser Verlust kann positive Folgen haben. Wer mit der Heuchelei bricht, die aus dem Beschuldigen anderer spricht, kann dem beschämenden Geständniszwang entgehen. So jemand muss gegen den eigenen Geständniszwang rebellieren, dann ist es sofort eine Revolte gegen die Nötigung, gestehen zu müssen, und eine Rebellion gegen die Kirche, die diese Nötigung als elementaren Herrschaftsvollzug aufgebaut hat. Bei jedem Schritt muss man normale Erwartungen übersteigen. Es gibt keinen Automatismus von der Rebellion im eigenen Inneren über die Revolte im kirchlichen Binnenraum zum Aufstand gegen gierigen Klerikalismus. Jeder Schritt kann scheitern.

Aber erst der Aufstand gegen die kirchliche Geständnisnötigung ist in der Lage, Klerikalismus zu überwinden. Die Stufe der Revolte ist zu klein, wie das Beichtsakrament zeigt. Es ist in einer tiefen Krise, weil es kaum mehr abgerufen wird. Katholisch glaubende Menschen sind es offenbar leid und haben es offenkundig satt, sich dort über Dinge aussprechen zu müssen, die den Klerikalismus mästen. Darum

---

[81] Ebd. 63.

bleiben sie weg. Aber die Heuchelei des Klerikalismus stört das nicht; sie macht dann eben weiter mit der gefährlichen Beziehung zwischen religiöser Macht und beichtendem Geständnis in jeder seelsorglichen Begnadigung.

Auch der eigene Aufstand ist leichter gesagt als getan. Die Rebellion im eigenen Inneren geht schließlich gegen Identifizierungen vor, mit denen die Person lange einverstanden war. In dieser Rebellion muss man sich selbst relativieren. Hier lauert eine Scham, die noch tiefer ansetzt als das Beschuldigen. Sie hat nur dann keine Chance, wenn das Gestehen sich der Macht entgegenstellen kann, die auf die Gestehenden zugreift. Erst wenn Menschen gemeinsam anfangen, mit der Heuchelei aufzuwarten, trifft man die Heuchelei an ihrem wundesten Punkt, ihrer Absurdität. Dafür ist kein offener Aufstand nötig, das Aufwarten ist bereits ermächtigend, weil es gegen das Beschuldigt-Werden im eigenen Inneren rebelliert. Hier ist der Klerikalismus nachhaltig zu brechen. Das kann von allen Beteiligten geschehen – erstens von denen im Klerus, die sich dem Beschuldigen anderer verweigern, zweitens von denen, die sich dem Beschuldigt-Werden verweigern, und drittens von der Koalition zwischen beiden Gruppen, der Gier nach Höhepunkten von Macht durch Beschuldigung anderer nicht mehr zu huldigen.

Das ist der neuralgische Punkt. Der Widerstand gegen die schamlose Heuchelei über die Gier des Klerikalismus ist ein Glaubenselixier. Er gibt dem Glauben einen Schub, sich ehrlich zu machen, und macht ihn selbst zu einem erregenden Vorgang. Der hat mit dem schmierigen Zugriff auf Körper und Geist nichts gemein. Er ist in einem ganz anderen Sinn erregend als die Heuchelei des Klerikalismus. Es ist erregend, der Selbstrelativierung Raum zu geben, die vom wartenden Hinnehmen des Absurden befreit. Damit rebelliert man sowohl gegen die eigene frühere Untätigkeit, sich eben nicht dagegen verwahrt zu haben, wie auch gegen die Verschleierung der Untätigkeit bei anderen. Ein so angeregter Glaube muss mehr als bloß bewahrt werden; er kann sich bewahrheiten.

Teil IV:
Bewahrheiten statt bewahren.
Warum Bischofssynoden offene Fragen bloß vorbringen, ein Konzil es jedoch mit Antworten weiterbringt

Was soll man jetzt tun mit klerikalistischer Heuchelei? Die einen sagen, man müsse Pluralität zurückdrängen, damit Kleriker endlich ihrer Berufung folgen können und Gläubige mit Wahrheit versorgen. Das schaffe Heil und Frieden. Dafür seien geweihte Priester da. Die anderen sagen, man müsse Synodalität hochfahren, was der Bevormundung von Gläubigen durch Kleriker einen Riegel vorschöbe. Die Alternative ist keine theoretische Frage. Es handelt sich um die elementaren Strategien im derzeitigen innerkatholischen Machtkampf.

Er dreht sich um mehr als nur Klerikalismus. Aber an ihm verdichtet sich, wer das Sagen hat. Sind es die mit Weihe ausgestatteten Männer, vor allem die Bischöfe mit dem vollen übernatürlichen Umfang dieses Sakramentes, unter denen wiederum der Bischof von Rom mit unfehlbarer Vollmacht im Glauben und mit Jurisdiktionsprimat in der Kirche herausragt? Oder sollen in der Kirche alle Getauften irgendwie gemeinsam das Sagen haben, untergründig geholfen vom Heilige Geist? Das ist Sinn und Ziel jener Synodalität, die sich mit der Synodalität der Kirche befasst wie auf der Weltsynode 2023 und 2024. Die erste Strategie sieht dagegen Kleriker, die rein bleiben gegen die Versuchungen des Klerikalismus, als seine wahren Widersacher; nur sie garantieren die Wahrheit, die Gott der Kirche anvertraut. Für die zweite Strategie ist die geistliche Übereinkunft aller Gläubigen guten Willens die angesagte Aktivität, um Klerikalismus auch aus den Kapillaren der Kirche zu entfernen.

Es handelt sich nicht um mögliche Verfahrensweisen, die von der Kirche *sine ira et studio* geprüft werden. Es handelt sich um einen Machtkampf, weil es um die Herrschaft darüber geht, wozu es die Religionsgemeinschaft Kirche überhaupt gibt. Er wird intern ausgefochten. In beiden Strategien werden keine Außenstehenden involviert, weil sie Störfaktoren der hohen Ziele sind. Der Machtkampf wird also nicht offen geführt. Er findet hintergründig, eigentlich sogar untergründig statt. Sichtbar wird er erst bei besonders skandalösen Vollzügen von Klerikalismus, der die kirchlichen Akteure exponiert, wo sie wirklich stehen. Der übergroßen Mehrheit in der katholischen Kirche wäre es am liebsten, dieser Machtkampf ließe sich einfach überwinden. So erwartet es auch der päpstliche Wille für die Weltsynodalversammlung 2023 und 2024. Man kann das schon am Logo dafür erkennen. Dort leitet eine überragende Geistgestalt eine Gemeinschaft von Gläubigen und schickt sie gemeinsam in die für alle gleiche Richtung. Die strittigen Machtfragen sind ausgeklammert und werden in nachrangige Gremien verschoben. Darin liegt aber ein ziemliches Problem. Aus der säkularen Geschichte und der Kirchengeschichte wissen wir, dass Machtkämpfe nicht einfach so aufhören, weil man jetzt eine bessere Lösung gefunden hat. Machtkämpfe sind nicht einfach auf Problemlösungen bezogen, sondern eben auf die Macht. Daher lösen sie sich so gut wie nie von sich her auf. Ein Kampf um die Macht hört erst auf, wenn er entschieden wird.

Zwickmühle synodale Synodalität

In unserem Fall unterminiert der jetzige Machtkampf alle kirchlichen Versuche, Glaubwürdigkeit wieder herzustellen. Er beweist, dass Kirche so nicht weiter machen kann. Das Mittel der Wahl jener, die gegen die päpstliche Synodalitätsidee der Weltsynode agieren, besteht darin, zu Gunsten der höheren Herrschaft der Wahrheit Pluralismus zurückzudrängen und Priester zu bevorzugen, wo immer es geht. So haben sie ständig die hohen Erwartungen heruntergeschraubt, um die prekären Debatten über Frauenordination, Sexualmoral, Machtteilung mit Lai:innen zu verminen, voneinander zu isolieren und durch „divide et impera" zu beherrschen. Dieses Lager will aber noch mehr, nämlich den Papst nötigen, ihre Minderheitenversion über alle anderen zu stellen. Er darf unter keinen Umständen die Lehre ändern, die sie stützt. Die wütenden Reaktionen auf die päpstliche Erlaubnis, gleichgeschlechtliche Paare zu segnen, sind dafür sprechend. Auf der Synode konnte die Minderheit solche Highlights noch ausschließen, weshalb die Synode auch kein Weltereignis wurde. Sie blieb ein weichgespültes Ereignis synodaler Spiritualität. Ob der Papst die Segnungen danach ermöglicht hat, um überhaupt wieder etwas globale Aufmerksamkeit zu erlangen, weiß ich nicht. Aber das spielt nicht die entscheidende Rolle, weil es auf die Reaktionen und nicht die synodalen Aktionen ankommt. Die Protagonist:innen der verschwindenden Minderheit fürchten einen Dammbruch im autoritären System der Kirche. Es kann schon deshalb kein Klerikalismus sein, weil es ihnen, also den richtigen, Macht übergibt. Sie treiben den Papst ziemlich erfolgreich damit vor sich her, mit einem Schisma zu spielen. Er soll der anderen, antiklerikalen Seite nie zu weit entgegenkommen. Und er macht mit, weil das seine größte Angst ist: Kaum ist ein Lateinamerikaner Papst geworden, zerfällt die Kirche. Intensiver Streit ist aber unvermeidlich, wenn die päpstliche Synodalität über Synodalität ernsthaft betrieben werden soll. Papst Franziskus hat zwar einen kleinen Vorteil davon, die angeblich drohende Spaltung immer wieder zu nutzen, wenn die liberale Seite sich zu sehr durchzusetzen droht. Diese Karte spielt er oft, nicht selten mit Verweis auf die Versuchungen des Teufels. Aber hier ergibt sich eine unausweichliche Zwickmühle. Wer gegen Synodalität ist, kann Synodalität immer relativieren, weil sie keinen Showdown einer definitiven Entscheidung erlaubt. Davon zeugt der Abschlusstext des Treffens von 2023. Da ist immer von viel Zustimmung zur Reformschritten die Rede, aber nie davon, dass sie jetzt und schon gar nicht wie gesetzt werden müssen. Das wird auch beim zweiten Teil so bleiben.

Zugleich müssen jene, die emphatisch die Synodalitätssynodalität verehren, die antisynodalen Teilnehmer:innen so einhegen, dass wiederum keine Entscheidung im Machtkampf getroffen werden darf. Das wäre ja ein Beleg, wie wenig sie ausreicht. Das ist dann zwar für eine größere Communio aller Beteiligten vorteilhaft, aber nicht für die sich auflösende Glaubwürdigkeit. Es ist stets leichter, die Entscheidung, was gilt und was nicht mehr gilt, aufzuschieben, als sich ihr zu stellen. Auf beiden Seiten der Zwickmühle läuft es darauf hinaus, dass der Machtkampf nicht entschieden werden darf. Die Weltsynode über Synodalität wird nicht nur kein Weltereignis werden, sie darf vielmehr gar nicht zu dem Aufbruch werden, die den Klerikalismus im Inneren und seine Ersatztruppen draußen aufreibt. Vorangebracht werden nur die offenen Fragen, die dauerhaft ohne durchgreifende Antworten bleiben.[82]

Das bringt es mit sich, dass die Auseinandersetzung unweigerlich darauf beschränkt ist, welche Form von Klerikalismus weitergeführt wird: die harte unverschämte oder eine milde synodale. Es wird natürlich die zweite Form sein, aber sie bleibt klerikal beschränkt. Für die Weltkirche ist damit also schon vor aller Synodalität entschieden,

---

[82] Man wird mit Julia Knop, Synodalität von oben nach unten, in: dies./Michael Seewald (Hg.), *Das Erste Vatikanische Konzil. Eine Zwischenbilanz 150 Jahre danach*, Darmstadt: wbg, 2019, 217–232 hier vom „langen Schatten des Ersten Vaticanums" sprechen können, weil auch die Erweiterung um Nicht-Kleriker das Format der römischen Bischofssynoden nicht gesprengt wurde, so dass „Synodalität nach päpstlicher Façon" (218) erhalten bleiben musste.

dass Pluralität zwar nicht dezidiert zurückgedrängt wird, aber zugleich keine Ermächtigung gefördert wird, die dem Klerikalismus gefährlich werden kann. Er wird in eine größere katholische Synodalität geistlich aufgehoben, so als ließe er sich in die Vitrine „früher einmal" stellen. „Größer katholisch" bedeutet dann stets, Synodalität über Synodalität nicht wie ein Parlament von streitenden Fraktionen zu aktivieren. Der Papst, seine Kardinalsumgebung und die Synodenleitung betonten das so oft, dass es sich gewollt oder ungewollt zum Widersagen gegen das parlamentarische Drehmoment einer offenen Gesellschaft ausgewachsen hat, als handele es sich um den Leibhaftigen. Damit steht das Ergebnis der kirchlichen Synodenanstrengungen fest, bevor sie überhaupt eine Chance hatten, sich zu vollenden. Das geistliche Erlebnis einer scheinbar größeren Einheit ist diesem Papst wichtiger, als seine synodale Kirche in der zeitgenössischen Moderne zu verorten.

Damit entsteht einerseits eine mildere Form des Klerikalismus als die dräuende betonierte rechtskatholische. So lässt sich durchaus sagen, dass der Ausbau von Synodalität kein falscher Weg ist. Die notorische Dominanzattitüde des herrschenden Klerikalismus wäre schlimmer. Man kann sagen „Klerikalismus wird immerhin abgemildert". Es bleibt andererseits allerdings offen, ob der synodale mildere Modus gegen die Gier des Klerikalismus genügt, die sich bis in die Kapillare der Entscheidungsorganisation von Kirche festgesetzt hat. Die lauere Modalität reicht nicht an den Machtanspruch dieser Gier heran.[83]

Die Frage, ob Synodensynodalität überhaupt an die Abgründe der Macht des Klerikalismus heranreicht, lässt sich auch an die deutsche Kirche und ihren Synodalen Weg stellen. Schließlich geriet er genau dadurch in die oben beschriebene Zwickmühle. Dieser Weg versuchte, dem Entscheidungszwang bereits dadurch zu entgehen, dass er unterhalb der formellen kirchenrechtlichen Möglichkeiten einer Synode blieb. Gleichwohl blieben bekanntermaßen erhebliche römische und auch päpstliche Vorbehalte und sogar Aversionen im Raum stehen. Die deutsche Kirche sei zu weit gegangen, tönt es aus der Weltkirche überall dort, wo das traditionalistische Lager Wagenburgen hat. Hier mögen die Stichworte genügen: Frauenordination,

---

[83] Vgl. dazu kurz vor der Weltsynode, die darin frontal attackiert wird, José Antonio Ureta/Julio Loredo de Izcue, *The Synodal Process Is a Pandora's Box. 100 Questions & Answers*, American Society for the Defense of Tradition, Family & Property (TFP), 2023. Alles, was nicht der Meinung von TFP ist, ist Häresie, insbesondere der deutsche Synodale Weg.

homosexuelle Partnerschaften, Machtteilung zwischen Bischofskonferenz und Laienkatholizismus, Überprüfung, ob Priester nötig sind. Selbst als die Segnungen für gleichgeschlechtliche Partnerschaften mit päpstlicher Zustimmung möglich wurden, wurde die synodale Vorarbeit des deutschen Weges noch nicht einmal in den Fußnoten erwähnt.

Der römischen Kirchenzentrale geht es genau dann zu weit, wenn jene Entscheidungssituation entsteht, die aus ihrer Sicht synodal zu vermeiden ist. So sehr es aus Sicht des milderen Klerikalismus keine betonierte klerikale Herrschaft geben darf, weil der harte Klerikalismus die geistliche Einheit zerstört, so wenig darf auch für die mildere Form die Macht mit synodal bemühten Nichtklerikern geteilt werden, die sich gegen sie auswirken könnte. Dabei ist es nicht von Bedeutung, dass mehr als 99 % der Gläubigen keine Kleriker sind. Sie dürfen beim milderen Klerikalismus zwar mitreden, aber der Entscheidungsvorbehalt des geweihten Führungspersonals muss sichtbar bestehen bleiben. Der deutsche Synodale Weg hatte genau das aber angesichts der offenkundigen Tatsache angefragt, dass die geweihten Gläubigen – vor allem die Bischöfe – auf der ganzen Linie des sexuellen Missbrauchs und seiner Vertuschung versagt hatten. Aber das wird vom Papst nicht aufgegriffen, vielmehr wird dieser Weg, die ihn tragenden Kräfte und ihr Insistieren, dass der sexuelle Missbrauch nach echter Erneuerung schreit, in einen Sündenbockmechanismus gedrängt.

Andere zu Sündenböcken zu erklären, die der Einheit im gemeinsamen Geist im Wege steht, hilft aber nur kurzfristig, wenn diese Einheit über die tatsächlichen Probleme hinwegsehen will. Das ist hier der Fall. Daher wird das die Problemlage verschärfen. Geistliche Einigung kann es nun einmal nur geben, wenn man sich einig ist. Das ist die historische Erfahrung. In den entscheidenden Problemen, um den Klerikalismus zu brechen, gibt es aber keine Einigung, allein weil man ihnen synodal ständig ausweicht. Daher sollte niemand von der Weltsynode ernsthaft erwarten, dass der jetzige Papst am Ende wenigstens ein paar der drängendsten Machtkämpfe abräumen wird. Die präferierte geistliche Erneuerung soll vielmehr in solchen Synodalitätshöhen schweben, dass sich diese Machtkämpfe gar nicht mehr stellen. Das ist illusionär, weil Machtkämpfe nun einmal so lange toben, bis sie entschieden sind. Dabei gibt es dynamisierte, heiße wie kalte, und klandestine Phasen. Aussitzen kann man dabei Macht nicht, weil sie ein zwischenmenschliches, soziales und körperliches Beziehungsgeflecht ist, das sich ständig parasitär gerade auch an die anlagert, die sie genau vermeiden wollen. Sie kommt immer wieder gerade auch auf die Entscheidungsfiguren zurück, die glauben, ihr überlegen zu sein.

Das wiederum stellt keine bloß theoretische Überlegung dar. In den Erfahrungen der vorherigen Bischofssynoden des Franziskus-Pontifikats lässt sich das perfekt beobachten. Hier wurde immer versucht, die Machtentscheidung zu umgehen, und es ist nie gelungen. Bei *Amoris laetitia* verlegte sich der Papst auf Fußnoten, um Kleinstfortschritte bei den Wiederverheiratet-Geschiedenen zu erreichen; gleichgeschlechtliche Partnerschaften blieben außen vor. Bei der Amazonas-Synode war es noch grotesker. Hier wurden die nichtklerikalen Gemeindeleitungen, die neue Amtsvollzüge nötig machen, von weit mehr als Zweidrittel der Bischöfe gefordert, der Papst traute sich aber nicht. Es wurde eine Ausweitung des Diakonats mit ähnlichen Mehrheiten gefordert, der Papst traute sich aber 2020 im Schlussdokument *Querida Amazonia* wieder nicht. Wozu er sich aber traute, war es, die zu seelsorglicher Leitung fähigen und erfahrenen Frauen vor Co-Klerikalismus zu warnen, so als wären diese Frauen das eigentliche subtile Problem beim Klerikalismus: „Ein solcher Reduktionismus würde uns zu der Annahme veranlassen, dass den Frauen nur dann ein Status in der Kirche und eine größere Beteiligung eingeräumt würden, wenn sie zu den heiligen Weihen zugelassen würden. Aber eine solche Sichtweise wäre in Wirklichkeit eine Begrenzung der Perspektiven: Sie würde uns auf eine Klerikalisierung der Frauen hinlenken und den großen Wert dessen, was sie schon gegeben haben, schmälern als auch auf subtile Weise zu einer Verarmung ihres unverzichtbaren Beitrags führen."(Nr. 100)[84] Das kirchliche Lob der religiösen Besonderheit der Frauen, die gegen ihre Selbstverletzung mit effektiver Diskriminierung geschützt werden müssen, ist keine Erfindung von Franziskus, wie auch die Warnung vor der Klerikalisierung der Nicht-Kleriker:innen. Es ist eine Strategie seit dem 19. Jahrhundert, um Veränderungsunwillen mit kirchlicher Gegenwelt zu verschleiern, und wurde von Johannes Paul II. besonders oft gebraucht sowie marianisch aufgeladen.[85] Der tatsächlich

---

[84] https://www.vatican.va/content/francesco/de/apost_exhortations/documents/papa-francesco_esortazione-ap_20200202_querida-amazonia.html.

[85] Peter Neuner, *Abschied von der Ständekirche. Plädoyer für eine Theologie des Gottesvolkes*, Freiburg: Herder, 2015, 250, und Gunda Werner, Die Kontinuität des Frauenbildes in römischen Dokumenten. Ein dogmatisches *close reading*, in: S. Strube/R. Perintfalvi/R. Hemer/M. Metze/C. Sahbaz (Hg.), *Anti-Genderismus in Europa*, Bielefeld: transcript, 2020, 229–240.

von den Bischöfen mit 160 zu 11 verabschiedete Passus auf der Synode selbst lautete: „Im neuen Kontext von Evangelisierung und Pastoral in Amazonien werden die meisten katholischen Gemeinden von Frauen geleitet. Im Dienst an den sich wandelnden Anforderungen für die Evangelisierung und die Begleitung der Gemeinden bitten wir darum, dass man ein Dienstamt für die „Leiterin einer Gemeinde" einrichte und institutionell anerkenne."[86]

Vielleicht wird man am Ende der weltkirchlichen Synodensynodalität 2024 über den Fußnoten-Stil von *Amoris laetitia* hinauskommen. Vielleicht werden die aufbegehrenden Frauen davon entlastet, als die eigentlichen Akteurinnen des Klerikalismus angegangen zu werden. Aber es wird beim Entweder-Oder zwischen Fundamentalismus und Liberalismus des Katholischen bleiben. Diese Weltsynode wird über diesen binären Code nicht hinauskommen, weil dieses Pontifikat und dieser Papst dazu nicht fähig sind. Es fehlt die Übung seines Lehramtes auf jenen theologischen Schwierigkeitsgraden, ohne die keine komplexeren Zusammenhänge zu meistern sind.

Gegen den Synodalen Weg der deutschen Kirche wurde in analoger Weise die Frage aufgeworfen, ob seine selbstgewählte rechtlich große Einschränkung der Einnahme eines Placebo gleichkomme, mit der die ständemonarchische Kirche die Kurierung ihrer binären Machtproblematik vorgaukelt.[87] Die Anfrage war damals berechtigt, weil das Synodenformat keine strukturellen Änderungen vorsieht. Viele haben gegen Lüdeckes Attacke auf den deutschen Synodalen Weg argumentiert, dass das zu scharf geurteilt ist und dass man nicht

---

[86] Schlussdokument der Synode, Nr. 102, https://www.dbk.de/themen/bischofs synoden/amazonassynode-2019/ sowie https://www.adveniat.de/informieren/ak tuelles/nachrichten-archiv/eine-kirche-die-zuhoert-schlussdokument-amazonas-synode/. – Der mangelnde päpstliche Mut, den die Beschuldigungstheologie gegen die Frauen im Modus patriarchalen Schutzes nicht hinreichend überdecken kann, wird auf Dauer die von der Synode durchaus erreichten Zwischenschritte wiederum verdecken und zu bloßem Expert:innen-Wissen machen, das dann bemüht gegen die Re-Kolonisierung der Frauen vom Klerikalismus argumentieren muss. Es ist schon intellektuell sehr bemüht, mit diesem Schlussdokument zu belegen, zwar wären keine neuen Türen geöffnet, aber eben auch keine geschlossen worden (Birgit Weiler MMS, Synodalität kultivieren: In Leben und Struktur der Kirche von Amazonien wie der Weltkirche, in: Judith Gruber/Gregor M. Hoff/Julia Knop, Julia/ Benedikt Kranemann (Hg.), *Laboratorium Weltkirche. Die Amazonien-Synode und ihre Potenziale*, Freiburg: Herder, 2022 (QD 322), 49–65, 63). Wie sollen denn welche nicht geschlossen worden sein, wenn gar keine geöffnet wurden?

[87] Norbert Lüdecke, *Die Täuschung. Haben die Katholiken die Kirche, die sie verdienen?*, Darmstadt: wbg, 2021. Vgl auch sein Interview mit dem Deutschlandfunk https:// www.deutschlandfunk.de/synodaler-weg-interview-mit-kirchenrechtler-norbert-luedecke-uni-bonn-dlf-89ac78f3-100.html

über die Kirche verbittern dürfe, gleich wie absurd sie sich aufführt. Schließlich hätte der Kommunikationsvorrang im deutschen Synodalen Weg einen anderen Ausgangspunkt für die nötige Veränderungen geschaffen als eine kirchenrechtliche Fokussierung auf das Nicht-Machbare. Die Hoffnung, dieses Argument valide zu machen, war damals, dass sich der deutsche synodale Motor ausbreitet und auch bei anderen zündet. Das hat er jedoch nicht getan, auch wenn das Arbeitsdokument aus den kontinentalen Vorsynoden für die Weltsynode die gleichen Fragen stellte. Aber gerade das wird in der Kirchenzentrale von der Papstumgebung als notorische Besserwisserei abgetan, die sich auf Kosten der anderen als über die Maßen erleuchtet groß tun will: „Wenn man einige Betrachtungen hört, die im Kontext des deutschen Synodalen Wegs angestellt wurden, scheint es manchmal, als fühle sich ein Teil der Welt besonders 'erleuchtet', um zu verstehen, was die anderen armen Tröpfe nicht zu begreifen vermögen, weil sie verschlossen oder mittelalterlich seien, und dann glaubt dieser 'erleuchtete' Teil auf naive Weise, dass dank seiner die ganze universale Kirche reformiert und von den alten Schemen befreit wird."[88] Damit wird die Attacke auf die Avantgardeposition der deutschen Kirche nochmals gesteigert. Sie ist nicht nur Sündenbock für die Uneinigkeit, sondern ein arroganter obendrein.

Damit zeigt sich die Rückseite der Methode auf der Weltsynode. Sie folgt einem „discernimento", was eine spirituell vollzogene und gemeinschaftlich aufgeladenen Überentscheidungsfindung darstellt. Es soll dabei mit sich wechselseitig erhörende Gemeinsamkeit dem Heiligen Geist Raum gegeben werden und das mit einer entspannt anderen Sicht auf reale Probleme und intensive Machtkämpfe auch erfahren werden. Durch gemeinschaftliche Geisterfahrung sollen die Kämpfe nicht nur zurückgelassen, sondern auf einer höheren Ebene hinter sich gelassen werden. Man käme so der höheren Idee von Kirche näher, so die Hoffnung in diese Methode. Diese geistliche Erfahrung über den drohenden Auseinandersetzungen benötigt den strikten Ausschluss fremder Beobachtung, während der deutsche Synodale Weg live im Internet zu beobachten war. Ihr ist Beobachtung von außen nicht nur störend, sie ist verstörend. Das Sich-geistlich-Verstehen geht davon aus, dass alle Lösungswege aus der spirituellen Praktik der Gemeinschaft kommen.

Aber das setzt einen Verzicht voraus, der auch der milderen Form von Klerikalismus sehr schwer fällt, wie der Präfekt des Glaubens-

---

[88] Kardinal Víctor Fernández im Interview mit „Die Tagespost" vom 4. Januar 2024, S. 11.

dikasteriums es beweist, nämlich den Verzicht auf Beschuldigungstheologie. Niemand darf beschuldigt werden, am Beginn des gemeinsamen Weges strikt anderer Meinung zu sein und sich nicht auf das einzulassen, was jeweils andere als für sie bindend oder unverzichtbar halten. Niemand und eigentlich auch nichts darf ausgeschlossen werden. In der Tradition der Beschuldigungstheologie findet dagegen das Gegenteil statt: Die abweichende Position wird nicht nur abgelehnt, sondern ihrer Fehler beschuldigt, um die eigene Position dadurch umso besser aussehen zu lassen. Formiert wurde diese Grammatik schon in der Kontroverstheologie Bellarmins, aber seit Pius IX. wurde sie auf die gesamte Moderne und dabei insbesondere auf selbstbestimmte sexuelle Verhaltensweisen ausgeweitet. Die beschuldigten Schwächen der anderen sind die Vorteile der eigenen. Das ist zwar äußerst problematisch, weil die anderen ja auch über ihre scheinbaren Schwächen hinauswachsen können und weil es gute Gründe gibt, die Beschuldiger ebenfalls zu beschuldigen. Daher steht dieser oft eingeübte Distinktionsversuch auf tönernen Füßen.

Wie schwer gerade auf Synoden der Verzicht darauf fällt, war auf dem deutschen Synodalen Weg beim Thema Sexualität zu beobachten. Es ist geradezu prädestiniert für kirchliche Beschuldigungen an andere und es wurde vor allem in der Pianischen Epoche und durch das Pontifikat von Johannes Paul II. auch so gebraucht. Das wirkt sich synodal aus. Synoden bringen zwar durchaus Probleme vor, wie man das noch bewahren kann, und sie diskutieren sogar Lösungsmöglichkeiten, wie das in einem leicht phasenverschobenen Gewand bewahrt werden könnte. Aber sie überwinden die dahinter liegende Distinktionsabsicht in aller Regel nicht. Sie bleiben daher lieber im Fahrwasser dessen, was zuvor für längere Zeit die selbstverständliche Linie war. Ein Sexualitätsleben nach modernen Gesichtspunkten der körperlichen Selbstbestimmung und aufgrund des eigenen Gewissens lehnt die Beschuldigungstheologie nicht nur ab, sondern begegnet dem mit Ressentiments. Ein solcher Beschuldigungshabitus muss daher zugleich die eigenen Fehler wie etwa das sexuell skandalöse Verhalten beim eigenen Führungspersonal vertuschen und er muss nicht zuletzt gerade die Verbrechen sexueller Übergriffe immer kleinhalten, kleinreden, im Kleinklein der eigenen Entschuldigungen relativieren und verharmlosen. Das sind zwei Seiten der gleichen Medaille – andere beschuldigen, die eigenen entschuldigen. Diese Theologieform ist in der katholischen Kirche seit 1850 habituell geworden und hat sie an den Rand des Zusammenbruchs gebracht. Aber derart mit ihrem Selbstverständnis verbunden tappen besonders synodale Versammlungen immer wieder in ihre Falle. Das verschärft sich umso mehr, wenn es auf Synoden Delegierte gibt, die sich nicht gegen die dahinter stehende Gier des Klerikalismus zu verwahren wissen.

Der deutsche Synodale Weg geriet in diese Falle. Nach einer Reihe ziemlich interessanter Texte auf dieser Versammlung, die sowohl die Mehrheit der Teilnehmenden wie mehr als ein Drittel der Bischöfe gefunden hatte, kam es dann in der Sachfrage Sexualität, ihrer ambivalenten Macht und ihren belebenden oder knechtenden Wirkungen auf menschliche Beziehungen zu einer Art Showdown. Hier muss man in Erinnerung rufen, dass dieser Weg eingerichtet wurde, um nach den gravierenden Einsichten der MHG-Studie zum katholischen sexuellen Missbrauch weiterzukommen. Aber genau bei dem Text, der Sexualität unter dem Gesichtspunkt kirchlicher Macht moderat, aber doch erkennbar in eine weiterführende Richtung jenseits der Beschuldigung anderer verhandeln wollte, lehnte mehr als ein Drittel der Bischöfe den Konsens der Mehrheit ab. Sie nutzten ihre vereinbarte Sperrminorität, weil sie sich mehr der Tradition als dem Sachproblem verpflichtet sahen, obwohl schon ein vorauseilender Gehorsam den Text „entsprechend zugeschnitten"[89] hatte. Aber damit war es nicht genug. Die entsetzte Mehrheit, wohl wissend wie brisant ausgerechnet bei diesem Thema eine solche Machtdemonstration war, nahm das hin, um den Streit um die deutsche Synodalität nicht noch mehr zu verschärfen. Damit hatte sie ein markantes Zeichen gesetzt: Sie wollte nicht zu tief in den Abgrund der Unglaubwürdigkeit schauen, was beim Auszug der Mehrheit als Absage an die Absurdität weiterer Mitarbeit der Fall gewesen wäre. Gleichwohl hatte sich mit der bischöflichen Ablehnung aufgrund der 1/3-Sperrminorität der Abgrund der katholischen Ohnmacht vor der Beschuldigungstheologie bereits aufgetan. Ob so wirklich das scheinbar kleinere Übel gewählt wurde?[90]

Aber auch das konnte noch nicht alles sein, schließlich ist der Verdacht begründet, „dass die sich rund um den ‚Synodalen Weg' abspielenden Debatten nichts anderes als einen fundamentalen

---

[89] Bernhard Emunds, *Drei Jahre Synodaler Weg. Eine Zwischenbilanz*, Stimmen der Zeit 5/148 (2023), 359–370, 361.

[90] Emunds nennt den Vorgang ein „Fiasko" (ebd. 361) und lässt es offen, ob der Flaschenhals nur diese Bischöfe waren oder auch jene, die sich auf die Vereinbarung einer solchen immer leicht zu organisierende Sperrminorität einließen.

Denkformkonflikt widerspiegeln."[91] Ein solcher Konflikt steigert sich unaufhaltsam. Entsprechend wurde den Sperrminoritätsbischöfen von einem Kurienkardinal, Kurt Koch, sekundiert, die Synodalen des deutschen Weges seien mit den Deutschen Christen zu vergleichen, hätten sie doch wie diese neue Offenbarungsquellen bemüht – jetzt das ‚Gefühl der Gläubigen' wie damals Hitler.[92] Abgesehen davon, wie abwegig dieser Vergleich ist, war seine Unverschämtheit sprechend für die Härte des Machtkampfes um die weitere Gültigkeit der Beschuldigungstheologie. Kein Klerikalismus kann auf sie verzichten kann, ohne sich selbst aufzugeben. Erst mit der Beschuldigung anderer, die sich bis zu unverschämter Hetze ständig steigern muss, lässt sich die verstörende Milde gegenüber den klerikalen Trägern des Klerikalismus überspielen. Daher ähnelt die Blockade einer anderen Sexualmoral einem Suchtverhalten. Man will sich die Macht der Beschuldigung anderer bei Relativierung der Machtmissbräuche der eigenen nicht aus der Hand nehmen lassen. Aber diese Sucht verhindert, dass die Kirche der gravierend verfallenden Glaubwürdigkeit ihrer Sexualmoral entgegentreten kann.

Der katholische sexuelle Missbrauch, seine systematische Vertuschung und die damit offenbar gewordene schamlose Selbstgerechtigkeit kirchlicher Macht sind kein Pesthauch von außen; sie sind selbst verursacht und hausgemacht. Das ist das Rückgrat der rasant verfallenden Glaubwürdigkeit und das ist von der kirchlichen Hierarchie zu verantworten. Alle Anstrengungen von Bischöfen, das zu ändern, sind der Ehre wert und sie sind sogar relativ zahlreich. Aber sie haben das Gesamtbild nicht ändern können.

Das führt mich zu einer Formel: Kein Bischof vor Ort, keine regionale oder nationale Bischofskonferenz, keine kontinentale Bischofsversammlung, keine weltkirchlich beherrschende Kurie in Rom, kein Konsistorium von Kardinälen und auch kein Papst können allein bewältigen, was nötig ist, um aus der Bedrängnis herauszukommen, in die sich die Kirche selbst verschuldet manövriert hat. In

---

[91] Magnus Striet, *Für eine Kirche der Freiheit. Den Synodalen Weg konsequent weitergehen*, Freiburg: Herder, 2022, 50.

[92] Exklusivinterview von Martin Lohmann mit Kurt Koch in ‚*Die Tagespost*' vom 29.09. 2022. Christiane Florin sieht hier den Ton der hasskatholischen Minderheit angeschlagen. „Der DBK-Vorsitzende Georg Bätzing verlangte eine Distanzierung von diesen Äußerungen, die Koch aber verweigerte. Irgendwann ist es zu spät, rote Linien zu ziehen. Die hetzende und aufgehetzte kirchliche Teilöffentlichkeit lässt sich derzeit nicht mehr einhegen." (Wider die Hoffnungshypnose, in: Isabelle Ley/Tine Stein/ Georg Essen (Hg.), *Semper Reformanda. Das Verhältnis von Staat und Religionsgemeinschaften auf dem Prüfstand*, Freiburg: Herder, 2023, 323–331, 330)

Teil IV: Bewahrheiten statt bewahren

gewisser Weise gibt der weltweite Synodalitätsprozess das auch zu; denn seine Entscheidungsbasis musste sich über die katholische Hierarchie hinaus verbreitern. Es sind nun auch Lai:innen mit Sitz und Stimme dabei, die sich dem klerikalen Entscheidungsvorbehalt unterwerfen. Mit Synodalität hat man also ein Maß dafür, welche Messlatte die katholische Kirche nicht unterschreiten darf. Aber mit der unteren Grenze hat man noch nicht die Höhe, die sie tatsächlich überspringen muss. Reißt sie die Messlatte für diese Höhe, dann herrscht die Macht der Missbrauchsprobleme über sie. Bewältigt sie die, beginnt der Kampf mit dieser Macht erst recht.

Mit Synodalität kann sich Kirche ehrlich machen über ihr Scheitern, das sie in diese Lage gebracht hat. Unter dieser Grenze gibt es nur noch Selbstzerstörung. Oberhalb von ihr stellt sich dann aber eine zweite, ganz andere Frage: Reicht es aus, wenn man einsichtig wird, was nie mehr geschehen darf? Ein Anerkennen des Scheiterns liefert noch keine Auswege. Man kann hier einwenden, dass es doch jetzt echte Präventionsarbeit gibt. Das stimmt und sie ist überaus wichtig. Zugleich bezieht sie sich auf die Zukunft, während das Problem jetzt auf dem Feld des Handelns liegt. Man kann sich dem Scheitern spirituell stellen, gläubig stellen, theologisch stellen. Aber auch das sind nur Bedingungen der Möglichkeit, um weiterzukommen. Die Praktiken, das auch jetzt zu erreichen, liegen woanders.

Aber können Synoden dorthin kommen, wenn sie den Kämpfen um diese Praktiken ausweichen? Werden sie nicht von Furcht vor Spaltungen so sehr beherrscht, dass die Spaltungen nur umso tiefer werden? Das ist kirchlich aufgrund ihrer Herrschaftsform nicht so leicht. Diese Synoden müssten repräsentativ sein für die Gläubigen, um diese Angst bewältigen zu können. Sie sind aber nicht repräsentativ, weil sie schließlich nicht in einem Vertretungsprozess von den Gläubigen besetzt werden, sondern in einem Repräsentationsprozess des Papstes (im Fall der Weltsynode) oder von Bischofskonferenzen (im Fall von nationalen Synoden) oder einer Mischform (etwa im Fall des deutschen Synodalen Weges). Die Gläubigen werden nicht wirklich gefragt, über sie wird durch die Auswahl verfügt. Kirchenrechtlich ist das abgesichert. Das gilt ebenso für den Ausschluss der Öffentlichkeit unter dem Verdikt des päpstlichen Geheimnisses, gleich welche positiven Erfahrungen der deutsche Synodale Weg mit Live-Streaming gemacht hatte.

Aber gerade durch Synodalität unter Ausschluss der Nicht-Teilnehmer:innen ist die hintergründige synodale Angst nicht zu bannen, dass Streitigkeiten das Gegenteil davon seien, wozu es solche Synoden gibt. Eine in sich kreisende Synodalität befeuert unweigerlich die Hermeneutik des Verdachts, dass diese Synodenmitglieder die Gläubige nicht wirklich und noch viel weniger das gläubige Individuum vertreten. Schließlich könnten nur die nachvollziehen, was geschah, die dabei waren. Daraus entsteht keine Hermeneutik des Vertrauens. Das verstärkt sich umso mehr mit ausgeschlossener Öffentlichkeit.

Synoden des um sich selbst kreisenden Typs, wie sie dieses Pontifikat präferiert, werden nur solche Menschen trauen, die sowieso bereit sind, in der Identifizierung mit dem Glaubens auf ihre Mitwirkung zu verzichten. Die Menge dieser Menschen geht aber in einer unglaubwürdigen Kirche asymptotisch gegen Null. Es mangelt daher an der Glaubwürdigkeit des Synodenformats als eines hinreichend komplexen Vertretungsformats. Es gibt für die Weltsynode 2023 und 2024 den nicht unbegründeten Verdacht, dass ihr primäres Kennzeichen nicht darin besteht, wie sie verläuft und was sie äußert, sondern darin, ein Konzil zu vermeiden. Den viel größere Repräsentationsraum eines Konzils traut sich das Franziskus-Pontifikat nicht zu; es müsste dafür ja auch die Kontrolle abgeben.

Und die Alternative? Sprünge nach vorn im Glauben

Anders als in diesem Typ von Synoden ist es in Demokratien möglich, das Repräsentationsproblem zu lösen und die Angst vor Auseinandersetzung zu überwinden. Demokratien können mittels Wahlen, einem allgemeinen und gleichen Wahlrecht, den Menschenrechten der freien Meinung und der Versammlungsfreiheit und nicht zuletzt der Öffentlichkeit jeweils den Machtwechsel organisieren, der dann bei der nächsten Runde möglicherweise schon wieder anders ausgehen wird. Wer in einer Demokratie mit den eigenen Vorschlägen scheitert, muss nicht verzweifeln. Wer hier an Macht verliert, kann sie bei einer der nächsten Runden wieder gewinnen, möglicherweise nicht mit dem, was man ursprünglich wollte, wohl aber mit besser adaptierten Vorschlägen. Bei katholisch-kirchlichen Synoden ist das anders, insbesondere bei außerordentlichen weltweiten Synoden. Selbst wenn sich Vorschläge für kirchliche Veränderungen abzeichnen, die von der großen Mehrheit getragen werden, hat diese nicht die Macht, solche gravierenden Entscheidungen auch zu treffen. Die bleiben dem Papst vorbehalten. Das, was der deutsche synodale Prozess bereits von Beginn an eingeräumt hat, nämlich die tatsächlich entscheidenden Dinge nicht entscheiden zu können, ist in gewisser Weise die Lage der Dinge für jeden synodalen Vorgang. Es handelt sich also nicht um einen dichten Diskurs unter Gleichrangigen über das am meisten überzeugende Argument. Argumentationen werden vielmehr fortlaufend auf das hin reduziert, was irgendwie noch erträglich ist und vom jeweiligen Papst so eingeschätzt wird. Ausgerechnet die vom jetzigen Papst präferierte Methode des „discernimento", also der geistlichen Unterscheidung aufgrund respektvollen Zuhörens aufeinander, belegt das. Sie liefert keine Machtwechsel, sondern spiritualisiert Macht weg auf das hin, was geistlich als Wille Gottes aufscheint. Das aber wird vergeblich bleiben, weil die Machtkämpfe so nicht verschwinden. Sie toben weiter, so lange sie nicht entschieden sind.

Was aber ist die Alternative? Ein baldiges Konzil? Hier lässt sich einwenden: Ein Konzil folgte doch auch dem Synodenformat, wenn auch auf einer höheren Ebene. So hat sich sogar das Zweite Vatikanische Konzil häufig in seinen Texten selbst als „hochheilige Synode" betitelt. Es gibt eben keinen Gegensatz zwischen Synoden und Konzilien, weder historisch noch kirchenrechtlich noch sachlich. Dafür gibt es gute Gründe, die hier nicht zur Debatte stehen und auch gar nicht bestritten werden sollen. Aber es gibt gleichwohl einen markanten Unterschied: Zu Synoden werden Teile des Episkopats eingeladen, zu Konzilien sind alle Bischöfe qua Amt eingeladen; hier ist niemand ausladbar, wer Bischof ist. Konzilien können daher selbst unfehlbar entscheiden, Synoden bestenfalls einen Papst zur fehlbaren oder unfehlbaren Entscheidung raten. Das bezieht sich aber sowieso nur auf Fälle, „dass eine Glaubens- oder Sittenlehre von der gesamten Kirche festzuhalten ist" (Pastor aeternus, DH 3074). Es ist ziemlich klar, dass Fragen binnenkirchlicher Macht jede Form von Sittenlehre übersteigen. Es ist auch offensichtlich, dass mit einer wie auch immer gearteten Machtverteilung keine Glaubensfragen festlegbar sind. Glauben gehört zu jedem und jeder Gläubigen, gleich wie ohnmächtig oder mächtig die gläubige Person ist. Die Mächtigen können im christlichen Glauben nicht nach ihren Gusto und Interessen den Glauben festlegen, ohne seine Wahrheit zu zerstören. Darum kann kein Papst und auch keine synodale Bischofsversammlung den Glauben so festlegen, dass bloß die Eigeninteressen des milderen Klerikalismus als vorgebliche übernatürliche Wahrheiten fixiert würden. Ohne Selbstrelativierung durch Umkehr ist auch für die katholische Kirche der Weg zur Kirche Christi versperrt. Im Synodenformat sind die Veränderungen zwar benennbar, aber ihre Autorität ist nicht hinreichend zu ihnen fähig. Es fördert es, dass ein Teil der Bischöfe den innerkirchlichen Machterhalt immer höher als die Glaubwürdigkeit ansetzen wird und kann.

Es gibt einen anderen Weg, der die Selbstrelativierung nicht umgehen würde und der zugleich die strukturellen Veränderungen im Rahmen dessen hielte, was kirchlich möglich ist. Es ist das schon angeführte Konzilsformat; allerdings benötigt es eine signifikante Phasenverschiebung. Konzilien müssen, weil sie oberste Lehrstufe darstellen, die Musterung dessen, was so nicht weiter bestehen kann, durchführen; sie können das nicht liegen lassen, wie es Synoden leicht können. Nach dieser Musterung müssen sie dann jene anderen Wege im Glauben finden, die aus guten Gründen als unwahr offenbaren, was überwunden werden muss; das hieß früher Häresie. Deren Wahrheitsansprüche müssen Konzilien bestreiten, weil sie nicht gedeckt sind.

Das ist bekannt und theologisch nichts Weltbewegendes. Konzilien finden zu Aussagen, die zuvor so nicht getroffen wurden. Sie machen Sprünge nach vorn im Glauben und nicht eine bloße Zusammenfassung des längst schon Geglaubten. Nur hier hat man Elemente der sonst flächendeckend fehlenden Machtkontrolle im autoritären Herrschaftssystem des Klerikalismus. Konzilien sind Ausdruck von Gewaltenteilung und üben Machtkontrolle aus, weil sie scheinbar Unveränderliches eben ändern und weil sie das in einem fokussierten Ringen um die Macht über die Glaubensdeutung tun. Das verlangt aber eine komplexere Zusammensetzung, als es bisher für Konzilien üblich war.

Ein Konzil lässt sich heute nicht mehr als reine Bischofsversammlung bewerkstelligen, auch wenn das kirchenrechtlich so festgelegt ist; denn darum geht es beim Konzilsformat nicht. Es geht darum, „in Christus gleichsam das Sakrament bzw. Zeichen und Werkzeug für die innigste Vereinigung mit Gott wie für die Einheit der ganzen Menschheit" (*Lumen gentium* 1) zu sein, wie vom letzten Konzil an prominenter Stelle gelehrt wurde. Es geht also bei keinem Konzil um die Kirche selbst, sondern um ihren Glauben, der prinzipiell für alle Menschen glaubwürdig vertreten werden können muss. Weniger geht für die Kirche nicht vor Gott. Ein Konzil ist jenseits kirchlicher Selbstbespiegelung platziert. Darum ist sein Glaubensformat so etwas wie der Königsweg aus binnenkirchlichen autoritären Herrschaftssystemen.

Teil V:
Scheitern können ohne abnicken.
Warum konziliares Lehren Glauben glaubwürdiger macht, weil es dessen Fehler einräumt

Konzilien müssen mit einer höheren Komplexität als Synoden zurechtkommen. Das sieht man schon daran, dass sie anders als Synoden keine kirchliche Erfindung sind. Ihr Format wurde politisch im spätantiken Rom vom Imperator Konstantin geschaffen. Konzilien standen auch danach immer zugleich im engen kirchlich-religiösen wie im weiten politisch-kulturellen Raum. Sie sind von einer elementaren Konstellation von Innen und Außen geprägt, die prinzipiell nicht umgangen werden kann. Für konziliares Lehren hat sein Außen stets Bedeutung für das, was es im Binnenraum entscheidet. Dieses Lehren kann anders als Synoden keine kirchliche Selbstbeschäftigung sein, ohne sich aufzugeben. So ist das Erste Vatikanische Konzil, das am weitesten auf eine Selbstbeschäftigung zulief, niemals abgeschlossen und nach seiner Vertagung wegen des deutsch-französischen Krieges nie wieder aufgenommen worden. Es ist mit der binnenkirchlichen Linie gegen die italienische Einigung, die Pius IX. verachtend ablehnte, ein Rumpfkonzil geblieben. Auf dem Zweiten Vatikanischen Konzil, das es ausdrücklich nicht wieder aufnahm, wird dann der Außenmodus als „mundus hodiernus / Welt von heute" ausdrücklich eingeführt und respektiert. In Gestalt von nichtkatholischen Beobachtern und nicht-kirchlich gebundenen Journalisten war diese Welt direkt auf dem Konzil platziert und als kritische Öffentlichkeit sogar thementreibend. Beide Gruppen waren für die Dynamik der Streitfragen unter den Bischöfen sehr einflussreich.

Für das Konzilsformat in der gegenwärtigen Welt genügt daher eine abstrakte, auf soziologische und ideengeschichtliche Realitäten bezogene Wertschätzung von Größen jenseits kirchlicher Hierarchie nicht mehr. Man würde angesichts globaler Realitäten jetzt Menschen mit Sitz und Stimme in einer Konzilsaula benötigen, die den Bischöfen unvermeidlich gegenüber stehen und nicht von ihnen zu kontrollieren sind. Die Menschheit ist eben mehr als bischöflich dominierte Katholizismen irgendwo auf dem Planeten. Repräsentanten anderer Denominationen, die damals zwar in der Aula präsent waren, aber nichts zu sagen hatten, benötigen künftig mehr als das. Sie benötigen mindestens eine Stimme bei Entscheidungen, die sie betreffen, und eine Ausweitung auf Repräsentantinnen, schließlich handelt es sich nicht um ebenso fern- wie feststehende Rivalen, sondern um eine „Schwesternkirchenschaft".[93] Andernfalls ist kein katholisch organisiertes Konzil mehr ‚ökumenisch' qualifizierbar. Aber auch das würde noch zur Wohlfühlzone des Katholischen gehören, weil auf dieser Ebene Ökumene diplomatisch um die Fehler der Anderen herumkurvt.

Anders wird es allerdings bei der geschlechtlichen Engführung des Konzilsformats. Es ist mittlerweile schlichtweg absurd geworden, sich ein reines Männerkonzil auch nur vorzustellen, geschweige hinzunehmen. Das kann noch nicht einmal die Mehrheit der katholisch Gläubigen abdecken und noch weniger repräsentieren. Die Mehrheit ist nun einmal weiblich und vom Bischofsamt ausgeschlossen. Ein bloßes Männerbischofskonzil würde nur die Reminiszenz einer Kirche sein, die bloß ihre eigene Existenz sichern will, aber nicht für das größere Wohl der Menschheit stehen kann. Aber hier deutet sich ein Ausweg an. Konzilien haben niemals nur bewahrt, was zu bewahren war. Ihr Lehrvorgang hat vielmehr bewahrheitet, was in einem sehr zerrissenen Zustand davor nicht als gemeinsame Glaubensaussage erreicht worden war. Konzilien bewahren nicht, sie haben zu bewahrheiten. Das, was zu bewahren ist, kann nicht erhalten werden, wenn der Glaube sich nicht in Absetzung von dem bewahrheitet, was ihn aufzulösen und zu zerstören droht, weil es falsch ist.

Die gegenwärtige Lage ist von diesem Zuschnitt. Sie schreit förmlich nach einem Bewahrheiten, weil die immer bloß propagierten Wahrheiten durch den Missbrauch kontaminiert sind. Jetzt muss sich bewahrheiten, dass der christliche Glaube das Heil Gottes für die Menschheit insgesamt und für jeden Menschen anbieten kann. Das lässt sich nicht einfach bekennerisch setzen. Sexueller Missbrauch, bischöfliche Vertuschung und globale zögerliche Aufarbeitung sind das glatte Gegenteil davon, den Glauben zu bewahrheiten. Er ist vielmehr in die Gefahr geraten, für diese Falschheiten beansprucht worden zu sein, und daher in der Gefahr, falsifiziert zu werden, also sich als gravierend falsch zu erweisen. Daher müssen auch jene Menschen, deren Menschenrechte dabei missachtet und angetastet wurden, und diese kritische Menschheit, die das nicht mehr hinnimmt, präsent sein bei dem, was sich bewahrheiten muss.

---

[93] Dazu vgl. Regina Augustin, Ökumenische Drehscheibe Wien, in: dies./Iona Moga (Hg.), *Wesen und Grenzen der Kirche. Beiträge des Zweiten Ekklesiologischen Kolloquiums*, Innsbruck: Tyrolia, 2015, 30.

All das hat konkrete Folgen: Ohne eine unmittelbare Präsenz von Frauen und Leidtragenden kirchlichen bösartigen Verhaltens mit Sitz und Stimme kann es kein Konzil mehr geben, das den Glauben bewahrheiten kann. Frauen repräsentieren mehr als die Hälfte des Volkes Gottes. Hinzu kommt ein Aspekt, den die katholischen Bischöfe nur mit erheblichen Mühen darstellen könnten und sie wahrscheinlich überfordern würde. Frauen sind authentische Repräsentantinnen in der Kirche von dem, was kirchliche Macht Menschen an Diskriminierung antun. Dem können sich Bischöfe zwar ehrlich aussetzen, aber umso authentischer können Frauen von katholisch kristallisierter Subalternität berichten. Aber auch diese Frauen können nicht alles abdecken, was Missbrauch religiöser und spiritueller Macht anrichtet. Auf absehbare Zeit wird man sich kein Konzil vorstellen können, in dem keine Opfer sexuellen Missbrauchs und des kirchlichen Vertuschens etwas zu sagen haben. Auch Opfer kirchlicher Macht benötigen also in einem Konzil Sitz und Stimme. Authentische Repräsentationen zerstörerischen Machtgebrauchs durch kirchliche Zusammenhänge und Führungspersonal sind unverzichtbar geworden. Dieser Zumutung kann von einem Konzil nicht ausgewichen werden, ohne dass sein Lehren schon im Ansatz gescheitert wäre. Weitere Repräsentationen von erlittener Ohnmacht sind denkbar.

Auf jedem künftigen Konzil stellt sich daher unweigerlich die Frage, ob Kirche sich von ihrem autoritären Machtkomplex befreien kann, über solche Betroffene zu verfügen und sich einfach als ihre Fürsprecherin aufzuspielen.[94] Dafür ist ein Machtwechsel nötig – von jener klerikalen Macht, die gierig paternalistisch bedrückt, zu jener ermutigenden Macht, die jenseits davon aufbaut. Es ist der Weg von „force" zu „power", von „pouvoir" zu „autorité", von klerikaler Dominanz zu Autorisierung zu glauben.

Möglich wird das mit dem Konzilsformat, weil es ein wichtiges demokratisches Element einbringt, nämlich sichtbar zu machen, wie

---

[94] Hier begegnet das Problem in aller Schärfe, das schon 1985 Gayatri Chakravorty Spivak, *Can the subaltern speak? Postkolonialität und subalterne Artikulation.* Aus dem Englischen v. A. Joskowicz u. S. Nowotny, Wien: Turia + Kant, Nachdruck 2020 aufgezeigt hat. Wer subaltern, also von der Disktinktion öffentlicher Diskusivierung ausgeschlossen ist, kann allein schon deshalb nicht zum Sprechen kommen, weil es ständig andere für sie/ihn tun, um die Gewinne für sich einzustreichen. Für den Versuch, in einer Frühform intersektionaler Gegenrede und mit einer Altform europäischer Aufklärung eine subalterne Agency aufzubauen vgl. dies., *A Critique of Postcolonial Reason. Towards a History of the Vanishing Present*, Cambridge, Ma.: Harvard University Press, 1999.

gering der Rückhalt von Positionen ist, die autoritär als selbstverständlich behauptet werden, aber falsch sind und bloß Machtdemonstrationen darstellen. Für Konzilien verbietet sich der *horror vacui* von Synoden, weil Konzilien den Glauben nicht um eine scheinbar höhere Einigkeit willen unangetastet lassen können. Synoden therapieren, Konzilien dagegen sanieren. Für konziliares Lehren genügt es nicht, nur zu bewahren, wenn dabei verfälscht wird, was überhaupt erst zu bewahrheiten ist.

Dem Scheitern des eigenen Wahr-Sagens nicht ausweichen

Konzilien können gar nicht anders, als der Absurdität zu widerstehen, falsche Wahrheitsansprüche zu bewahren; denn sie sind falsch. Lehren durch Konzilien gehen daher den schwierigeren Weg, eher uneinig zu werden, weil es nicht zusammenpasst, als geistlich zu vereinigen, was längst nicht mehr zusammengehört. Für Synoden sind Spaltungen ein Horror, für Konzilien das erheblich kleinere Übel.

Solche elementare Transformation können scheitern und darum machen Konzilien Kirche viel verwundbarer als Synoden. Synoden ziehen sich in brenzligen Situationen darauf zurück, mit Reformierungen zu bewahren, was angeblich „immer schon" als richtig galt.[95] Meistens ist das bloß eine „invention of tradition"[96]. Aber damit werden Synoden gelockt, der roten Zone des möglichen Untergehens beim Bewahrheiten fernzubleiben. Konzilien bleibt dagegen nichts anderes übrig, als in diesen prekären Raum hineinzuspringen. Synoden bewahren eine Einigung um des gemeinschaftlichen Friedens willen auf gravierend niedrigerem theologischem Niveau, das sich eben nicht bewahrheiten muss. Konzilien können sich nicht in Problemansprüchen zurücknehmen, ohne daran zu scheitern. Ihnen bleibt nichts anderes übrig, als die Wahrheiten des Glaubens gegenüber den sich tatsächlich stellenden Problemen auszutesten, gleich

---

[95] Es sei nochmals auf das treffende „Innovationsparadox" bei Höhn, Zeichen der Zeit, a.a.O. verwiesen: „Die Logik des ‚immer schon' müssen alle Akteure in der Kirche beachten, die etwas verändern wollen." (285)

[96] Eric Hobsbawm, Terence Ranger, *The Invention of tradition*, Cambridge: Cambridge University Press, 2012. Vgl. für die Analyse solcher Traditionsvorgänge als machtförmige Aktivität Haslinger, Macht in der Kirche, a.a.O., 306–314. Ähnliche wie Höhn sieht Haslinger darin einen sehr geschickten Missbrauch: „Tradition wird missbraucht als Instrument einer Macht, die die Macht hat, sich als Macht verkennen zu lassen." (314)

wie selbstverständlich die eigenen Wahrheitsansprüche als unverzichtbar, unverrückbar, unaufhebbar behauptet werden. Sie testen behauptete Wahrheiten auf wahr oder falsch. Synoden tun das nicht. Nehmen wir nur das letzte Konzil von 1962 bis 1965. Die vorher dekretierte Form von Offenbarung, die von einer Doppeletage aus natürlicher und übernatürlicher Offenbarung ausging, erwies sich als falsch, weil die Tradition in das gleiche Stockwerksdenken gegenüber der Schrift übergeführt werden sollte. Das war nur möglich, wenn man inhaltlich das, was Tradition bedeutet, nicht bestimmte wie die ursprüngliche Textvorlage „de fontibus revelationis". Gleichzeitig wurde die Schrift wegen ihrer sog. Insuffizienz ständig schlechtgemacht. Die angeblich überlegenen Offenbarungsansprüche der Tradition entlarvten sich damit als schlecht übertünchte Machtansprüche, um sich mit einer nicht deklarierten Form von Tradition über die Schrift zu erheben, damit diese die Tradition nicht kontrollierten kann und ihr nicht auf die Schliche kommt, sie selbst auszuhebeln.

Dieser Machtanspruch scheiterte in der Diskussion, aber er konnte mit einem Verfahrenstrick durchgebracht werden. Wer gegen die Textvorlage war, musste aufgrund der Abstimmungsfrage mit Ja stimmen. Die nötige Zweidrittelmehrheit wurde so knapp verfehlt. Aber hier griff Papst Johannes XXIII. ein und verlangte ein Absetzen des Textes, der nicht formell, aber faktisch gescheitert war. Das geschah dann auch. Damit war aber mehr als die bloße „invented tradition" gescheitert, die nicht näher bestimmte Tradition über Schrift zu stellen. Es zeigte sich, wie falsch das Codieren mit natürlich-übernatürlich für Offenbarung ist. Damit hatte man jedoch fast hundert Jahre Glaubenstheologie bestritten und manche hängen heute noch daran. Die Lösung war dann ebenso elegant wie für das Konzil gefährlich: Offenbarung ist Selbstmitteilung Gottes in Taten und Worten, wobei die geschichtlichen Taten den historischen Worten vorausgehen. Damit ist aber auch das Konzil zu testen; es muss sich an den Taten messen lassen, die es auslöst. Die bisherigen pontifikalen Taten haben dem Zweiten Vatikanischen Konzil weitgehend nicht entsprochen und entsprechend sieht es in der Kirche aus. Die fehlende Glaubwürdigkeit ist also über den Missbrauch hinaus hausgemacht.

Hier zeigt sich, wie wenig Konzilien dem Scheitern ausweichen können, das es im Glauben ständig irgendwo gibt. Konzilien spüren dieses Irgendwo auf, weil sie dem Scheitern nachgehen. In der Regel wird das im gläubigen Binnenleben der Kirche nicht gesehen. Aber es gibt stets ein Außen, das dieses Scheitern unausweichlich präsentiert.

Der Missbrauch von Sex, Macht, Geld in der Kirche wurde nicht zufällig von außen aufgedeckt. Alle bisherigen Konzilien haben sich zu ihrer Zeit jeweils für erheblich komplexere Lösungen entschieden als das jeweilige Entweder-Oder der Selbstbespiegelungen davor. Sie haben sich jenseits davon positioniert, entweder Vater oder Sohn beim Wesen Gottes (Nicaenum 325), entweder göttlicher Sohn oder nicht so göttlicher Geist in dem einen Gott (1. Konzil von Konstantinopel 381), entweder wahrer Gott oder wahrer Mensch in der Person Christi (Chalcedonense 451) zu bekennen. Das ist bis heute ebenso vorbildlich wie nicht selbstverständlich. Solche Konzilien sind der jeweils nötigen Steigerung von Komplexität nicht ausgewichen, weil das einfache Entweder-Oder schlichtweg falsch war und sich nicht bewährt. Sie haben den Sprung nach vorn in die unwägbare Auseinandersetzung gewagt. Vor dem jeweiligen konziliaren Ereignis lässt sich das nicht bestimmen; aber es stellt sich ein.

Wer es wagt, einem möglichen Scheitern des Wahr-Sagens nicht auszuweichen, das im Fall der Fälle auch tatsächlich eintreten kann, muss souverän im Widersprechen werden. Das verlangt, einen Ausnahmezustand durchzustehen, den die Kirche selbst nicht dominieren kann. Die hier nötige Souveränität ist keine Demonstration von Macht, sondern eine Erfahrung von Ohnmacht. Sie ist die einzig mögliche Form von Souveränität mit dem christlichen Glauben. Das Scheitern des eigenen Wahr-Sagens macht Glauben glaubwürdiger, weil es keine verquere Machtstrategie ist, sondern eine unvermeidliche Konfrontation. Im ohnmächtigen Modus ist die so erworbene Souveränität eine nachhaltige Form von Widerstand gegen religiöse Machtabsichten. Sie triumphiert nicht und stellt sich den Proben auf ihre Wahrheit. Daher ist diese Souveränität sozusagen auf einer Ebene 2.0 angesiedelt, weil sie glauben komplexer macht als bloßes für wahr halten. Als ohnmächtiger Glaubensmodus mutet sie die Offenheit zu, dem möglichen Scheitern nicht auszuweichen. Das muss man auch über das Zweite Vatikanische Konzil sagen. Es hat zwar große Veränderungen in der katholischen Kirche bewirkt, aber den Klerikalismus nicht gebrochen. Es hat ihn zwar selbst bereits verhandelt, als es das Apostolat der sog. Laien gelehrt, die drei Ämter Christi deutlich herausgehoben und der Religionsfreiheit die höhere Dignität gegenüber den Kirchenrechten anerkannt hat. Aber es hat selbst keinen Text vorgelegt, der direkt den Klerikalismus angeht. Vielmehr hat es die Bischöfe besonders gestärkt und ihre Kollegialität – gegenüber den Priestern und den Diakonen, und sogar gegenüber dem Papst. Aber das Machtgebahren auf Seiten der katholischen Hierarchie hat es nicht verhandelt, weshalb die Aktivitäten in den Pontifikaten danach, die alten pianischen Verhältnisse wieder zu beleben, nicht auszuhebeln waren. Aber damit kann man die Texte dieses Konzils konfrontieren; sie haben hier eine gravierende offene Flanke.

Die Offenheit gegenüber Größen, die konziliare Behauptungen eben relativieren, weil sie diese nicht bewahrheiten, gehört strukturell zu Konzilien. Ihre Qualität besteht nicht zuletzt darin, nicht mehr gesundbeten zu können, was sich als falsch herausgestellt hat. Das bringt eine Verschärfung ins Spiel: Ein Konzil demütigt. Das ist ein schwieriges Wort, erwarten wir doch von zivilisierten Verhältnissen und im persönlichen Leben, gerade nicht gedemütigt zu werden. Wir aktivieren sofort Widerstand gegen demütigende Gewaltverhältnisse, und das ist auch gut so. Aber hier geht es nicht um Gewaltverhältnisse, sondern um selbst zu verantwortende Defizite. Bei einem Scheitern versuchen wir ständig – menschlich, allzumenschlich –, das ganz schnell zu überspielen. Schließlich ist es mehr als bloß relativierend. Es mutet uns zu, in die dunklen und abgründigen Seiten des eigenen Lebens zu schauen. Niemand möchte damit konfrontiert werden, dass diese Seiten erheblich zum Scheitern der eigenen Existenz beitragen. Aber es ist so.

Nein sagen lernen, um Ja sagen zu können

Das gilt auch für gläubige Menschen. Wir wollen nicht, dass „unsere" Glaubensgemeinschaft scheitert, weil wir davon mitgetroffen werden. Das gilt für alle in der Kirche, alle ‚Stände', wie früher gerne die Distinktion der Hierarchie zu den Lai:innen beschworen wurde. Das, was wir uns ersparen wollen, wohl wissend, wie wenig es hilft, sollten wir auch der eigenen Kirche nicht durchgehen lassen. Der Demütigung aufgrund falschen Wahr-Sagens kann man nur kurzfristig aus dem Weg gehen. Die Konfrontation damit ist immer nachhaltiger als alle Rechtfertigungen. Diese hetzen immer hinterher, ohne etwas auf Dauer bewirken zu können.

Aber was kann man tun? Sich aus dem Staub machen, weil „unsere" Glaubensgemeinschaft ihr Scheitern nicht aufhalten kann? Das würde nicht helfen, weil wir das Problem mit uns weitertragen. Scheitern greift auf andere über, also auch von der Kirche auf die, die dann von ihr weggehen. Man hat dann, so fürchte ich, leider schon das demütigende Moment mitbekommen, also von den absurden Defiziten niedergedrückt zu werden. Davon gibt es kein Entrinnen, egal wie man umdeutet und es sich ausdichtet. Es gibt eine Alternative: Man geht vom Scheitern nicht weg, sondern aus.[97] Das bedeutet, dem Scheitern nicht nur nicht auszuweichen, sondern sich damit zu identifizieren. Je höher jemand in der Kirche platziert ist, desto schwerer fällt das. Aber so lässt sich die Macht dieses Scheiterns nutzen. Das führt uns zum toten Punkt, wo die katholische Kirche seit mehr als 150 Jahren ansteht. Es ist die Ecke „no exit", an der die katholische Hierarchie schon so lange von panischer Angst gebannt festsitzt. Aber das führt in die Alternative – umkehren und zwar von binnenkirchlich-autoritären Machtverhältnissen.

Dann öffnet sich ihre elementare Struktur, die wir schon gesehen haben: zuallererst Nein sagen, um überhaupt Ja sagen zu können. Konzilien sagen stets Nein zu dem, wie es nicht geht, um zu dem Glauben durchzukommen, zu dem Ja gesagt werden kann. Das entspricht genau der Grammatik von Revolten. Konzilien haben eine Bedeutung, die den Glauben bewahrheitet, weil ihr Lehren seinen Falschheiten auf die Spur kommt und gegen sie revoltiert. Darum hat konziliares Lehren selbst insgesamt eine revoltierende Bedeutung. Es dreht Kirche zu dem um, was zuvor schlicht „unmöglich!" schien. Deshalb dauerte es auch stets so lange, bis der kirchenpolitische Aufruhr dagegen einlenkt, obwohl er bereits viel früher keine Chance mehr hat. Denn dieser Aufruhr muss hinnehmen, dass nicht mehr zustimmungsfähig ist, was er unbedingt erhalten will. Entsprechend reformieren Konzilien einen Glauben nicht einfach so. Sie involvieren die Gesamtheit der eigenen Glaubensgemeinschaft auf eine komplexe Weise gegen eine Kirche, die sich bei bestimmten Positionen dem falschen Glauben verschrieben hat. Sie sind mit dieser Art der Revolte intensiv verbunden. Ihr Nein-Sagen führt daher in der Regel zu kirchlichen Identitätskrisen, die sich hinziehen. Diese Revolten bauen den Glauben dort anders auf, wo er sich verrannt hat.

Aufgrund dieser Fähigkeit können Konzilien auch als Rohmodell dienen, wie katholische Gläubige heute aus ihrer vertrackten Lage kommen. Sie können revoltieren, einen anderen Ausweg haben sie nicht. Die anderen Wege führen nur tiefer in eine ausweglose Sackgasse. In der Sackgasse können die Gläubigen nicht mehr einfach bleiben und das schließt die Hierarchie ein, die glaubwürdig glaubt;

---

[97] Christian Kern, *Scheitern Raum geben. Theologie für eine postsouveräne Gegenwartskultur*, Ostfildern: Grünewald, 2022.

die gibt es, auch wenn so viele sich als unglaubwürdig erwiesen haben. Die Betonung liegt auf „einfach" und deshalb auf komplex. Es öffnen sich ungeahnte Räume, wenn man das mit dem „einfach" hinter sich lässt. Man kann dann gehen, weil man nicht mehr einfach bleiben kann, wo man ansteht. Dieses Gehen ist nicht die Übernahme eines „Geh' doch einfach", weil es eben so einfach nicht ist. Man geht, weil man Nein sagt, um sich selbst noch glaubwürdig zu erhalten. Dieser Schritt ist komplexer als der Mythos vom einfachen Glauben des einfachen Volkes, um dessen Reinheit sich die Hierarchie so gerne sorgt. Das ist ein Mythos, weil dieser Glaube ja umso besser gedeihen müsste, wenn endlich all die gegangen sind, die einfach nicht mehr bleiben können. Das ist aber nicht der Fall. Je mehr gehen, desto schlechter geht es und desto größer werden die Sorgen. Es findet eine Selbstverzwergung statt, wo man das „einfach" glaubt.

Diese Verbindung geht auch umgekehrt. Lässt man das „einfach" hinter sich beim weg gehen, dann kann man zugleich auf eine andere Art und komplexere Weise bleiben. So wie kein Weggehen einfach so geschieht, so sehr ist beim Bleiben auch nichts einfach. Beides bleibt auf Dauer nicht einfach. Bei all dem, was diese Kirche auf dem Kerbholz hat, kann man nicht „einfach bleiben". So wie man jenseits von „einfach" weggehen kann, also beginnt, in einer komplexen Lage zu glauben, so wenig wird man „einfach" bleiben können, weil in der Kirche nichts mehr einfach zu glauben ist. Es geschieht also beides auf einem komplexeren Niveau, gehen wie bleiben. Das ist die eigentümliche Lage der katholischen Glaubensgemeinschaft heute. Wer geht, geht nicht einfach weg, wer bleibt, bleibt nicht einfach da.

Der komplexe Schritt, zuerst einmal Nein zu sagen, um am Glauben zu bleiben, führt zu einer ganz neuen und ungewohnten Lage der katholischen Glaubensgemeinschaft. Er zieht mittlerweile immer größere Kreise. Die einen gehen und bleiben auch außerhalb an dem, was ihnen im Glauben wichtig ist, die anderen bleiben, aber identifizieren sich nur mehr in Bruchstücken mit dem, was offizielle Lehre und Sittengemälde sagen. Immer mehr stehen gegenüber, auch wenn sie innen präsent sind, und umgekehrt draußen, obwohl sie weiterhin zugehörig sind. Dieser dritte Raum zwischen ‚innen' und ‚außen' ist meines Erachtens die derzeit wichtigste Lokalisierung des katholischen Glaubens.

Dort gibt der Kontakt nach draußen wie drinnen zugleich dem Widerstand gegen das „einfach glauben" Halt. Den Glauben lässt man schließlich weder so einfach hinter sich, wenn man von der Kirche weggeht, noch überlässt man sich ihm einfach so, wenn man sich zur Kirche gehörig identifiziert. Innen und außen zugleich ist eine komplexe Herausforderung, weil sie ineinander verwoben sind und doch unterschieden bleiben. In diesem „zugleich" sind die längst bekannten einfachen Entweder-Oder-Behauptungen „Glauben an Jesus ja – Kirche nein", „Katholizismus nein – katholische Kultur ja" o. ä. nicht mehr möglich.

Das gilt völlig unabhängig davon, ob mit dem förmlichen Austritt am Amtsgericht oder Standesamt aus der Kirche auch schon die eigene Glaubensgemeinschaft verlassen wird. Das ist einfach schon dadurch theologisch falsch, weil es die Glaubensgemeinschaft zu einer der Kirche nachfolgende Größe macht. Dann müsste man bloß den Glauben lassen und die nervtötende Sache mit dieser Kirche wäre ausgestanden. Die Sachlage ist umgekehrt. Kirche stammt aus dem Glauben, den sie nicht selbst garantieren kann, aber an dem sie sich messen lassen muss. Man kann daher auch nicht so einfach aus dem Glauben austreten, wenn man die Kirche verlässt. Wer zur Kirche Nein gesagt hat, steht damit erst recht vor der Frage, ob sie/er nun auch zum Glauben Nein sagen muss. Das erste Nein erzwingt nicht das zweite Nein, wie umgekehrt das Ja zur Kirche nicht schon das Nein zum Glauben ausschließt. Es gibt genügend katholische Bigotterie, die diesem Zwischenraum nicht entflieht.

Es geht komplexer zu bei diesem Bleiben oder Gehen und das ist ein Distinktionsvorteil. Es ist weder unkatholisch, zur eigenen Glaubenscommunity Nein zu sagen, bevor man Ja sagen kann, noch ist es gegen den Glauben gerichtet, von einem Nein gegen Absurditäten im Glauben auszugehen, um zu einem überzeugenden Ja zu gelangen. Beides ist vielmehr mit den am meisten herausragenden Glaubensereignissen der Kirchengeschichte verbunden, zu denen Konzilien nun einmal gehören. Konzilien haben diesen Habitus ausgebildet, ohne den christliche Glaubensgemeinschaften offenbar nicht bedeutsam in der Menschheit bleiben können. Dieser Habitus relativiert alle kirchlichen Ansprüche, die lediglich narzisstische Selbstbespiegelungen sind.

Zu den traditionellen theologischen Tugenden Glaube-Hoffnung-Liebe kommt daher eine vierte: Widerspruch. Erst wer es lernt, Nein zu sagen zu katholischen Selbstgerechtigkeiten, hat eine Chance, zu den tatsächlichen Glaubenswahrheiten durchzustoßen, die Hoffnung geben, dass Liebe schließlich doch gewinnt. Wer sich das zu eigen macht, ist von einer außenstehenden Position mittendrin im Glaubensgeschehen; die Außenposition ist die eigene Existenz. Wer nicht zuerst Nein zu allem sagt, was in der eigenen Religionsgemeinschaft im Argen liegt, hilft der Glaubensgemeinschaft nicht.

Scheitern ist nicht das größte Problem

Das ist ein erheblich komplexeres Verhalten als jenes in der Pianischen Epoche von 1850 bis 1960: „Du stimmst zu oder du bist draußen". Konziliar glauben bedeutet, von draußen zu schauen, wozu ein striktes Nein geboten ist, damit ein Ja überhaupt in den Bereich des Möglichen kommt. Das ist tatsächlich eine Art Gegensatzpaar – entweder Konzilsmodus mit Nein und dann Ja oder dieser societas-perfecta-Modus der Pianischen Epoche mit Ja unter Ausschluss des Nein. Statt einer Hierarchie, für die zu bewahren die Hinnahme von Absurditäten bedeutet, ist eine Führung dieser Kirche nötig, die fähig und bereit ist, sich dem auszusetzen, was von außen gegen Absurditäten einströmt, die offenkundig sind. In der derzeitigen Hierarchie, die seit Johannes Paul II. auf den gegenteiligen Habitus verpflichtet wurde, sich im Namen des Katholischen abzugrenzen, ist das nicht die Regel. Es gibt Ausnahmen, aber es sind schlicht zu wenige. Aber da hilft kein Deuteln: Ohne Widerstand zu Absurditäten führt kein Weg aus der verfahren Lage.

Der Glaubensmodus im Widerspruch sprengt jene hierarchische Herrschaftsform auf, die so massiv mit den systemischen Gründen des sexuellen Missbrauchs durchsetzt ist und mit einer Täter erduldende und Opfer entmutigende Vertuschung verkettet ist. Wie will man bewahren, wenn das nicht aufgesprengt wird? Selbst wenn es in der Hierarchie irgendwann ausreichend Bischöfe gäbe, die bereit wären, diese Frage tatsächlich zu behandeln – die Zahl wächst ja durchaus ständig –, dann stünde das Problem im Raum, wie sich die bischöfliche Hierarchie selbst relativieren können soll. In der Kirche fehlt jede Form von Gewaltenteilung, ohne die das nicht zu machen ist. Geistliches Umsteuern genügt selbst im ignatianischen Modus dafür nicht. Reale Gegenkräfte sind nötig, damit diese Hierarchie aufarbeiten und umsteuern kann. Allein auf eine gottgewollte Bedeutung von Hierarchie zu pochen, wird nicht gutgehen.

Als reine Bischofsversammlungen wären Konzilien daher längst nicht mehr glaubwürdig genug, auch wenn sie radikal umsteuern wollten. Sie würden sogar selbst unglaubwürdig, wenn sie ihrer Erweiterung auf andere Mitglieder mit Sitz und Stimme widersprechen würden. Es gäbe einen eher leichten Weg, dieses Problem zu lösen.

Man müsste nur die Bischofsweihe für Frauen und für nicht-zölibatäre Männer öffnen, dann erhielte man einen Sprung zur normalen Diversität und strukturelle Gegenkräfte. Aber danach sieht es nun einmal nicht aus. Noch nicht einmal ins Kardinalat ist der gegenwärtige Papst bereit, Frauen zu berufen, obwohl das ein Leichtes wäre. Erst wenn Bischöfe genötigt werden, ihre unvermeidliche Selbstrelativierung einzusehen, kommen sie weiter. Dann begreifen sie, dass es nicht auf sie ankommt, sondern auf etwas anderes.

Die Lage der Dinge verlangt die Aktivierung von entschiedenem Nein, das die Bedingung der Möglichkeit des Ja ist. Sollten sich Bischofsversammlungen verweigern, zu ihrer Herrschaftsform selbst Nein zu sagen, wird ihnen das Ja dann eben von den Gläubigen verweigert, das sie für ihre Platzierung in der Kirche benötigen. Die gehätschelten Minderheiten von Gläubigen, die sich freudig erregt unterwerfen, ersetzen das nicht, auch nicht mit der Fassade der „wahren Katholik:innen".

Nötig ist daher in der gegenwärtigen Lage nicht *mehr an*, sondern *mehr als Synodalität*. Die im positiven Sinn betriebene konziliare Widerstandsform, innen wie außen zu sein, bietet dieses „mehr als". Es wird seine Chance aber erst nach dem Scheitern einstellen, das wir als Teilergebnis des deutschen Synodalen Weges bereits erlebt haben und das als Gesamtergebnis der päpstlichen Weltsynodalität bereits zu befürchten ist. Beide konnten bzw. können mit ihren Mitteln nicht die absurd gewordene Vorherrschaft des Klerikalismus überwinden, auch wenn es viele Aktivist:innen dieser Synoden eigentlich tun wollen. Synodalität unter der Herrschaft von Hierarchie bleibt dem kleinsten weltkirchlich gemeinsamen Nenner verhaftet. Aber der ist zu klein, um in eine Lage jenseits des Glaubwürdigkeitsverlusts zu kommen.

Nach der bisherigen Erfahrung ist nicht zu erwarten, dass Papst Franziskus den Schritt in die Unmöglichkeit darüber hinaus wagt. Er müsste dann sein Amt und auch sich selbst relativieren. Dazu ist er offenbar weder bereit noch in der Lage. Als erster – und bisher einziger – Papst hat das Johannes XXIII. realisiert. Er tat es im doppelten Sinn des Wortes – als Einsicht und als Durchführung. Die Einsicht bestand darin, dass ihm trotz Unfehlbarkeit seines Amtes ein Konzil unbedingt nötig erschien. Die Durchführung bestand darin, dem Konzil die freie Hand zu lassen, die es benötigte, um die kurialen Vorgaben abzuschütteln. Damit setzte dieser Papst einen Akt des Unmöglichen mit Ausrufezeichen. Als er ein Konzil einberief, war öffentlich klar geworden, dass ein Papst allein Kirche nicht zu leiten vermag. Das wurde ihm aber nicht aufgenötigt, was ein sehr wichtiger Umstand war. Es war ein Akt der Selbsteinsicht, also eine ausgesprochene Selbstrelativierung. Sie war zugleich der Beleg, wie und worin dieses Amt in der Kirche bedeutsam sein kann. Seine primäre Bedeutung besteht darin, jedes Amt in der Kirche zu relativieren, das von Absurditäten nicht wegkommt. Das tat Johannes XXIII., als er die überragende Leitungsvollmacht seines Amtes nutzte, um es selbst zu relativieren. Darin liegt eine besondere Würde, an die keiner seiner Nachfolger heranreichte.

Die Einberufung eines Konzils machte deutlich, dass die wirklich tiefgehenden Kirchenprobleme eben nicht durch den Papst, seine Kurie und die dortigen Lehrinstitutionen des Katholischen zu bewältigen sind. Johannes XXIII. hat es selbst mit typischem Humor geschildert. Er habe, als er den Kardinälen ein Konzil ankündigte, in solch große Augen und in so überraschte Gesichter geblickt, dass es gar nicht anders sein konnte, als dass der Heilige Geist über die Kardinäle gekommen sei. Und was ist wohl unmöglicher ... Aber ernsthaft – diesem Papst war offenbar klar, dass diese sich dynamisch ändernde Weltkirche für eine bloße päpstlich-monarchische Leitung global wie regional, zentral wie vor Ort zu plural, zu divers, zu different und heutzutage eben auch zu unglaubwürdig geworden ist. Womöglich hatte Johannes XXIII. weit mehr als eine Ahnung von der Unglaubwürdigkeit, die wir heute erleben.[98] Direkt war seine Ent-

---

[98] Johannes XXIII. muss durchaus intensiv mit Missbrauchsfällen zu tun gehabt haben wie der Fall von Thomas Philippe OP zeigt, der vom Heiligen Offizium 1956 dazu verurteilt wurde, seine Gemeinschaft „L'Eau Vie" zu verlassen und keine Beichte von dort involvierten Frauen mehr hören zu dürfen. Roncalli kannte die Gemeinschaft aus seiner Zeit als Nuntius in Paris. Die Verurteilung von Philippe führte dazu, dass der Priesterwunsch von Jean Vanier, gemeinsam mit Philippe der Gründer der Gemeinschaft der „Arche", außerhalb des üblichen Karriereweges nicht realisiert werden konnte. Als Roncalli Papst wurde, intervenierten die Eltern von Vanier mehrmals schriftlich und gemeinsam mit ihrem Sohn bei ihm in Privataudienz (18. März 1959 und möglicherweise wieder im Juli) für Thomas Philippe. Jean Vaniers Vater Georges Vanier war in Paris Botschafter von Kanada, als Roncalli dort Nuntius war; sie kannten sich gut. Die drei baten dringend, der Papst möge die Verurteilung aufheben, Philippe sei ein moderner Heiliger (vgl. Commission d'étude mandatée par L'Arche internationale (Bernard Granger, Nicole Jeammet, Florian Michel, Antoine Mourges, Gwennola Rimbaut), *Emprise et abus, enquête sur Thomas Philippe, Jean Vanier et L'Arche (1950–2019)*, Janvier 2023, 131–137). Es wird berichtet, Johannes XXIII. habe bei dieser Gelegenheit während einer Aufzugsfahrt in seine Privatgemächer Jean Vanier seinerseits dringend geraten, sich von Philippe zu trennen, was Vanier strikt ablehnte (ebd. 704). Er blieb loyal zu Philippe und gab den Priesterwunsch dafür auf, so seine Version. De facto aber war er so sehr mit Philippe geistlich-ideologisch verbunden, dass er ganz ähnliche spirituelle und sexuelle Übergriffe praktizierte wie dieser, die

Teil V: Scheitern können ohne abnicken **177**

scheidung noch auf diejenige Unglaubwürdigkeit bezogen, die sich unter Pius XII. für alle erkennbar ausgebreitet hatte, auch wenn noch der Schein gewahrt wurde.

Statt diesen Schein zu wahren, löste Johannes XXIII. ein Konzil aus, das niemand sonst in der Zentrale der katholischen Kirche wollte. Das macht ihn zu einer exzeptionellen Gestalt, weil er auf eine Krise effizient und effektiv reagierte, die von den Anderen einfach ignoriert wurde. Denn jede tiefe Krise der Kirche war zwangsläufig eine Krise des Papstamtes und genau deshalb durfte es eigentlich gar keine Krise nach der Unfehlbarkeitserklärung mehr geben. Heute ist die Lage noch verfahrener als am Ende von Pius XII. Die Kirche verliert Tag für Tag an Glaubwürdigkeit, weil niemand in der Kirchenleitung in der Lage ist, adäquat auf diese Lage zu reagieren, allen Synodalversammlungen und Nachsynodalen Schreiben zum Trotz. Und dabei ist das gegenwärtige Pontifikat noch viel mehr als die vorherigen gewillt, die tatsächliche Lage anzusehen.

In dieser Lage ist nicht das Scheitern das größte Problem, sondern sich ihm nicht zu stellen. Wer vor lauter Angst vor dem qualifizierten Nein umso emphatischer Ja sagt, scheitert an der Grammatik des Glaubens an das Evangelium. Zum Kreuz kann man nicht Ja sagen, ohne zu dessen brutaler Gewalt Nein zu sagen. Nein ist im Glauben nicht leicht als positive Aktivierung zu haben. Aber es hält eine unmittelbare Belohnung bereit. Wer den Mut dazu aufbringt, muss nicht mehr gegen das angehen, was längst nicht mehr möglich ist. Es genügt, „Nein!" zu sagen und die Windmühlenkämpfe sind vorbei.

Für dieses Nein gibt es meines Erachtens zwei Kriterien. Zum einen handelt es sich bei dem, wogegen Nein gesagt wird, nicht um Nebensachen, sondern um Hauptsachen. Eine Hauptsache erkennt man darin, dass sie eine Identifizierungsfrage auslöst. Das zweite

---

als geistliche Begleitungen getarnt waren. Im Übrigen gingen viele Frauen von L'Eau Vie dann in der Arche auf. Unklar ist noch, ob Johannes XXIII. in die überraschend schnelle und in ihrem Ablauf in den Akten nicht hinreichend nachvollziehbare Rehabilitation von Thomas Philippes Bruder Marie-Dominique Philippe OP – vom Heiligen Offizium zwischen 1957 und 1959 klandestin sanktioniert – am 12. Juni 1959 eingebunden war (vgl. Cavalin, L'Affaire, a.a.O., 618–621). Dieser wiederum wurde dann im Rahmen von geistlicher Begleitung von Ordensfrauen und in der von ihm gegründeten Gemeinschaft „Famille Saint-Jean" zu einem geradezu notorischen Vielfachtäter mit den gleichen Methoden wie sein Bruder. Seine damalige Rehabilitation scheint vom Heiligen Offizium zeitgleich in einem Paket ausgeliefert worden zu sein, mit dem auch Yves-Marie Congar am 30. Juni 1959 und Marie-Dominique Chenu am 3. Juli 1959 in ihre jeweiligen Priester- und Ordensrechte wieder eingesetzt wurden (Emprise et abus, a.a.O. 339).

Kriterium besteht darin, dass in diesen Zusammenhängen keine falschen Rücksichten helfen, sondern nur die richtigen Hinsichten. So wären es falsche Rücksichten, die Auseinandersetzungen könnten andere in ihrer Kirchenfeindschaft bestätigen und die kirchliche Harmonie wäre wichtiger als der nötige Streit. Eine richtige Hinsicht ist es, darauf zu achten, ob die eingenommene oder die zu verwerfende Position mit einer Evangelisierung hier und heute unvereinbar ist. Eine richtige Hinsicht ist es auch, darauf Wert zu legen, dass die Kirche nicht gegen die Zeichen der Zeit ankommt, gleich wie sehr sie über sie hinweggehen mag.

Mit diesen beiden Kriterien kann man auf das setzen, was „unmöglich" mit Ausrufezeichen ist, weil es jenseits der Ordnung liegt, mit dem man sich bisher die Welt, Existenz, Gott etc. zurechtgelegt hat. Man kann dann die Möglichkeiten abhaken, die nicht mehr vorhanden sind, und muss nicht länger mit den Absurditäten hadern, doch an ihnen festzuhalten. Das, was in diesem Sinn dann „unmöglich!" erscheint, spürt Souveränität auf. Sie ist eine Bedingung der Möglichkeit der Zustimmung, ohne die es keinen glaubwürdigen Glaubensvorgang gibt.

Durch die Abfolge „zuerst Nein, dann erst Ja" kommen für katholische Gläubige Antworten auf zwei bedrängende Fragen in Reichweite: Wie sollen sie sich noch als katholisch glaubende Menschen identifizieren, also individuell und für sich selbst? Und wenn sie es tun, wie könnten sie noch bleiben, ohne die Achtung von anderen und vor sich selbst zu verlieren? Es scheint ein Dilemma zu sein. Aber das scheint nur so.

Teil VI:
Sich anders identifizieren, ohne einfach zu bleiben.
Warum Fusionsenergie ausbricht, wenn Demokratie von außen und Anonymität von innen verdrillt werden

Ich spreche mich für eine positive Rebellion aus, die das Nein wertschätzt. Aber warum soll die positiv sein? Sie setzt doch an bei: Nein! Damit kann man es doch auch belassen. Wenn Nein nötig wird, wozu dann eigentlich noch Ja sagen? Ich kann jetzt natürlich sagen, zum Glauben kann man Ja sagen und dieses ‚glauben' wird als Verb formuliert. Aber verwischt das nicht, wie binär ein vorgeschlagenes Nein als Bedingung der Möglichkeit des Ja eigentlich selbst ist? Dieses Problem muss ich zuerst lösen, sonst entsteht hier kein Ausstieg aus dem Elend einer überflüssigen Kirche.

Die Lösung besteht darin, dass die positive Rebellion „Nein und Ja zugleich" nicht bloß dagegen rebelliert, was absurd ist. Es wird überstiegen, womit sie aufwartet. Dadurch liefert „Nein zuerst und Ja danach" einen besseren Ausweg, als mit dem kirchlichen Scheitern bloß zu hadern. Die Lage würde durch ein doppeltes Nein eher noch verschärft, wenn man mit den Absurditäten hadert und dann aufgibt. Ähnliches gilt für sich ärgern und trotzdem hinnehmend weiter bleiben, obwohl man anderes ersehnt. Dann sagt man indirekt zu sich selbst Nein. Eines haben die Aktivierungen des doppelten Nein gemeinsam. Sie sind einfache Reaktionen auf einen fürchterlichen kirchlichen Impuls. Aber damit bleiben sie auf derselben Ebene wie das absurde Gegenüber. Lässt man sich in diese Ecke treiben, kann man auch weiter auf Godot warten. Das, was absurd ist, sieht man zuerst immer von außen, ehe es im Inneren einer Person, Gemeinschaft oder Konstellation zu benennen ist. Ein kreatives Ablehnen eröffnet dem Ja, das danach noch aktiviert werden kann, eine andere innere Qualität.

Die Abfolge „revoltierendes Nein und es bestärkendes Ja" verändert die Kirche, weil das nicht aus ihr selbst heraus kommt. Ja zu sich und Nein zu den anderen, das käme aus der Kirche selbst heraus. Das Ja erst nach dem Nein bestätigt sie aber nicht, sondern mutet von außen zu, dass sie innen anders wird. Eine Veränderung von innen heraus, die auf Kosten von anderen wachsen will, endet dagegen in den nächsten Illusionen. Dabei will man die eigenen Defizite einfach abschüttelnd hinter sich lassen und sie hinter denen der Anderen verstecken. Die Veränderung von innen ließe so lediglich eine neue Zukunft anbrechen, die aber einfach nicht zur Gegenwart wird, weil das Gegenüber der Anderen sehr dynamisch sein kann und sich zu verändern weiß. Der äußere Druck dagegen, der von den Anderen auf das eigene Innen ausgeht, ist gegenwärtig. Ihm lässt sich nicht einfach mit einer Zukunft ausweichen. Er stellt sich ständig wieder in der Gegenwart ein. An ihm kristallisieren sich deshalb nicht bloß Veränderungen, sondern Umkehr. Nein und dann Ja beschreiben die Grammatik der Umkehr, die zum Glauben des Evangeliums führt.

Dieser dritte Bereich des eigenen Umkehrens, das die Umkehr anderer mit entfacht, basiert darauf, dass Nein und dann Ja zugleich möglich sind. Es muss die anderen nicht abwerten, um sich zu vergrößern. Damit werden drei Problemlagen angegangen. Aufgrund des Ja erst nach dem Nein verliert man zunächst einmal den eigenen Ort gegenüber der Kirche nicht aus den Augen, der signifikant individuell gestaltet ist. Auch die eigenen Unwägbarkeiten spielen hier eine Rolle. Zweitens werden die Gründe für eine innere Rebellion gegen die absurde kirchliche Realität nicht überspielt, weil man sie selbst lange mitgetragen hat. Damit wird schließlich ein anderer Raum für eine potentielle positive Entscheidung eröffnet. Dieser Raum ist dann ein Heterotop, der die Souveränität des Nein lokalisiert. Das Nein steht nicht erhaben für sich allein, sondern in Wechselwirkung zum Ja. Dieser Raum drängt zu einer anderen Gesamtsicht von Glauben.

Mit sich ins Reine kommen, eine heterotope Souveränität

Eine Identifizierung über Nein-Ja-Zugleich ist ein authentischer Ausdruck von Individualität im Glauben. Das stellt ein hohes Gut in einer Religionsgemeinschaft wie der katholischen Kirche dar, die über Jahrhunderte die Gemeinschaft den einzelnen Gläubigen übergeordnet hat und sie regelrecht zu zwangsläufigen Bewohner:innen eines Gebietes gemacht hat, das Milieu und Sittenpolizei kontrollierten. Zugleich ist dieses hohe Gut hoch strittig, weil seit der barocken Kontroverstheologie eine solche Linie offiziell verdächtigt wird, direkt in den Protestantismus zu führen. Von ihm muss sich der/die Katholik:in nicht nur unbedingt absetzen, sondern den muss man draußen lassen, weil er das katholische Binnenleben mindestens stört, wenn nicht sogar kontaminiert. Der gegenwärtige Papst hat das in Absetzung vom deutschen Synodalen Weg wieder mit dem Bonmot aktiviert, dass es ja in Deutschland schon eine sehr gute protestantische Kirche gäbe und man daher keine zweite bräuchte. Auf den

Gedanken ist er nicht gekommen, dass das auch so verstanden werden kann, dass es schon eine sehr gute Kirche gäbe, auch wenn es die protestantische sei, und man daher keine zweite bräuchte. Und schließlich ist nur die signifikante Bedeutung der jeweils eigenen Entscheidung zum Glauben fähig, der eigenen Glaubensgemeinschaft eine tragfähige Alternative zu ihren religionsgemeinschaftlichen Absurditäten zuzumuten. Auf diesen dritten Aspekt kommt es mir hier an.

Mit dem Nein macht ein gläubiges Individuum sich nicht länger vom weiteren Schicksal der katholischen Kirche abhängig. Sagt man dagegen Ja vor dem Nein, bleibt man daran gekettet. Im Nein-Fall übernimmt das Individuum die Grammatik des weiteren Glaubens sowie die daran hängende Selbstrelativierung, der ja aufgrund der Verneinung nicht auszuweichen ist. Dafür muss man dann schon selbst geradestehen. Im Ja-Fall erspart man sich diese Selbstrelativierung, aber dafür zahlt man den Preis, dass nur mehr eine binäre Codierung zur Verfügung steht. Entweder man unterwirft sich oder muss ganz rausgehen. Das Ja-Sagen schränkt nicht nur die eigenen Optionen ein, sondern verspielt die Chance der Selbstrelativierung am entscheidenden kirchlichen Punkt.[99] Sie gelingt der Kirche erst über die Gläubigen, die sie als gläubige Individuen von außen betrachten und zu ihren selbstgerechten Absurditäten auf Distanz gehen. Eigentlich müsste sie daran großes Interesse haben.

Die Gläubigen stehen dann selbst ihrer Kirche gegenüber in einem Außen, gleich wie sehr man sich in ihr für die Belange des Glaubens engagiert. Nur beides zugleich ermöglicht die kreative Spannung, die anderes tut als das, was so nicht mehr weitergeht. Das Engagement ist dann ein Dienst an der unvermeidlichen Selbstrelativierung dieser Gemeinschaft und nicht eine Selbstplatzierung über ihr. Hier ist das

---

[99] Gut beobachten lässt sich das am Vorschlag von Rod Dreher, *The Benedict Option. A Strategy for Christians in a post-christian Nation*, New York: Sentinel, 2017, „a Christian Village" (122–143) ins Zentrum des Glaubens zu rücken, das außerhalb der weltlichen Stadt die Werte und Ideale des Christlichen wachhält. Diesem Ja folgt das entschiedene Nein zur modernen Welt, was aber angesichts der Unglaubwürdigkeit der jeweiligen Kirchen nicht zu halten ist, weil schließlich nur noch autoritäre Herrschaft als Ausweg bleibt. Dreher selbst wurde als konservative Edelfeder in der publizistischen Welt der USA bekannt, konvertiert vom methodistischen Glauben zur katholischen Kirche, die er für moralisch entschiedener hielt. Das aber konnte er angesichts der massiven Zahl von Missbrauchsfällen nicht durchhalten. Er wechselte zum orthodoxen Christentum, verließ schließlich mit dem Scheitern der Benedikt-Option die USA und lebt jetzt ein selbst gewähltes Exil in Ungarns illiberativer Demokratie.

Nein keine mögliche Option, sondern die Basis der Zustimmung zu einem Glauben, an dem die Kirche gemessen wird. Das Nein-Ja-Zugleich bedeutet keine vollständige Individualisierung des Vorgangs glauben, sondern ein kritisches Ausloten der Wege, die überhaupt noch zur Verfügung stehen, will man mit sich im Reinen bleiben. An diesem Punkt bleibt der/die einzelne Gläubige natürlich immer noch ohnmächtig. Für die Zumutung, sich so nicht mehr mit all diesen Absurditäten identifizieren zu können, zahlt man den Preis, das bewährte Mögliche hinter sich lassen zu müssen. Zu dem bewährten Möglichen gehört in aller Regel auch eine zwar kopfschüttelnde, manchmal auch augenzwinkernde Milde gegenüber dem Unsäglichem, die sich zwar damit innerlich nicht einverstanden erklärt, aber um größerer Ziele willen keinen Aufstand macht. Solche Milde ist zwar kurz vor der Rebellion, aber überschreitet diese Grenze nicht. Dieser Ausweg des milden Abwinkens steht dann nicht mehr zur Verfügung. Wer rebelliert, ist innerlich zunächst einmal auf sich gestellt. Aber die Zumutung ist mutig und setzt Kräfte frei.

Der Schritt in die individuelle innerliche Rebellion kann das Problem erzeugen, die Lage zu verschlimmern, also noch heftiger zu scheitern. Aber das besteht nur dann, wenn man die gleiche Ordnung wie zuvor als Richtschnur übernimmt, dass es nur auf das Ja ankäme. In der komplexeren Weise zu glauben kommt es auf das Nein an, weil ohne es kein Ja in Reichweite kommt. Der christliche Glaube verträgt keine Ja-Sager:innen; er mutet von der Taufe an Nein zu. Das lässt es zu, im kirchlichen Scheitern weiter zu gehen. Wer den Mut aufbringt, auf diese Weise in einen offenen Raum mit dem eigenen Glauben zu gehen, muss nicht bei der Zumutung und der Demütigung im Scheitern stehen bleiben. Es macht die innere Souveränität aus, mit dem Glauben an die eigenen Fähigkeiten weder der Zumutung noch der Demütigung auszuweichen.

Das lässt sich auf die jetzige Lage der Kirche anwenden. Wer katholisch glaubt und sich mit den kirchlichen Absurditäten nicht länger identifiziert, kann mit dem scheitern, was sie oder er gleichwohl noch glaubt. Individuelles Glauben ist nun einmal komplexer, als sich einfach auf ein Glaubenskollektiv zu verlassen. Es bedeutet aber auch die Fähigkeit, den offenen Raum auszuhalten, der sich auftut. Natürlich wird – und muss! – man sich in diesem Raum vorsichtig aufhalten. Vielleicht muss man sich buchstäblich vorantasten. Man kann ihn nicht aufhalten wie den einen großen Ausweg, den jetzt alle nehmen müssen. Ein Ausweg bleibt auf derselben Ebene. Dieser Raum ist vielmehr ein Ausstieg, das heißt, er wechselt die Ebene. Er blickt weder zurück noch nach unten. Er rüttelt auf und gibt so einen Blick nach vorn ins Außen frei.

Anders als egal geht nur von außen

Aber sind das nicht Illusionen? Wäre die katholische Kirche heute überhaupt in der Lage, sich derart aufrütteln zu lassen wie damals beim Zweiten Vatikanischen Konzil? Das wäre sie erst dann, wenn man bereit wäre, die Einsicht integral zu aktivieren, dass ihre Krise selbstverschuldet ist. Das ist schwer, weil das eine gravierende Folge hat: Die für die nötigen Veränderungen erforderlichen Größen können nicht aus der Kirche kommen; sie müssen von woanders her übernommen werden.

Allein das schon widerstrebt derzeit allem, worauf sich die Leitungsebene der Gesamtkirche mit Papst und Kardinälen verstehen können. Papst Franziskus und Dutzende seiner Kardinäle werden nicht müde zu betonen, die Kirche könne nun einmal keine Demokratie sein, in der sich Mehrheiten über Minderheiten hinwegsetzen würden. Vielmehr müsse man im Einklang mit dem Volk agieren, allerdings mit jenem Einklang, den die Hierarchie definiert, weil sie das sog. „einfache Volk" damit aufgreift.

Abgesehen davon, dass das eine Fehleinschätzung der Demokratie ist, beweihräuchert sich mit solchen Vorstellungen bloß die Form von Hierarchie, die ihre Selbstrelativierung fürchten muss. In der Demokratie wird nicht Minderheit von Mehrheit beherrscht, sondern vor ihr geschützt. Keine Mehrheit kann sich einfach hinwegsetzen über elementare, vorstaatliche Rechte, weil Menschenrechte vor allem dann gelten, wenn die Mehrheit sie nicht mag. Das macht Demokratie aus und bewirkt auch ihre Machtwechsel. Das lässt sich nicht durch das Einvernehmen mit einem Volk ersetzen, das sich selbst auch noch spiritualisiert. Außerdem ist es nun wirklich nicht jener Fall, dass eine Mehrheit sich über eine Minderheit hinwegsetzen würde, das tatsächliche Problem von Kirche. Vielmehr ist es umgekehrt so, dass eine verschwindende Minderheit in der Kirche auf eine vertuschende Weise mindestens seit Jahrzehnten so agiert hat, dass davon nun die übergroße Mehrheit massiv in Mitleidenschaft gezogen wird. Das ist mit dem Elend des Missbrauchs sichtbar geworden. Da hat sich eine verschwindende Minderheit vor der Mehrheit auch noch auf deren Kosten geschützt, weil angeblich nur so die Kirche zu retten gewesen wäre. Dadurch ist das scheinbar einfache Volk auf eine höchst komplexe Weise in eine Mitleidenschaft gezogen worden, die es jetzt über Jahrzehnte hinweg auch noch selbst ausbaden muss. Angesichts dessen ein großes Einverständnis des einfachen Volkes mit den episkopalen Hirten zu unterstellen, ist nicht einfach bloß bemüht, sondern verschließt ziemlich schändlich die Augen vor einer vom Missbrauch geplagten Glaubensgemeinschaft.

Es ist nicht möglich, mit den Möglichkeiten der derzeitigen kirchlichen Herrschaftsform auch nur aus dem Gröbsten herauszukommen. Die katholische Kirche benötigt Hilfe von außen. Sie findet sich unter anderem genau an dem Ort, den der gegenwärtige Papst dem deutschen Synodalen Weg nicht einräumen wollte, nämlich sich an den Stärken der protestantischen Kirche zu orientieren, also Vorrang von Individualität und öffentlicher Übernahme von Verantwortung. Er hat es diesem Weg mehr als einmal als katholisch unmöglich vorgehalten, so etwas wie eine demokratische Versammlung zu sein. Sein ständiger Rat dagegen ist, dass die deutschen Katholik:innen auf den Geist zu hören beginnen sollen, der aus dem Glauben des Volkes in Deutschland spricht. Zu diesem Geist rechnete er dabei nicht den entschiedenen Widerstand dieses Volkes gegen gescheiterte Bischöfe. Abgesehen von dem zweierlei Maß, mit dem gemessen wird, zeigt sich hier, wie sehr Papst und Hochhierarchie fürchten, dass Größen von außen in die binnenkirchliche Entscheidungsvorgänge Einzug halten.[100]

---

[100] Der Filmemacher und Regisseur Christoph Röhl berichtet davon im Zusammenhang mit seinen langwierigen römischen Recherchen für seinen Film über Benedikt XVI. „Der Verteidiger des Glaubens": „Wenn irgendjemand von außerhalb der Kirche kommt, der nicht dazugehört und draufguckt, dann wird das automatisch als Angriff angesehen. Die Gläubigen werden ja auch regelrecht aufgerufen, diese Institution, weil sie so heilig und gut ist usw., zu schützen. Man muss ihre heilige Mission schützen. [...] Es geht eigentlich darum, die Christ-Gläubigen vor etwas zu schützen, und zwar vor der schlimmen Moderne. [...] Dieser Kern wird oft geleugnet oder wird nicht ausgesprochen, aber das ist der Gedanke, der dahintersteht." (Filmgespräch Christoph Röhl mit Joachim Valentin zu VERTEIDIGER DES GLAUBENS, Katholische Akademie Schwerte 05.06.2021, in: Viera Pirker/Joachim Valentin (Hg.), *Kirche, Kult und Krise. Christentum im neueren Film*, Marburg: Schüren, 2023, 343–362, 354) Die Person im Zentrum seines Films bestätigte Röhl schon 1970: „Immerhin berührt es merkwürdig, daß heute nicht selten jene Kreise, die besonders lautstark von der Demokratisierung der Kirche reden, am wenigsten Respekt vor dem gemeinsamen Glauben der Gemeinden zeigen und in dieser Stimme der Mehrheit der Glaubenden nur die systemimmanente Scheinfreiheit sehen, die durch ihr kritisches Bemühen als Unfreiheit erst überführt werden müsse. Die Arroganz der Selbstdogmatisierung, die hier zutage tritt, kann gewiß nicht zum Heilmittel für die Zukunft der Kirche werden." (Joseph Ratzinger, Demokratisierung in der Kirche?, in: ders./Hans Maier, *Demokratie in der Kirche*, Limburg: Lahn, 1970, 7–46, 45f) Die

Solche Außengrößen sind schlicht unvermeidbar. Sie bedeuten nicht, dass man so wird wie andere, sondern dass man durch das, was andere an Stärken zu bieten haben, anders wird. Es handelt sich um Anregungen und nicht Unterwerfungen, wie etwa die *checks and balances*, mit der eine säkulare Demokratie eine selbst gerecht agierende zentrale Macht zu verhindern versucht. Dazu gehört auch die Gewaltenteilung zwischen Exekutive und Judikative, die dabei konsequent auf die Säulen der Macht angewendet werden, um sie wenigstens halbwegs zivilisieren zu können. Dazu gehört die Fähigkeit zu einem geordneten Machtwechsel, den jede autoritäre Herrschaftsform als das inkarnierte Böse betrachtet.

Solche Vorkehrungen sind keine Garantie, dass sie erfolgreich sind. Sie können scheitern und das tun sie oft genug. Demokratie ist keine perfekte Herrschaftsform, im Gegenteil, sie ist überaus unperfekt. Perfektion ist ihr nicht möglich. Es gilt die Weisheit Winston Churchills im Britischen Unterhaus am 11. November 1947: „Many forms of Government have been tried, and will be tried in this world of sin and woe. No one pretends that democracy is perfect or all-wise. Indeed, it has been said that democracy is the worst form of Government except all those other forms that have been tried from time to time"[101].

Es geht für die Kirche um Anregungen aus diesem unperfekten Bereich. Es geht nicht darum, zu einer parlamentarischen Demokratie zu werden. Aber es geht sehr wohl darum, der naheliegenden Gefahr ins Auge zu sehen, dass diese Kirche eine autoritäre Herrschaft wird, die über die Gleichheit aller ihrer Mitglieder vor Gott und unter den Menschen einfach hinweggeht. Es wäre nicht das erste Mal, dass Kirche in einer Krise wie heute in diesen Abgrund rutschen würde.[102]

Verachtung der Moderne zieht sich als roter Faden durch die Theologie Ratzingers, seine Präfektur und sein Pontifikat. Es scheiterte daran. Manche hielten die Frage für angemessen, ob die Konklave-Mehrheit seiner Wahl „ein großangelegtes Projekt für die Zukunft der Kirche im Auge hatte. Die Antwort ist nein. Dafür gibt es keinerlei Anhaltspunkte. Ratzinger auf den Papstthron zu bringen, war in erster Linie eine Defensivschlacht, eine instinktive Abwehrreaktion auf die moderne Welt." (Marco Politi, *Benedikt. Krise eines Pontifikats*, Berlin: Rotbuch, 2012, 515)

[101] Hansard, the Official Report of debates in Parliament – https://api.parliament.uk/historic-hansard/commons/1947/nov/11/parliament-bill#:~:text=Many%20forms%20of,time%20to%20time.

[102] „Für die Katholische Kirche wird die Krise der Gegenwart zum Stein des Anstoßes. Sie wird sich entscheiden müssen. Es stellt sich für die Aufgabe, sich endlich von ihrem autoritären und antidemokratischen Erbe gänzlich zu verabschieden. Nur so kann sie ihre Mission erfüllen und in neuer Weise ‚katholisch' werden – jedem Menschen im Ernst zumutbar, offen für globale Identität." (Karlheinz Ruhstorfer,

Ein weiterer Punkt spricht für die Anregung aus der Demokratie. Sie ist die bisher einzige Form von menschlicher Herrschaft, die ihr eigenes Scheitern dezidiert feststellen und bearbeiten kann. Sie kann dann weiter scheitern oder darüber hinauskommen. Sie verfügt über das nötige Procedere für den Machtwechsel, in dem die evtl. gescheiterten Machtinhaber:innen dieses Scheitern anerkennen müssen. Wahlen, Abstimmungen und öffentliche Aufmerksamkeit auf Details gehören dazu, während die Verweigerung der Anerkennung einer Abwahl, „gerrymandering" und die öffentliche Leugnung der zertifizierten Korrektheit einer Wahl nicht dazu gehören. Die eigene Niederlage einzugestehen, wenn sie stattgefunden hat, ist ein enormes Pfund, das für Demokratie spricht, an der sich die Kirche eine Scheibe abschneiden sollte. Der demokratische Machtwechsel bevorteilt eben nicht die Mächtigen, sondern setzt auf die Ohnmächtigen, um die Macht symbolisch zu transferieren.

Das ist für eine Kirche sehr bedrängend, die den offenen Machtwechsel scheut, ihre Abwahl ignoriert und das Eingeständnis des Scheiterns immer kleinlaut hält. Machtwechsel finden hinter sehr verschlossenen Türen und für andere strikt intransparent statt. Sie werden verschleiert hinter langatmigen Wahlprozeduren für die kleine eingeschlossene Gruppe von wahlfähigen Kardinälen, also im Konklave. Dafür gibt es diese Prozedur, dass Machtwechsel kirchlich stattfinden können, ohne dass andere intervenieren. Es ist eine Wahl mit der Regel „one man one vote", also auf den ersten Blick durchaus demokratieverdächtig. Es ist sogar verschärft, weil die einfache Mehrheit nicht ausreicht. Zweidrittel müssen es sein. Es wird also am Ende eine Minderheit, die sich nicht durchgesetzt hat, von einer Zweidrittelmehrheit dominiert. Allerdings fehlt das Volk bei der Prozedur; es wird weder über Kandidaten informiert, noch darf es sich dazu verhalten, wer warum nicht in Frage kommt. Es darf nur willkommen heißen, was herausgekommen ist. Die Prozedur der Papstwahl tut so, als würden wir noch im antiken römischen Imperium leben.

Nach außen hin gibt man sich dann so, als hätte kein Machtwechsel stattgefunden. Niemand muss sich danach erklären, tatsächlich verloren zu haben. Noch nicht einmal das genaue Abstimmungsergebnis erfährt die Öffentlichkeit; jahrelange Spekulationen sind die Folge. Dieser Machtwechsel kann nach einem solchen Pro-

---

Befreiung des ‚Katholischen'. An der Schwelle zu globaler Identität, Freiburg: Herder, 2019, 228)

cedere wieder jederzeit gestoppt werden. Es sind so viele Getriebe, die der Gewählte benötigt, um sich in so einer Riesengröße wie der Weltkirche wirklich durchzusetzen. Und es liegt überall so viele Sand bereit, um die Getriebe zu stören. Wen kann der Gewählte schon groß in Bewegung setzen, wenn es seine Wähler nachträglich reut, dass sie ihn auf den Stuhl Petri gesetzt haben. Und seine Gegenkandidaten müssen nicht ihre Niederlage eingestehen, also kein Wunder, wenn das Sägen am neu besetzten Stuhl Petri gleich danach beginnt. Wäre das Volk involviert gewesen und wären wenigstens die Schlusskandidaten bekannt und müssten sich die Unterlegenen erklären, hätte der Gewählte ein ganz anderes *Standing* gegenüber seinen Widersachern. Von daher beschleicht mich manchmal der Verdacht, wenn wieder jemand aus der Kurie oder ein Papst sich gegen demokratische Verfahren in der Kirche verwahren, dass sie das tun, um das Petrusamt nicht zu groß und effektiv werden zu lassen. Es soll wohl fragil bleiben.

Das Franziskus-Pontifikat ist für diese Problemlagen sehr sprechend. Es zeigt sich, dass der Machtwechsel zu diesem Pontifikat ständig unterminiert wird. Es herrscht also wahrlich kein katholischer Mangel an genau den uneindeutigen schwachen Machtverhältnissen, die bisweilen Demokratien heimsuchen. Ihnen gegenüber kann sich das Katholische wahrlich nicht als leuchtende Alternative inszenieren. Die Behauptung, mit einem autoritär organisierten Herrschaftsstil wie dem Papst fahre die Kirche nun einmal besser, ist sehr bemüht, historisch nicht zu belegen und drückt nur die Nähe zu anderen autoritären Herrschaften aus.

Die Zeiten sind daher tatsächlich vorbei, in denen Kirche mit solchen Mitteln der Verheimlichung von Macht durchgekommen wäre. Das hängt nicht an der Konklave-Form. Es hängt vielmehr an der verlorenen Glaubwürdigkeit der Kirche. Sie baut sich erst dann wieder auf, wenn all das offen kommuniziert wird, worin der an die Hierarchie übertragene Machtgebrauch offenkundig falsch lag, wenn sich die dafür jeweils verantwortlichen Leitungsfiguren ehrlich davon distanzieren und wenn sie nicht zuletzt die nötigen persönlichen Konsequenzen daraus ziehen. Das kann zugleich auf keiner Ebene haltmachen, sondern muss gerade auch die oberste Machtebene einschließen.

Drei einfache Antworten und ihre Godots

Um so etwas zu erreichen, wird in der klassischen Demokratie die Öffentlichkeit genutzt und sogar gestärkt. Aber das fällt auch dem am besten organisierten Synodenformat viel zu schwer. Bei der päpstlichen Weltsynode haben wir das gesehen, als kurz vor ihrer Eröffnung im Oktober 2023 mitgeteilt wurde, die Öffentlichkeit sei aber ausgeschlossen, weil die Synodenmitglieder Stille, Ruhe und Konzentration aufeinander benötigen würden. Es gab dann zwar alle möglichen Blogs, aber echte Berichte, die doppelt gecheckt wären und in denen sich die internen Spannungen erschließen ließen, gab es nicht. Stattdessen wurde immer betont, wie harmonisch es zuginge. Von außen betrachtet konnte man sich fragen, auf welchem Planeten diese Synode denn da tagte. Jedenfalls müssen die Delegierten in diesem milderen Konklave-Format zuerst einmal Ja! sagen, um es überhaupt geschehen lassen zu können. Es soll schließlich den bestehenden Leitungsstrukturen helfen, sich allein in der Kirche und aus ihr heraus zu erneuern. Daher ist es auf Hilfe und Harmonie selbst dort angewiesen, wo die Kritik an seiner Unfähigkeit greift. Aus diesem Grund haben sich alle bestehenden Leitungsstrukturen wie die nicht gerade wenigen Bischofssynoden sowie die Päpste seit dem Konzil als untauglich erwiesen, den weltweiten katholischen sexuellen Missbrauch zu verhindern und hinreichend überzeugend anzusprechen. Entsprechend waren sie bei allen bischöflichen Entscheidungen, diesen Missbrauch zu vertuschen, förderlich. Kein Bischof, der das tat, musste eine Synode fürchten oder die anderen Bischöfe oder auch den Papst. Nur die Öffentlichkeit und der Rechtsstaat, die beide an Demokratie geschult sind, haben ihn aufgedeckt, also Journalist:innen und Staatsanwält:innen. Der Habitus der episkopalen und päpstlichen Leitung war dazu schlichtweg nicht in der Lage.

Wie soll es aber dazu kommen, dass es anders wird in der Kirche? Welche elementaren Strukturen wären denn vorhanden, um Anregungen überhaupt wirksam aufzugreifen? Darauf gibt es drei einfache Antworten: Die angezählte Bischofstruppe in der Weltkirche gibt auf, weil sie in der Kirchenherrschaft versagt hat, und beschränkt sich – einschließlich des Bischofs von Rom – auf ihre göttliche Würde als Seelsorger der Menschen in ihren Diözesen. Sie darf die Riten, die Mythen und die Sakramente weiter verwalten, also Liturgien feiern, dabei Predigten halten, die adäquate Spendung der Sakramente überwachen und weitere rein seelsorgliche Tätigkeiten. Für den Rest, also Glaubenslehre, Vermögen, caritative Tätigkeiten, Beziehungen zu anderen Konfessionen, Religionen und zur säkularen Welt, sind die übergroße Mehrheit der Getauften zuständig, die nicht im bischöflichen Amt sind, also Lai:innen, Ordensleute, Priester, Diakone. Diese Kirchenmehrheit wählt einen Gründungskonvent, der dann eine andere Herrschaftsform als die der episkopal-patriarchalen Dominanz ausarbeitet, und sie einem Konzil vorschlägt. Dort sind dann alle sog. Stände der Kirche entsprechend ihres Anteils am katholischen Gesamtvolk Gottes vertreten. Die genauen Prozentsätze muss ich jetzt nicht ausrechnen, das Ergebnis bei der dann allfälligen Wahl – der dritten einfachen Antwort – ist für jede:n leicht erkennbar.

Das sind drei einfache Antworten. Sie fallen selbstverständlich sofort unter das Verdikt, dass mit ihnen wieder einmal auf Godot gewartet würde, von dem alle Beteiligten längst wissen, dass er nicht kommen wird. Keine dieser Antworten wird in der katholischen Kirche realisiert werden. Es hängt aber nicht am Warten und den Wartenden, dass der Klerikalismus sich nicht selbst aufzugeben bereit ist. Die Absurdität liegt an der Einfachheit der Antworten, die der Komplexität der Probleme nicht angemessen ist. Die drei angeführten Antworten sind auf den binnenkirchlichen Raum fokussiert, der sich Illusionen über die eigene Bedeutung macht, während der Verfall der Glaubwürdigkeit sich von außen nach innen weiter dynamisiert.

Es wird nicht so werden, dass die Kirche und ihre klerikalen Entscheidungsträger darauf kommen werden, wie es anders werden soll. Es steht noch nicht einmal mehr in ihrer Macht, die eigene Glaubwürdigkeit wieder herzustellen. Jedes Mal, wenn die Bischöfe sie wieder aufzubauen versuchen, wird eine Hermeneutik des Verdachts ihnen gegenüber in Anspruch genommen. Das betrifft alles, was sie tun, also leider auch alles das, was sie wirklich gut machen. Es gibt zwar die Hoffnung, dass das irgendwann abklingt, aber nach Lage der Dinge wird das „irgendwann" mehr als eine Bischofsgeneration benötigen. Vorher wird der sexuelle Missbrauch nicht so von der Kirche aufgearbeitet sein, dass man ihr einen Neustart konzediert. Daher kommen die derzeit Mächtigen in der Kirche gar nicht in die Position, die Dinge anders zu machen. Sie können höchstens nachgeordnete Dinge erneuern, also auf der gleichen Linie wie zuvor neue Projekte beginnen. Sie können reformieren und auch das nur im Rahmen laut kreischender römischer Bremsen. Aber die nötige Komplexitätsstufe erreichen sie nicht.

Die Frage nach der Wahl über die Herrschaftsform in der katholischen Kirche ist ebenfalls zu einfach gestellt. Sie geht von der Wahlform aus, die wir aus der Demokratie kennen – one man/woman one vote an einem vorher festgelegten Wahltag. Aber die Kirche ist keine Demokratie![103] Es wäre eine Utopie, damit zu rechnen. Machtwechsel versteht die Kirche durchaus in der sie umgebenden politischen Welt unter Wertschätzung von Demokratie mit zu organisieren,[104] aber eben nicht in ihr selbst. Die Wahl, auf die es ankommt, findet vielmehr anders statt als in einer Demokratie. Sie findet in der Wahl derer statt, die getauft sind, also zur Kirche gehören, ob sie sich weiter mit ihr identifizieren oder nicht. Diese Wahl wird derzeit bei so gut wie allen Kirchenmitgliedern von ihnen selbst organisiert und sie tun es zunehmend an jedem Tag. Das kann man gar nicht deutlich genug sagen. Es ist eine sehr persönliche Wahl, aber gerade ihr überaus individueller Ausgang wirkt sich sofort auf die Glaubensgemeinschaft aus. Beide Gruppen treffen diese Wahl, diejenigen, die austreten, und diejenigen, die es nicht tun. Aber damit ist die Wahl noch lange nicht zu Ende; denn jede:r Getaufte hat mehrere Stimmen und nicht nur eine. Jede:r getaufte Gläubige kann jederzeit und überall noch einmal zur Wahl gehen und seine/ihre Stimme abgeben. Die Kirche ist schließlich keine Demokratie! Und in dieser Hinsicht ist das ein überaus offensichtlicher Vorteil.

Diejenigen, die ihre Wahl treffen, sich weiter mit der Kirche zu identifizieren, treffen als zweites die Wahl, wie weit sie das überhaupt

---

[103] Mein Satz hat denselben Stellenwert wie „Ein Apfel ist kein Ziegelstein.", wie Wolfgang Beinert, *„Die Kirche ist keine Demokratie". Ein Satz auf dem Prüfstand,* Stimmen der Zeit 1/148 (2023), 3–11 ebenso treffend wie vergnüglich anmerkt und es „zeigt sich beschämend klar: Dass die Kirche keine Demokratie sei, ist ein trivialer und banaler Satz, der nichts zur Verfassung der Kirche aus- und besagt. Man sollte ihm im Blick auf den eigenen Ruf den Abschied geben." (9)

[104] José Casanova, *Europas Angst vor der Religion,* Berlin: University Press, 2009, gibt der katholischen Kirche auf Basis ihres „Aggiornamento an die säkulare Moderne, das ins Zweite Vatikanische Konzil mündete" (45) und von *Dignitatis Humanae* und *Gaudium et spes* vollzogen wurde, „eine bedeutende Rolle im Widerstand gegen autoritäre Regime und im Prozess der Demokratisierung der katholischen Welt" (46). Er spricht mit Huntington deshalb davon, „dass die ‚dritte Welle' der Demokratisierung von den Siebziger- bis zu den Neunzigerjahren in erster Linie eine katholische war."(46) Aber wo sitzen die Wellenbrecher, die das ausgerechnet vom Strandabschnitt der katholischen Kirche fernhalten? Gabriel, Häutungen, a.a.O., macht sie aus in einer „wojtylistischen Kirche" (47) und ihrer prinzipiellen Trennung des Außen vom Innen. Die ständige Betonung von Papst Franziskus, sein Synodalitätsprojekt hätte nichts von einem Parlamentarismus, und der Chor der das resonierenden Kardinäle geben Gabriels Beschreibung der Tragödie darin Recht. „Seit 2010 zeigt sich, dass die in ein gegensätzliches Außen und Innen gespaltene katholische Kirche ihren Rückhalt verliert und Auflösungserscheinungen unübersehbar werden. […] Die Spannungen und Widersprüche, die zur Charakteristik des wojtylistischen Kirche gehören, werden in Ländern wie Deutschland zu einer Quelle ständiger Gefahren des Glaubwürdigkeitsverlustes." (47/48)

tun oder überhaupt noch tun. Und bei dieser Wahl steht die Vollidentifikation längst nicht mehr auf dem Wahlzettel. Die jeweiligen Wahlvorschläge verhandeln lediglich, wie weit die eigene Identifizierung von dem abweicht, was die Kirche erwartet und als ihren Glauben festlegt. Bei denen, die sich gegen die Kirche entscheiden und austreten, findet auch eine Wahl statt. Sie bezieht sich auf ihren Glauben. Leben sie ihn jenseits der katholischen Glaubensgemeinschaft oder nehmen sie ihn mit ihrem Kirchenaustritt aus ihrem Leben? Ich bin ziemlich sicher, dass die Mehrheit dort zu finden ist, wo das zweite nicht geschieht. Man kann diesen Ausgang darin erkennen, dass Kirche immer noch ein öffentlich sehr beachtetes Thema ist, obwohl sie eigentlich längst und auch nicht zu Unrecht als unreformierbar und auch als scheinheilig abgehakt ist. Auch wer geht, hat Interesse daran, dass dem Raum gegeben wird, wofür Kirche eigentlich stehen müsste. Die Vollidentifizierung von Kirche und Evangelium ist schon seit sehr langer Zeit aufgegeben worden – und das gilt längst auch in ihrem innersten Hierarchie- wie Seelsorgebereich.

Im Angesicht des Absurden öffnet sich dann, wenn man sich nicht beeindrucken lässt, ein ganz anderer Raum zum Glauben. Es ist ein Raum der Souveränität, die sich davon nicht beirren lässt, dass in der Kirche Absurdes für normal erklärt wird, obwohl es aberwitzig ist. Diese Souveränität besagt: „Wenn das normal ist, dann setze ich eben auf das Anormale. Wenn das gültig ist, dann bevorzuge ich eben das Ungültige. Wenn das gläubig zu bewahren ist, dann wechsle ich eben zum Bewahrheiten des Geglaubten." Diese Souveränität zu erreichen ist komplexer als die Bestätigungsvorgänge, die beim Glauben an Reformen gesucht werden. Sie setzt mehr voraus als bloß Veränderungen in den kirchlichen Formen. Zu Reformen ist bereits jedes autoritäre System fähig, wenn es um sein Überleben kämpft. Mit Umformatieren qualifiziert sich Kirche in der globalen Zivilisation nicht besonders. So wurde entsprechend auch auf die Weltsynode reagiert; sie war kein Weltereignis, gleich was sie im Titel führte. Ein anderes Muster für die Kultur, Veränderungen anzugehen, ist hier nötig.

Eine souveräne Wahl, die ständig stattfindet und anonym bleibt

Eine Bedingung für diese Möglichkeit, persönliche wie auch gemeinschaftliche Souveränität zum Muster des christlichen Glaubens zu bringen, haben wir eben schon gesehen. Es ist die Demokratie und ihr Druck, den sie von außen auf die katholische Kirche erzeugt. Dieser Druck mustert die Kirche und legt frei, wie wenig sie in ihren Entscheidungen souverän ist und wie wenig sie die Souveränität ihrer Gläubigen respektiert. Dabei muss Demokratie gar nicht in ihr Inneres vordringen, damit ihrem Druck Nachdruck verliehen wird. Er verstärkt sich ständig dadurch, dass ihre Defizite in der Gleichheit der Getauften die absurden Verhältnisse des binnenkirchlichen Machtgehabes und der Machtwechsel freilegt. Das ist wie das *Spotlight*, mit dem 2002 der Skandal des innerkatholischen sexuellen Missbrauchs durch den Boston Globe angeleuchtet wurde. Dieses *Spotlight* trifft die Teile der katholischen Kirche, die in funktionierenden Demokratien mit ihren eigenen Verhältnissen zurechtkommen müssen. Aber es trifft ebenso jene Teile von ihr, die in Diktaturen, autoritären Scheindemokratien oder illiberalen Demokratien existieren. Denn dort ist die Kirche ständig unter Druck, entweder für demokratische Verhältnisse aufzutreten, die sie dann für sich selbst nicht einzurichten bereit ist, oder sich mit Diktatur, autoritärer Macht, illiberativem Ressentiment einverstanden zu erklären.

In beiden Kontexten wird sie von einer Konfrontation mit Nein und zugleich Ja sowie umgekehrt mit Ja und zugleich Nein heimgesucht. Im Kontext von Demokratien kann sie nicht anders, als zu den Menschenrechten Ja zu sagen, die in Demokratien die Herrschaftsverhältnisse wesentlich mitbestimmen. Täte sie es nicht, verlöre sie völlig an Glaubwürdigkeit. Aber sagt sie dazu Ja, wird sie genötigt, für sich selbst die Menschenrechtsstrukturen aufzugreifen oder ihre eigene Glaubwürdigkeit abzulehnen. Man kann auch als Kirche nicht Ja zu den Menschenrechten und Nein zur Demokratie bei sich selbst sagen, ohne an Glaubwürdigkeit zu verlieren. Das wird dadurch noch massiv verschärft, wenn sich in ihr wie im Missbrauch selbst gravierende Menschenrechtsverbrechen ereignen.

In Diktaturen wiederum kann sie nicht Ja zu der herrschenden Macht sagen, ohne sich zur Handlangerin autoritärer Verhältnisse zu machen. Dieser Versuchung hat sie in ihrer Geschichte sehr oft nachgegeben. Jetzt in der globalen Zivilisation verschärft sich das, weil alles mit allem zusammenhängt und regionale Sonderheiten sich gleichwohl global auswirken. Als Handlangerin autoritärer Diktaturen und auch schon als sich neutral deklarierende Dulderin illiberativer Demokratien macht Kirche sich überflüssig, weil dann alle jene auf sie verzichten müssen, die unter der Diktatur leiden. Das sind nicht nur jene, die in diesen autoritären Verhältnissen leben, sondern alle darüber hinaus. Sie kann nicht auf Kuba und in Nicaragua dagegen und im Fall von Venezuela und Ungarn dafür sein. Eines passt nicht zum Anderen und es ist Aufgabe des Papstes, das deutlich zu machen. Seine Neutralitätspolitik gegenüber dem Angriffskrieg Russlands auf die Ukraine wirkt sich gravierend über diesen Krieg hinaus aus; er hat keine internationale Reputation mehr, um eine Stimme der Vernunft des Friedens zu erheben. Er kann viel sagen, aber es verpufft fast schon sofort.

Sagt die Kirche aber Nein zur Diktatur und vielleicht sogar zur illiberalen Demokratie, muss sie Ja zu den Dissident:innen sagen, die für demokratische Verhältnisse kämpfen. Dann steht ihr eigenes Nein zur eigenen Demokratisierung im Raum und schwächt sie erheblich. Daher kann die Kirche in diesem Kontext bestenfalls für eine Liminalitätsphase wichtig sein und in diesem Übergang Räume schaffen, mit deren Hilfe andere die Diktatur zu Fall bringen. Bei der Wende 1989 in der DDR war das phasenweise der Fall. Aber aufgrund des eigenen Nein zur Demokratie in ihr selbst fällt sie danach schnell für die weitere Entwicklung aus; ihr fehlt dann die nötige Autorität. Das konnte man in den neuen Bundesländern beobachten. Als dort eine Partei immer einflussreicher wurde, die für eine Entdemokratisierung und eine autoritäre Herrschaftsform steht, hatten die kirchlichen Warnungen wenig Gewicht.

Auch in Polen, wo die katholische Kirche für den Übergang von einer kommunistischen Diktatur in eine offene demokratische Gesellschaft wichtig war, konnte man das im Fall der Herrschaft durch die autoritär agierende PIS-Partei erkennen. Hier war die Nähe der Kirche zu dieser Partei so groß, dass all ihr Agieren zu deren Gunsten erfolglos blieb. Sie konnte noch nicht einmal die Autorität des polnischen Überheiligen Johannes Paul II. für ihre katholischen Ziele anzapfen. Sie steckte zu fest im Sack des autoritären Machtgebrauchs, als dass polnische Katholik:innen sich von ihrer Kirche beeindrucken ließen, die katholische Anliegen ihrer Kirche (Abtreibung, Frauen im traditionellen Familienbild, gegen LGBTQIA+) mit ihrer demokratischen Wahlentscheidung gegen die PIS-Regierung zu vermischen. In Ungarn kann man Ähnliches erwarten.

Sowohl im demokratischen wie im diktatorischen Kontext wird offenkundig, wie weit eine Kirche vom Auftrag des Evangeliums entfernt ist, die Würde des einzelnen Menschen zu respektieren und ihre menschenrechtliche Realisierung zu verteidigen, wenn ihr eigenes Machtgebahren sich selbst effektiver Machtkontrolle entzieht. Die angeschlagene Glaubwürdigkeit durch Missbrauch schlägt durch und legt die Muster ihrer Macht regelrecht gnadenlos frei. Daher klingen kirchliche Deklarationen für die Würde des Individuums auch so lange hohl, wie in ihr selbst keine Menschenrechte als Kontrollinstanz herrschen. Auch ihr Kirchenrecht, das zwar langsam, aber immerhin mittlerweile durchaus den Opfern ein wenig Platz einräumt, reicht dafür nicht aus, weil die verbleibenden Kirchenrechte der Täter denen ihrer Opfern überlegen sind. Täter können bestenfalls aus dem Priesteramt entfernt werden, was angesichts der Verbrechenslage gegen körperliche Unversehrtheit und sexuelle Selbstbestimmung nachgerade lächerlich erscheint. Die Opfer sind keine Instanz, vor der die Kirche sich in ihren Verfahren gegen solche Täter zu rechtfertigen bereit ist. Es wird so lange mit zweierlei Maß gemessen, weil ein Grundrechtskanon fehlt.

Die Demokratie ist daher ein fortlaufender Druck von außen, der umso stärker wird, je mehr die Kirche versucht, sich seiner zu erwehren. Der Druck einer Diktatur ist demgegenüber für die Kirche leichter, weil sie dann als ihr Opfer geschmeidiger der eigenen Selbstdemokratisierung entgehen kann. Fällt die Diktatur, dann fällt jedoch bald die kirchliche Glaubwürdigkeit ab und die für sie unangenehme Heuchelei in Sachen individueller Rechte wird offenkundig.

Hinzu kommt eine zweite prekäre Eigenschaft in der permanenten Wahl der Gläubigen. Sie ist ebenso anonym wie die demokratische Wahl. In einer Demokratie ist nur bekannt, wer wahlberechtigt ist, ob zur Wahl gegangen wurde und was dann insgesamt gewählt wurde. Es wird nicht bekannt, was die einzelne Person gewählt hat. Es herrscht Wahlgeheimnis. Im Fall der oben geschilderten Kirchenwahl ist noch nicht einmal bekannt, wer zur Wahl gegangen ist. Hier genügt es, dass jede Person wahlberechtigt ist, die getauft ist. Sie kann jederzeit wählen, ob sie ihre Taufe in der Kirche oder lieber draußen realisiert. Es bleibt auf eine elementare Weise anonym, wer diese Wahl so oder so getroffen hat.

Der Druck, der von dieser Anonymität ausgeht, wirkt sich umso mehr aus, je mehr die Kirche gegen die Anonymität angeht, die sie ohnmächtig macht. Das tut sie überall dort, wo sie versucht, der Individualität im Glauben das Wasser abzugraben. Das scheitert in einer globalen Zivilisation fortlaufend, die immer unübersichtlicher wird, ohne Milieubindung auskommt und sich ständig weiter urbanisiert. Das geschieht derzeit überall auf der Erde und hat zu einer gewichtigen Veränderung im Raum der Öffentlichkeit geführt. Im Fall der Kirche ist eine spezielle Anonymität auf den Plan getreten.

Anonymität, die Verschämtes aufbricht

Anonymität hat sich zu einem gravierenden Machtfaktor in der digital vernetzten Welt gemausert. Selbst von gewaltbereiten Diktaturen ist sie nicht zu brechen. Je mehr vernetzt wird, desto stärker wird sie. Selbst gut funktionierende demokratische Verhältnisse entkommen den Whistleblowern nicht, die auf verschämte und schamlose Korruption hinweisen. Jede anonyme Offenlegung versteckter Unverschämtheiten, verschämter Ungerechtigkeiten oder schamloser Unwahrheiten hat Wirkung und das kann über den Treibriemen Anonymität sehr groß werden. Das trifft Kirche schwer.

Es genügt nicht, Anonymität ins Entweder-Oder zum öffentlichen Raum zu stellen, in dem menschliche Subjekte politisch aktiv sind. Sie vergemeinschaften sich dort im öffentlichen Sinn. Anonymität bedeutet dann, vor diesem Raums zurückzuscheuen, und so galt sie lange als bevorzugter Ort des unpolitischen Individuums. Öffentliche Sichtbarkeit bei politischen Handlungen benötigt Freimut, der sich nicht hinter Namenlosigkeit versteckt. So dachte sich das etwa die Theorie des kommunikativen Strukturwandels der Öffentlichkeit bei Jürgen Habermas. „Der Figur des Staatsbürgers, der sich ausdrückt, der Forderungen stellt, der demonstriert, der sich schlägt, wird so stillschweigend die Figur des Individuums entgegengesetzt, das flieht oder schweigt, das schweigend die Ordnung der Dinge akzeptiert, das heimlich das Gesetz übertritt usw."[105]

Das, was de Lagasnerie hier über die übliche Vorstellung politischer Aktivität in Gesellschaft, Politik, Staat sagt, gilt ähnlich auch für die katholische Kirche. Das glaubende Individuum galt über lange Jahrhunderte für binnenkirchliche Auseinandersetzungen als unbedeutend und nachrangig, weil es ohne die es tragende Gemeinschaft nicht sichtbar ist. Deshalb macht es keinen Unterschied, wenn seine Verweigerung anonym bleibt. Vielmehr waren Amtsträger kirchlich entscheidend, weil sie sichtbar in und als Kirche agierten. Auch die Singularität des Papstes wurde nicht so aufgefasst, dass es dabei auf das Individuum ankommt, sondern auf das sichtbare Amt, an dem sich alle Anderen in der Kirche auszurichten hätten. So dachte man lange Zeit und so konnten sich die Mitglieder der katholischen Hierarchie lange darauf ausruhen, keine entscheidenden Interventionen aus anonymen Quellen fürchten zu müssen. Sie würden so-

---

[105] Geoffroy de Lagasnerie, *Die Kunst der Revolte. Snowden, Assange, Manning*. Aus dem Französischen von Jürgen Schröder. Berlin: Suhrkamp, 2016, 88 f.

wieso keine katholische Resonanz finden. Aber ebenso wie das Monopol eines öffentlichen Raumes für politisch relevante Subjekte eine Illusion ist, so gilt das auch für die kirchliche Sichtbarkeit. Sie ist dem Individuum nicht vorgeordnet, sondern nachgeordnet; seine Anonymität ist der Sichtbarkeit in vielerlei Hinsicht überlegen.

Man kann diese Anonymität ziemlich gut fassen, wenn sie von Verheimlichung und Verschämung unterscheidet. Die zeigten sich am sexuellen Missbrauch durch Kleriker, an seiner Vertuschung durch Bischöfe und am Kartell des binnenkirchlichen Verschweigens. Auch dabei wurden öffentlich keine Namen genannt, aber dabei handelt es sich nicht um anonyme Individuen, sondern um eine Geheimniskrämerei, obwohl Täter und meistens auch die Opfer genau bekannt waren. Das ist keine Namenlosigkeit, sondern die Verweigerung, öffentlich Namen zu nennen. Das geschah gerade, weil die offiziöse Ideologie von Kirche war, es käme auf ihre Sichtbarkeit an, die über jeden Verdacht von Heuchelei, Amoralität, Verbrechen erhaben zu bleiben hatte. Auch hier zeigte sich schon, wie falsch die Annahme war, es käme auf das Individuum in der Glaubensgemeinschaft nicht wirklich an. Das Verschweigen der Namen der Täter, die Verheimlichung der Opfer und die Verschwiegenheitsverträge, die etwa in den US-Diözesen üblich waren, ehe der Boston Globe das 2002 öffentlich machte, belegen, dass es gerade auf die Individuen ankam. Nur mussten sie versteckt werden, weil diese Täter-Individuen belegen, wie verlogen die Sichtbarkeitstheologie der katholischen Kirche war. Wir stehen mit der anonymen und der verheimlichten Individualität vor zwei unterschiedlichen Grammatiken, auf die wir noch zurückkommen müssen. Die verheimlichte Individualität ist Ausdruck eines Regimes, welches das übergeordnete System Kirche davor schützen will, die anonyme Individualität dagegen offenbart dessen Unglaubwürdigkeit. Das anonyme Individuum ist souverän, das verheimlichte unterworfen. Zum Subjekt eines Glaubens, der glaubwürdig ist, taugt nur das erste, das zweite bleibt beim *sujet* stecken. Die Missbrauchstaten sind systemischen Ursprungs und Verbrechen von priesterlichen Individuen, die die Unterworfenheit von gläubigen Menschen mit sexualisierter Gewalt verschärfen. Die Vertuschungen durch Bischöfe sind individuelle Fehlentscheidungen, die sich selbst nach Jahrzehnten systemisch äußerst nachteilig auswirken, sobald sie bekannt werden; sie offenbaren, wie beschämend heuchlerisch kirchliche Macht ist. Auch das Verschweigenskartell wird von Individuen am Laufen gehalten, die sich nicht trauen, das Schweigen zu brechen und die Scham zu benennen, die hier haust. Man beredet sich in diesem Kartell nicht groß mit anderen und trifft die Verabredung, darüber nicht zu reden. Das ist keine souveräne Anonymität, sondern beschämend schändlich. Anonymität war dagegen wichtig, um dieses Kartell der Vertuschungen, Verheimlichung und Schutzzonen der Täter zu brechen. Sie hat eine völlig andere Form als diese dreifache Verheimlichung, weil sie das Verschweigen bricht. Das geschah insbesondere durch Opfer dieses Kartells, die ihre Isolation aufgaben und sich Journalist:innen wie dem Spotlight-Rechercheteam des Boston Globe anvertrauten. Sie verließen den angeblichen Schutzraum des Verschweigens, um ihr Leiden namhaft zu machen, ohne dass sie als Individuen für alle anderen bereits erkennbar sind. Diese Form von Nicht-Sichtbarkeit verschweigt nicht, sondern gibt dem Sprechen einen ganz anderen Raum, wo die Macht des Verschweigens zerbricht und die Ohnmacht der Unsichtbarkeit zu einer eigenen Form von Ermächtigung durchbricht. Hier zeigt sich, dass jene Anonymität, die die öffentliche Sichtbarkeit des Subjektes hinter sich lässt, gegen Verschweigen steht. Sie spricht unsichtbar eine prekäre Größe aus, die das betroffene Individuum unter Druck setzt und zugleich über es hinaus von großer Bedeutung ist. Während das Kartell des Verschweigens Ja zur Kirche im Stil einer verheerenden Nibelungentreue sagt, spricht diese Anonymität ein klares Nein zum Verschweigen aus und bejaht dann die Bedeutung über die eigene Betroffenheit hinaus. Ihr *Whistleblowing* macht sichtbar, wie verheerend es sich auswirkt, den Missbrauch auch der anderen betroffenen Individuen zu verschweigen, um die Fassade einer reinen Sichtbarkeit von Kirche zu erhalten.

Dabei wechselt auch die Ressource Gott den Standort. Die Sichtbarkeitskirche unterstellt, er sei auf ihrer Seite, die Anonymität, mit der die Opfer ihr persönliches Leiden aufgrund dieser Sichtbarkeitsideologie markieren, belegt dagegen, dass Gott nicht auf Seiten der Vertuschungskirche steht. Diese anonymen Taten von Individuen habe eine um ein Vielfaches gravierendere Wirkung als alle Sichtbarkeitszeremonien von Kirche.[106] Mit dem Nein zu dieser Kirche

---

[106] Ich vermute, dass Anonymität mindestens ein Tool, wenn nicht sogar eine epistemische Lokalisierung dafür wäre, wie Subalterne in einer dekolonisierten Theologie zum Sprechen kommen, die Judith Grubers „Plädoyer für Ambiguitätstoleranz, wie sie eine postkoloniale Reformatierung theologische Wissensproduktion einfordert" (*Decolonizing Theology? Schlaglichter auf Lehre und Forschung einer post/kolonialen Theologie*, Zeitschrift für Missionswissenschaft und Religionswissenschaft 1–2/107

und dem Ja zum eigenen Leiden baute Anonymität eine Macht auf, welche die kirchlich kontrollierte Sichtbarkeit nachhaltig in den Schatten stellte. Diese Macht musste nur aktiviert werden und dann mutet sie sich zu.

Die Kunst der anonymen Revolte

Anonymisierung, die bloß dem Verschweigen dient, baut eine Zumutung auf und ermächtigt die Opfer der Unverschämtheit des Verschweigenskartells zu einer namenlosen hörbaren Offenbarung. Dem entkommt Kirche nicht, gleich wie lange und erfolgreich sie ihre Unglaubwürdigkeit aufgrund der Verbrechen sexualisierter Gewalt anonymisieren würde. Sie verblassen nicht mit der Zeit und wirken sich auch noch nach Jahrzehnten gravierend schädlich aus. Dieses Anonymisieren zu Lasten der Opfer ist etwas ganz anderes als eine Anonymität, die Nein zu dem sagt, was das Leiden der Opfer hervorbringt, und Ja zu einer Alternative sagt, die das so nicht mehr mitmacht. Dieses Wechselspiel von anonymen Nein und Ja verleiht den drei verheerenden kirchlichen Größen Schamlosigkeit, Unglaubwürdigkeit und Verbrechensanteil für die Zukunft der katholischen Religionsgemeinschaft einen viel größeren Nachdruck, als wenn es im öffentlichen Raum von Subjekten, die sich sichtbar machen müssen, vertreten würde. Das gilt auch für Aktionen wie bei *#OutInChurch*, wo Betroffene kirchlicher Absurditäten sich ja gerade entschieden haben, die Anonymität zu verlassen und sich selbst öffentlich zu machen. Sie wurden zu öffentlichen *Whistlebower*, die mit ihrem Gesicht und Namen für das Anliegen standen und dabei x-tausende weitere Menschen repräsentieren, die ebenfalls betroffen und anonym sind. Dieser Gang aus der Anonymität bedeutet nicht, den einflussreichen Raum der Anonymität zu verschließen. Schließlich geht es nicht allein um die, die sich sichtbar machen, sondern um das Sichtbarmachen einer anonymen Leidenslage.

De Lagasnerie hat Anonymität nicht auf das katholische Kirchensystem hin untersucht, sondern auf ähnlich vertuschende *Global Player* wie Militär und Politik, Finanzmärkte und Wirtschaft. Sie wurden in den letzten Jahrzehnten von einer ganzen Reihe von *Whistleblower* empfindlich getroffen, als sie Korruption, Machtmiss-

---

(2023), 13–19, 19) gerade nicht „*außerhalb* von Macht/Wissens-Regime" (17) von Theologie platziert.

brauch und Menschenrechtsverbrechen öffentlich gemacht haben. Gerade der Umstand, dass man solche Subjekte nicht namhaft machen kann, gibt dem, was ans Licht kommt, eine viel höhere Aufmerksamkeit. Hier dient Anonymität der öffentlichen Bedeutung der Sache, um die es geht, und nicht dem verschämten Verstecken. Sie befördert das Bloßstellen des Verschämten. „Das anonyme Subjekt tritt nicht als ein Subjekt auf, das erscheint: Im Gegenteil bewerkstelligt es seine Unsichtbarkeit; es löst sich als öffentliches Subjekt auf. Wenn es etwas anprangert, wenn es eine Website blockiert, wenn es hackt, wenn es ‚demonstriert' [...], handelt es, hält Reden, läßt Aussagen zirkulieren, aber ohne daß man diese Akte einem Individuum zuweisen könnte, das sie begeht oder sich zu ihnen bekennt, ohne daß man wissen könnte, woher die Kritik kommt und wer sie ausspricht [...] Der Autor der Reden oder Akte löscht sich aus."[107]

Diese Anonymität trifft die katholische Kirche an einem überaus wunden Punkt, nämlich ihrer öffentlichen Sichtbarkeit auf Kosten der Unsichtbarkeit der übergroßen Mehrheit der individuellen Subjekte. Mit einem Mal tritt zu Tage, was über Jahrzehnte unter den Teppich gekehrt wurde, aber jetzt nicht mehr zu leugnen ist. Das Resultat ist kirchlich ebenso verheerend wie reinigend. Es kommt schließlich nicht von einem kirchenfeindlichen Außen, sondern von einem kirchlichen Innen, das sich nicht länger mit den Kirchenfassaden einverstanden erklären kann. Man nehme etwa die beiden Fälle von Jennifer Haselberger, einer Kanonistin und 2008–2013 Kanzlerin der Erzdiözese St. Paul & Minneapolis, und Siobhan O'Connor, seit 2015 Assistentin des Bischofs von Buffalo Richard Malone. Sie hatten innerkirchlich mehrfach darum gebeten und angemahnt, Fälle sexuellen Missbrauchs endlich aufzuarbeiten, ohne dass sie bei ihren Bischöfen auf Gehör stießen. Sie machen die Fakten dann mit Hilfe von Enthüllungen über säkulare Medien öffentlich, was dann verzögert zum Rücktritt dieser Bischöfe führte.[108] Das sind keine Einzelfälle, auch wenn ihre Aktivitäten nach wie vor nicht die Regel sind.

Die ganze Weltkirche erleidet einen Glaubwürdigkeitsverlust ungeahnten Ausmaßes, der angesichts des Dunkelfeldes von Taten, Vertuschungen und Verschweigen noch gar nicht wirklich abgeschätzt werden kann. Aber jetzt ist bereits klar: Gerade das damals gesuchte Unsichtbarmachen dieser Taten fliegt einer Kirche um die

---

[107] Lagasnerie, Revolte, a.a.O. 90.
[108] Vgl.   https://www.bishop-accountability.org/2022/06/whistleblowers-and-the-abuse-crisis-two-womens-stories/

Ohren, die selbst ständig den öffentlichen Raum zur Beschuldigung anderer verwendet hat. Die verschämte Machtanmaßung von ängstlichen Verrätern am Evangelium richtet sich gegen sie selbst und das, was sie angeblich schützen wollten. Die Anonymität der Opfer dagegen, die Anonymität derer, zu deren Nachteil die Vertuschungen vollzogen wurden, die Anonymität der Leidenden unter dem Schweigen, und die (oft nur für eine gewisse Zeit aufrechterhaltene) Anonymität der *Whistleblower* sind dagegen eine ebenso höchst peinliche wie kreative Konfrontation mit der Wahrheit des Geschehenen. Erst diese Anonymität bringt einen effizienten Relativierungsschub der katholischen Beschuldigungstheologie mit sich, die Menschen gerade aus der Anonymität dessen, was gegen sie spricht, herauszerrte und anprangerte. Von kirchlicher sexualisierter Gewalt betroffene Menschen werden dagegen von der Anonymität des Öffentlichmachens der Taten und ihrer Vertuschungen ermächtigt, ins Wort zu bringen, was sie knechtet, ohne an den Pranger gestellt zu werden. Ihr *Whistleblowing* entzieht den Verbrechen an den Menschenrechten den Schutz, den sie kirchlich über Jahrzehnte und Generationen von Hierarchien genossen hatten. Das anonyme Nein zu Taten, Tätern und Vertuschern macht das Ja zum eigenen Leben möglich, das von Gewalt gravierend betroffen ist. Es wäre daher sehr signifikant, um aus der verfahrenen Lage der Kirche als einzelne:r Gläubige:r herauszukommen, wenn es gelänge, diese Anonymität positiv aufzugreifen. Sie ist nicht denunziatorisch aktiv, sondern auf heilsame Weise konfrontativ.

Für de Lagasnerie ist eine solche Anonymität das Herzstück für die „Kunst der Revolte", die weit über die Moderne hinausweist. Diese Anonymität versteckt sich nicht, sondern präsentiert beunruhigende Fakten so anders, dass sie viel sichtbarer werden als im üblichen öffentlichen Raum. Diese Anonymität ist nicht heimlich gegen die Kirche gerichtet. Sie ist vielmehr höchst unheimlich, weil sie die Selbstzerstörung von Kirche anzeigt. Sie wird nicht akzeptiert von denen, die verschämt verschwiegen agiert haben und für die Taten das Licht der Öffentlichkeit scheuten. Aber sie wird sehr wohl von denen akzeptiert, die von dieser Schamlosigkeit betroffen sind. Je mehr man dann versucht, diese Anonymität klein zu reden oder zu halten, desto stärker wird sie.

Besonders in Glaubensdingen sind anonyme Beanspruchungen von Glaubwürdigkeit eine durchschlagende Kraft, die dem Individuum zugleich mindestens dieselbe Bedeutung geben wie der Gemeinschaft. Hier findet die bekannte anthropologische Wende eine ganz andere, komplexere und höchst effiziente Bedeutung, weil die Abgründe, die Fehler und die Dekadenz nicht mehr überspielt werden können, die vorher immer bloß individualisiert wurden, um sie unschädlich zu machen.[109]

Das anonyme individuelle Subjekt im Glauben versteckt sich nicht, sondern nimmt sich aus der üblichen Zuweisung von kirchlichen Beschuldigungen heraus und gibt damit umso mehr Nachdruck, wozu es Nein sagt. Dieses individuelle Nein ist aufgrund seiner Anonymität eine ständige und nicht zu vermeidende Belagerung der Kirche zu ihrem Nachteil. Aber es dauert natürlich sehr lange, bis die binnenkirchlich Herrschenden das zu respektieren beginnen.

Das hängt an der Wahl der Gläubigen, die tagtäglich über die Kirche stattfindet. Nur ein Bruchteil ihrer Ergebnisse sind bisher bekannt. Auch die noch so hohen Austrittszahlen aus der Kirche geben nicht annähernd wieder, wie ernsthaft sich die Gläubigen – die ja auch Gläubiger der Kirche sind – überlegen, die katholische Kirche zu verlassen. Seriöse Untersuchungen wie etwa der Religionsmonitor der Bertelsmannstiftung Ende 2022 gehen davon aus, dass es für beide Großkirchen in Deutschland mindestens ein Viertel der derzeit ca. 41 Millionen Kirchenmitglieder sind, wovon Zweidrittel die Katholik:innen stellen.[110] Das sind ca. 6,8 Millionen Menschen.

---

[109] In der berühmten Kategorie des anonymen Christentums hat Karl Rahner daran gerührt, aber diese Kraft blieb noch im Nebel, weil das Außen – nicht zuletzt in der heftigen Kritik an dieser Kategorie bei Balthasar, Metz und anderen – immer noch unter das Innen im Glauben gestellt wurde. Das *Whistleblowing* von sexuellem Missbrauch ist Ausdruck eines anthropologisch gewendeten anonymen Christentums, das direkt mit der tatsächlichen Wahrheit seines Glaubens verbunden ist, weil es das missbrauchenden Praktiken des Glaubens offenbart, die bis in die Spitze der Kirche hinein gepflegt wurden und Falschheiten für Wahrheiten ausgaben. Will man die anthropologische Wende weiterdenken, wie es das Themenheft von Theologie und Glaube 2/113 (2023) vielfältig versucht, hätte man darin einen *locus theologicus alienus* zur Verfügung. Rahners „übernatürliches Existential" gewinnt an diesem Ort jenes „transzendentale Potenzial", das Jan Loffeld, *Fraglos glücklich!? Die anthropologische Wende für das 21. Jahrhundert weiterdenken*, Theologie und Glaube 2/113 (2023), 168–171 als Grundlage für deren Zukunft in der Diversität der Lebensentwürfe ohne religiöse Bedürfnisse ansieht. Niemand ist glücklich, wer dieser Anonymität konkreten Ausdruck verleiht und sie respektiert. Aber ohne sie breitet sich das Unglück eines dekadenten Glaubens weiter aus, der sich als gerade jene „unantastbare transzendentale Insel in einem sozial-materialen Ozean" mythologisiert, die Franca Spiess, *Braucht die Theologie eine posthumanistische Wende?*, Theologie und Glaube 2/113 (2023), 119–123, 123 mit posthumanistischer Hilfe für die anthropologische Wende ausschließen möchte.

[110] Vgl. https://www.katholisch.de/artikel/42572-studie-vor-allem-katholiken-denken-in-deutschland-an-kirchenaustritt?utm_source=pocket_reader.

Deren Wahl kann jederzeit gegen die Kirche ausgehen. Auch wenn sich die Kirche Demokratie weit vom Leib hält, erwischt sie diese demokratische Matrix nachhaltig. Sie kann ihre Mitglieder noch nicht einmal mehr in der Mitgliedschaft halten, geschweige denn zum Mitmachen bewegen. Es gibt also längst eine Art von Fusion zwischen dieser Anonymität von innen aus der Kirche und der Demokratie, die von außen in die Kirche hineindrückt. Diese Fusion entfacht ein heißes Feuer. Das zu löschen sollte niemand der kirchlichen Verantwortlichen versuchen. Die Verwässerung würde sich als Öl erweisen, wenn es auf das anonym entfachte Feuer trifft.

An diesem Punkt gibt es eine Kontaktzone zu einem erheblichen Zerstörungspotential in der katholisch-kirchlichen Verwässerung von Demokratie, dessen Ausmaß wir bisher nur erahnen. In diesem Sinn ist die Fusion aus Anonymität und Demokratie eine Metonymie zu der komplexen Gefahr, die aus der Verbindung von autoritärer Herrschaft und Religion in der globalisierten Zivilisation kommt. Wenn man sich Gesellschaften ansieht, die als offene Gesellschaften entweder funktionierende Demokratien hatten oder auf dem Weg dahin waren, dann aber mit politischer Absicht in eine autoritäre Herrschaft transformiert wurden, dann scheint Religion dabei eine wichtige Rolle zu spielen. Mindestens erleichtert sich diese Transformation, wenn die in diesen Gesellschaften wichtige Religionsgemeinschaften dabei mitmachen und die autoritären Machtabsichten stützen. Das fand schon 1979 mit der islamischen Revolution im Iran statt, deren geöffnete Gesellschaft die Mullahs schnell autoritär einbetonierten. Das vollzieht sich in Russland seit dem Übergang von Jelzin zu Putin, für dessen Angriffskrieg gegen eine demokratisch werdende Ukraine der Moskauer Patriarch orthodoxe Fundamente gießt. Das war in der Türkei zu beobachten, als Erdogan das politische System mit auf ihn zugeschnittenen autoritär-muslimischen Großmachtfantasien umbaute. Das vollzog sich in Ungarns illiberalen Demokratie von Orban, an der die katholische Kirche gerne mit kapitalisiert. Die einst primäre österreichische Antiklerikalpartei FPÖ konnte sich bereits in zwei Kabinetten bis in Bischofskreise hinein als Verteidigerin des Christlichen aufspielen. Das war der Versuch von Bolsonaro, mit dem evangelikalen Christentum zusammen seine autoritäre Herrschaft in ganz Brasilien einzugraben. Das war in Polen für die Stabilisierung der PIS-Herrschaft der Fall, der die katholische Kirche zur Hand ging. Das ließ sich beim Weg Israels in eine rechtsextreme Regierungskoalition ausmachen. Auch in Italien hat sich die katholische Kirche nicht gegen die Salonfähigkeit des Neofaschismus bemerkbar gemacht. In Frankreich kann man eine Verbindung zwischen Piusbruderschaft, aber auch praktizierender Katholik:innen mit dem Rechtspopulismus ausmachen. Und in den USA wird es dieses Jahr ausgemacht, ob die monströse Kombination aus Trumpismus und evangelikalen Machtergreigungsvisionen die Demokratie in einen autoritären Überstaat zwängt.[111]

Es kann also sein, dass die katholische Kirche dort, wo eine offene Gesellschaft in autoritäre Herrschaft transformiert wird, eine unrühmliche Rolle dabei spielt und einfach schon deshalb mitmacht, um ihre Unglaubwürdigkeit bei den Menschen dieser Gesellschaft wie bei einem Münchhausen-Trick hinter sich zu lassen. Dort aber, wo sie das versucht, wird ihre Autorität ins Bodenlose fallen. Dann würde ihr Schicksal daran gekettet, wie es mit der autoritären Herrschaft ausgeht.

Dann begänne das oben beschriebene Feuer auf sie überzugreifen. Dieser Versuchung kann sie nur entgehen, wenn sie selbst in ihrem innersten Bereich demokratische Verfahren einbaut und ausbaut. Karlheinz Ruhstorfer hat das auf dem Hintergrund seiner Erfahrungen im Dresden der Pegida-Bewegung erkannt und in einen Imperativ gefasst: „Gerade an unserem geschichtlichen Ort, an dem Demokratie und Menschenrecht weltweit in Bedrängnis gerät, können und müssen sich Kirchen *für* Recht und Freiheit *gegen* Autoritarismus und Rechtsradikalismus engagieren. Doch ist dies in letzter Konsequenz nur möglich, wenn die Kirche sich auch nach innen von jedem autoritären Denken verabschiedet."[112] Dieser Imperativ rührt an

---

[111] Vgl. die Übersicht für diese Beispiele bei Nadia Marzouki/Duncan McDonnell/Olivier Roy (Hg.g), *Saving the people. How populists hijack religion*, London: Hurst & Company, 2016. Sowie: Regina Elsner, *Kirchen im Krieg*, Theologie der Gegenwart 2/66 (2023), 103–114, bes. 108–111; Michael Budde, *Die Irrlehren des Patriarchen*, Concilium 2/59 (2023), 239–248; Jacek Kołtan, *Illiberative Konterrevolution und die katholische Kirche in Polen*, Wort und Antwort 1/64 (2023), 2–5, vgl. im selben Heft auch den Artikel von Jacek Krzemiński und Andrzej Kaluza (6–20); Yann Raison du Cleuziou, *Rechtsruck des französischen Katholizismus*, Stimmen der Zeit 5/148 (2023), 333–344. Die Befürchtung von Michael Ebertz, *Konfessionsfrei – eine religionspolitische Herausforderung*, Communio 3/52 (2023), 267–280 vor einem *turning point*, nach dem die Kirche ihre Interessen im politischen Raum wegen der zunehmenden religiösen Ungebundenheit der Bürger:innen nicht mehr durchsetzen kann, wird hier vielleicht durch eine anderen und viel gefährlicheren Vorgang abgelöst. Wo Kirche dem Populismus den Steigbügel hält, kümmert sie das Wohlergehen der Bürger:innen eines Staates nicht mehr.

[112] Ruhstorfer, Befreiung, a.a.O., 228. Man muss in diesem Sinn die Einsicht der Studie von William J. Hoye, *Demokratie und Christentum. Die christliche Verantwortung für demokratische Prinzipien*, Münster: Aschendorff, 1999 anders verdrillen: „Christentum paßt zur Demokratie wie die Hand zum Handschuh [...] Es scheint aber tat-

diese prekäre Kontaktzone. Wir könnten schon viel näher daran gerückt sein, als uns lieb ist. Daher ist all das, was in die Kirche hinein Demokratie bringt, mehr als nur eine Demokratisierung von Kirche. Es macht sie in einem Sinn über-flüssig, der sich für die gefährdete Gesellschaft als Segen erweisen wird.

Anonymität ist ein Muster des Evangeliums

Bei diesem Fusionsfeuer können wir uns deshalb an ein markantes Element in der Botschaft Jesu erinnern, das *passivum divinum*. Es handelt sich um den Hinweis auf die Präsenz Gottes, die nicht direkt angesprochen werden kann, sondern nur über das zu erfassen ist, was geschieht, ohne dabei die Chance zu haben, den Akteur zu benennen. Es agiert mit einem Nein zur Benennung Gottes und einem Ja zur Aktivität Gottes. Dieses Nein und Ja zugleich belässt die Mächte nicht einfach am Platz. Das *passivum divinum* leitet jeweils einen spezifischen Machtwechsel ein. Die angesprochene, immer breiter werdende anonyme Qualifizierung der kirchlichen Vollzüge durch die einzelnen Gläubigen, die ihre Wahl für sich, in ihrem Inneren und also anonym treffen, ist womöglich ein solches *passivum divinum*. Wer die katholische Unglaubwürdigkeit betrauert, wird getröstet werden. Und es ist nicht die Kirche, die das tut oder auch nur tun könnte.

Diese zwei Seiten des *passivum divinum* unserer Tage gibt dem Prozess, in dem die katholische Kirche überflüssig wird, eine besondere Signifikanz. Hier sieht man die Durchschlagskraft der nicht euklidischen Anonymität auf Binnenvollzüge kirchlicher Macht. Die jeweiligen Machtwechsel von der Hierarchie über die katholische Communio des Volkes Gottes hin zu den einzelnen Menschen hat längst stattgefunden. Die Frage ist nicht mehr, wie die Hierarchie die Augenhöhe der Individuen wieder zu ihren Gunsten verschieben

---

sächlich so, daß für die Demokratie bislang keine neue passende Hand gefunden worden ist. Wird die Hand des usprünglichen Besitzers ohne Ersatz herausgezogen, wird der Handschuh schlaff." (366) Die Kirche zieht die Hand aus diesem Handschuh, weil sie Demokratie nicht an sich heranlassen will, aber nimmt es hin, wenn dort autoritärer Herrschaft hineinschlüpft. Wo das geschieht, wird ihre Glaubwürdigkeit ganz erkalten. Eine leise Anfrage hätte ich auch an den Slogan „Keine Demokratisierung ohne Dekolonisierung" im postkolonialen Universitätsmilieu von Amsterdam (Claudia Jahnel, *Befreiung und Dekolonisierung*, Theologische Quartalsschrift 2/203 (2023), 147–162, 151), ob vor Ort nicht die umgekehrte Linie benötigt wird, also ‚keine Dekolonisierung und kein Postkolonialismus gelingen ohne Demokratisierung'.

kann. Die Frage ist längst nur mehr, wann die Hierarchie noch mehr ins Hintertreffen gerät. Sie kann bestenfalls noch die Sichtbarkeit von Kirche kontrollieren. Aber jede anonyme Distanzierung wird diese Sichtbarkeit mit Leichtigkeit durchlöchern. Die wahre Machtgestalt von Kirche ist längst nicht mehr das Individuum, das das Amt des Papstes bekleidet. Die wahre Machtgestalt ist das anonyme Individuum, das sich mit der Kirchenmitgliedschaft schwertut und sich entsprechend einer Entscheidung ausgesetzt sieht. War das Jurisdiktionsprimat und die Unfehlbarkeit des Papstes das Spitzenprodukt einer Kirche, in der das glaubende Individuum nicht sehr viel zählte, so ist nun das Spitzenprodukt dieser Kirche die anonyme Wahl jedes Individuums in Sachen Glauben und seine für sie prekäre Identifizierung damit.

Mit dem ersten, also dem Papst und seinen Privilegien, hat die katholische Kirche sich lange geschmückt, aber das hilft ihr heute nicht mehr. Kein Papst mit welchen infalliblen Akten auch immer und mit welcher Aktivierung seines Jurisdiktionsprimates auch immer kann an der verfahrenen Lage der Kirche etwas ändern. Diese Potenz hat kein Papst mehr, gleich wie beliebt er wäre. Die entscheidenden Veränderungen, die anstehen, lassen sich nicht auf diesem Weg bewerkstelligen – ganz abgesehen davon, dass kein Amtsträger des bischöflichen Stuhles von Rom bisher bereit gewesen wäre, diese entscheidenden Dinge ernsthaft zu diskutieren. Der *locus theologicus proprius* Papst ist in der katholischen Kirche kein Spitzenpunkt ihrer Entwicklung mehr; es ist vielmehr das, was Alfred North Whitehead einen „flat locus"[113] nannte. Er lebt von der Relativität zu allem anderen, was ihn unter Druck setzt. Die euklidische Formation dieses päpstlichen *locus theologicus* auf dem Ersten Vatikanischen Konzil – also die souveräne Punktualität dieses Ortes über allen anderen – hat sich einfach aufgelöst. Von ihr ist heute nichts mehr übrig. Aber nicht irrelevant dagegen ist die tägliche Wahl pro oder contra Kirche durch jede:n einfache:n Gläubige:n. Das ist ein ganz anders gearteter „flat locus" – ein *locus theologicus alienus*. Seine Befremdlichkeit besteht in der Souveränität des glaubenden Individuums, an die noch nicht einmal mehr der Papst herankommt. Sie wird derzeit vor allem gegenüber diversen Bischöfen ausgeübt, denen die Gläubigen nichts mehr glauben, ganz zu schweigen davon, sich ihnen zu unterwerfen. Die Zahl dieser Bischöfe wird künftig steigen.

---

[113] Alfred North Whitehead, *Process and Reality. An Essay in Cosmology,* ed. by David Ray Griffin and Donald W. Sherburne, New York: Free Press, 1985, 302–309.

Die Kunst dieser Revolte, mit Anonymität über jede Sichtbarkeit erhaben zu sein, hat daher längst die kirchlichen Kapillare erreicht. Hier sollte ich erneut deutlich machen, dass diese Anonymität kein Verstecken bedeutet, sondern die Hervorkehrung der Sachfragen, um die es geht. Menschen, die sich ernsthaft überlegen, Kirche hinter sich zu lassen, bleiben nicht anonym, weil sie Angst vor Repression haben. Sie verstecken nicht, worum es ihnen geht. Es geht darum, ob und warum die Kirche sich überflüssig macht. Die Anonymität der täglichen Wahl, die auf dieses Ergebnis immer stärker zusteuert, ist eine Zumutung für das, was jedes dieser Individuen damit angreift, eben die Selbstherrlichkeit von Kirche. Das gilt zwar auch für die andere Großkirche in Deutschland, signifikant heftiger trifft es jedoch die katholische Kirche. Jede anonyme Wahl, wie sich ihre eigenen Leute zu ihr stellen, ist eine Zumutung, der sie nicht ausweichen kann. Diese Wahlen finden täglich statt. Die Kunst dieser Anonymität entwickelt sich zudem ständig weiter und hält die Kirche atemlos unter Druck. Sie muss immer befürchten, dass einzelne Individuen aus ihrer Anonymität heraustreten und dann, obwohl sie nur einzelne Menschen sind, die Riesengröße der verfassten katholischen Religionsgemeinschaft massiv unter Druck setzen. Niemand, wer Macht in der Kirche hat, kann das als bedeutungslos abtun. Wer das tut, wird einfach übergangen.

Es ist ein erster Schritt der Einsicht, dass die katholische Kirche mindestens in Deutschland das auch gar nicht mehr tut oder sich das schon gar nicht mehr traut. Die Enthüllungen über den sexuellen Missbrauch haben hier gute Arbeit geleistet. Niemand in der kirchlichen Leitung kann ausschließen, dass es dann, wenn für einige Zeit nichts davon mehr sichtbar gemacht worden ist, nicht morgen schon wieder anders wird. Wenn nichts mehr zu Tage tritt, bedeutet das noch lange nicht, dass das Thema jetzt endlich ausgestanden ist. Nichts von einer solchen Aussicht ist wahr. Wer immer sich selbst mit Kirche identifiziert, hat in den letzten zwei Jahrzehnten bitter erfahren müssen, wie immer wieder unerwartet neue Skandale aufbrechen können. Wir haben das Dunkelfeld längst noch nicht ausgelotet.

Das macht Anonymität so bedrohlich zumutend – und das ist gut so. Es ist eine zeitgenössische Form von Revolte, die sich aus der Rebellion zusammenbraut, nicht länger im Verborgenen zu lassen, was den Opfern der Übergriffe geschehen ist. Das kann von Opfern ausgehen, von Angehörigen, von Akten, von Zufallsfunden. Die Informationen springen aus dem Dunkelfeld auf das Feld kritischer Öffentlichkeit und entfalten dort enorme Wirkung. Wer glaubt, das

Interesse ließe irgendwann nach, täuscht sich. Wer immer gegen kirchlich Absurdes in sich selbst rebelliert, gibt einer solchen anonymen Kunst der Revolte Bedeutung. Darum haben es diejenigen, die diese Kunst dann aufzugreifen in der Lage sind, auch so leicht, sich Gehör zu verschaffen. Ihr Aufstand muss gar nicht groß erfolgreich erscheinen, um nachdrücklich zu wirken.

Diese Anonymität winkt nicht nach dem Motto „Was soll ich noch mit Kirche?" ab. Sie sorgt sich vielmehr um das, wofür Kirche eigentlich da ist, und sie kümmert sich um sie. Das geht dem Kummer nach, den eine Kirche macht, die sich überflüssig macht. Dieses Kümmern hat einen Ort gefunden, von dem aus es weitergehen wird. Es findet jenseits von egal statt und es ist der Heterotopos des Individuums, das glaubt. Dort kombinieren sich Demokratie und Anonymität zu einer Revolte, welche sich in einer überraschenden Weise zu der Tatsache verhält, dass die katholische Kirche überflüssig geworden ist. Sie nimmt diese Überflüssigkeit hin und transformiert sie zugleich in einen anderen Modus, den Modus, über-flüssig zu werden. Man muss jedoch durch die Überflüssigkeit der Kirche hindurch, um diesen Modus von überraschender Flüssigkeit zu gelangen. Während die Kirche in ihrem Überflüssig-Sein immer weiter zusammenbricht, gelingt es ihrer Botschaft im Über-flüssig-Werden, entschiedener dorthin zu fließen, wohin sie gehört.[114] Der Umstand, dass die Kirche sich selbst aufgrund mangelnder Reformbereitschaft abschafft, führt dazu, dass sie nicht mehr in der Lage ist, am Leben der Menschen zu bleiben. Dann bleibt so gut wie nichts anderes mehr übrig, als das Glauben an das Evangelium, den erlösenden Christus, den menschenfreundlichen und rettenden Gott, den aufmunternden

---

[114] Einen Vorschlag für das Fließen macht Wolfgang Beck, *Ohne Geländer. Pastoraltheologische Fundierung einer risikofreudigen Ekklesiogenese*, Ostfildern: Grünewald, 2. Aufl. 2022, wenn er Michel de Certeau's Metonymie des Wanderers für den im schwachen Modus glaubenden Menschen aufgreift. „In dieser beweglichen, Raum konstituierenden Erscheinung der Glaubenden bleibt die Suche nach geeigneter religiöser und theologischer Sprache ein Suchprozess, der das Scheitern und Fehlgehen nicht als auszuhalten, sondern als zu ermöglichen integriert." (142) Die pfingstliche Gemeinschaft im biblischen Narrativ zeigt das auf. Eine überflüssig gewordene Kirche hält sich an Geländern fest, die ihren Absturz nach draußen verhindern sollen, weil es jenseits des Geländers für sie nur nach unten geht. Wer wandert, kann dagegen keine Geländer gebrauchen, weil der Wanderweg ständig hinüberfließt in andere Gegenden. Es könnte sein, dass sich dabei zeigt, wie gering der Niveauunterschied zwischen drinnen und draußen tatsächlich ist, so dass die Geländer gar nicht schützen, sondern nur taxieren, wie hoch die Kirche sich gegenüber dem Draußen platziert wähnt. Von diesem Wahn kann man buchstäblich nur davonlaufen.

und ermächtigenden Heiligen Geist auf eine individualisierte Glaubensform zu bringen. Im Über-Fließen von dem, wozu Kirche eigentlich da ist, fließen Glaubensinhalte sogar über die individualisierte Glaubensform hinaus. Es stellt sich eine Art gläubiger Supraleitung ein, die für eine Avantgarde des Evangeliums nötig ist.

Zum Ausstieg:
Warum Gottes Präsens anders als egal wird, wo Kirche überflüssig ist und über-flüssig wird

Wir erleben einen gravierenden inneren, äußeren und anonymen Auszug aus der katholischen Kirche. Er ist hierzulande offenkundig, aber er ist auch weltkirchlich im Gang, ohne dass das aufgrund nicht vorhandener formeller Mitgliedschaften ausgewiesen werden kann. Die weltweit teils massiv sinkenden Zahlen von Priesteramtskandidaten belegen es indirekt, weil gleichzeitig numerisch die Zahl der Katholik:innen weltweit steigt. Der Auszug gehört nominell zu den vielen gegenwärtigen Krisen, aber er stimmt nicht mit deren Bedeutung überein. Für viele Menschen ist er eine Befreiung und ängstigt sie nicht. Noch nicht einmal außerhalb der Kirche löst er größere Sorgen aus. Lediglich in bestimmten politischen Systemen gibt es Bedenken, aber sie erschöpfen sich auf die Arbeitgeberin Kirche. Als moralischer Kompass ist sie auch in der Politik auf breiter Front unglaubwürdig geworden.[115]

Die Zeiten sind daher vorbei, in denen Kirche von traditionellen Bedeutungen zehren konnte. Säkularisierung und Individualisierung greifen auf die Mitglieder der Kirche über, was ihnen allerdings weitgehend recht kommt. Zugleich hängt der Kirchenauszug nicht mit einem Niedergang des christlichen Glaubens zusammen. Während Scharen die katholische Kirche verlassen, steigt das Christentum insgesamt und in seinem Gefolge auch die katholische Religionsgemeinschaft wie auch andere christliche Religionsformen weiter auf zu einem demographischen Anteil an der Menschheit, den es nie zuvor erreicht hatte, und in einem pluralen Modus, der sich verstärkt.[116] Es

---

[115] Die katholische Suggestion im Böckenfördesche-Paradox, der freiheitliche, säkularisierte Staat lebe von Voraussetzung, die er nicht selbst garantieren könne (Ernst-Wolfgang Böckenförde, Die Entstehung des Staates als Vorgang der Säkularisation, in: ders., *Recht, Staat, Freiheit. Studien zur Rechtsphilosophie, Staatstheorie und Verfassungsgeschichte*, Frankfurt: Suhrkamp, erw. 8. Auflage 2021, 92–114, 112) und nicht zuletzt Kirchen hielten diese vor, hat zwar nie gestimmt, aber jetzt ist auch die Suggestion ihrer Grundlage beraubt. Es sei denn, man wolle sagen, Nachhilfe in Vertuschung zum eigenen Vorteil und Nachteil anderer täte der Realisierung der Freiheit im Staate gut. Will man das nicht, sollte man sich woanders umsehen. Vgl. mit anderer Ansicht, weil auf positive *longue durée* eines biblisch fundierten Menschenbildes setzend, Tine Stein, *Himmlische Quellen und irdisches Recht. Religiöse Voraussetzungen des freiheitlichen Verfassungsstaates*, Frankfurt: Campus, 2007, bes. 266–344.

[116] Vgl. dazu *World Christian encyclopedia*, Todd M. Johnson and Gina Zurlo, Edinburgh: Edinburgh University Press, third edition 2020; vgl. auch die Zusammenfassung auf

bewährt sich als typische Aufsteigerreligion. Wer Christ:in wird, sieht sich im Aufwind wie in kaum einer anderen Religionsform. Kirche ist dafür in stärker säkularisierten Kontexten nicht hilfreich, sondern eher lästig.[117] Das Christentum befindet sich daher einerseits global in einer Phase der Ausweitung, während gleichzeitig seine Gemeinschaftsformen, die über Jahrhunderte hierzulande zugriffig auf das Alltagsleben waren, ihren Einfluss spürbar verlieren.

Wir stehen vor keinem Paradox, weil beides nicht auf derselben Ebene stattfindet. Die Entwicklungen widersprechen sich nur, wenn man nicht genau hinsieht. Wir stehen vor keinem Nullsummenspiel, bei dem der Verlust der einen Seite der Gewinn der anderen ist. Diejenigen, die gehen, brechen nicht einfach mit der katholischen Kirche, sondern brechen innerlich, äußerlich oder anonym aus. Sie wandern nicht ins a-religiöse Außen, sondern bleiben weitgehend im Christlichen, aber ändern den Standort vom Binnenkatholischen ins Außen. Die meisten gehen dabei nicht zu anderen Religionsformen, sondern in ein Gegenüber, in dem sie den christlichen Anteil ihrer Existenz und manchmal sogar ihrer Lebensführung nicht hinter sich lassen.

Traditionsabbrüche, die sich querlegen

Ein Teil geht in jene Gemeinschaftsformen, die am meisten von dem globalen Aufschwung der christlichen Religion profitieren wie die

---

https://www.katholisch.de/artikel/33153-christentum-mit-25-milliarden-glaeubigen-weiterhin-groesste-weltreligion [abgerufen am 09.02.2024]. In der Weltbevölkerung ordnen sich etwa 89% religiös zu, davon sind 57% christlich oder muslimisch. Mit etwa 2,5 Milliarden sind Christen 32% der gegenwärtigen Menschen und so die größte Religionsgruppe; in Afrika leben 692 Millionen, in Lateinamerika 612 Millionen und in Europa 568 Millionen Christen. Weltweit haben mit 1,2 Milliarden die Katholiken den größten Anteil am Christentum. Man kann von etwa 45.000 christliche Denominationen für das Jahr 2000 ausgehen. Es zeigt sich wie schon bei der 2. Auflage 2001 ein globaler Aufwärtstrend, vor allem der sog. Globale Süden ist mehrheitlich christlich und hat die stärksten Steigerungsraten. Von diesen Raten weichen Regionen ab, in denen Religionsfreiheit stärker eingeschränkt wurden wie der Mittlere Osten oder in denen bei sich weiter säkularisierenden Gesellschaften Kirchenkrisen und die Abwehr von Fremden offener zutage treten wie in Europa.

[117] Sie muss also noch nicht einmal zu Grunde gehen, um zu Grunde zu gehen. Und doch ist es sinnvoll, sich gegen Defätismus zu positionieren wie Christiane Bundschuh-Schramm, Ist der Kirche noch zu helfen oder hilft man ihr besser nicht?, in: Herbert Haslinger/Stefan Kopp (Hg.), *Ist der Kirche noch zu helfen? Anamnesen – Diagnosen – Therapien*, Freiburg: Herder, 2023, 154–177.

charismatisch-evangelikalen oder pentekostalen Kirchen. Das entspricht dem Zeitgeist, der konservativer geworden ist und politisch hin zur rechten autoritären Seite tendiert. Aber das ist nur ein Teil und eigentlich haben wir nur über ihn belastbare Daten. Der größere Teil schließt sich dagegen keiner anderen Gemeinschaftsform mehr an; er tauft sich weder um noch aus. Die ausbrechenden Gläubigen treten in einen Raum ein, in dem sie zwar der katholischen Kirche gegenüberstehen, aber es mit einer starken, durchaus strukturell glaubensbeseelten Individualität tun. Die Gemeinschaft haben sie hinter sich; das müssen sie nicht wiederholen. Sie werden dabei nicht zu individualisierten Glaubensnomaden, die ohne Anschluss vor sich hin glauben, so als wären sie Eigenbrötler:innen Gottes. Sie wissen sich viel eher mit all den Anderen verbunden, die ebenfalls Nein dazu gesagt haben, dass es in ihrer Kirche so weitergeht. Man weiß sich gleichsam im Dissens verbunden und anonym bestärkt. Schließlich steht man jetzt endlich auf der richtigen Seite; ihnen muss die Heilsgeschichte Gottes keinen Gemeinschaftsnamen und keine öffentliche Wir-Erfahrung bedeuten. Für sie ist es möglicherweise gar nicht belanglos, wie es nach ihrer Lebenszeit mit dem Christlichen weitergeht, aber keine Traditions- und Tradierungsabbrüche besorgen sie nachhaltig. Sorgen machen sich über einen Generationenabbruch natürlich Bischöfe, womit sie aber die Ikonizität ihres Scheiterns der Glaubwürdigkeit der von ihnen geleiteten Gemeinschaftsform belegen. Die Welt der hierarchischen Binnenherrschaft wird ständig kleiner und das wird sich nicht mehr ändern.

Die auf diese Weise bewirkten Traditionsabbrüche betreffen gerade nicht die Fähigkeit zum Glauben, sondern nur die Bereitschaft, es noch weiter kirchlich zu tun. Damit tritt der Prozess aus der Kontinuität der Moderne heraus in ein offenes Feld.[118] Katholische Menschen stellen sich quer, die Botschaft weiter zu tradieren wie zuvor, und glauben mit anderen Mitteln und Erwartungen, als die katholische Kirche anbietet. Aber weder sind für diese alternativen Weisen der Umstand gleichgültig, dass sich die Kirche nicht bewegt, noch entsprechen sie einem privaten Triumph. Diese Menschen wünschen das so auch anderen, wie sie ihren Ausbruch positiv erfahren; ihnen das nicht zu wünschen, wäre offenkundig so falsch wie die kirchlich verlangten Unterwerfungen unter Absurditäten. Der innere, äußere und anonyme Ausbruch ins Außen tritt dazu wirksam

---

[118] Vgl. Lieven Boeve, *Interrupting tradition. An essay on Christian faith in a postmodern context*, Louvain: Peeters, 2003.

in Dissens. Im Raum dieses Außen ist niemand jemals allein. Er wird bestärkend geteilt. Musste man sich in früheren Generationen für den Nicht-Besuch der Sonntagsmesse rechtfertigen, so ist das kein Thema mehr. Das bedeutet durchaus nicht, dass man sich außerhalb der Kirche nicht andere Absurditäten einhandeln kann. Die gibt es dort an jeder Ecke im Sonderangebot. Aber die notorischen katholischen ist man los und darauf kommt es an. Schließlich hat man selbst erfahren, wie leichtfertig diese Absurditäten als selbstverständlich daherkommen. In diesem selbst gewählten Raum können Menschen nicht einfach so weiter machen, wie die Kirche es gewohnt ist und wie sie es selbst lange mitgetragen haben. Aber gerade das schreckt nicht mehr ab, sondern zieht an. Im Raum des Dissens zur Kirche kann man anders und um manches erleichtert glauben als im katholischen Gemeinschaftskessel. Die gehen, rechtfertigen sich nicht gegenüber ihrer früheren Kirche und sind auch nicht so sehr daran interessiert, dass sie jemand aus dem Leitungsbereich wieder anspricht, um sie zurückzuholen. Sie müssen sich auch gar nicht rechtfertigen, weil das Außen ebenfalls ein Ort ist, der den Glauben belebt. Das ist kein Alleinstellungsmerkmal des Binnenbereichs. So erklärt die Person, die austritt, sich hierzulande lediglich förmlich, aber nicht inhaltlich gegenüber dem Gericht, das den Austritt zertifiziert. Man wird lediglich konfessionslos, aber nicht zwangsweise den Glauben los. Hinzu kommen jene, die zwar nicht gehen, aber sich unter keinen Umständen von ihrer Kirche wieder aktivieren lassen. Auch sie sitzen im anonymen Kern dieses Prozesses.

Das hat eine elementare Konsequenz für die von nachlassender Glaubwürdigkeit eingekesselte Glaubensgemeinschaft. Ihr Kessel leert sich hier bei uns immer mehr und gleichzeitig steigt der Druck in ihm. Auch das ist kein Paradox, weil es um Konflikt und nicht Physik geht. Die Entleerung des Kessels entlastet nicht, sondern belastet, je deutlicher wird, dass es so nicht weitergeht. Es ist also nicht so, dass der Kessel umso leichter zu ertragen ist, je mehr zuvor besetzte Plätze frei werden.[119]

Der Vorstellung, diese frei gewordenen Plätze erst recht einzunehmen, folgen lediglich Neue Geistliche Gemeinschaften. Sie können diese aber nicht auffüllen, allerdings benötigen sie m. E. solche Vorstellungen auch, um ihre Strategie parasitärer Anlagerung an die

---

[119] „Mit den Menschen, die fehlen, fehlen ihr [der Kirche] Verbindungslinien zu Teilen der Kultur. Die Kirche verarmt." (Faber, Menschen, a.a.O., 112)

unglaubwürdig gewordene Großkirche zu überdecken. Sie übertünchen die Fehleinschätzung, es ginge im Glaubenskessel um Physik, mit katholischer Metaphysik, die nur jene überzeugt, die sich fest vorgenommen haben, bereits überzeugt zu sein. Allerdings geht diese Strategie in der Regel auch nur kurzfristig auf. Die Belastung dieser Gemeinschaften mit sexuellem und spirituellem Missbrauch durch ihre Gründungsfiguren und oft auch deren Nachfolger:innen macht das mittlerweile zunichte. In Frankreich gibt es kaum mehr eine von ihnen, die nicht gravierend davon betroffen ist.[120] Hier wird noch mehr an Absurditäten gelitten als in der traditionellen Kirche. Immer mehr Diözesen schauen deshalb genauer hin, ziehen rechtliche Anerkennungen zurück und überlegen sich dreimal, ob sie in solche überhitzten Gemeinschaftsformen noch investieren sollen. Schon allein die quantitativen Zahlen der Mitglieder, die sich tatsächlich mit einer solchen Gemeinschaft verbunden haben, belegen, wie wenig sie eine Alternative zur Großkirche sein können. Der Wind, den zu dem nur ein Teil der Hierarchie um sie macht, ist bloß kirchenpolitisch aufgeblasen.

Der Normalfall ist dagegen anders. Je mehr sich das Gemeinschaftsgefäß des Katholischen leert, desto buchstäblich körperlich belastender wird erfahren, wie viele heute etwa in der Sonntagsmesse fehlen, die früher da waren. Das geht einem Sonntag für Sonntag durch den Kopf und mit den brüchigen Gesängen auch in die Seele. Die großen Kirchen wurden nicht für Leerstand gebaut, sondern weil sie mal gefüllt waren. Jetzt sind fast alle normalen Versammlungsräume viel zu groß. Alle diese leeren Plätze lassen es nicht mehr zu, sich damit herauszureden, dass irgendwelche bösmeinenden Anderen „uns" übel mitspielen. Die Gemeinschaft hat selbst verursacht, was ihr geschieht. Und das ist nicht egal, weil mit jeder Leerstelle ein Stück Gott verloren geht. Statt in der Glaubensgemeinschaft damit verbunden zu werden, was so viel mehr da ist als nur das, was einfach da ist, wird man von der Distanz belagert, wie weit weg die Gemeinschaft davon ist, Gottes Gegenwart nahe zu bringen. Sein Präsens ist weiterhin da, aber die Gemeinschaft, die sich auf diese Nähe beruft, rückt das in weite Ferne. Stattdessen greifen ihre Defizite Raum. Würde man nun sagen, man solle endlich von den geleerten Plätzen absehen und sich auf diese Nähe konzentrieren, rückt das Präsens Gottes in noch weitere Ferne. Nur eine Gemeinschaft, die sich

---

[120] Vgl. Hoyeau, Verrat der Seelenführer, a.a.O.

relativiert und deshalb von ihrem Scheitern nicht absehen kann, wird die Distanz zu dieser Nähe überbrücken.

Damit aber steht man vor einem elementaren Zusammenhang, der zuvor eher verdeckt war. Eine in sich ruhende Gemeinschaft, die ihre Glaubwürdigkeit apologetisch mit dem Brustton echter Überzeugung vertreten hat, musste sich damit nicht unbedingt konfrontieren. Auch das gläubige Kirchenmitglied, das keinen Grund hatte, mit seiner Kirche nicht in den wirklich wichtigen Punkten übereinzustimmen, musste das nicht auf sich anwenden. Mittlerweile sind weder die überzeugende Apologie von Glaubwürdigkeit noch die damit übereinstimmenden Kirchenmitglieder noch gegeben. Sie wurden mit den Skandalen des Missbrauchs aufgelöst. Diese Auflösung kommt einem bedrängenden Offenbarungseid gleich; sie ist also weit mehr als nur eine soziologische Entwicklung. Die lange gehegte Annahme, dass die katholische Gemeinschaft dem gläubigen Individuum in jeder Hinsicht des Glaubens und seiner Alltagsvorgänge vorgeordnet sei, erweist sich als zu einfach. So ist das komplexe Geschehen nicht zu erfassen, wie jemand mitten in der verfallenden Glaubwürdigkeit der Kirche der Unglaubwürdigkeit zu entgehen vermag. Es gibt bisher keine Verfahren und keine Spiritualität, wie ein gläubiger Mensch inmitten der Unglaubwürdigkeit seiner Kirche glaubwürdig zu glauben vermag.

So weit, wie die Kirche es mit ihr selbst getrieben hat, ist in der christlichen Religionsgeschichte keine kritische Reformgruppe jemals gegangen. Keine hat die Kirche so sehr von ihrer eigentlichen Platzierung in der Heilsgeschichte weggeschoben, wie es jetzt die katholische Kirche selbst getan hat. Auf sie kann sich kein:e individuelle:r Christ:in mehr verlassen, um diese Platzierung zu erreichen. Für sie ist dieser Platz offenbar erst im Gegenüber zu der Gemeinschaft zu finden, die sich so weit hat verrücken lassen. Ohne das werden diese Christ:innen ihren Glauben nicht glaubwürdig leben. Die Kirche wiederum hat diesen Vorgang nötig, um wieder eine Chance zu bekommen, glaubwürdig zu werden. Das, was der eigenen Person den Glaubensraum des Christlichen eröffnet hat, muss nun um des Glaubens willen mit Dissens belegt werden. Es geht also nicht um einzelne strittige Fragen, sondern für den Glauben ums Ganze.

Ginge es nur um einzelnen Dissenspunkte, dann stünde man lediglich in der Aufgabelung „Christ:in werden statt Katholik:in bleiben". Aber dieser binäre Code ist allein schon unterkomplex für den Vorgang, bei dem sich katholisch identifizierende Gläubige im Binnenraum ihres Kirchenglaubens verorten. Sie bewegen sich nicht in der dualen Strukturierung, so dass sie sich als kirchliche Menschen gegenüber einem kirchlichen Außen abgrenzen würden. Sie respektieren vielmehr, was ihnen dort begegnet, und relativieren, womit sie binnenkirchlich traktiert werden. „Innen" und „Außen" sind von einem komplexen Raum bestimmt, in dem sie miteinander verdrillt sind. Das machte zudem von Anfang an den christlichen Glauben aus, seine Herkunft aus der Erinnerung an den Gekreuzigten, seine Gegenwart im realen Leben von Menschen und seine Zukunft auf dem Weg, die multiplen und potentiell selbstzerstörerische Abgründe der Menschheit zu überwinden. Die Binnen-Identifizierung mit diesem Glauben bewegt sich auf einem Möbiusband, das unvermeidlich ins Außen führt und von diesem angeregt wieder zurück. Und ebenso wird umgekehrt bei denen, die hinausgegangen sind, das wirkliche Wertesetting und nicht bloß das lehramtlich ständig präsentierte weiterhin als bedeutsam angesehen. Wir sind mit dieser topologischen Einsicht schon mehrfach konfrontiert worden. Hier stellt sie sich beim gläubigen Individuum ein, das dabei das zurückkommt, was den Glauben ausmacht.

Sakramental wie theologisch steht jede:r Christ:in durch die Taufe dem eigenen früheren Selbst gegenüber. Man lässt es hinter sich. Heute steht man auch der eigenen gläubigen Gemeinschaft gegenüber, um als getaufter Mensch glaubwürdig zu bleiben – und das ist kein zwangsläufiger Gegensatz zur Zugehörigkeit. Der Anspruch, dass getaufte Menschen eine elementare Gleichheit ausstrahlen, ist in der katholischen Kirche weder verwirklicht noch respektiert; es wird immer nur behauptet, ohne dass die Absurditäten, die dagegen sprechen, aufgelöst werden. Aber für diese Gegenposition der Getauften zur Kirche haben wir bisher kirchlich kein entsprechendes Ritual; man wird nicht förmlich so etwas wie ein „inaktives Mitglied". Man tut es einfach, ohne sich dabei zu „enttaufen". Die Religionsgemeinschaft weicht dieser Selbstrelativierung dagegen ständig aus. Selbstrelativierungen sind aber nicht nur von Individuen zu erwarten, die zur Kirche kommen wollen. Nötig sind sie jetzt für die Gemeinschaft denen gegenüber, die zu ihr kommen wollen oder weiter zu ihr stehen und in ihr bleiben.

Es ist eine Art Anderstaufe in Sachen Zugehörigkeit nötig geworden; sie ist weder gegen die erste Taufe noch bedeutet sie eine zweite Taufe und schon gar nicht eine „Enttaufe". Aber sie gibt der Taufe einen anderen Ort – zugleich drinnen wie draußen. Die Taufe ist selbst ein Möbiusband, was dann auf alle weiteren Sakramente abfärbt. Das Taufbecken ist ein Heterotopos geworden, an dem sich für die, die Kirche sind, ein Gegenüber zu dem öffnet, was so nicht in ihr weitergehen kann.[121] Im Zugriff kirchlicher Absurditäten kann nur Teil dieser Glaubensgemeinschaft sein, wer zum eigenen früheren Ich auf Distanz geht – so ist die Tradition –, aber jetzt zugleich eine Differenz zur Gemeinschaft austrägt. Geschieht eines von beiden nicht, gerät man in jene gefährliche Zone, in der man seine möglichen Fehler nicht erfassen kann und ihnen wie betriebsblind verfällt. Gerade gläubige Menschen stehen innerlich zu ihrer Glaubensgemeinschaft im Gegenüber. Es handelt sich um einen elementaren Zusammenhang des christlichen Glaubens; durch ihn wird er souverän. Ohne diese Souveränität könnte er weder Freiheit bestärken noch gegen seine eigenen potentiellen Falschheiten aufstehen.

Souverän mit dem eigenen Glauben zu sein, ist in der jetzigen Lage innen wie außen nötig und das Möbiusband des inneren Zusammenhangs von außen und innen hilft dabei. Damit haben wir so etwas wie ein Kriterium, um den konkreten Glaubensvollzug vor Ort einzuschätzen. Die Energie, auf dem eingeschlagenen christlichen Weg weiterzugehen, kommt aus der eigenen Existenz, nicht aus dem Zuspruch der Glaubensgemeinschaft. Diese Energie ist gegen die ursprüngliche Gemeinschaft verwendbar, in der man den Glauben lernte, und sie fehlt dann der Gemeinschaft, aber nicht dem Individuum. Es nutzt sie, um sich von der Gemeinschaft abzuwenden. Das nennt Paulus „in Christus" und benennt damit die direkte Verbindung zwischen Gläubigen und Christus. Das bestimmt die Signatur dieser Energie und diese Signatur heißt nicht schon unmittelbar „in der Kirche". Vom „in Christus" ist es ein eigener Schritt zum „Leib Christi", also der Kirche. Die in Christus sind und die, die Kirche sind, müssen sich wechselseitig tragen und ertragen. Sie hängen eng zusammen; trennen kann man sie nicht. Aber man darf sie auch nicht vermischen, weil nichts aus der Gemeinschaft das gläubige Ich ersetzen kann. Und diese Verbindung lässt sich nur vom Individuum auflösen, nicht von der Gemeinschaft.

---

[121] Es gibt in diesem Gegenüber einen ökumenischen Bereich dazwischen, der sich zugleich wohltuend öffnen kann, weil man auch zu diversen anderen, wenn nicht sogar jeder anderen Kirche Zugehörigkeit von außen entwickeln kann. Vgl. dazu Ulrike Link-Wieczorek, *Taufe und Kirchenzugehörigkeit. Überlegungen in ökumenischer Absicht*, Communio 6/52 (2023), 608–617.

Der Vorrang des Individuums – seit Paulus ein Muster des Glaubens

Paulus hat das schon beschrieben: „Wenn darum ein Glied leidet, leiden alle Glieder mit; wenn ein Glied geehrt wird, freuen sich alle Glieder mit. Ihr aber seid der Leib Christi und jeder Einzelne ist ein Glied an ihm." (1 Kor 12,26 f) Wer sich als Individuum abwendet, bricht mit der eigenen Kirche, aber nicht schon mit der eigenen Existenz, gläubig geworden zu sein. Er oder sie ist dann ein verlorenes Glied am Leib Christi, aber damit nicht schon vom „in Christus" getrennt. So jemand ist kein verlorenes Schaf, sondern hinterlässt nur einen leeren Platz bei denen, die als Schafherde geführt werden. Der Leib Christi ist daher nicht die Schwelle zur Präsenz „in Christus", vielmehr ist es umgekehrt. Dieser Leib kann dem einzelnen Glied fehlen, auch wenn es sich von ihm enttäuscht erfährt. Aber in manchen Fällen wird die eigene Existenz in Christus davon als gestärkt erfahren, auch wenn das vorherrschende Gefühl eigentlich ist „Schade, aber es blieb nichts anderes mehr übrig". Es sind immer Individuen, die Christ:innen werden, und sie kommen von außen und dieses Außen bleibt ein elementarer Bestandteil ihres Christ:in-Seins.

Wir stehen nicht in einem binären Code „Kirche oder ich", sondern in einem dreiwertigen Zusammenhang, bei der das „wir" der Kirche anerkennen muss, wie unvermeidlich das jeweilige Kirchenmitglied von einem Außen kommt, das dessen Lebensgeschichte prägt, und zugleich als Mitglied *in* ihr *draußen* gegenüber von ihr bleibt. Dieser dreiwertige Zusammenhang zeigt sich nun in der Glaubwürdigkeitskrise der Kirche als Vorteil des Glaubens. Er mutet eine andere Ordnung der Glaubensdinge zu, als es die Gemeinschaft lange für selbstverständlich hielt, als es scheinbar noch so weiter gehen konnte.

Der Beleg dafür ist mit Paulus eine der wichtigsten Figuren in der Glaubensgeschichte. Er spricht nicht zufällig von jenem „in Christus" als elementare Taxonomie des christlichen Glaubens. Paulus ist nicht Christ geworden, weil er aus dem Christusglauben hervorging. Er gehörte nicht nur nicht zu den Jesusjüngern, er hat sie nach dem Tod Jesu auf den Tod hin bekämpft. Er kam von außen, als er sein Leben offenbar gänzlich umkrempelte, und womöglich konnte er genau deshalb den christlichen Glauben so nachhaltig prägen. Es ist kein Zufall, dass die Apostelgeschichte seine Umkehr mit niemanden aus der Gemeinschaft der Christusgläubigen verbindet, sondern mit Christus selbst (Apg 9,5–6). Paulus wird nicht durch die Kirche

Christusgläubiger, weil ihn jemand zu den Versammlungen mitgenommen hätte oder so etwas. Er wird zum Gläubigen an Christus von außerhalb davon. Er steht der Glaubensgemeinschaft von Beginn seines Christusglaubens an gegenüber und bleibt es nach dieser Erfahrung auch strukturell. Dazu ist es kein Gegensatz, dass er selbst Kirchen wie in Korinth, bei den Galatern usw. gegründet hat. Das sind Glaubensgemeinschaften, aber als Gläubiger an Christus ist er ein Individuum, das in den von ihm selbst gegründeten Gemeinschaften die Signatur der Vorordnung des Individuums stärkt, also die Charismen. Die Möglichkeit, im Leib Christi Christus zu erfahren, also in der Gemeinschaft, ist gegeben. Sie ist das Beste, was Kirche ausmacht und gestalten kann. Aber weiter kommt sie nicht. Die Intensität der Gotteserfahrung des individuellen „in Christus" hebt das nicht auf. Die Gemeinschaft kann das lediglich bestätigen, aber nicht verhindern.

Auch darüber hat Paulus selbst reflektiert: Als Gott „mir in seiner Güte seinen Sohn offenbarte, damit ich ihn unter den Heiden verkündige, da zog ich keinen Menschen zu Rate. Ich ging auch nicht sogleich nach Jerusalem hinauf zu denen, die vor mir Apostel waren" (Gal 1,15f). Der Glaube des Paulus hat erst nachträglich mit der Kirche zu tun; er bleibt ihr gegenüber und das legt eine elementare Struktur in der Kirche frei. Paulus ist in einem theologisch sehr präzisen Sinn „Sankt Paul vor den Mauern", wie seine römische Hauptkirche heißt. Und wenn die Apostelgeschichte dafür Christus verantwortlich macht, dass er von seiner aktiven Feindschaft zu den Gläubigen in Christus ablässt, dann wird klar, an welchen Ort die entscheidende Person des christlichen Glaubens zur Kirche steht: Auch Jesus bildet als Jude und als Christus ein Andersort zur Kirche.

Jetzt könnte man einwenden, dass es nicht nur diese elementare paulinische Struktur im Glauben gibt, sondern auch die petrinische, also die der Apostel, die bereits mit Jesus eine Glaubensgemeinschaft waren und die von dort her ihre Glaubwürdigkeit bezogen haben. Das stimmt, aber es ist kein Einwand. Die petrinische Vorherrschaft musste die paulinische Alternative respektieren, wie es vom sog. Apostelkonzil berichtet wird. Und sie war zugleich deren überragender Durchsetzungskraft auf Dauer nicht gewachsen. Auch Petrus und seine Kollegen aus dem 12er Kreis mussten zu missionieren beginnen, um als Gemeinschaft zu überleben. Sie konnten nicht warten, dass immer mehr Leute einfach zu ihnen kamen oder sich ständig vermehrend blieben. Missionierung heißt in diesem Fall, den Vorrang der jeweils anderen und ihre Individualität gegenüber den eigenen und längst Überzeugten anerkennen. Hinzu kommen in unserer Zeit die schweren Fehler, die von der kirchlichen Hierarchie als Repräsentantin des petrinischen Prinzips gemacht wurden. Der sexuelle Missbrauch, seine Vertuschung und die mangelnden kirchlichen Konsequenzen daraus müssen diesem Prinzip zugerechnet werden. Das macht aus katholischen Gläubigen heute Nachfolger:innen des Paulus, sobald sie die Absurdität dieser Aktivitäten und ihrer Vertuschung erfassen, die angeblich zum Wohl der Kirche geschah. Wir müssen mit dieser elementaren Relativierung des Katholischen heute zurechtkommen, die sich durch die Unglaubwürdigkeit der petrinischen Linie einstellt, die Kirche aus sich heraus gestalten zu wollen. In dieser gravierenden Relativierung werden die Christuspräsenz und die Gotteserfahrung in der Kirche löchrig, aber es steht weiterhin die Intensität des Präsens von Christus, Gott und Geist in dem Verhältnis zum Individuum zur Verfügung, in dem sich die Kirche selbst relativiert. Insofern wiederholt sich der Paulus von damals heute nicht einfach; es verhält sich vielmehr wie auf einem Möbiusband andersherum. Bei ihm war seine aktive Verfolgung unglaubwürdig für ihn selbst geworden, ohne dass er sich damit schon einer ihm an Glaubwürdigkeit scheinbar überlegenen Gemeinschaft zu unterwerfen hatte. Er hatte sich seiner eigenen Existenz zu unterwerfen, so nicht weiter machen zu können, weil das absurd geworden war. Er unterwarf sich dem Nein zu sich selbst, zu seiner absurden Verfolgung der Christusgläubigen. Er tat das lange, bevor er sich zu einem Ja zu der Gemeinschaft der Christusgläubigen entschied. Dieses Nein zur eigenen Unglaubwürdigkeit wurde zur Basis der Gemeinden, die er gegründet hat, und zur Kirche, die er damit auf komplexe Weise aufgebaut hat.

Zugleich Nein und Ja zu sagen bleibt heute erhalten, lediglich in einer anderen Schleife des Möbiusbandes. Nur wer Nein sagen kann, kann glaubwürdig glauben. Nur Ja sagen genügt nicht, weil man dann den Unglaubwürdigkeiten verfällt, die im Raum stehen und dann ignoriert werden. Bei Paulus wird klar, dass das Unglaubwürdigkeitsproblem nicht dadurch aufhört, dass die Gläubigen selbst es hinter sich lassen. Es stellt sich auf allen Ebenen des Glaubens und am Ort der Kirche selbst. Heute beginnt das Unglaubwürdigkeitsproblem aus der Kirche heraus und geht dann auf die Gläubigen über; die Grundbedingungen des Verlaufs sind also anders.

Das hat eine Folge, die theologisch äußerst bedeutsam ist: Man kann sich nicht auf die Kirche verlassen, wenn man glaubwürdig glauben will. Sie wird jetzt vielmehr deshalb so wichtig, weil sie den

Anlass gibt, der Unglaubwürdigkeit nicht zu verfallen, die sie zu beherrschen begonnen hat. Erst dann, wenn es Gläubige gibt, die diese Unglaubwürdigkeit um des Glaubens willen bekämpfen, indem sie ihrer Verleugnung widerstehen, kann es eine Chance geben, das wieder umzukehren. Man kann sich darauf verlassen, dass das geschieht, weil es in der Kirche weiterhin diskursives Material gibt, an dem sich Glaubwürdigkeit erweisen kann.[122] Die meisten katholischen Christ:innen sind mit dieser Kirche seit kurz nach ihrer Geburt verbunden. Für sie ist der Lernschritt daher umgekehrt zu Paulus. Sie mussten – meistens ziemlich bitter – lernen, wie unglaubwürdig sie zu werden drohen, wenn sie nicht zu ihrer eigenen Kirche auf Distanz gehen. Ihr Nein dazu ist die Voraussetzung, Ja zur eigenen, individuellen gläubigen Existenz „in Christus" zu sagen. Es gilt also nicht die Formel „Als wahre:r Katholik:in muss man Nein zur Kirche sagen", sondern: „Um der Glaubwürdigkeit des eigenen Glaubens willen muss man zur Unglaubwürdigkeit Nein sagen." Damit werden der katholischen Kirche Felder eröffnet, auf denen sie über sich selbst hinauswachsen kann.

Kirche wächst durch die Gläubigen über sich hinaus oder sie verlässt das Evangelium

In dieser Hinsicht ist es dann wiederum wie bei Paulus: Erst jener Glaube rechtfertigt, der die Unglaubwürdigkeit überall bekämpft, wo sie sich einstellt, also in den Individuen, aber auch in der Kirche. Menschen können um ihres Glaubens willen dem widerstehen, dass die unglaubwürdig gewordene Kirche einfach so weitermacht. Denn auch diese Kirche hat keine Göttlichkeitsgarantie, dass sie nicht der Unglaubwürdigkeit verfällt. Der Christus-Beistand für den Petrus-Felsen in Mt 16,18 gilt für die Attacken von außen, aber nicht für den selbst zu verantworteten schleichenden inneren Verfall. An diesem Punkt stehen wir heute. Daher wird Kirchentheologie, also Ekklesiologie, zu einer Distanzierungstheologie zur selbstproduzierten kirchlichen Unglaubwürdigkeit.

Entsprechend bleibt auch in der umgekehrten Richtung die elementare Signatur des Vorgangs gleich. Wer an Christus glaubt und

---

[122] Die ortskirchliche Platzierung des Glaubensvorgangs, die Helmut Hoping, *Die Weitergabe des Glaubens als Thema der Dogmatik*, Communio 6/52 (2023) 629–639 anempfiehlt, kann sich dann entwickeln, wenn dort dem vorausgehenden Nein zu den gerade dort angesammelten Absurditäten Raum gegeben wird.

dabei glaubwürdig bleiben will, aktiviert das immer als einzelner Mensch. Dieses Individuum kann sich dann in einem zweiten Akt zu jener Gemeinschaft positiv verhalten, die es den Glauben an Christus zu lernen ermöglicht hat. Aber es kann das auch negativ tun, wenn sie enttäuschend geworden ist, weil sie der Unglaubwürdigkeit zu verfallen beginnt. Es ist stets lediglich ein zweiter Akt, der dem ersten unterworfen ist. Das nötige Nein als Bedingung der Möglichkeit des Ja wird von einem Individuum ausgelöst und das Ja ist dann der entscheidende Vorteil der Gemeinschaft. Sie ist vom individuellen Zusammenhang zwischen Nein und Ja abhängig, auch wenn sie es lieber anders sähe. Aber wenn dem Nein das Ja vorausgeschickt wird, dann wird das Nein über kurz oder lang mit dem Nein zu der Gemeinschaft verbunden, die keinen Respekt vor der übergeordneten Bedeutung der Individualität für den Glauben hat.

Über Jahrhunderte war es für normale Katholik:innen schwierig, diese Differenz in die Tat umzusetzen. Vielen fehlten die Voraussetzungen, um die Soziologie ihres Milieus zu brechen. Ihnen stand die politisch valide Potenz einer Religionsfreiheit nicht zur Verfügung, um sich nicht länger unterwerfen zu müssen. Faktisch ist das erst seit hundert Jahren möglich und theologisch wird das erst seit dem Zweiten Vatikanischen Konzil eingesehen. Unter den Bedingungen einer modernen säkularen und globalisierten Zivilisation haben wir die Lebensbedingungen, die den primären individuellen Glaubensakt offenkundig machen, der die Gemeinschaft auf ein nachrangiges Feld verweist. Das ließ sich so lange beiseiteschieben, wie keine massiven Krisen geschahen. Aber in einer Lage wie jetzt ist es weder möglich noch hilfreich, damit weiter zu machen. Im Gegenteil, jetzt hilft nur mehr, den individuellen Vorrang anzuerkennen *und* ihm noch mehr Raum zu geben. In der gravierendsten Krise der katholischen Kirche seit der Reformation ist der Freiheitsgrad so erweitert, dass Menschen diese Differenz ohne Zögern für sich einbringen. Bekämpft die Gemeinschaft des Glaubens die eigene Unglaubwürdigkeit nicht offen und nachvollziehbar, wird der individuelle Widerstand gegen die Zustimmung zu ihr unumkehrbar werden. Der Grund des Gemeinschaftsabstiegs liegt in der mangelnden Glaubwürdigkeit der Kirche; denn so kann sie aus Säkularisierungsvorgängen gar keine Vorteile ziehen.

Wie schon Paulus damals so werden auch heute alle, die katholisch glauben, zuerst einmal als Individuen glauben; das breitet sich schon länger, aber jetzt unaufhaltsam auch in der katholischen Religionsgemeinschaft aus. Das Machttableau hat sich damit entschieden zu Lasten der katholischen Gemeinschaftsform verändert. Das ist auch gut so für die Kirche, weil die Relativierung ihres Machttableaus den Raum eröffnet, in dem es anders für sie gut weitergehen kann. Aber genau darum sind die katholischen Absurditäten mittlerweile so gefährlich für sie selbst geworden. Deshalb zieht sie sich selbst an ihnen nach unten, wenn sie diese nicht abstellen wird. Das Zeitfenster dafür wird mit jedem Missbrauchsfall, jedem Missbrauchsbericht und jeder Reformverweigerung exponentiell kleiner. Und zugleich wächst mit ihnen die Zumutung an die gläubigen Individuen zu einer anderen Form ihres je eigenen Glaubens zu kommen, wenn sie weiter an ihrem Glauben an das Evangelium, die Rechtfertigung und die jesuanische Botschaft festhalten wollen. Diese Form ist widerständig zur Individualisierung, zu der sie nicht zuletzt von ihrer Kirche im Modus der Pastoralmacht diszipliniert worden sind und der sie zugestimmt haben. Die so glaubenden Gläubigen sind widerspenstig zu dem, wie sie heimelig mit der eigenen Religionsgemeinschaft geworden sind; sie harmonieren weder mit dem, wozu sie von ihr gelockt wurden, noch begnügen sie sich selbst mit dem, was ihnen dafür jeweils als ihr scheinbar eigenes Selbst übergeben wurde. Ihre Widerständigkeit ist unheimlich für ihre eigene Kirche, weil sie nicht einfach diese Kirche hinter sich lässt, sondern sich von dem befreit, was diese für sie als Individualisierung vorgesehen hat. Erst bei diesem Widerstand verliert die Kirche die Möglichkeit des Zugriffs auf das Innere und damit den Rohstoff ihrer Macht auch im Außen. Sie steigt ab.

Man kann diesen Vorgang mit einer Deutung der berühmten Frage Kants „Was heißt Aufklärung?" verdeutlichen. Sie stammt von Michel Foucault. Er hält diese Frage für weit wichtiger als die berühmte Antwort, weil sie mit dem jeweils eigenen Ort in der eigenen Zeit konfrontiert und damit die Tür für eine gänzlich andere Grammatik von Philosophie aufgeht. Diese hatte im Gefolge von Descartes' „ich denke – ich bin" lange das Ich unabhängig von Raum und Zeit bestimmt; es kommt aus sich selbst heraus. Dieses Ich denkt und dadurch schon ist es – ego cogito ego sum. Kants Frage nach der Aufklärung dagegen widersteht dieser nichtgeschichtlichen Subjektivierung, gleich wie universell diese auftritt, und widerspricht darüber hinaus auch der Grundlage ihres Zugriffs, nämlich der Unmündigkeit, in die man sich selbst hat manövrieren lassen: „Kant stellt eine andere Frage: Wer sind wir in diesem ganz bestimmten geschichtlichen Augenblick? Diese Frage analysiert uns und unsere aktuelle Situation. [...] Das philosophische Problem, das sich uns ganz unvermeidlich aufdrängt, ist die Frage nach unserer Zeit und danach, was wir in diesem Augenblick sind. Das Hauptziel besteht heute zweifellos nicht darin, herauszufinden (découvrir), sondern abzulehnen (refuser), was wir sind (que nous sommes). Wir müssen uns vorstellen und konstruieren, was wir sein könnten, wenn wir uns dem doppelten politischen Zwang entziehen wollen, der in der gleichzeitigen Individualisierung und Totalisierung der modernen Machtstrukturen liegt. Abschließend könnte man sagen, das gleichermaßen politische, ethische, soziale und philosophische Problem, das sich uns heute stellt, ist nicht der Versuch, das Individuum vom Staat und dessen Institutionen zu befreien (pas d'essayer de libérer l'individu de l'État et de ses institutions), sondern uns selbst vom Staat und der damit verbundenen Form von Individualisierung zu befreien (mais de nous libérer *nous* de l'Ètat et du type d'individualisation qui s'y rattache). Wir müssen nach neuen Formen der Subjektivität suchen und die Art von Individualität zurückweisen, die man uns seit Jahrhunderten aufzwingt."[123]

Natürlich kann man einen solche Einsicht nicht einfach im Glauben anwenden. Jedoch erfasst sie das Problem mit dem Glauben heute, weil die Fixierung von *belief* philosophischen Grammatiken folgt. Hier wird gefragt: „Willst du bleiben, wie du als Gläubige:r geworden bist, weil du dich in die Unmündigkeit hast hineinlocken lassen, die dir so bestätigend und heimelig angeboten wurde? Oder willst du jemand werden, wer mit dem glaubt, was dich darüber hinausführt?" In dieser Kant-Deutung hat man eine Theorie für das hier propagierte Nein als Bedingung der Möglichkeit des Ja und für den Vorrang des eigenständig Individuellen im Glauben. Dieses Angebot räumt zugleich die Utopien aus, die man sich durch bloße Verneinung von Kirche sowie durch reine Bejahung einer angeblich viel besseren Alternative einhandelt. Niemand kann einfach die Kirche verlassen oder/und sie mit einer anderen religiösen Konstellation austauschen und dann sind alle Identifizierungsprobleme gelöst. Oft ist eher das Gegenteil der Fall und man kommt vom Regen in die Traufe. Mit dem Nein zu den katholischen Absurditäten jedoch lehnt jemand ab, was sie oder er als gläubiges Individuum katholisch zu sein hätte. Man lehnt ab, was man als katholische:r Gläubige:r erwartbar als das eigene Selbst aktivieren würde. Damit eröffnet sich der andere Raum zu glauben, der nach der jeweils eigenen Modalität von gläubigem Individuum sucht, die diese Kirche nicht bieten kann,

---
[123] Foucault, Subjekt und Macht, a.a.O., 280.

solange sie von ihren Absurditäten blockiert wird. Mit dem Nein verlässt man nicht einfach die Kirche, wohl aber verlässt man den Zusammenhang, in dem die Kirche auf das eigene Ich zugreifen kann und es zu einem katholisch glaubenden Individuum nach ihrer Façon machen will. Mit dem Ja auf der Basis des Nein sucht man dann stattdessen nach einer gläubigen Subjektivität, mit der man anders wird und sich auch anders identifizieren kann. Man kann sich selbst damit identifizieren, gleich was andere davon halten. Deshalb ist das etwas anderes als bloß „Kirche nein – Glaube ja" zu sagen. Es bedeutet anders zu glauben, weil man anders zum Subjekt des eigenen Glaubens wird. Man traut dem und traut sich zu, was eine:n selbst erfahrbar über sich hinausführt. Das trifft sich mit einer berühmten Formulierung, die Karl Rahner schon 1966 bei Vorträgen vorgebracht hat. Er prophezeite, „der Fromme von morgen wird ein ‚Mystiker' sein, einer, der etwas ‚erfahren' hat, oder er wird nicht mehr sein, weil die Frömmigkeit von morgen nicht mehr durch die im voraus zu einer personalen Erfahrung und Entscheidung einstimmige, selbstverständliche öffentliche Überzeugung und religiöse Sitte aller mitgetragen wird, die bisher übliche religiöse Erziehung also nur noch eine sehr sekundäre Dressur für das religiös Institutionelle sein kann."[124] Rahner geht mit diesen ‚Frommen von morgen', die sich jenseits jeglicher sekundären Dressur religiöser Gemeinschaften lokalisieren, auf die existentielle Komplexität ein, in sich die Basis des Glaubens suchen zu müssen, aber auch über sich hinaus finden zu können. Das geschieht, ohne dabei die kirchliche Pastoralmacht einfach abzuschütteln, wohl aber sie souverän zu überschreiten. Der springende Punkt dessen, was die Frommen erfahren haben, ist das „etwas". Es ist weder bloß unbestimmt und steht damit auch jenseits der sonst von Rahner ausführlich erörterten transzendentalen Erfahrung; es ist in gewisser Weise „trans-transzendental". Noch wäre es bestimmbar von einer dieser angeleiteten Erfahrungen, zu der irgendeine „Dressur für das religiös Institutionelle" anleiten möchte.

Die Erfahrung des „etwas" ist konkret und anonym zugleich. Sie unterschreitet alle scheinbar unaufhaltsamen Bedingungen der

---

[124] Karl Rahner, *Frömmigkeit früher und heute*, in: ders., Sämtliche Werke, Bd. 23 Glaube im Alltag, Freiburg: Herder, 2006, 31–46, 39 f. – Kaufmann weist auf pastorale Aktivitäten hin, die dafür hilfreich sind, aber eben nicht mehr: „Allerdings können, nach einem vertieften Verständnis religiöser Erfahrung, derartige lebensweltliche [sic] ‚Erfahrungen' nur propädeutischen Charakter für das haben, was im christlichen Sinne Glaubenserfahrung meint." (Kirchenkrise, a.a.O., 125)

Möglichkeit, also das transzendentale Gerippe des Denkens, das jegliches Unmögliche klein machen und damit die jeweils anderen Wissensformen ausschließen will. Aber sie überschreitet auch jeden sichtbar vorgegebenen Inhalt, mit denen sich irgendwelche andere groß tun, um die Abweichenden klein zu halten. Heute ist das „etwas" die Erfahrung, selbst jemand durch den Glauben sein zu müssen, die oder den die Unglaubwürdigkeit der eigenen Glaubensgemeinschaft nicht aus der Bahn wirft, weil man ihr mit Nein begegnet, um Ja sagen zu können, anders zu glauben. Das ist das, was die Frommen von heute erfahren haben. Rahner taxiert die Zumutung dabei als Ermutigung: „Die Einsamkeit des individuellen Glaubensgewissens hat aber, um bestehen zu können, durchaus eine positive Seite." Sie ist identifizierbar „aus der Erfahrung Gottes, seines Geistes, seiner Freiheit, die aus dem Innersten der menschlichen Existenz aufbricht und da wirklich erfahren werden kann, auch wenn diese Erfahrung nicht adäquat reflektiert und verbal objektiviert werden kann."[125]

Ihr Nein ist sehr konkret und pointiert benennbar, das Ja dagegen bleibt stets offen, stellt sich womöglich nur anonym ein und mutet Selbstüberschreitung wie Selbstrelativierung zu. Das verkirchlichte Christentum bleibt in diesem Anders-Glauben durchaus präsent, aber im Modus seiner jeweils spezifischen Unglaubwürdigkeit, zu der Nein gesagt wird, um zu diesem Ja zu kommen, anders zu glauben.[126] Darin lässt sich eine andere Existenzbasis von Kirche erkennen als die übliche. Kirche ist dazu da, Menschen zu befähigen,

---

[125] Karl Rahner, Zur Theologie und Spiritualität der Pfarrseelsorge, in: ders., *Schriften zur Theologie*, Bd. 14, Einsiedeln: Benziger, 1980, 148–165, 161 f (auch Sämtliche Werke Bd. 28, Freiburg: Herder, 2010, 28–47).

[126] Darin liegt die Antwort auf die Frage an Rahners Dictum von Josef Sudbrack, Der Christ von morgen – ein Mystiker? Karl Rahners Wort als Mahnung, Aufgabe und Prophezeiung, in: ders./Wolfgang Böhme (Hg.), *Der Christ von morgen – ein Mystiker?*, Würzburg/Stuttgart: Echter/Steinkopf, 1989, 99–136: „Zu den berühten Kriterien wahrer Mystik gehört auch der Bezug auf die Kirche. Was das nun in einer zu nennenden ‚anonym-christlichen' Mystik bedeuten müßte, hat meines Wissens *Karl Rahner* niemals explizit gesagt. Aber es stände zweifelsohne auf der Ebene des Sozialen, des engagiert Menschlichen, des Gemeinsamen und Gemeindlichen, des Messens an der gültigen Sprachgebung usw." (129) Für die neueste Diskussion von religiöser Erfahrung vgl. Magnus Lerch/Christian Stoll (Hg.), *Religiöse Erfahrung. Bestandsaufnahmen und Perspektiven zu einer strittigen Kategorie*, Freiburg: Herder, 2023. Dort wird Rahners Position eingehend diskutiert von Ursula Schumacher, Erfahrbarkeit der Gnade?, 117–140, Magnus Lerch, ‚Religiöse Erfahrung' als strittige Kategorie, 141–158 und Martin Breul, Vernunft und Geschichte, 266–289, der jedoch die Dressur durch das religiös Institutionelle aus dem Zitat streicht (268).

sich widerständig gegenüber ihren jeweiligen Angeboten an Glauben, Religion, Spiritualität weiter zu entwickeln, soweit sie sich als absurde Machtsicherungsvorgänge erweisen. Das ist seit der Botschaft Jesu eine elementare Struktur des Christlichen. Es hält es im doppelten Sinn des Wortes am Leben.[127]

Das gilt in religiösen Dingen über den speziellen katholischen Fall hinaus. Ohne diese gesteigerte Komplexität souveräner Individualität gerät man leicht von der einen Unglaubwürdigkeit, die man ablehnt, in die nächste hinein, also vom Nein zu dem einen Absurden ins Ja zu einem anderen. Wer den Vorrang der individuellen Glaubensoption auch zu ziehen und eben aus dem verfassten Katholischen zu gehen bereit ist, gerät nicht selten als Konvertit:in in die schwierigen Wasser einer anderen Gemeinschaftsform, wenn sie oder er den disziplinierenden Zugriff religiöser Individualisierungsangebote nicht durchschaut. Das kann sogar eine Form sein, die extrem auf die individuellen Formierung im Glauben zielen, weil so die Schwächen der Person umso besser markiert und ausgenutzt werden können. Das ist der Fall beim evangelikalen Christentum und noch einmal verstärkt in dessen pentekostalem Modus. Es hat von der im Kontext der globalisierten Zivilisation wachsenden Verlagerung auf die individuelle Glaubensentscheidung derzeit den größten Profit. Diese Form des Christentums hat sich bereits historisch mit einer starken Individualitätskultur entwickelt, die enthusiastisch Gemeinschaftsmodelle umarmt. Das überspielt jedoch nur scheinbar den gravierenden Druck: „Du bist für deinen Glauben allein verantwortlich." Und gerade deshalb weiß dieses Christentum den Individualisierungsschub der späten Moderne gewinnbringend in der globalisierten und urbanisierten Zivilisation anzusprechen. Es geht dabei um den individuellen spirituellen, aber auch materiellen und politischen Aufstieg und das wird in Form von enthusiastischen Events einer Gemeinschaft gefeiert. Das ist nicht einfach bloß positiv; gerade diese Form christlicher Vergemeinschaftung ist ein Geschäftsmodell voller neuer Absurditäten, die Glaubwürdigkeit breit auflösen.

Das gilt auch für die Ableger solcher Geschäftsmodelle innerhalb der katholischen Weltkirche in Gestalt Neuer Geistlicher Gemein-

---

[127] Elmar Klinger, *Das absolute Geheimnis im Alltag entdecken. Zur spirituellen Theologie Karl Rahners*, Würzburg: Echter, 1994, bes. 47–60, hebt die „Radikalität" (48) im Dictum Rahners, die bei der als Spruchkarte verbreiteten Weisheit untergeht. Aber er belässt es bei der radikal anders gefassten Gotteserfahrung und übergeht die radikale Kirchendifferenz in Rahners Einsicht.

schaften.[128] Den Hinweis auf Profit sollte man nicht metaphorisch nehmen. Es ist eine metonymische Beschreibung, weil das evangelikale und charismatische Christentum schlichtweg nicht zuletzt auch ein Geschäftsmodell ist. Ziemlich oft sind die Führer:innen der evangelikalen Glaubensform sehr reich und einige sogar superreich. Sie heben sich gravierend von der Masse der Gläubigen in diesen Gemeinschaftsformen ab, aber aufgrund des individuellen Vorrangs ist das nicht ihr Problem, sondern von jenen, die am anderen Ende der Vermögensskala stehen und aufsteigen wollen. Gerade in der charismatischen christlichen Gemeinschaftsform ist noch Luft nach oben in Sachen widerspenstiger Differenz; es gibt sie und sie wird sich ausbauen. Das will ich hier ausdrücklich sagen und schon gar nicht verleugnen. In dem „noch" möchte ich respektieren, was über sie im positiven Sinn zu erwarten ist.

Schließlich ist die Entwicklung mit dem erzielten Profit noch längst nicht zu Ende. Denn er ist keine Garantie für alle Zukunft, weil auch hier der Individualitätsvorbehalt gilt. Eines der evangelikalen Riesenunternehmen in den USA, eine der ersten Mega-Churches auf diesem Planeten, die Chrystal Cathedral in Los Angeles mit ihrer wöchentlichen, per Satellit übertragenen ‚Hour of Power' wurde 2010 insolvent. Macht man aus Glauben ein Geschäftsmodell, dann lassen sich unglaubliche Gewinne machen. Aber die Kund:innen können auch wegbleiben, hält das Angebot nicht, was es verspricht. Für den Fall, dass die katholische Kirche ihre Absurditäten in den Griff bekommt, muss man die pentekostale Form von Christentum daher nicht fürchten. Die Immobilie der Chrystal Cathedral wurde 2012 von der lokalen katholischen Diözese aufgekauft; sie ist nun ihre Hauptkirche.

Es ist wohl kein Zufall, dass das evangelikale Christentum bisher nur zwielichtige Figuren wie Trump, Bolsonaro, Morrison in höchste Regierungsämter zu hieven in der Lage war, aber keine Figuren aus dem eigenen gewachsenen Bereich. Das politische Ziel, jemand der ihren in höchste Regierungsverantwortung zu bringen, ist offenbar nur über zwielichtigen autoritäre Personen jenseits des demokratischen Mainstream zu erreichen, die sich ihrerseits politisch parasitär

---

[128] Hoff, Auflösung, a.a.O. markiert das hellsichtig mit der „identitären Auflösung des römischen Katholizismus" (56–60), in der dann Religion ästhetisch „als Ware inszeniert wird – im Paradox verfügbarer Unverfügbarkeit des Allerheiligsten." (59) Gerade jene, die sich diesen Gemeinschaften intensiv beigesellen, sind selbst Konsument:innen des eigenen Warenangebots, die zur Gewinnmaximierung der identitären Gemeinschaftsform beitragen.

an dieses Christentum anlagern. Sie ziehen es nach unten und tun ihm nicht gut; wir Katholik:innen, wenn die Vereinnahmung erlaubt ist, wissen darum seit dem Renaissance-Papsttum nur zu gut. Wie längst schon die katholische Kirche seit der Moderne, sind evangelikale Christ:innen in offenen Gesellschaften auf Dauer schlicht nicht von sich selbst her mehrheitsfähig. Sie saugen das Menschenrecht auf Religionsfreiheit aus, um sich über die anderen zu erheben. Gelangen sie an die Macht, muss man um die Allgemeinheit der Menschenrechte fürchten. Die von ihnen nach vorne geschobenen Verführer der Mehrheit können sich nur parasitär anlagern und/oder werden dabei selbst parasitär angelagert. Der *„Zuwachs durch parasitäre Anlagerung"*[129] ist bisher leider auch die Primärstrategie der evangelikalen Gemeinschaftsform gegenüber den herkömmlichen Kirchen gewesen, die es scheinbar nicht mehr bringen, um es salopp zu sagen. Darin sind evangelikale Gemeinschaften nicht unerfolgreich; es gibt genügend kirchlich Absurdes zu beklagen.

Aber auch der evangelikale und charismatische Gemeinschaftsmodus des Glaubens setzt die elementare Individualität voraus und kann sie nicht ersetzen. Das will er auch gar nicht, vielmehr pfropft er auf diese Individualität das Geschäftsmodell einer rigorosen Machtstrategie in Gesellschaft und Staat auf. Im Glauben gilt ihm Freiheit als höchstes Gut, in der Gesellschaft dagegen Macht. Gerade diese Kombination verfängt und darum sind charismatische Christentümer für die Indizierung der Individuen mit gemeinschaftlichen Machtinteressen richtig gut aufgestellt. Die so respektierte Individualität kann sich natürlich auch widersetzen, aber dann muss sie aus dem Gesellschaftsprojekt heraus gehen und verliert ihre Geschäftsanteile an der schon errungenen Macht. Diese Anteile werden dann anderen als lockende Angebote vorgelegt. In den Phänomenen der ‚revolving door' pentekostaler Kirchen in Megacities kann man das auch beobachten.[130] Viele verlassen diese Kirchen wieder sehr bald, aber solange mehr neu hinzukommen als enttäuscht gehen, haben diese Gemeinschaften das benötigte Plus. Sie sind daher in der Lage,

---

[129] Detlef Pollack / Gergely Rosta, *Religion in der Moderne. Ein internationaler Vergleich*, Frankfurt: Campus, 2015, 239.

[130] David Martin, *Pentecostalism. The world their parish*, Malden, Mass.: Blackwell, 2003, 112–115. Die davon angesprochenen Menschen „kann man als ‚amorph religiös' bezeichnen, insofern sie bedarfsorientiert in verschiedensten Organisationen praktizieren"; wenn so jemand „Ruhe vom Stress der Stadt braucht, geht sie zur katholischen Messe; und wenn sie krank ist, zum afroamerikanischen Candomblé." (Heinrich Wilhelm Schäfer, *Die Taufe des Leviathan. Protestantische Eliten und Politik in den USA und Lateinamerika*, Bielefeld: transcript, 2021, 37)

die hohe soziale Mobilität in megaurbanen Räumen für sich zu nutzen. Aber eine Garantie für die weitere Zukunft ist das nicht, vielmehr ein Hinweis auf den Vorrang des Individuums im christlichen Glauben, den sie um Gottes willen ständig weiter ausbauen müssen. Allerdings führt gerade im Pentekostalismus dieser Vorrang nicht zu einer Selbstrelativierung der Gemeinschaftsform, sondern zu einer Unterwerfung des Individuums unter die gesellschaftlichen Machtinteressen der Gemeinschaft. In Sachen Glauben wird dem Individuum der Vorrang gelassen, auf die zu erringende Macht über andere hin gerade nicht; es wird ihm gesagt, wie es sich religiös und spirituell am besten zu individualisieren hat.

Man kann daher theologisch und auch soziologisch relativ nüchtern feststellen, dass die Form des Christentums, welche mit Abstand am meisten von der Individualisierung des Glaubens in der säkularisierten globalen Zivilisation profitiert, eben diese individualisierte Form ist, die zugleich jedoch als Gemeinschaftsform auf Macht über andere ausgerichtet und angewiesen ist. Beides trifft jetzt in den Zeiten nach den sexuellen Missbrauchsskandalen die katholische Gemeinschaftsform besonders hart, weil sie immer davon ausging, dass sie es wäre, die die Menschen zu Gläubigen macht, und dass sie dafür Macht ansammeln müsste und zwar speziell über ihre Gläubigen. Die katholische Kirche hat so auf die Entkirchlichung der Gesellschaft nach Aufklärung und Industrialisierung mit der Verkirchlichung des katholischen Christentums geantwortet. Das war ihre Form, gegen die Säkularisierung in ihr selbst vorzugehen, nachdem sie der Moderne nicht mehr außerhalb, also gesellschaftlich, gewachsen war. Diese Verkirchlichung des katholisch Glauben kulminiert dann im binnenkatholischen Antimodernismus, der vom letzten Konzil unterbrochen wurde, aber dessen vor allem päpstliche und kuriale Restauration bei gleichzeitiger Übernahme moderner Kommunikation, Organisation und medialer Präsenz bis in die Gegenwart reicht.[131] Aber trotz aller globalen Präsenz bringt das die

---

[131] Die Verkirchlichung des Christentums in der funktional ausdifferenzierten Moderne, die im katholischen Bereich eine immer stärker greifende römische Zentralisierung und eine davon zugleich ausgelöste Provinzialisierung bedeutet, war die überraschende Analyse von Franz-Xaver Kaufmann: „Will man diese Entwicklungen des konfessionalisierten Christentums im Zuge der Modernisierung auf einen Begriff bringen, so kann man von einer *Verkirchlichung des Christentums* sprechen. Das heißt, das Christentum bildet nun keine die gesamten Lebensverhältnisse umfassende symbolische Sinnwelt mehr, sondern es gewinnt seinen spezifischen Ort in den ‚Kirchen', welche sich selbst zunehmend als klerikale Organisation profilieren, in denen Theologen und Pfarrer oder Ordensleute als ‚religiöse Spezialisten' (Klerus)

Papstkirche nicht nach vorn. Sie bröckelt, weil ihr die eigene Unglaubwürdigkeit im Weg steht, die sie sich durch den sexuellen Missbrauch und seine flächendeckende bischöfliche Vertuschung eingehandelt hat. Die globale Reichweite dieser beiden Skandale wird langsam, aber unaufhaltsam sichtbar.

Die weitere Tradierung der Verkirchlichung des katholischen Christentums ist daher mindestens in schwere Wasser geraten, weil sie integral und wohl unaufhaltsam unglaubwürdig geworden ist. Sie kann der Dynamik der Individualisierung im Glauben deshalb auch nicht erfolgreich entgegentreten, aber diese Individualisierung auch nicht gleichsam „more catholico" normieren und damit wieder einfangen. Darum steigt sie auch so markant schnell ab, wie man es im deutschen Sprachraum besonders gut beobachten kann. Realistisch betrachtet, löst sich die beschriebene Verkirchlichung in weiten Teilen Europas bis auf Restbestände auf, was möglicherweise auch auf anderen Kontinenten wie den beiden Amerikas und Australien geschieht. Sie ist das Erfolgsmodell von vorgestern, aber kann weder heute noch in Zukunft die Gläubigen in ihrem zentralistisch-römischen Sinne katholisch machen und halten. Es geht immer zu Lasten der Gläubigen, die Gläubiger für die provinzielle Absurdität darin zu sein. Dazu sind immer weniger vor sich selbst und gegenüber anderen bereit. Das wird jetzt heftig und bedrängend sichtbar. An die Stelle der Verkirchlichung tritt nicht einfach die weitere Entchristlichung der Gesellschaft. Sie findet durchaus statt, aber dynamisiert sich nicht nur nicht, sondern kann unter bestimmten Bedingungen sogar im Modus von „Public Religions in the modern world" ausgesetzt, verlangsamt oder regional sogar umgekehrt werden.[132] Ob

---

mit einem ausschließlich geistlichen Führungsanspruch den so genannten Laien gegenübertreten." (Kaufmann, Kirchenkrise, a.a.O., 89) Er konnte damit gemeinsam mit Karl Gabriel den Erfolg jener Stabilisierung von Kirche in der und zugleich gegen die Moderne beschreiben, den die Organisation des katholischen Milieus seit der zweiten Hälfte des 19. Jahrhunderts unzweifelhaft bedeutet hat (vgl. dazu die Kaufmann würdigenden Artikel von Gabriel selbst und Ernst-Wolfgang Böckenförde in: Stephan Goertz/Hermann-Josef Große Kracht (Hg.), *Christentum-Moderne-Politik. Studien zu Franz-Xaver Kaufmann*, Paderborn: Schöningh, 2014, 11–26 und 177–186) Folgerichtig musste Kaufmann dann die gegenwärtige Kirchenkrise nicht einfach als säkularisierende Entkirchlichung der Gesellschaft beschreiben, sondern konnte sie als „Entkirchlichung der Individuen" (Kaufmann, Kirchenkrise, a.a.O., 91–95) erfassen, die mit einer auseinandertretenden Trias verbunden ist: *„Wir können heute ein zunehmendes vorstellungsmäßiges Auseinandertreten von ‚Kirchlichkeit', ‚Christlichkeit' und ‚Religion' beobachten"* (95).

[132] José Casanova, *Religion Public religions in the modern world*, Chicago: Univ. of Chicago Press, Nachdruck 2010 (1994).

das ausreicht, um die „Entkirchlichung der Individuen" (Kaufmann) zu stoppen, wird sich zeigen, aber dürfte zweifelhaft bleiben. Es könnte auch sein, dass die Entchristlichung von Gesellschaften mit einer Verchristlichung der Individuen einhergeht, die ihrerseits zugleich der weiteren Verkirchlichung des Christentums widerstehen und ihr im Fall des katholischen Christentums sogar widerspenstig entgegentreten.[133] Dabei steht weder Zugehörigkeit noch Nicht-Zugehörigkeit im Vordergrund, sondern Widerständigkeit. Es handelt sich daher dabei nicht einfach um ein individualisiertes Christentum; das gibt es schon lange in anderen – meist protestantischen – Kirchenformen, die das individuelle Moment mit ihrer

---

[133] Kaufmann, Kirchenkrise, a.a.O. sieht den Entkirchlichungsanteil in diesem Vorgang, aber geht gleichwohl davon aus, dass das Sozialgebilde des verkirchlichten Christentums im katholischen Modus „krank, aber überlebensfähig" (170) ist. „Die aktuelle Kirchenkrise wird vorübergehen." (171) Aber darin schwingt bei ihm kein Optimismus mit, sondern nur sozialwissenschaftliche Vorsicht, wie seine beiden abschließenden Markierung in der Sache Christentum und Kirche zeigen. Zum einen hält er der Verkirchlichung des Christentums die Relativierung vor Augen, die sie immer geflissentlich übersieht: „Man kann argumentieren, Papsttum und Vatikan seien nicht der Kern des Christentums, auch nicht seiner römisch-katholischen Form. […] Deshalb sei die Frage erlaubt, ob es dem Evangelium und den besten Traditionen des Christentums entspricht, dass das soziale Medium Kirche in seiner heutigen römischen Form der Selbstfesselung die Zukunft des Christentums bestimmt." (Kirche in der ambivalenten Moderne, a.a.O., 310/311) Daraus folgt dann Kaufmanns herbe Kritik, dass auch gutgläubige Katholiken sich einer katholisch normierten Individualisierung signifikant verweigern. Die eigene Zukunftsfähigkeit kann das verkirchlichte Christentums zumindest in Deutschland selbst nicht sichern (Franz-Xaver Kaufmann, Ist das Christentum in Deutschland zukunftsfähig?, in: Richard Heinzmann (Hg.), *Kirche – Idee und Wirklichkeit. Für eine Erneuerung aus dem Ursprung*, Freiburg: Herder, 2014, 251–269, 264–269; auch im Sammelband *Katholische Kirchenkritik. „… man muss diese versteinerten Verhältnisse dadurch zum Tanzen zwingen, dass man ihnen ihre eigne Melodie vorsingt!"*, Luzern: Edition Exodus, 2022, 163–180). Dafür fehlen signifikant die Menschen auch in ihm selbst, die sich von Kirche beeindrucken lassen. Nur der Staat hält Kirche auch künftig am Leben, weil er sie noch glaubt, nötig zu haben. „So sind die Kirchen in institutioneller Hinsicht in Deutschland für eine absehbare Zukunft gesichert, allerdings wohl nicht aus eigener Kraft. Wenn wir das Christentum allein mit dem von den Kirchen Vertretenen identifizieren und die Tendenzen der letzten Jahrzehnte fortschreiben, sind die Perspektiven eher düster." (264) Dem kann ich nur zustimmen; mittlerweile hat ein Autoclub in Deutschland mehr Mitglieder als die katholische Kirche. Aber es gibt eine Alternative zur Düsternis Kaufmanns. Kirche ist auf das jeweilige konkrete Außen verweisen, das ihr zumutet, über sich hinauszuwachsen, dem ihre römische Selbstbezüglichkeit aber stets mit Ressentiment begegnet. Bricht das auf, gibt es eine Chance, nicht weiter der provinziellen Dekadenz eines entweltlicht-zentralisierten Christentums zu verfallen. Eine verchristlichte Individualität ist dazu aufgrund ihres Nein zu den kirchlichen Ressentiments in der Lage. Sagt Kirche ja zu dieser Zumutung, wie auf dem letzten Konzil geschehen, bekommt sie eine Chance von außen her, die Zukunftsfähigkeit zu wahren.

Kirchlichkeit fördern. Es ist auch keine mystische Form des Christentums im Sinne von Ernst Troeltsch, die sich als dritte mögliche Form nach Volkskirche und Sekte präsentiert, weil das die beiden anderen als Hauptlinien der gesellschaftlichen Entwicklung des Religiösen nur bestätigt, um sich selbst auf einer höheren Ebene zu platzieren. Es ist vielmehr ein Christentum, das aus der Widerspenstigkeit des glaubenden Menschen gegen die Individualisierungsanschübe der eigenen Glaubensgemeinschaft und deren absurde Machtzugriffe die Last auf sich nimmt, aber auch der Lust folgt, selbst für das eigene Glauben anders einzustehen und sich dabei anders zu individualisieren, als kirchlich und gesellschaftlich normiert.

Es wäre mit dem Datenmaterial, das auf einen Trend zu „neither belonging nor believing" hinweist,[134] nicht so recht zu erfassen, weil die dabei nachgefragten Größen Gott, Religion etc. so sehr am verkirchlichten Christentum haften, dass sie davon nicht unabhängig positiv validierbar sind. Sie erfassen das Nein zu dessen Absurditäten und das Querlegen gegen deren Individualisierungsvorstellungen nicht. Die empirische Nachfrage nach Gott, Religion etc. ist entsprechend stets davon kontaminiert; bereits die Binarität von „belonging-believing' lässt das anders nicht zu. Auch die alternative These dazu, das „believing without belonging", das die Daten offenbar nicht als tatsächlich breiten religiöser Vorgang stützen, kann wegen der Binarität lediglich eine Abwehr der Zugehörigkeit von Kirche erfassen. Der komplexere Vorgang, dass es beim Glauben weder um ein „belonging" geht noch um ein von dessen Vorrang geprägtes „believing", sondern um eine Aktivierung von je eigener Widerstandskraft gegen Unglaubwürdigkeiten eines weiteren „belonging" auf der Basis jenes „believing", drängt zu einer dreiwertigen Elementarisierung. Diese Aktivität ist in der binären Grammatik der genannten Formeln noch am ehesten mit einem „believing by not belonging" beschreibbar, wenn durch die Verneinung ein drittes Potential ausdrücklich eingebracht wird.

Ich kann mich für diese Taxonomie auf Charles S. Peirce berufen, der schon in der Frühphase seiner Entdeckung der elementaren Bedeutung von *thirdness* herausfand, dass jede Festlegung von Überzeugungen, also jegliche Formierung von *believes* und *believing*, von

---

[134] Vgl. dazu Jan Loffeld, *Heil werden ... Optionen einer Seelsorge unter forciert säkularen Bedingungen*, Theologie der Gegenwart 1/66 (2023), 2–14, bes. 4–7, sowie ders., *Fraglos glücklich!?*, a.a.O.

einer jeweils spezifischen schlussfolgernden Praktik geprägt wird und nicht von einer Zugehörigkeit.[135] Ein festhaltendes Glauben – *believing* – wird nicht von Zugehörigkeit – *belonging* – bestimmt, sondern von schlussfolgern. Das gilt für Alltagsdinge, religiöse Dinge wie höchste Wissenschaftsdinge. Die Formierung von Überzeugungen ist dreiwertige Praxis und nicht zweiwertig oder binär erfassbar. Eine Überzeugung ist individuelle Handlung auf der Basis eines Problems, dem man nicht ausweicht, und nicht Zustimmung zu einer übergeordneten oder vorgegebenen Größe. Für das „neither belonging nor believing" und für die diese Linie kristallisierende Diskursbegründung von „believing without belonging" stehen dagegen aber Zugehörigkeiten im Fokus; das „belonging" ist dabei die jeweils kritische Größe gegenüber dem „believing". Sie bewegen sich in einem binären Code von „believing versus belonging".

Das Christentum mit seinen Glaubensermutigungen wird dagegen in der Grammatik von „believing by not belonging" zum Anschieber des jeweiligen Subjektes, einer nicht schon im Voraus disziplinierten Individualisierung weiter zu folgen; denn die verkirchlichte Form von Individualität macht aufgrund ihrer absurden Anteile keine zustimmende Schlussfolgerung auf die eigene Individualität hin mehr möglich. Es sind mithin immer drei Größen vorhanden – erstens die Absurditäten einer Kirche, die die Gläubigen zweitens normieren wollen, und drittens die Schlussfolgerung zum Widerstehen des Absurden durch ein einzelnes Glaubenssubjekt um seines Glaubens willen. Glauben ist hier mehr als bloß „mit Zustimmung denken" (Augustinus). Er ist „mit widerstehender Zustimmung nachdenken", wodurch die Glaubensinhalte in einem individuellen Prozess von Schlussfolgerung fähig werden, sich zu überschreiten.

So prekär diese so konkretisierte Überzeugung dann auch ist, so kann die verkirchlichte Glaubensform davon umgekehrt profitieren, weil sie so über den Vorrang der Verkirchlichung von glauben hinauskommt, also sich selbst zu relativieren lernt. Die widerspenstige Handlung der einzelnen Gläubigen erleichtert die gemeinschaftliche Praxis der Selbstrelativierung. Die widerspenstigen Individuen ihrerseits stimmen nicht mehr einfach mit der gläubigen Subjektivierung überein, welche die katholische Kirche für sie vorgesehen hat.

---

[135] Charles S. Peirce, Fixation of Belief, in: *Writings of Charles S. Peirce. A chronological edition. Vol. 3: 1872–1878*, Bloomington, IN: Indiana University Press, 1986, 242–257 (dt. *Die Festigung der Überzeugung und andere Schriften*. Hg. v. E. Walther, Baden-Baden: Agis, 1986).

Sie verfolgen eine Überzeugung *(belief)*, die dann anders katholisch glaubt *(faith)*. Das ist der Anstoß für die Kirche, mehr als ihre scheinbar alternativlose Glaubensweise *(faith)* zu erfassen und sich von dieser her zu relativieren, um wieder überzeugend *(belief)* zu werden.

Von überflüssig zu über-flüssig – ein feiner Unterschied zum Vorteil des Glaubens

Das führt uns nun in jene Relativität von „überflüssig" und „überflüssig", in der beide auch zum Vorteil eines glaubwürdigen Glaubens wechselwirken können. Je nachdem, wie sie eingestanden wird, wird das zum dauerhaften Nachteil oder zur möglichen Umkehr der Gemeinschaftsform des Katholischen. Die Relativität ist stets und in jedem Fall ein Vorteil für die Individualform des christlichen Glaubens. Aus ihr ergibt sich, dass zwischen „Kirche – überflüssig!" und „Kirche – über-flüssig" ein feiner Unterschied liegt. Solche Unterschiede sind keine kleinen Differenzen, sondern elementar anders gelagerte Platzierungen in der jeweils für Distinktionen bestimmenden diskursiven Skala. Sie muten bedrängende Zuordnungen auf den jeweiligen gesellschaftlichen und kulturellen Skalen zu, denen man nicht ausweichen kann.[136] Feine Unterschiede sind so etwas wie die Währung, um den eigenen Aufstieg oder Abstieg zu taxieren. Das geschieht nicht von den anderen her, mit denen man sich einfach vergleicht, sondern von dem her, wie man sich selbst von den anderen taxiert sieht. Man taxiert sich selbst von den Schlussfolgerungen her, die man begründet bei den anderen wahrnimmt. Das ist deshalb unausweichlich, weil jede Individualität in Relation zu allen möglichen Individualisierungsangeboten und -zwängen geschieht. Diese Taxonomien weisen dann Gewinne oder Verluste an Distinktion aus. Mit diesen Distinktionen platzieren sich Individuen auf der gesellschaftlichen/gemeinschaftlicher Skala nach oben oder unten. Gerade als Individuum ist man der Listung auf einer solchen Skala ausgesetzt bis ausgeliefert und wird deshalb davon innerlich erfasst. Kein „ich" ist darauf nicht gelistet. Die jeweilige Ordnung der auflistenden Diskurse, also die Taxonomie, kommt stets mit Machtelementen da-

---

[136] Pierre Bourdieu, Die feinen Unterschiede. Kritik der gesellschaftlichen Urteilskraft, Frankfurt: Suhrkamp, 28. Auflage 2021.

her; anders kann sie keine Skalierungen vornehmen. Die Taxonomie ermächtigt zu Gewinnen – oder eben zu Verlusten.

Das Individuum ist nicht souverän über die Taxonomie; sie wird vom Zwischenraum Gemeinschaft/Gesellschaft – jeweiliges Individuum aufgebaut. Distinktionen nötigen daher zur Selbsteinschätzung durch Skalierungen, über die diese Unterschiede und die sie betreffenden Personen nicht erhaben sind. Unterschiede zwischen Personen sind vielmehr die Größen, an denen die Skalierungen sich lokalisieren. Es sind eben „distinctions" und hier deckt die deutsche Übersetzung nicht alle relevanten Untertöne des Französischen ab. Für das hier behandelte Problem bedeutet das, es geht bei „überflüssig oder über-flüssig" nicht um ein Wortspiel, sondern um soziokulturelle Welten, die dazwischen liegen. Wer oder was sich als überflüssig taxieren lassen muss, wird mit herbem Abstieg konfrontiert. Wer überflüssig ist, kann Distinktionsverlusten nicht entgehen. Wer dagegen über-flüssig werden kann, steigt mit dem auf, was es zum Fließen bringt. Hier bedeutet das flüssige Moment im „über-flüssig" einen Aufstieg denen gegenüber, denen das fehlt und die deshalb bestenfalls an ihrem Platz festhängen, aber höchstwahrscheinlich bald absteigen.

„Überflüssig" und „über-flüssig" haben nicht nur einen anderen kirchlichen Sinn, sondern auch eine andere Bedeutung für die Glaubwürdigkeit. Sie werden jeweils von anderen Diskursen bestimmt, die eine verheerende Ohnmacht auslösen oder eine ohnmächtige Kreativität einbringen. Die Fähigkeit, solche Diskurse zu erfassen, führt ihrerseits zu unterschiedlichen Platzierungen in der Taxonomie eines Zugangs zur Realität, die gar nicht anders kann, als sich Verflüssigungen zu stellen. Das erste „überflüssig" heißt: „Kann ohne weiteren Schaden weg, weil es mir/uns nichts mehr bringt", das zweite „über-flüssig" dagegen: „Es geht so nicht weiter, aber anders, und das hängt an der Dynamik der damit angestoßenen Praktiken". Die Bedeutung von „überflüssig" liegt in der unerbittlichen Wahrheit, dass etwas hier nicht oder nicht länger zu gebrauchen ist. Die Bedeutung von „über-flüssig" liegt darin, dass die falschen Vorstellungen in dem, was damit bezeichnet wird, entweder überwunden werden oder zum bloß ‚überflüssig' abgleiten.

Diese Unterscheidung wird in der kritischen Lage der katholischen Glaubensgemeinschaft jetzt schlagend. Auch sie taxiert sich von dem her, was sie begründet an Einschätzungen der Anderen über sie glaubt wahrzunehmen. Zu diesen Anderen gehören jetzt auch die eigenen Gläubigen. Damit tastet sie sich immer weiter in die Einschätzungen ihrer Lage vor, die ständig prekärer wird. Eine Kirche, die missbraucht und das vertuscht, hat sich überflüssig gemacht und zwar auch für die eigenen Gläubigen. Sie kann weg und darf so nicht weiter machen; man müsste sie auch daran hindern, würde sie es weiter tun. Höchstens Täter und verbohrte Nutznießer:innen des Klerikalismus werden sich dagegen wehren – die einen, weil diese Kirche sie schützt, und die anderen, weil sie dann selbst überflüssig werden für den Glauben. Aber gegen dieses Moment des Überflüssigen könnte diese Kirche sich gar nicht mehr wehren, weil sie eben am Ende ist. Und das ist auch gut so. Es gibt derzeit Hoffnung weckende kirchliche Ansätze, dass sich diese herbe Einsicht in der katholischen Kirche weiter ausbreiten wird. Die vielen Präventionsmaßnahmen auf allen kirchlichen Ebenen sprechen diese Sprache. Das muss noch nachhaltig werden, aber immerhin steht so eine Hoffnung im Raum. Nur wenn und weil diese Kirchenform einsieht, dass sie am Ende ist, hat die Kirche die Chance auf einen Anfang, der dann aber anders ist als das, was hier zu Ende gegangen sein wird.[137]

Eine katholische Kirche, die nicht mehr so richtig glaubt, dass sexueller Missbrauch, Vertuschung und Reformunwille fortlaufend aktiviert werden können, ohne dass sie in Kürze überflüssig geworden sein wird, kann anders werden und dabei wird sie anders glauben, um das zu bewerkstelligen. Sie muss dabei nichts anderes glauben und keinen anderen Glauben glauben. Wohl aber muss sie die elementare Struktur ihrer Glaubensvorgänge ändern und das beginnt jetzt schon, also ehe das Futur 2 Präsens geworden sein wird. Sie beginnt, anders zu glauben, als es für sie bisher selbstverständlich war. Der Anfang dieses Beginns ist jetzt mit den Gläubigen, denen die Geduld verloren gegangen ist, bei dem katholischen Absurden zu bleiben, direkt zu erleben. Von ihnen her begibt sich jene Kirche, die respektiert, überflüssig geworden zu sein, und die daraus die nötigen Konsequenzen zieht, auf ein anderes soziales und kulturelles, spirituelles und gläubiges Feld. Dort wird sie ihre diskursive Selbsteinschätzung verändern. Sie wird anders und agiert anders. Sie folgt dem, was „über-flüssig" ausdrückt und bedeutet. Und diese Distinktion verhindert, dass es so weiter geht, und darin weist sie zugleich entschieden über sich hinaus. Wenn eine Glaubensgemein-

---

[137] Als Alternative bietet sich dann nur mehr die Auflösung an, weil sie nicht mehr aufzuhalten wäre. Damit stehen jedoch nur ausgesprochen kleine Religionsformen zu Buche, vgl. Michael Stausberg/Stuart Wright/Carole Cusack (Ed.s), *The Demise of Religion. How religions end, die, or dissipate*, London: Bloomsbury, 2020. Überflüssig bedeutet jedoch nicht Selbstauflösung.

schaft zu dieser Einsicht steht, wird sie sogar überzeugend anders. Das beinhaltet nicht eine *hidden agenda*, doch irgendwie mit neuem Anstrich so weiterzumachen. Dem eigenen Glauben wird zugemutet, anders präsentiert zu werden als bisher und darüber die Gemeinschaft dieses Glaubens anders zu formieren.[138] Beide Modi von überflüssig sind dementsprechend mit einem Nein verbunden, die aber jeweils von anderer Art sind. Das „überflüssig" ist mit dem Nein verbunden, dass es so weiter geht, weil das eben nicht länger glaubwürdig ist. Dieses Nein widerspricht, dass Kirche nicht anders kann und nicht anders werden darf. Sie kann anders und darum wird es für sie auf jeden Fall anders werden, weil sie in ihrer eigenen Unglaubwürdigkeit versinkt. Das zweite „überflüssig" dagegen resultiert aus einem Nein zu dem, was Kirche an diesen Punkt gebracht hat, und zugleich aus dem Ja zu dem, was über die Kirche hinausweist. Zwischen Nein und Ja liegt kein Gegensatz, sondern eine positive Wechselwirkung; sie wird vom Individuum ausgetragen. Das wirkt sich einerseits in den Distinktionsverlusten aus, die die katholische Kirche mit jedem Missbrauchsbericht und jeder Reformverweigerung ansammelt. Sie lassen die Kirche beschleunigt absteigen. Aber das ist gut so und sie hat nichts Besseres verdient. Sagt sie nun dazu ja, bringt diese Wechselwirkung nicht unerhebliche Gewinne an Distinktion ein. Diese Gewinne werden erwirtschaftet, wo und weil sie zum „über-flüssig" als ihrer eigentliche Aufgabe Ja sagt. Je mehr sie der nachkommt, desto höher werden ihre Chancen auf wieder zu gewinnenden Respekt. Der Schlüssel dafür ist die Glaubwürdigkeit, die ihr dann wieder zuerkannt wird, weil sie die eigene Unglaubwürdigkeit anerkennt. Man kann das auch als Bedingung der Möglichkeit formulieren: Glaubwürdigkeit wird ihr erst dann wieder zuerkannt werden können, wenn sie die eigene Unglaubwürdigkeit anerkannt haben wird.

---

[138] Bernd Jochen Hilberath, *Bei den Menschen sein. Die letzte Chance für die Kirche*, Ostfildern: Grünewald, 2013, 179–180 weist auf den Unterschied hin, von der Kirche zu träumen oder Kirche zu träumen. Es kann ein Alptraum sein oder eine Illusion, von ihr zu träumen. Sie zu träumen dagegen verlangt Offenheit, Aufgehobenheit und Antreffbarkeit zugleich. „Wohl deshalb wünsche ich mir eine Kirche mit leichtgängigen Türen. Keine Schwingtüren, die einem wieder entgegenkommen und vor den Kopf schlagen. Aber solche, die es dem Raum leicht machen, mich aufzunehmen und die es mir nicht erschweren hinauszugehen: Ite missa est. Mehr Offenheit, davon träume ich. [...] Das sind wiederum zwei, die zusammengehören: Offenheit und Antreffen. Was nützen offene Türen, wenn ich dahinter niemanden antreffe?" (181/182)

Mit dieser anderen Glaubwürdigkeit steht sie für etwas, das größer ist als sie selbst, eben das Evangelium. Aber dessen wird sie nur gewahr, wenn sie respektiert, dass ihre eigene Botschaft über sie hinausfließt. Sie ist weder die Ursache dafür noch die Bedingung der Möglichkeit, dass es dieses Evangelium gibt. Und sie kann buchstäblich von Glück reden, dass diejenigen, die sie dabei hinter sich lassen, auf dieses „größer als" setzen, weil das ihnen nicht egal ist. Dieses Glück ist nicht das Unglück von Kirche, wohl aber ein weiterer Anlass, sich selbst zu relativieren.

Zugleich kommt eine Komplexität in dieser Wechselwirkung auf, die man nicht unterschätzen darf. Jene Verluste und diese Gewinne lassen sich nicht gegeneinander aufrechnen; es sind verschiedene Diskurse. Man muss kirchlich zu beidem eine realistische Position einnehmen, also sie akzeptieren. Dann erst entsteht eine Dynamik, mit der den Gewinnen einen höheren Stellenwert zukommen kann.

Die positive Wechselwirkung beider Diskurse ist daher leider kein Automatismus. Das bedeutet zum einen: Es ist nicht das Schicksal der Kirche, sich so zu verhalten, dass sie überflüssig wird. Das resultiert vielmehr aus gravierenden Fehlentscheidungen ihrer Leitung, aus unerleuchteter Sturheit gegen Veränderungen, aus anmaßender Arroganz, sich beides durchaus leisten zu können, und aufgrund der schamlosen Verleugnung, Missbrauch sei reine Täterschuld und nicht systemisch. Das bedeutet aber zum anderen: Es gibt keine Garantie, dass eine solche Kirche schnell genug lernt, über-fließend zu werden, wohin es nötig ist und zum Besten führt. Der Klerikalismus wird nicht so schnell aufgegeben, wenn immer noch so viele davon profitieren, weil er sie auf Machtpositionen hievt, auf denen es dauert, bis ihre Unfähigkeit sichtbar wird. Es nutzt daher nichts, für die Lernkurve um Geduld zu bitten, weil so nur belegt würde, im ersten „überflüssig" festzuhängen. Es gibt daher weder einen Grund für Schockstarre noch für Euphorie; pragmatische Entscheidungen sind angesagt, die sich an den starken Seiten der individuellen Primärquelle eines glaubwürdigen Glaubens anlehnen. Aber dafür muss man nüchtern die Lage anschauen.

Der kirchliche Distinktionsverlust ist kein Schicksal von außen, sondern systemimmanent verursacht. Er lässt sich daher auch umkehren. Es wird zwar keinen automatischen Wiederaufstieg durch das „über-flüssig" geben, weil es kein Aufrechnen gibt. Aber wenn es gelingt, Menschen zu dem Evangelium zu geleiten, das die Botschaft dieser Kirche ist, weil es zu ihnen überfließt, in dem die Kirche überfließt, dann wird sich die Gemeinschaft zurücknehmen für das, was größer als sie selbst, wertvoller als ihre Traditionen und eindrucksvoller als ihre Ämter ist. Das ist zwar nicht leicht, weil eine so bedrängende Selbstrelativierung keine einfache Entscheidung ist und nach einem Habitus verlangt, der nicht mal so über Nacht zu haben ist. In diesen Habitus muss man sich einüben, aber mit Hilfe des Glaubens kann man es auch.

Eine Synode über Synodalität ist jedenfalls kein geeigneter Ort dafür, weil sie den Entscheidungen ausweicht, die unvermeidlich Trennungen von falschen Vorstellungen nach sich ziehen. Entscheidungen gegen die eigenen falschen Annahmen über den Glauben sind dagegen theologische Orte für diesen Habitus. An ihnen erweist sich Glauben als eine Gnade, um Paulus anzuführen. An der Übung, den jeweiligen Menschen, die zum Evangelium streben, so aus dem Weg zu gehen, dass man sich nicht zwischen sie und das Evangelium quertreibend stellt, fehlt es noch in der bedrängenden Krise der katholischen Religionsgemeinschaft. Ihr fällt es schwer, den Individuen zu vertrauen, die richtigen Entscheidungen zu treffen. Daher ist sie nicht fähig, sich souverän auf diese Entscheidungen zu beziehen und davon zu profitieren. Man schiebt sich kirchlich viel lieber dazwischen. Das geschieht nicht bloß aus Gewohnheit, sondern weil es eine sehr einträgliche Machtstrategie war.

Hinzu kommt, dass die katholische Religionsgemeinschaft aufgrund der Pianischen Epoche sehr darin geübt ist, Menschen dagegen besonders dort aus dem Weg zu gehen, wo der Kontakt eine Selbstrelativierung in ihr selbst bewirken könnte. Sie mag es lieber, die anderen als Torwächterin für deren Weg zu Gott anzusprechen und so diese zu relativieren. Aber selbst Petrus, der die Schlüssel hat, sitzt erst am Himmelseingang. Die gröbsten Dinge auf dem Weg dahin haben die Individuen längst hinter sich, wenn sie zu ihm kommen. Stellt der sich dann quer, geht man eben zum messianischen Hintereingang. Der ist kleiner; man muss ihn suchen. Aber er lässt sich finden. Dort wird man dann schon willkommen sein, gleich was Petri Nachfolger gerne einwenden würden. Man kann also Menschen verstehen, wenn sie nicht mehr auf ihre Petrus-Chance setzen und aus der Kirche gehen. Gelänge der katholischen Kirche bereits heute der nötige Schritt zur Seite, dann wird dem Fließen des Evangeliums Raum gegeben und es entsteht Raum für innere und äußere Umkehr, ohne die auch für die Kirche das Evangelium nicht zu erreichen ist.

Die Missionsmethode des Paulus gibt dafür einen biblisch bezeugten Hinweis. In 1 Kor 9 macht er klar, dass er den Juden ein Jude geworden ist, den Heiden ein Heide, denen ohne Gesetz wie jemand ohne Gesetz. Das ist keine Anpassung, sondern der Respekt vor denen, mit denen er es zu tun bekam. Er, das gläubige Individuum, respektiert ihre jeweiligen Stärken und deshalb die Tatsache, dass er sie nötig hat „um des Evangeliums willen, um an seiner Verheißung teilzuhaben." (1 Kor 9,23) Er steht nicht zwischen den anderen und dieser Verheißung, aber er stünde zwischen ihr und sich selbst, wo er sich dazwischen stellen würde. Dieser Respekt vor den anderen als elementare Größe, um von den eigenen Falschheiten abrücken zu können, rückversichert das glaubende Individuum, dass es nicht in einen Triumph und eine Selbstherrlichkeit gerät. Wer christlich glaubt, bedarf der Stärken von anderen, um sich nicht in den eigenen Schwächen zu verlieren. Die Erfahrung ist nicht auf Paulus beschränkt. Sie ist eine elementare Struktur des Glaubens an Christus. Erst dann, wenn das Evangelium zu den anderen fließt oder geflossen sein wird, erhalten auch jene daran Anteil, die es dort hinüber fließen lassen. Sie können es nicht bei sich horten, ohne dass sie es darüber durch Selbsterhöhung verlieren würden.

Die Differenz zwischen „überflüssig" und „über-flüssig" wird dort produktiv, wo die Selbstrelativierung durch den christlichen Glauben vorhanden ist, die Paulus wohl als erster nach dem Tod Jesu entdeckt hat. Sie ist daher weder einfach zu haben noch ein binärer Code. Sie folgt einer dreiwertigen Taxonomie. Man kann nicht einfach vom einen zum anderen wechseln, also einen Schalter nach „überflüssig" umlegen. Das ist die Schwierigkeit, die wir gerade bei der katholischen Kirche erleben. Sie versucht in Deutschland jetzt wirklich, ihren Missbrauch und seine Vertuschung aufzuklären. Das ist unverzichtbar und erweist sich mit jedem nüchternen und erschreckenden Bericht auch so. Jeder dieser Berichte fördert die Selbstrelativierung, die für sie nötig ist. Aber das bedeutet noch lange nicht, dass ihr deshalb bereits wieder die Glaubwürdigkeit zufließt, die sie als Religionsgemeinschaft verloren hat. Mit jedem Bericht wird schließlich deutlich, wie begründet es war, ihr nicht mehr zu glauben. Daraus resultiert ihre Schwierigkeit, nicht einfach umschalten zu können.

Wären beide Formen von Überflüssigem nur binär codiert, dann wäre das möglich. Dann würde man von der Einschätzung „sexueller Missbrauch = unglaubwürdige Kirche = überflüssige Gemeinschaft" wechseln zu „glaubhafte Aufarbeitung = wieder glaubwürdige Kirche = höhere Werte fließen durch sie". Aber so wenig wie man den Distinktionsverlust des Überflüssig gegen den Distinktionsgewinn des Über-flüssig aufrechnen kann, so wenig kann man einfach von der einen auf die nächste Formel wechseln. Beide Formeln stimmen schließlich und entsprechend steht zwischen ihnen, dass man das eine einräumen muss, um zum anderen zu gelangen. Es ist das Feld, auf dem die überflüssige Kirche sich für wichtiger hielt als ihre Botschaft; sie war selbstgerecht und hat deshalb vertuscht. Und hier tritt jetzt im doppelten Sinn ein, was wichtiger ist als die Kirche und das sie genau dort, wo sie überflüssig ist, relativiert. Der Weg von der Selbstgerechtigkeit zur Selbstrelativierung ist ein komplexer Prozess. Ohne einen – womöglich langen – Umweg wird aus überflüssig nicht über-flüssig. Er verflüssigt Kirche von dem her, was sie von außen bedrängt, also den Menschen, die sich wegen der Unglaubwürdigkeit von ihr abgewendet haben. Das ist dann nicht einfach ein Weggehen, sondern ein komplexer Widerstand. Er kann nicht von oben und nicht von innen abgerufen werden. All die Individuen bauen ihn auf, die qualifiziert dazu Nein sagen, dass es einfach so weitergeht. Er kommt von außen und sagt vielfach und jeweils existenziell abgedeckt Nein. Wenn es einen Wendepunkt für die Kirche gibt, dann befindet er sich in diesem Außen. Das Nein, das sie dort erfährt, ist der Heterotopos dafür. Es nötigt sie zu einer anderen Ordnung ihrer Selbstidentifizierung. Dort, wo dieses Nein als positiv und kreativ respektiert wird, bringt es der Kirche jene Selbstrelativierung ein, die über-flüssig zu dem ist, wozu man dann in ihr und außerhalb von ihr glaubwürdig Ja sagen kann. Die Kirche ist also nicht in diesem Prozess einfach außen vor, aber sie steht auf dem zweiten Rang.

Damit sage ich nicht, ihre Selbstrelativierung sei zweitrangig, wohl aber dass Kirche zweitrangig ist angesichts des Evangeliums. Sie ist ein Dienst an der Verbindung zwischen Gott und den Menschen und zwischen jedem Menschen und Gott. Man kann sogar sagen, sie sei ein Dienst Gottes an dieser Beziehung zwischen jedem Menschen und ihm. Aber das macht sie nicht göttlich. Daher kann man die Formel des letzten Konzils erweitern: Kirche ist Volk Gottes, weshalb sie nach der Gottesbeziehung der jeweiligen einzelnen Menschen kommt. Sie dient der Beziehung Gottes zum Individuum und wird davon jeweils pastoral und gläubig konstituiert. Erst darauf kann sie Gemeinschaft bauen. Damit haben die jeweiligen realen Kirchen einen Maßstab, mit dem sie ihre jeweilige Position vor Gott und den Menschen taxieren können. Es gibt keinen binären Code zwischen Gott und seinem Volk. Es ist vielmehr ein dreiwertiges Geschehen: der einzelne Mensch und Gott und dann das Volk Gottes, das deren Verhältnis dient, es bestärkt und sich selbst davon versteht.

Zum Austieg **243**

Eine dreiwertige Konstellation

Konstellationen mit drei Größen sind erheblich komplexer als zweiwertige Verhältnisse; sie werden schnell unübersichtlich. Aber darüber können wir die Komplexität des „über-flüssig" weiter aufschlüsseln. Die Grammatik einer auf den Glauben hin positiv validierten Revolte, Nein sagen zu müssen, um Ja sagen zu können, wird uns dabei helfen. Das Nein bezieht sich nicht darauf, dass Kirche auf jeden Fall überflüssig wäre oder umgekehrt unter keinen Umständen nicht überflüssig sein darf, sondern darauf, dass sie noch nicht überflüssig ist. Man mag sich das wünschen, dass Kirche nicht überflüssig werden darf, aber wenn sie es geworden ist, nutzt dieser Wunsch nichts mehr. Die Ausgangslage ist dann anders. Der erste Schritt besteht entsprechend darin, zu jener Größe vorzustoßen, die tatsächlich das Urteil „überflüssig" fällen kann und es auch tut. Es sind die jeweils zeitgenössischen Menschen. Das sind auch kirchliche Gläubigen, aber auch die Nichtgläubigen, und beide Gruppen stehen Kirche jetzt gegenüber. Die Größe, die über das qualifizierte Nein entscheidet, ist mithin die Subjektivität dieser Menschen, die sich zu einer mit Freiheit getroffenen Entscheidung verdichtet.

Und wo findet das überhaupt statt? Dort, wo sich das Urteil: „Nein, so nicht und so nicht weiter" einstellt, kommt es auf diese Subjektivität an, weil sie widerständig ist. Es sind alle jene Orte kirchlicher Aktivität, an denen diese Subjektivität missachtet wird, verkümmert ist oder übergangen wird. Bereits dann ist sie widerständig und darauf baut sich dann Rebellion auf. Das sind die Orte, an denen es absurd geworden ist, sich geduldig weiter dem zu unterwerfen, dass Kirche so weitermacht. Das wird in ihr und außerhalb von ihr nicht mehr respektiert. Diese beiden Linien verbinden sich; dort geht christliches Glauben nur mehr anders. Jeder Versuch, solche Orte als irrelevant, nebensächlich, vorübergehend, wider die Tradition, nicht im Einklang mit dem Papst oder sonstwie zu diskreditieren, wird daran scheitern, dass das Verhältnis Individuum-Gott vorgelagert ist und diese Orte darüber etwas zu sagen haben, also Autorität besitzen.[139]

---

[139] Dafür ist die Grammatik für den epistemologischen Konfliktherd der theologischen Orte einschlägig, die Martin Kirschner, Theologie in geschichtlicher Konstellation, Konflikt und Dialog. Überlegungen zu den Loci theologici, in: ders. (Hg.), *Dialog* und *Konflikt. Erkundungen zu Orten theologischer Erkenntnis*, Ostfildern: Grünewald, 2017, 245–262 in die Triade von Dialog, Konflikt und ihren inneren Bezug beschreibt.

Diese Autorität wurde als erstes von Romano Guardini 1922 erkannt, also bereits vor gut hundert Jahren: „Ein religiöser Vorgang von unabsehbarer Tragweite hat eingesetzt: Die Kirche erwacht in den Seelen."[140] Die menschliche Subjektivität, also die Seele, als Ort des Erwachens von Kirche war damals eine völlige Umkehrung ihrer theologischen Selbstbetrachtung als sichtbares unabhängiges quasi staatliches Gebilde. Es war wie eine Revolte gegen die beherrschende Hierarchieform ihrer Leitung. Das Innere von Menschen, ihre individuelle Subjektivität, wird höher eingeschätzt als die bloße Objektivität von Kirche, also die Sichtbarkeit in Gestalt der Hierarchie. Und das, was Menschen tatsächlich mit und in der Kirche glauben, wird als überlegen angesehen gegenüber dem, was an Behauptungen über angeblich überzeitlich feststehende Wahrheiten damals so verkündet wurde.

Diese Zeiten sind vorbei. Nach den *Spotlight*-Enthüllungen an Dreikönig 2002 über den sexuellen Missbrauch in Boston und seine Vertuschung durch den Erzbischof und der weltweiten Nachforschung nach ähnlichen Aktivitäten, fällt es schwer, Guardinis Einschätzung einfach so zu wiederholen. Die Kirche hat sich dabei an den Seelen von Menschen vergangen, in denen die Kirche zu erwachen versuchte. Es liegt nahe, Guardinis Erfahrung seitenverkehrt zu formulieren: „Die Kirche entschläft in den Seelen." Es wird sich noch zeigen, ob das ein Vorgang von unabsehbarer Tragweite ist. Es könnte auch eine kleine Tragweite sein und Kirche wird nicht sonderlich vermisst.[141] Aber lassen wir das offen, wichtiger sind jetzt vielmehr zwei andere Dinge. Auch an dem umgekehrten Vorgang wird die Bedeutung der Subjektivität bestätigt, die Guardini damals entdeckte. Wenn die Kirche in den Seelen entschläft, wird die Bedeutung individueller Subjektivität nicht von einer überragenden, die attackierten Seelen in den Schatten stellenden Objektivität abgelöst. Das Gegenteil ist der Fall. Nicht die Kirche entscheidet über ihre Glaubwürdigkeit, sondern alle jene, die sie von außen betrachten und zu denen jetzt auch so gut wie alle Kirchenmitglieder gehören. Ihre

---

[140] Romano Guardini, *Vom Sinn der Kirche. Fünf Vorträge, Werke – Sachbereich Christus und Christentum*, Mainz/Paderborn: Grünewald/Schöningh, 1990, 19.

[141] „Nun sehen sich die Kirchen und Gläubige auf Gottes-Entzug gesetzt. Sie müssen von einem wirkungslos und nutzlos gewordenen Opium loskommen." (Jürgen Werbick, *Christentum – kann das weg? Glauben in Zeiten der Kirchen-Erschöpfung*, Ostfildern: Grünewald, 2023, 93) – Jene vorgelagerte Wir-Option, die Michaela Hastetter, *Romano Guardini und die Kirche: Hundert Jahre ‚Vom Sinn der Kirche' (1922–2022). Eine Relecture*, Communio 2/52 (2023), 205–215 bereits im Seelenerwachen platzieren möchte, erweist sich dann als differenziert und abwehrend-negativ.

Subjektivität steht der Kirche gegenüber, weil das Urteil, ob Kirche noch glaubwürdig ist oder weiter unglaubwürdig wird, allein von außerhalb von ihr gefällt werden kann. Sie selbst ist dazu nicht aussagefähig. Nur von diesen vielen Außen her lässt sich erkennen, ob das, was Kirche zu glauben vorgibt – im doppelten Sinn der Worte –, überzeugt und glaubwürdig ist oder eben nicht. Ob die katholische Glaubensgemeinschaft wieder erweckt wird oder sich einfach totläuft, entscheidet sich qualifiziert in jedem Individuum. Es ist der Ort, an dem das christliche Glauben um Glaubwürdigkeit ringt; denn niemand will dabei unglaubwürdig sein. Das wurde damals von Guardini freigelegt. Die katholische Kirche hat enorm von dieser Option für die Individualität profitiert. Auf dem Zweiten Vatikanischen Konzil wurde der Respekt vor der menschlichen Subjektivität mit dem eröffnenden Satz von *Gaudium et spes* zur elementaren Basis des katholischen Glaubens erhoben. Aber auch das war bisher nicht nachhaltig, weil in den Pontifikaten danach die Kirche über die Gläubigen gestellt wurde, so als hinge deren Glaubwürdigkeit im Glauben von ihr ab. Aber das waren und sind Selbsttäuschungen. In der individuellen Realität hat sich die Skepsis, die 1968 mit *Humanae vitae* erstmals die ganze Kirche vollständig erfasste, ständig zu dem Zweifel ausgewachsen, der sich nicht nur im Binnenbereich, sondern auch im Außenbereich ausgebreitet hat. Nach Paul VI. haben alle Päpste die Zweifel weiter genährt. Man bezweifelt jetzt immer breiter, ob es die Binnenkräfte in der Kirchenleitung überhaupt noch gibt, die ein geschichtliches Auslaufen ihrer Religionsgemeinschaft verhindern können.

Wenn Subjekte, also die „Seelen", entscheiden, ob Kirche erwacht oder entschläft, dann bedeutet das für die Kirchenspitze eine Ohnmacht, die ihre hierarchisch-traditionelle Herrschaft nicht aufheben kann. Sie muss dann nämlich überzeugen, was aber ihre Vorrangstellung nicht mehr einlöst. Es reicht dafür nicht aus, durch beschuldigen und beschämen zu disziplinieren. Individuelle Subjekte lassen sich nicht mehr zum eigenen Nachteil disziplinieren, um näher an Gott zu kommen. Überzeugt müssen sie vielmehr werden, wenn man ihnen mit Gott kommt. Und Gott lässt sich für ekklesiale Disziplinierungen nicht mehr verwenden, weil er längst eine frei flottierende Ressource geworden ist. Mit jedem Disziplinierungsversuch wird Kirche weniger überzeugend. Eine Umkehr davon ist möglich, sofern sie anerkennt, dass sie diese von ihr nicht mehr zu disziplinierenden Individuen benötigt, um selbst in Gottes Nähe zu gelangen. Sein Präsens liegt für sie bei ihnen bereit. Die Wahrheiten ihres Glaubens müssen durch das Nadelöhr der Glaubwürdigkeit hindurch, über die individuelle Menschen entscheiden. Derzeit sieht es danach aus, dass ihr das sprichwörtliche Kamel dabei überlegen ist.[142] Zwischen dem Beginn dieser Entwicklung zum Vorteil der Gläubigen selbst und ihrer jetzigen Durchsetzung zum Nachteil der Kirche steht fast auf der Mitte des Weges das Zweite Vatikanische Konzil. Es ist der zweite Schritt auf dem Weg, das „überflüssig" zu „über-flüssig" zu machen. Es ist das katholische Schlüsselereignis der Wende zum individuellen Subjekt. Dieses Konzil hat den Weg zum Subjekt im Sinne individueller Eigenständigkeit, aber auch der Subjektivität von christlichen Gemeinschaften, von kirchlichen Institutionen, von nicht-christlichen Religionen und sogar im Sinne der ganzen Menschheit zur Wende seines Lehramtes gemacht. Das sind die berühmten „Freude und Hoffnung, Trauer und Angst der Menschen von heute" seiner Pastoralkonstitution *Gaudium et spes*. Das sind unausweichlich subjektive Vorgänge, mit denen sich die Kirche ganz identifiziert. Sie verflüssigen ihre Abgeschlossenheit gegen eine vorgeblich üble Welt, heben den binären Code Kirche-Welt auf und bauen auf die überraschenden Erfahrungen mit Freude und Trauer, Hoffnung und Angst. Sie sind der *Thirdspace* des Vorgangs, Kirche über sich hinaus zu verflüssigen. Das Problem und der Nachteil dieses Konzils ist es, dass es das nicht auf Dauer gestellt hat. Es hat zwar dem Lehramt ins Stammbuch geschrieben, sich künftig gefälligst pastoral zu verstehen, also auf alle Menschen hin und von deren tatsächlichen Lebenslagen her. Aber es hat der kirchlichen Hierarchie kein Gegenüber aufgebaut, von dem her das kontrolliert und evaluiert, Fehleinschätzungen falsifiziert und die Defizite korrigiert werden. Daher klaffen Lehramt des Konzils und Kirchenrealität bis jetzt auch so auseinander.

Ebenso sieht man jetzt die Herausforderung dieser Einsicht, seit die gläubigen Subjekte in immer größerer Zahl negativ zur Kirche entscheiden und ihre Ängste und Freuden, Hoffnungen und Trauer dort nicht mehr gut aufgehoben einschätzen. Sie suchen für ihre Ohnmachtsrealitäten andere Hilfestellungen. Diese Herausforderung ging damals auf dem Konzil noch unter; man erwartete gleichsam automatisch eine Angleichung von Kirche und modernen

---

[142] Auf Nadelöhre, durch die Kirche durchaus käme, würde sie sich anstrengen, therapieren, konzentrieren, helfen lassen, benennen, wandeln, verausgaben, blicken Haslinger/ Kopp, Kirche, a.a.O.

Menschen. Aber sie geht nicht von innen nach außen, sondern von außen nach innen in dem zweifachen Sinn, dass die jeweiligen existentiellen Lagen der Ausgangspunkt für die Gläubigen sind und dass diese Gläubigen selbst auch zu diesem Außen gehören. Die Gläubigen in der Kirche stehen als ihre Gläubiger:innen zugleich auf Abstand zu ihr. Diese Wirklichkeit kann sie nicht wegschieben, ohne dabei insolvent zu werden.

Damit sind wir beim dritten Schritt zum „über-flüssig". Die katholische Religionsgemeinschaft kann nicht der feste Bezugspunkt sein, dem gegenüber die menschlich-relative Welt sich ausbreitet. Sie ist selbst Teil dieser Ausbreitung und sie muss dort selbst die Punkte finden, an denen Wege aus den bedrängenden Problemlagen der Menschheit aus Geschichte und Gegenwart sich aufschließen. Dafür benötigt sie alle Hilfe, die sie überhaupt nur bekommen kann. Sie verflüssigt sich über jede Abschottung hinweg, die sie zuvor für ihre Erhabenheit aufgebaut hat. Die Ziehbrücke ihrer Burg bleibt unten und kein kirchlicher Mechanismus bringt sie wieder in Gang, um sie hochzuziehen. Die gegenteilige Annahme führt zu „überflüssig". Damit entwickelt sich so etwas wie jene Liquidität, von der Zygmunt Bauman bereits zur Jahrtausendwende als Signatur der zeitgenössischen Moderne gesprochen hat.[143] Sobald eine katholische Kirche sich auf Augenhöhe mit einer zeitgenössischen Moderne begibt, löst sie als Eintrittskarte die eigene Verflüssigung aus. Ohne das ist diese Moderne nicht zu erreichen. Zugleich ist der Vorgang trotzdem nicht zu stoppen, wenn die Augenhöhe negiert wird. Überall, wo versucht worden ist, modern zu tun, ohne es zu werden, oder antimodern zu glauben, weil man sich erhaben wähnt, folgt ein Absturz in Nischen der Bedeutungslosigkeit – Sexualmoral, die noch nicht einmal von den eigenen Bischöfen bei der Vertuschung des Missbrauchs ernst genommen wird, Beziehungsideale, die schlechterdings ohne Belang in der Trennung von Paaren geworden sind, Verleugnung von internen Machtvorgängen, über die kein Schweigegebot mehr hält, Spiritualisierung von katholischem Enthusiasmus, der auch in überzeugten Geistlichen Gemeinschaften zu gravierendem Missbrauch ausgenutzt wird, Arroganz gegenüber wissenschaftlichen, auch theologisch-wissenschaftlichen Einsichten, deren Problemanzeigen gegenüber einem selbstgefälligen dogmatischen Universum einfach nicht vergehen u.v.a.m. Alles, was scheinbar felsenfest Ori-

---

[143] Zygmunt Bauman, Liquid modernity, Cambridge: Polity Press, 2000.

entierung gibt, wird fraglich und muss sich gegenüber den Lebenslagen der Menschen dieser Zeit zuerst einmal bewähren.

Das zeigt sich sogar am erklärten Felsen der katholischen Kirche, also dem Papsttum. Es muss sich rechtfertigen für seine Ansprüche; es hat sie nicht mehr einfach zur Verfügung. Päpstliche Vorgaben für das Sexualleben werden so gut wie vollständig beim katholischen Volk ignoriert, aber auch in der Priesterschaft; Paul VI. hat es erlebt. Turbo-Heiligsprechungen wie bei Johannes Paul II. erweisen sich als Belege für Scheinheiligkeiten in Sachen Missbrauch und Machtarroganz. Skandale wie die Aufhebung der Exkommunikation von Holocaustleugnern, bloß weil sie fundamentalistisch-katholisch sind, aber auch Korruption und Verrat im innersten Kreis wie bei Benedikt XVI. sind nicht mehr zu bewältigen; sie führen zum Rücktritt. Massive interne Machtkämpfe zwischen erzkonservativen Kardinalsgruppen und einem Papst wie Franziskus, der „alle, alle, alle" wenigstens pastoral willkommen heißt, aber ganz auf dogmatische Neuerungen verzichtet, dringen nach draußen und lassen den Stellvertreter Christi gerupft und gestutzt zurück. Die Amtsinhaber sorgen für schöne Bilder weltweit, aber können die globalen Probleme der eigenen Glaubensgemeinschaft nicht in die Nähe von Lösungen bringen. Bisher hat kein Pontifikat nach dem Konzil, von Paul VI. bis Franziskus, diese Selbstverflüssigung des eigenen Amtes bewältigen können. Die Männer im höchsten Amt der Kirche und ihre Beraterumgebungen waren und sind weit entfernt davon, die Flüssigkeit ihres felsigen Ortes überhaupt realistisch und nüchtern zur Kenntnis zu nehmen.

Damit sind wir am letzten Schritt, um der gesuchten Form für die Verflüssigung näher zu kommen. Wenn ein fester Zustand nicht mehr zu halten ist und sich zu verflüssigen begonnen hat, kann er nicht mehr in die alte Fassung zurückgeführt werden. Es gibt den Weg zurück nicht, keine selbst induzierte katholische Eiszeit kann die Phase von flüssig auf unflüssig zurückdrehen, gleich wer immer sein klerikalistisches Mütchen daran kühlen wollte. Dabei würde jede Demut fehlen und dafür geht es zu heiß her im Absturz der Glaubwürdigkeit. Die Selbstverflüssigung durch Unglaubwürdigkeit ist zu weit fortgeschritten. Es gibt nur mehr den Weg nach vorn, also für die Verflüssigung eine Form zu finden, die mit ihr Schritt halten kann. Diese Form muss zugleich das fließende Moment des Lebens wie Gottes erlösendes Präsens halten können. Das Präsens fließt schließlich mit; es stemmt sich nicht gegen den Verlauf des menschlichen Lebens. Es geht daher auch um eine Form, welche die Verflüssigung der früheren Gegensätze durchhält. Es handelt sich um eine Form, die einfach um die alten schroffen Ablehnungen herumfließt und sie relativiert. Sie lässt sich nicht auf Entweder-Oder-Taktiken bringen, gleich wie beschuldigend die auftreten. Es handelt sich schließlich um eine Form, welche die Einflüsse von außen als kreative Zumutungen verarbeiten kann. Diese Form muss bei der Erfüllung der Aufgabe nachhaltig bleiben. Sie ist nicht egal.

Jenseits von egal ist diesseits des Glaubens

Von daher ist der explizite wie anonyme Exodus aus der Kirche keine Flucht vor schwierigen Umstellungsprozessen oder andauernde Ohnmacht. Das wäre es, wenn es egal wäre, wie es weitergeht. Es sind vielmehr umständliche innere Auseinandersetzungen darum, worum es Menschen bei ihren spirituellen, gläubigen und auch religiösen Ressourcen geht. Sie wollen sich nicht ständig absurden Situationen aussetzen, in denen sie sich verbiegen müssen. Ihr Gang über die binnenkirchlichen Grenzen ist keine Flucht, sondern eine Elementarisierung ihres Glaubens. Sie halten daran fest, was ihnen wirklich wichtig ist, ohne sich auf „Entweder-Oder" nageln zu lassen. Seit Euclids Elementen (*Stoicheia*) ist klar, dass Elementarisierung keine Vereinfachung darstellt, sondern der Schritt in eine höhere Komplexität, mit deren Hilfe man überschaut, worauf alles verzichtet werden kann, weil es nur hinderlich ist. Menschen, die bereit sind jenseits der kirchlichen Abgrenzungen ihren Glauben zu leben, gehen auf eine solche Elementarisierung zu. Sie lernen, wegzulassen, was nicht bedeutsam ist, und sich von dem zu distanzieren, was ihnen nur im Weg steht. Euclids Buch wird zur Weltliteratur gezählt und war bis zur zweiten Hälfte des 19. Jahrhunderts immerhin das nach der Bibel meist gedruckte Buch der Menschheitsgeschichte. Es begleitet vor allem die Prozesse in Neuzeit und Moderne, mit denen Menschen gelernt haben, über die Grenzen hinauszukommen, die engstirnig sind und sie beengen.

Mit der Elementarisierung des christlichen Glaubens gehen daher drei Prozesse einher. Der erste ist die Überwindung einfacher Gegensätze zu einer höheren Komplexität, also eine Übersicht über das, was nötig und was verzichtbar ist. Damit geht einher, möglichst all das loszulassen und hinter sich zu lassen, was Alfred North Whitehead einmal „träge Ideen" genannt hat.[144] Solche Ideen brauchen Ressourcen auf, binden sich an unterkomplexe Vorstellungen und machen ihre duldsamen Opfer dabei auch noch schläfrig. Wer in der Kirche ein Leitungsamt hat, muss sich vor trägen Ideen hüten, weil sonst das eigene Amt zu einer trägen Idee wird und seine Ausübung zu einer bloßen Amtsträgerei. Sie hilft niemandem. Der dritte Prozess in einer Elementarisierung des Glaubens ist daher die innere Erneuerung des eigenen Zugangs zum Glauben. Es ist die Individualisierung im Glauben, die das Subjekt anders werden lässt. Man befreit sich von trägen Ideen, die nur dem eigenen Zugang zum Glauben schläfrig im Weg stehen.

Die drei Prozesse von Elementarisierung gehören zu der gesuchten flüssigen Form. Das Glauben wird flüssiger, weil es hinter sich lässt, was ihm im Weg stehen. Es wird komplexer, weil es übersieht, auf welche Festlegungen das jeweilige gläubige Subjekt besser verzichtet. Schließlich wird es drittens flüssiger, weil mit der Individualisierung eine innere Erneuerung einhergeht, in der das kirchlich gesetzte Selbstverständliche überschritten wird. Wer sich auf diese drei Prozesse einlässt, der oder dem ist das christliche Glauben nicht egal. Das gehört zu dem inneren Ortswechsel über den eigenen Platz in der Kirche oder jenseits der Kirche. Wo der Ort dann am Ende oder vorübergehend liegt, wird möglicherweise sogar offenbleiben. Aber es ist schon klar, wo er nicht liegt – dort, wo es längst egal ist. Es herrscht gerade dort, wo die hier beschriebenen Subjekte der Kirche gegenüberstehen, keine Gleichgültigkeit.

Das „jenseits von egal" beschreibt damit einen tatsächlich vorhandenen Ort und hält ihn offen. Es legt nicht fest und grenzt nicht ab, sondern lässt feste Fixierungen hinter sich, ohne sich einer Entscheidung zu noch besserer Elementarisierung zu verweigern. Das gehört zu der gesuchten Form für den flüssigen Zustand. Sie lässt sich immer noch weiter verbessern, weil es keine abgeschlossene Form im flüssigen Zustand gibt. Das Nein der glaubenden Menschen dazu, dass es so weiter geht, verhindert, dass sie sich einfach enttäuscht und achselzuckend abwenden. Das würde nur bewirken, dass absurde Komplexe über sich, Gott und die Welt im Weg stehen bleiben. Das verflüssigende Nein ist die Bedingung der Möglichkeit für das Ja zum

---

[144] „This is not an easy doctrine to apply, but a very hard one. It contains within itself the problem of keeping knowledge alive, of preventing it from becoming inert, which is the central problem of all education." (Alfred North Whitehead, *The aims of education and other essays*, New York, NY: The Free Press, 1967 (1929), 5)

Glauben einer Gemeinschaft, der anders ist als jener, dass es einfach so weiter geht wie bisher. Das Ja bricht die überflüssigen Vereinfachungen auf und stellt sich der eigenen Relativität. Auf der komplexeren Ebene kommen beständig alle jene Außeneinflüsse zum Zug, die beim „weiter so" ausgeschlossen waren.

Verflüssigung zum Ja und Festigkeit im Nein sind bei dieser Form keine Gegensätze. Sie gehen ineinander über und bauen aus diesem Verhältnis eine andere Praxis auf. Für diesen elementaren Prozess gibt es eine anschauliche biblische Beschreibung. Sie setzt beim Wein ein, der besonders flüssig ist, weil er noch jung ist. Er passt nicht mehr in die alten Schläuche. Bei Lukas wird dieses Wort im Munde Jesu als ein Gleichnis eingestuft. Er unterscheidet sich darin von Markus und Matthäus. Ihnen ist es nur ein Jesuswort, das auf die kritischen Nachfragen konkurrierender Reformgruppen antwortet, warum seine Jünger nicht fasten (Mk 2,18; Mt 9, 14). Bei Lukas geht es komplexer zu: „Auch füllt niemand jungen Wein in alte Schläuche. Sonst würde ja der junge Wein die Schläuche zerreißen; er läuft aus und die Schläuche sind unbrauchbar. Sondern: Jungen Wein muss man in neue Schläuche füllen." (Lk 5,37–38)

Das Gleichnis reicht weiter, als nur konkurrierende (Anti-)Reformgruppen abzuweisen. Es geht um ein klares Nein zu einer Praxis, die bloß Fasten bestätigt, und ein Ja, darüber gravierend hinauszugehen. Das zeigt sich an dem, was Lukas gegenüber Markus und Matthäus hinzugefügt hat: „Und niemand, der alten Wein trinkt, will jungen; denn er sagt: Der alte ist bekömmlich." (v.39) Wer bloß den alten Wein weiter trinken will, also Ja zu dem sagt, was man sowieso schon macht, muss sich nicht ändern. Da taugen keine neuen Schläuche; sie stören bloß das behagliche Besäufnis bis zum letzten Tropfen Altwein. Es gibt dann kein Nein wie bei den Jüngern, die nicht fasten. Sie essen und trinken, wie es heißt (v. 33). Die Jünger verwahren sich dagegen zu fasten, woran sich die anderen berauschen. Sie revoltieren und dieser neue Wein zerreißt die alten Schläuche. Sie taugen nicht.

Neuer Wein in neuen Schläuchen – Einräumen des Über-flüssigen

Damit das, wofür der neue Wein steht, flüssig bleibt, ohne zu versickern, weil die Schläuche gerissen sind, muss eine andere Form gefunden werden. Das tun die neuen Schläuche. Sie lassen dem Wein genügend Raum, um sie selbst aufzublähen, auszubeulen und unförmig zu werden. Er bringt diese Schläuche über die Grenzen der bisherigen Form, ohne sie völlig abzuschütteln. Die Schläuche passen sich an und sind zugleich widerständig; sie halten die Flüssigkeit und folgen ihrer eigenen Formbarkeit, aber lassen sich auch verformen. Dazu kommen sie erst, wenn die Flüssigkeit auch fließt und nicht vor lauter Schreck und Kälte erstarrt. Es sind keine Fässer, die diesen Wein halten, auch keine Flaschen, die ihn anbieten, und auch keine Gläser, die nur ein klein wenig davon aushalten. Das vorgegebene Maß, die festen Rituale und die gefüllten Erwartungen des Glaubens genügen nicht; sie werden überschritten und damit öffnet sich ein anderer Raum. Das Gleichnis Jesu wehrt sich gegen die feste Formel der Reformgruppen der Pharisäer und Johannesjünger über die fastenden Frommen. Der neue Wein in den sich verbiegenden Schläuchen weist auf mehr. Auch wer nicht fastet, kann für die Botschaft von Gott einstehen, weil das mehr ist, als sich bloß einzuschränken. Wer nicht fastet, muss schlicht kreativer sein, weil man sich dann nicht auf die einfache Formel: „fromm = fasten" verlassen kann. Ihr Entweder-Oder ist zu einfach und sogar schlichtweg falsch mit seinen Scheinsicherheiten: Wer fromm ist, fastet, wer nicht fastet, kann nicht fromm sein. Aber Menschen können fasten und durchaus überhaupt nicht fromm sein, sondern sich voller Ressentiments daran berauschen, nicht zu sein wie die anderen. Dagegen können Menschen, die gar nicht fasten, durchaus sehr fromm sein, weil sie anderen Respekt zollen und sich von ihnen anregen lassen, die eigenen Fehler ernsthaft anzuschauen.

Die verflüssigte Botschaft fließt über „fromm oder nicht fasten" hinweg in eine komplexere Form. Die neuen Schläuche sind eine Kontaktzone zu ihr, der alte Wein dagegen nicht. Wer aber keine Geduld mehr hat mit dieser Kirche und sie abschüttelt, muss sich nicht sagen lassen: „Jetzt bist du aber draußen", und auch nicht: „Eigentlich gehörst du immer noch irgendwie dazu". Das ist alter Wein; der ist bald ausgetrunken oder ungenießbar geworden. Wer in der Kirche bleibt, weil er ungeduldig an ihrem Glauben rütteln will, bis die absurden Aktivitäten abfallen, muss sich nicht sagen lassen: „Was willst du schon erreichen?", und auch nicht: „Deine kritische Stimme ist für uns so wichtig." All das nähme beide Aktionsradien, das „Gehen" und das „Bleiben", nicht so richtig ernst. In ihnen entstehen vielmehr andere Formen von Gemeinschaft unter jenen, denen nicht egal ist, dass der Glauben einfach versickert. Diese Formen folgen der Ungeduld und dem, was wirklich für das glaubende Individuum bedeutsam ist.

Das, was überfließt, sucht nicht danach, anderes zu verdrängen, wohin es fließt, sondern sich damit zu verbinden. Das Über-flüssige sucht die Wechselwirkung, es überflutet nicht, wem oder was es ausgesetzt wird. Das kann eine flüssige Form auch gar nicht, weil sich die wenigsten Flüssigkeiten voneinander getrennt halten können. Das Über-flüssige, was den christlichen Glauben betrifft, gehört zu dem, was sich nicht von anderen flüssigen Formen getrennt halten kann. Das Evangelium, der christliche Gott und auch die christliche Pastoral halten sich nicht fern von dem, was sie nicht sind, sondern greifen es auf, um sich davon anregen zu lassen. So tut es das Evangelium, wie es eine heilsame Macht sein kann, so der christliche Gott, wodurch er vom Leben der gegenwärtigen Menschen berührt wird, so die Pastoral, sofern sie beides verdrillen kann. Und alle drei Größen müssen sich – um es anthropomorph zu sagen – anstrengen, damit das gelingt. Das ist kein Selbstläufer, weil in jeder über-flüssigen Wechselwirkung immer die Gefahr droht, von dem anderen Flüssigen, dem Überflüssigen, geschluckt zu werden und bloß auszulaufen.

Dieses Über-flüssige gehört nicht nur irgendwie zum christlichen Glauben. Es ist eine elementare Struktur in ihm. Es gibt sogar einen direkten ‚dogmatischen' Ausdruck dafür, nämlich die Zwei-Naturen-Lehre des Konzils von Chalcedon 451. Nach ihr gehen das wahrhaft Menschliche und das wahrhaft Göttliche eine Verbindung ein, in der sie weder getrennt noch vermischt werden können. Sie fließen also nicht ineinander über – was vermischen bedeuten würde –, sondern zueinander über, weil dabei das eine das andere nicht wegdrängt. Sie können sich auch nicht voneinander abschotten, weil beides zum jeweils anderen überfließt. Diese Qualifizierung „ungetrennt und unvermischt, unverwandelt und ungeteilt" gibt nur Adverbien vor. Man benötigt also Verben, sprich Aktivitäten, um sie auszuloten.

In einem Glauben, der das aktivieren kann, fließen Gottes Gegenwart ins Leben von Menschen ein und des Lebens Auf und Ab zu ihm über. Aber das ist zunächst nur eine Glaubenslehre, also ein autoritatives theologisches Theorem. Wir können es nur als Hinweis nutzen, wie das Momentum von über-flüssig aktivierbar ist. Es stellt sich nicht weniger an Gott ein, wo das kirchlich Überflüssige zum Über-Flüssigen geworden sein wird. Es gibt dort vielmehr mehr davon, als es in den starren Abgrenzungen der überflüssigen Absurditäten jemals möglich war. Dieser Überfluss ist Erlösung und niemand unter den Menschen kann sagen, dass ein:e andere:r davon ausgeschlossen ist. Allein Gott könnte es sagen, aber das ist uns verschlossen. Und es ist gut so, dass nicht wir diese Grenzen ziehen können zwischen denen, die erlöst sind, und jenen, die davon ausgeschlossen bleiben. Diese Grenze hat das Zweite Vatikanische Konzil zum Wohl der Menschheit und jedes einzelnen Menschen verflüssigt. Gottes Gegenwart ist nicht egal und letztlich auch niemandem egal; sie befreit von den eigenen Grenzen zu den anderen und zu allem anderen. Es heißt daher auf diesem Konzil zur Erlösung: „Das gilt nicht nur für die Christgläubigen, sondern für alle Menschen guten Willens" (*Gaudium et spes* 22). Und selbst angesichts jener Menschen, für die wir angesichts ihrer boshaften Taten uns weder vorstellen können noch wollen, wie sie erlösbar wären, „müssen wir festhalten, dass der Heilige Geist allen die Möglichkeit anbietet, diesem österlichen Geheimnis in einer Gott bekannten Weise verbunden zu sein."

Von Gottes Präsens, das über-fließt

Das, was über-fließt von Gott, und die Über-flüssigkeit von Kirche intensivieren die Gegenwart Gottes. Daher können wir die Welt theologisch nicht aufteilen in die unsrigen und die anderen, die Verlorenen und die Auserwählten, die Treuen und die Untreuen, ohne einen schweren Fehler zu machen. Die Gottespräsenz mag religiös oder gläubig gemeinschaftlich bestimmbar sein. Das Präsens Gottes mit dem weichen s ist eine individuelle Erfahrung und es ist stets fließend.

Welche Form sollen dann die aber annehmen, die nicht länger die geschilderten Absurditäten mitmachen wollen und zugleich nicht von ihrem Glauben lassen wollen? Und umgekehrt für welche Form der kirchlichen Gemeinschaft sollen die sich einsetzen, die ihre Kirche nicht verlassen, aber die ebenso wenig bereit sind, dabei mitzumachen, dass es kirchlich so weiter geht? Die einen bleiben innen und die anderen gehen nach außen. Aber sie können in Wechselwirkung bleiben. Das ist weder ein Zwang noch ein verzweifeltes Festhalten, sondern Ausdruck des Respekts vor den jeweils anderen und ihren Stärken. Wer in der Kirche bleibt, hat diejenigen, die um ihres Glaubens willen gehen, nötig, um den Druck aufbauen zu können, ohne den die Kirche sich nicht ändern wird. Wer in der Kirche revoltiert, braucht den Druck von außen, um das eigene Nein stark zu machen. Umgekehrt benötigen diejenigen, die gehen, aber an einem Ja zum christlichen Glauben festhalten, diese anderen, die revoltierend bleiben, weil dann ihr eigenes Nein nicht einfach irgendwo berauschend versickert.

Die einen und die anderen lassen sich nicht vermischen und auch nicht trennen. Sie bewegen sich auf einem Möbiusband. Dieses Möbiusband des gegenwärtigen Glaubens wider die Unglaubwürdigkeit stellt einen topologischen Zusammenhang her, in dem der Umweg über das relevante Außen der entscheidende Schritt ist, um das anders anzugehen, was so nicht mehr weitergeht. Ein Möbiusband ist einmal in sich gegenläufig zu seiner Ebene verdrillt. Es hat nur auf den ersten Blick zwei Seiten sowie innen wie außen. Betrachtet man es genauer und geht die Linien und Flächen entlang, dann gibt es nur eine Seite, die sowohl links wie rechts und im Gegenüber von beidem auftritt, und nur eine Oberfläche, die innen in außen und umgekehrt verdrillt. Man kann dieses Band nicht nach dem üblichen Gegenüber von innen und außen oder rechts wie links orientieren. Die einfachen räumlichen Zuordnungen reichen dafür nicht aus, der zeitliche Ablauf tritt hinzu. In die einfache Dreidimensionalität tritt eine Vierdimensionalität ein. Innen und außen sowie rechts wie links fließen jeweils direkt in das andere ein. Wird ein Möbiusband durchlaufen, so dass innen nach außen und außen nach innen kommt, sowie jegliche Über- und Unterordnung vom jeweils anderen her ausgehebelt wird, kommt man auch nicht an denselben Punkt zurück, so dass immer wieder bloß das Gleiche geschieht. Es stellt sich eine Verschiebung der Phase ein, weil das Außen ein anderes geworden sein wird und das Innen anders aufgestellt worden ist.

Die Neuformierung des Glaubens in eine pastorale Darstellungsgrammatik durch das letzte Konzil verlangt nach einem solchen Möbiusband. Die dazu gehörigen Phasenverschiebungen des jeweils Anderswerdens sind keine mathematischen Glasperlenspiele, sondern komplexe Topologien für den gesuchten Raum einer Selbstverflüssigung des Über-flüssigen.

In der Formierung eines Möbiusbandes des Glaubens sind Menschen, die sich ins Außen der katholischen Religionsgemeinschaft zu gehen genötigt sehen, eine kreative und positive Zumutung für die Kirche. Geht sie dem nicht nach, verkümmert sie in den Distinktionsverlusten, die sie dann nicht mehr aufhalten kann. Geht sie diesen Menschen nach, wird sie auf eine überraschende Weise anders, weil sie sich dabei selbst relativiert. Sie lässt sich dann nicht mehr von sich und ihrem Innenleben her feststellen. Sie wird orientiert von dem her, was und wem sie nicht mehr ausweichen kann, und das schiebt sie über sich hinaus. Schließlich ist diesen Menschen ihr Glauben so sehr nicht egal, dass sie lieber außerhalb der Kirche bleiben, um ihn leben zu können. Ihnen ist es nicht egal, was mit diesem Glauben geschieht und mit ihren gläubigen Existenzen. Das ist eine Zumutung für Kirche und ein Ausdruck der fließenden Identität der Glaubensgemeinschaft, die nach ihrer Form heute sucht.

Mit beiden Standbeinen können das Nein zum bemühten Absurden und das Ja zur eigenen Souveränität realisieren werden. Die einen bleiben in der Kirche und sind ein Standbein für sie. Und die anderen gehen hinaus und werden zu einem offenen Spielbein. Beide räumen das Nein ein, dass es so in dieser Glaubensgemeinschaft nicht weitergeht. Mit dem Nein, das von Gläubigen in der Kirche gesetzt wird, treten sie in ein verdrilltes Gegenüber zur Kirche, das sie souverän macht. Und diejenigen, denen es nicht egal ist, dass sie mit dem Nein am richtigen Platz draußen sind, werden ebenfalls souverän. Die Erfahrungen von beiden muten zu, wie, wo und warum Kirche ersetzt werden kann und sogar muss, weil sie sich überflüssig gemacht hat. Wenn das nicht passiert, platzt der alte Schlauch und der Wein verfließt ins Unhaltbare. Das Über-flüssige dagegen, welches in diesem ermutigenden „anders" der Selbstrelativierung liegt, ist die Hoffnung für den katholischen Glauben heute.

Literaturverzeichnis

Applebaum, Anne: Die Verlockung des Autoritären. Warum antidemokratische Herrschaft so populär geworden ist, München: Siedler, 3. Aufl. 2021

Aschmann, Birgit (Hg.): Katholische Dunkelräume. Die Kirche und der sexuelle Missbrauch, Paderborn: Schöningh, 2022

Augustin, Regina: Ökumenische Drehscheibe Wien, in: dies./Moga, Ioana (Hg.g): Wesen und Grenzen der Kirche. Beiträge des Zweiten Ekklesiologischen Kolloquiums, Innsbruck: Tyrolia, 2015

Bachmann, Ingeborg: Die gestundete Zeit, in: Werke. Bd. I, München: Piper, 1978

Bär, Martina: Vertrauenskrise. Kirchenaustritt als Ort der theologischen Erkenntnis, in: dies. /Blittersdorf, Maria /Migge, Elisabeth /Rehberg-Schroth, Kerstin (Hg.g): In Beziehung sein. Relationalitäten als Orte theologischer Erkenntnis (FS Bernd Jochen Hilberath), Ostfildern: Grünewald, 2023, 335–349

Bauman, Zygmunt: Liquid modernity, Cambridge: Polity Press, 2000

Beck, Wolfgang: Ohne Geländer. Pastoraltheologische Fundierung einer risikofreudigen Ekklesiogenese, Ostfildern: Grünewald, 2. Aufl. 2022

Beckett, Samuel: Warten auf Godot. En attendant Godot Waiting for Godot. Deutsche Übertragung von Elmar Tophoven. Vorwort von Joachim Kaiser, Frankfurt: Suhrkamp, 10. Auflage 1977

Beinert, Wolfgang: „Die Kirche ist keine Demokratie". Ein Satz auf dem Prüfstand, *Stimmen der Zeit* 1/2023, 3–11

Belok, Manfred: Nur eine Krise oder eine Zeitenwende?, *Theologie der Gegenwart* 3/66 (2023), 214–223

Böckenförde, Wolfgang: Die Entstehung des Staates als Vorgang der Säkularisation, in: ders., Recht, Staat, Freiheit. Studien zur Rechtsphilosophie, Staatstheorie und Verfassungsgeschichte, Frankfurt: Suhrkamp, erw. 8. Auflage 2021, 92–114

Boeve, Lieven: Interrupting tradition. An essay on Christian faith in a postmodern context, Louvain: Peeters, 2003

Bourdieu, Pierre: Die feinen Unterschiede. Kritik der gesellschaftlichen Urteilskraft, Frankfurt: Suhrkamp, 28. Auflage 2021

Brand, Fabian: Dem Druck des Raumes widerstehen. Über Klerikalismus und dessen räumlichen Gehalt, *Münchener Theologische Zeitschrift* 1/74 (2023), 81–92

Brilliant, Richard: My Laocoön. Alternative Claims in the Interpretation of Artworks, Berkeley: University of California Press, 2000

Bucher, Rainer: … wenn nichts bleibt, wie es war. Zur prekären Zukunft der katholischen Kirche, Würzburg: Echter, 2012

Budde, Michael: Die Irrlehren des Patriarchen, *Concilium* 2/59 (2023), 239–248

Bundschuh-Schramm, Christiane: Ist der Kirche noch zu helfen oder hilft man ihr besser nicht?, in: Haslinger, Herbert /Kopp, Stefan (Hg.g): Ist der Kirche noch zu helfen? Anamnesen – Diagnosen – Therapien, Freiburg: Herder, 2023, 154–177

Cavalin, Tangi : L'Affaire. Les Dominicains face au scandale des frères Philippe. Enquête historique. Avec la collaboration de Caroline Mangin-Lazarus, Sabine Rousseau, Charles Suaud, Nathalie Viet-Depaule, Paris: Cerf, 2023

Casanova, José: Europas Angst vor der Religion, Berlin: University Press, 2009

Casanova, José: Religion Public religions in the modern world, Chicago: Univ. of Chicago Press, Nachdruck 2010 (1994)

Commission d'étude mandatée par L'Arche internationale (Bernard Granger, Nicole Jeammet, Florian Michel, Antoine Mourges, Gwennola Rimbaut), Emprise et abus, enquête sur Thomas Philippe, Jean Vanier et L'Arche (1950–2019), Janvier 2023

Daltrop, Georg: Die Laokoongruppe im Vatikan. Ein Kapitel aus der römischen Museumsgeschichte und der Antiken-Erkundung. Konstanzer Althistorische Vorträge und Forschungen Heft 5, Konstanz 1982 (2. Aufl. 1986)

Daltrop, Georg: Das Ethos des Verlierers. Gedanken zur Laokoon-Gruppe, in: Beutler, Johannes (Hg.): Der neue Mensch in Christus. Hellenistische Anthropologie und Ethik im Neuen Testament, Freiburg: Herder, 2001 (QD 190), 190–202

de Lagasnerie, Geoffroy: Die Kunst der Revolte. Snowden, Assange, Manning. Aus dem Französischen von J. Schröder, Berlin: Suhrkamp, 2016

Dreher, Rod: The Benedict Option. A Strategy for Christians in a post-christian Nation, New York: Sentinel, 2017

du Cleuziou, Yann Raison: Rechtsruck des französischen Katholizismus, *Stimmen der Zeit* 5/2023, 333–344

Décultot, Élisabeth / Le Rider, Jacques / Queyrel, François (ed.) : Le Laocoon. Histoire et réception, Paris : Presses Universitaires de France, 2003

Ebertz, Michael /Eberhardt, Monika /Lang, Anna (Hg.g): Kirchenaustritt als Prozess: Gehen oder Bleiben? Eine empirisch gewonnene Typologie, Münster: Lit, 2012

Ebertz, Michael: Entmachtung. 4 Thesen zu Gegenwart und Zukunft der Kirche, Ostfildern: Patmos, 2021

Ebertz, Michael: Konfessionsfrei – eine religionspolitische Herausforderung, *Communio* 3/52 (2023), 267–280

Ebner, Martin: Braucht die katholische Kirche Priester? Eine Vergewisserung aus dem Neuen Testament, Würzburg: Echter, 2022

Elsner, Regina: Kirchen im Krieg, *Theologie der Gegenwart* 2/66 (2023), 103–114

Emunds, Bernhard: Drei Jahre Synodaler Weg. Eine Zwischenbilanz, *Stimmen der Zeit* 5/2023, 359–370

Ernaux, Annie : Passion simple, Paris: Gallimard, 1991

Faber, Eva-Maria: Kirchenaustritte: Wenn Menschen fehlen, *Stimmen der Zeit* 2/2023, 105–114

Flannery, Tony: From the Inside. A Priest's View of the Catholic Church, Dublin: Mercier, 1999

Florin, Christiane: Wider die Hoffnungshypnose, in: Ley, Isabelle /Stein, Tine /Essen, Georg (Hg.g): Semper Reformanda. Das Verhältnis von Staat und Religionsgemeinschaften auf dem Prüfstand, Freiburg: Herder, 2023, 323–331

Foucault, Michel: Der Wille zum Wissen. Sexualität und Wahrheit 1, Frankfurt: Suhrkamp, 1977

Foucault, Michel: Subjekt und Macht, in: ders., Schriften in vier Bänden Dits et Ecrits, Bd. IV, Frankfurt: Suhrkamp, 2005, 269–294

Frevert, Ute: Vertrauensfragen. Eine Obsession der Moderne, München: Beck, 2013

Frevert, Ute: Die Politik der Demütigung. Schauplätze von Macht und Ohnmacht, Frankfurt: Fischer, 2017

Gabriel, Karl: Häutungen einer umstrittenen Institution. Zur Soziologie der katholischen Kirche, Frankfurt: Campus, 2023

Goertz, Stephan /Große Kracht, Hermann-Josef (Hg.g): Christentum-Moderne-Politik. Studien zu Franz-Xaver Kaufmann, Paderborn: Schöningh, 2014

Großbölting, Thomas: Sexueller Missbrauch als Skandal, in: Aschmann, Birgit (Hg.): Katholische Dunkelräume. Die Kirche und der sexuelle Missbrauch, Paderborn: Schöningh, 2022, 23–42

Gruber, Judith: Decolonizing Theology? Schlaglichter auf Lehre und Forschung einer post/kolonialen Theologie, *Zeitschrift für Missionswissenschaft und Religionswissenschaft* 1–2/107 (2023), 13–19

Guardini, Romano: Vom Sinn der Kirche. Fünf Vorträge, Werke – Sachbereich Christus und Christentum, Mainz/Paderborn: Grünewald/Schöningh, 1990

Halík, Tomáš: Der Nachmittag des Christentums, Freiburg: Herder, 2022

Harrison, Peter: „I Believe Because it is Absurd". The Enlightenment Invention of Tertullian's Credo, in: *Church history. Studies in christianity and culture* 86/2 (2017), 339–364

Haslinger, Herbert: Sexualität und Macht. Ein Problemknoten des Weiheamtes, in: Kopp, Stefan (Hg.): Macht und Ohnmacht in der Kirche. Wege aus der Krise, Freiburg: Herder, 2020, 173–197

Haslinger, Herbert: Macht in der Kirche. Wo wir sie finden – Wer sie ausübt – Wie wir sie überwinden, Freiburg: Herder, 2022

Hastetter, Michaela: Romano Guardini und die Kirche: Hundert Jahre ‚Vom Sinn der Kirche' (1922–2022). Eine Relecture, Communio 2/52 (2023), 205–215

Hilberath, Bernd Jochen: Bei den Menschen sein. Die letzte Chance für die Kirche, Ostfildern: Grünewald, 2013

Hobsbawm, Eric /Ranger, Terence: The Invention of tradition, Cambridge: Cambridge University Press, 2012

Höhn, Hans-Joachim: Zeichen der Zeit – Zeichen des Wandels. ‚Modernisierung' als Thema kirchlicher Veränderungsdiskurse, in: Kopp, Stefan (Hg.): Kirche im Wandel. Ekklesiale Identität und Reform, Freiburg: Herder, 2020, 264–286

Hoff, Gregor Maria: Performative Macht. Zur ekklesiologischen Bedeutung des Synodalen Wegs, Theologie und Glaube 111 (2021), 125–136

Hoff, Gregor Maria: In Auflösung. Über die Gegenwart des römischen Katholizismus, Freiburg: Herder, 2023

Hoping, Helmut: Die Weitergabe des Glaubens als Thema der Dogmatik, Communio 6/52 (2023) 629–639

Hoye, William: Demokratie und Christentum. Die christliche Verantwortung für demokratische Prinzipien, Münster: Aschendorff, 1999

Hoyeau, Céline: La Trahison des Pères. Emprise et abus des fondateurs de communautés nouvelles, Montrouge: Bayard, 2021 (deutsche Übersetzung Freiburg: Herder, 2023)

Jahnel, Claudia: Befreiung und Dekolonisierung, Theologische Quartalschrift 2/ 203 (2023), 147–162

Kaufmann, Franz-Xaver: Kirchenkrise. Wie überlebt das Christentum?, Freiburg: Herder, 3. Aufl. 2011

Kaufmann, Franz-Xaver: Kirche in der ambivalenten Moderne, Freiburg: Herder, 2012

Kaufmann, Franz-Xaver: Ist das Christentum in Deutschland zukunftsfähig?, in: Heinzmann, Richard (Hg.): Kirche – Idee und Wirklichkeit. Für eine Erneuerung aus dem Ursprung, Freiburg: Herder, 2014, 251–269

Kaufmann, Franz-Xaver: Katholische Kirchenkritik. „... man muss diese versteinerten Verhältnisse dadurch zum Tanzen zwingen, dass man ihnen ihre eigne Melodie vorsingt!", Luzern: Edition Exodus, 2022

Kern, Christian: Scheitern Raum geben. Theologie für eine postsouveräne Gegenwartskultur, Ostfildern: Grünewald, 2022

Kirschner, Martin: Theologie in geschichtlicher Konstellation, Konflikt und Dialog. Überlegungen zu den Loci theologici, in: ders. (Hg.): Dialog und Konflikt. Erkundungen zu Orten theologischer Erkenntnis, Ostfildern: Grünewald, 2017, 245–262

Klinger, Elmar: Das absolute Geheimnis im Alltag entdecken. Zur spirituellen Theologie Karl Rahners, Würzburg: Echter, 1994

Knop, Julia: Synodalität von oben nach unten, in: dies./ Seewald, Michael (Hg.g): Das Erste Vatikanische Konzil. Eine Zwischenbilanz 150 Jahre danach, Darmstadt: wbg, 2019, 217–232

Kołtan, Jacek: Illiberative Konterrevolution und die katholische Kirche in Polen, *Wort und Antwort* 1/64 (2023), 2–5

Laudage-Kleeberg, Regina: Obdachlos katholisch. Auf dem Weg zu einer Kirche, die wieder ein Zuhause ist, München: Kösel, 2. Aufl. 2023

Leber, Hermann: Michelangelo und der Laokoon. Künstlerische und kunsthistorische Untersuchungen zu Michelangelos Disegno und dessen Wirkungen, Regensburg: Schnell & Steiner, 2019

Lerch, Magnus /Stoll, Christian (Hg.g): Religiöse Erfahrung. Bestandsaufnahmen und Perspektiven zu einer strittigen Kategorie, Freiburg: Herder, 2023

Lesch, Karl Josef: Nach dem Missbrauchsskandal. Zum Ausmaß der aktuellen Kirchenkrise, in: Kos, Elmar (Hg.): Kirchenkrise als letzte Chance, Münster: Lit, 2012, 11–42

Lessing, Gotthold Ephraim: Laokoon oder die Grenzen der Malerei und Poesie, Stuttgart: Göschen, 2. Aufl. 1854 (Nachdruck de Gruyter 2020)

Link-Wieczorek, Ulrike: Taufe und Kirchenzugehörigkeit. Überlegungen in ökumenischer Absicht, *Communio* 6/52 (2023), 608–617

Loffeld, Jan: Fraglos glücklich!? Die anthropologische Wende für das 21. Jahrhundert weiterdenken, *Theologie und Glaube* 2/113 (2023), 168–171

Loffeld, Jan: Heil werden ... Optionen einer Seelsorge unter forciert säkularen Bedingungen, *Theologie der Gegenwart* 1/66 (2023), 2–14

Lüdecke, Norbert: Die Täuschung. Haben die Katholiken die Kirche, die sie verdienen?, Darmstadt: wbg, 2021

Martin, David: Pentecostalism. The world their parish, Malden, Mass.: Blackwell, 2003

Marzouki, Nadia /McDonnell, Duncan /Roy, Olivier (ed.s): Saving the people. How populists hijack religion, London: Hurst & Company, 2016

Muth, Susanne (Hg.): Laokoon – auf der Suche nach einem Meisterwerk. Begleitbuch zur einer Ausstellung von Studierenden und Dozenten des Winckelmann-Instituts der Humboldt-Universität zu Berlin und des Sonderforschungsbereichs 644 „Transformationen der Antike", Rahden: Leidorf, 2017

Neuner, Peter: Abschied von der Ständekirche. Plädoyer für eine Theologie des Gottesvolkes, Freiburg: Herder, 2015

Neuner, Peter: Synodalität oder Absolutismus. Die Herrschaft des ‚Gefangenen im Vatikan', *Stimmen der Zeit* 3/2023, 163–173

Peirce, Charles S.: Fixation of Belief, in: Writings of Charles S. Peirce. A chronological edition. Vol. 3: 1872–1878, Bloomington, IN: Indiana University Press, 1986, 242–257 (dt. Die Festigung der Überzeugung und andere Schriften. Hg. v. E. Walther, Baden-Baden: Agis, 1986)

Pirker, Viera /Valentin, Joachim (Hg.g): Kirche, Kult und Krise. Christentum im neueren Film, Marburg: Schüren, 2023

Politi, Marco: Benedikt. Krise eines Pontifikats, Berlin: Rotbuch, 2012

Pollack, Detlef /Rosta, Gergely: Religion in der Moderne. Ein internationaler Vergleich, Frankfurt: Campus, 2015

Qualbrink, Andrea: Frauen in kirchlichen Leitungspositionen. Möglichkeiten, Bedingungen und Folgen der Gestaltungsmacht von Frauen in der katholischen Kirche, Stuttgart: Kohlhammer, 2019

Radcliffe, Timothy: Die unmögliche Notwendigkeit der Kirche heute, *Theologie der Gegenwart* 2/66 (2023), 115–128

Rahner, Johanna: Glaub-Würdig? Warum Kirche, wenn es um Gott geht, heute schlechte Karten hat und wie etwas mehr Geist hilfreich wäre, in: Bär, Martina u. a., In Beziehung sein, a.a.O., 319–333

Rahner, Karl: Zur Theologie und Spiritualität der Pfarrseelsorge, Sämtliche Werke Bd. 28, Freiburg: Herder, 2010, 28–47

Rahner, Karl: Frömmigkeit früher und heute, in: ders., Sämtliche Werke, Bd. 23 Glaube im Alltag, Freiburg: Herder, 2006, 31–46

Ratzinger, Joseph: Demokratisierung in der Kirche?, in: ders./Maier, Hans: Demokratie in der Kirche, Limburg: Lahn, 1970, 7–46

Ratzinger, Joseph: Die große Gottesidee ‚Kirche' ist keine Schwärmerei, *Frankfurter Allgemeine Zeitung* 22.12.2002, 46

Riccardi, Andrea: Die Kirche brennt. Krise und Zukunft des Christentums, Würzburg: Echter, 2023

Rothe, Wolfgang: Missbrauchte Kirche. Eine Abrechnung mit der katholischen Sexualmoral und ihren Verfechtern, München: Droemer, 2021

Ruhstorfer, Karlheinz: Befreiung des ‚Katholischen'. An der Schwelle zu globaler Identität, Freiburg: Herder, 2019

Sarah, Robert: Aus der Tiefe des Herzens. Priestertum, Zölibat und die Krise der katholischen Kirche, Paris: Fayard, 2020

Schirpenbach, Meik: Retten wir die Kirche. Zwischen Resignation, Skandalen, Sehnsucht und Begeisterung. Ein Landpfarrer schlägt Alarm, Paderborn: Bonifatius, 2022

Schäfer, Heinrich: Die Taufe des Leviathan. Protestantische Eliten und Politik in den USA und Lateinamerika, Bielefeld: transcript, 2021

Schüßler, Michael: Un/doing Co-Klerikalismus, *Lebendige Seelsorge* 73 (2022), 50–54

Seewald, Michael: Theologie und Kirche vor den Anfragen des Relativismus, in: ders. (Hg.): Glaube ohne Wahrheit?, Freiburg: Herder, 2018, 11–34

Seewald, Michael: Christliche Glaubensüberzeugungen im Kontext religiöser Pluralität. Zur dogmatisch-theologischen Auseinandersetzung mit dem alethischen Relativismus, in: Irlenborn, Bernd /ders. (Hg.g): Relativismus und christlicher Wahrheitsanspruch, Freiburg: Alber, 2020, 212–236

Spiess, Franca: Braucht die Theologie eine posthumanistische Wende?, *Theologie und Glaube* 2/113 (2023), 119–123

Spivak, Gayatri Chakravorty: A Critique of Postcolonial Reason. Towards a History of the Vanishing Present, Cambridge, Ma.: Harvard University Press, 1999

Spivak, Gayatri Chakravorty: Can the subaltern speak? Postkolonialität und subalterne Artikulation, Wien: Turia + Kant, Nachdruck 2020

Stausberg, Michael /Wright, Stuart /Cusack, Carole (ed.s): The Demise of Religion. How religions end, die, or dissipate, London: Bloomsbury, 2020

Stein, Tine: Himmlische Quellen und irdisches Recht. Religiöse Voraussetzungen des freiheitlichen Verfassungsstaates, Frankfurt: Campus, 2007

Striet, Magnus: Was ist ‚katholisch'. Ein Bestimmungsversuch im Horizont ‚der' Moderne, in: Heimbach-Steins, Marianne /Kruip, Gerhard /Wendel, Saskia (Hg.g): „Kirche 2011: Ein notwendiger Aufbruch". Argumente zum Memorandum, Freiburg: Herder, 2011, 58–70

Striet, Magnus: Für eine Kirche der Freiheit. Den Synodalen Weg konsequent weitergehen, Freiburg: Herder, 2022

Sturm, Andreas: Ich muss raus aus dieser Kirche. Weil ich Mensch bleiben will, Freiburg: Herder, 2022

Sudbrack, Josef: Der Christ von morgen – ein Mystiker? Karl Rahners Wort als Mahnung, Aufgabe und Prophezeiung, in: ders. /Böhme, Wolfgang (Hg.g): Der Christ von morgen – ein Mystiker?, Würzburg/Stuttgart: Echter/Steinkopf, 1989, 99–136

Suenens, Léon Joseph: Souvenirs et esperances, o.O. Fayard, 1991

Theobald, Michael: Dienen statt Herrschen. Neutestamentliche Grundlegung der Ämter in der Kirche, Regensburg: Pustet, 2023

Ureta, José Antonio /Loredo de Izcue, Julio: The Synodal Process Is a Pandora's Box. 100 Questions&Answers, American Society for the Defense of Tradition, Family & Property (TFP), 2023

von Trotha, Hans: Pollaks Arm, Berlin: Wagenknecht, 2021

Weber, Max: Wirtschaft und Gesellschaft. Grundriss der verstehenden Soziologie. Studienausgabe, hg. v. J. Winkelmann, Tübingen: Mohr-Siebeck, 5. Aufl. 1976

Werbick, Jürgen: Christentum – kann das weg? Glauben in Zeiten der Kirchen-Erschöpfung, Ostfildern: Grünewald, 2023

Weiler, Birgit: Synodalität kultivieren: In Leben und Struktur der Kirche von Amazonien wie der Weltkirche, in: Gruber, Judith /Hoff, Gregor M. /Knop, Julia/Kranemann, Benedikt (Hg.g): Laboratorium Weltkirche. Die Amazonien-Synode und ihre Potenziale, Freiburg: Herder, 2022, 49–65, 63

Wenzel, Knut: „Hört, ihr Himmel, ich will reden". Theologie aus den Krisen in Kirche und Welt, Freiburg: Herder, 2023

Werner, Gunda: Die Kontinuität des Frauenbildes in römischen Dokumenten. Ein dogmatisches close reading, in: Strube, S. /Perintfalvi, R. /Hemer, R. /Metze, M. /Sahbaz, C. (Hg.g): Anti-Genderismus in Europa, Bielefeld: transcript, 2020, 229–240

Whitehead, Alfred North: The aims of education and other essays, New York, NY: The Free Press, 1967 (1929)

Whitehead, Alfred North: Process and Reality. An Essay in Cosmology, ed. by David Ray Griffin and Donald W. Sherburne, New York: Free Press, 1985

Whitehead, Alfred North: Wie entsteht Religion?, Frankfurt: Suhrkamp, 2. Aufl. 1986

Wie hältst du's mit der Kirche? Zur Bedeutung der Kirche in der Gesellschaft. Erste Ergebnisse der 6. Kirchenmitgliedschaftsuntersuchung. Hg. v. der Evangelischen Kirche in Deutschland (EKD), Leipzig: Evangelische Verlagsanstalt, 2023

Wijlens, Myriam: Der sexuelle Missbrauch von Minderjährigen. Entwicklungen im kanonischen Recht zwischen 1983 und 2020, in: Aschmann, Birgit (Hg.): Katholische Dunkelräume. Die Kirche und der sexuelle Missbrauch, Paderborn: Schöningh, 2022, 77–95

Wolf, Hubert: Der Unfehlbare. Pius IX. und die Erfindung des Katholizismus im 19. Jahrhundert, München: Beck, 2020

World Christian encyclopedia, Todd M. Johnson and Gina Zurlo, Edinburgh: Edinburgh University Press, third edition 2020

Personenregister

Almer, Birgit 54
Applebaum, Anne 136
Aschmann, Birgit 105
Athene 14
Augustin, Regina 166
Augustinus 37, 141, 235
Bachmann, Ingeborg 67
Bär, Martina 54 f, 102, 111
Bätzing, Georg 159
Bandinelli, Baccio 16
Bauman, Zygmunt 248
Beck, Wolfgang 209
Beckett, Samuel 87, 100, 113, 114 f, 117, 122
Bellarmin, Robert 157
Belok, Manfred 99
Beinert, Wolfgang 192
Benedikt XVI. 10, 29–31, 80, 95, 98, 108, 128, 130, 138, 186, 249
Blake, William 16
Böckenförde, Wolfgang 211, 232
Boeve, Lieven 213
Boston Globe 9, 38, 194, 198 f, 245
Bourdieu, Pierre 236
Brand, Fabian 132
Breul, Martin 228
Brilliant, Richard 15
Bucher, Rainer 29
Budde, Michael 205
Bundschuh-Schramm, Christiane 212
Casanova, José 192, 233
Cavalin, Tangi 138, 178
Chenu, Marie-Dominique 178
Churchill, Winston 187
Clemens VII. 16
Congar, Yves 178
Daltrop, Georg 15

Dante 9, 89
Décultot, Élisabeth 15
Degenhardt, Johannes 38
de Lagasnerie, Geoffroy 197, 200–202
Descartes, René 224
Dickens, Charles 16
Dreher, Rod 183
du Cleuziou, Yann Raison 205
Eberhardt, Monika 54
Ebertz, Michael 54, 103, 205
Ebner, Martin 37
Elsner, Regina 205
Emunds, Bernhard 158
Ernaux, Annie 25
Essen, Georg 159
Euclid 207, 250
Faber, Eva-Maria 54, 214
Fernández, Víctor 156
Flannery, Tony 129, 145
Florin, Christiane 159
Foucault, Michel 143 f, 146 f, 224 f
Franz I. 15 f
Franziskus, Papst 8, 10, 30, 34, 41, 70, 72, 97, 128 f, 138, 151, 154, 161, 176, 178, 182, 185 f, 189, 192, 249
Frevert, Ute 111 f
Gabriel, Karl 106, 192, 232
Godot 32, 86, 89, 100 f, 103 f, 108, 114–116, 118–123, 181, 190 f
Goertz, Stephan 232
Goethe, Johann Wolfgang 16
Groer, Hans Hermann 38, 135
Großbölting, Thomas 145
Große Kracht, Hermann-Josef 232
Gruber, Judith 155, 199
Guardini, Romano 245 f

Haas, Wolfgang 38
Halík, Tomáš 81
Habermas, Jürgen 197
Haselberger, Jennifer 201
Haslinger, Herbert 51, 133, 168, 212, 247
Harrison, Peter 46
Hastetter, Michaela 245
Heimbach-Steins, Marianne 60
Heinzmann, Richard 233
Herder, Johann Gottfried 16
Hilberath, Bernd Jochen 54, 239
Hobsbawm, Eric 168
Höhn, Hans-Joachim 92, 168
Hoff, Gregor Maria 43 f, 96, 155, 229
Hoping, Helmut 222
Hoye, William 205
Hoyeau, Céline 137, 215
Innozenz III. 141
Jahnel, Claudia 206
Johannes XXIII. 17 f, 107, 169, 176–178
Johannes Paul II. 10, 30 f, 33, 38 f, 128, 137, 154, 157, 175, 195, 249
Johnson, Todd 211
Kaiser, Joachim 115
Kaluza, Andrzej 189
Kant, Immanuel 224 f
Kaufmann, Franz-Xaver 42, 105, 141, 226, 231–233
Kern, Christian 51, 172
Kirschner, Martin 245
Klinger, Elmar 228
Knop, Julia 151, 155
Koch, Kurt 159
Kołtan, Jacek 205
Konstantin 165
Kopp, Stefan 92, 133, 212, 247
Kranemann, Benedikt 155
Krzemiński, Jacek 205
Krenn, Kurt 38

Kruip, Gerhard 60
Küng, Klaus 139
Lang, Anna 54
Laokoon 11–19, 29
Laudage-Kleeberg, Regina 106
Leber, Hermann 16, 18
Leo X. 15 f
Lerch, Magnus 227
Lesch, Karl Josef 131
Lessing, Gotthold Ephraim 12, 16
Leutheusser-Schnarrenberg, Sabine 144
Ley, Isabelle 159
Link-Wieczorek, Ulrike 218
Loffelt, Jan 203, 234
Lüdecke, Norbert 155
Maier, Hans 186
Martin, David 230
Marzouki, Nadia 205
McCarrick, Theodore 30
McDonnell, Duncan 205
Meisner, Joachim 38
Merkel, Angela 144
Merton, Thomas 10
Michelangelo 15 f
Montorsoli, Angelo 13, 16 f, 19
Muth, Susanne 18
Napoleon 17
Neuner, Peter 40, 154
Novalis 16
O'Connor, Siobhan 201
Paul VI. 10, 246, 249
Paulus 98, 218–223, 241 f
Peirce, Charles Sanders 235
Petrus 98, 220, 222, 241
Philippe, Marie-Dominique 138, 178
Philippe, Thomas 138, 177 f
Pirker, Viera 186
Pius IX. 39 f, 70, 157, 165
Pius XII. 130, 178

Plinius d.Ä. 15
Politi, Marco 187
Pollak, Ludwig 17
Pollak, Detlef 230
Qualbrink, Andrea 90
Radcliff, Timothy 47
Rahner, Johanna 102
Rahner, Karl 203, 226 f
Ranger, Terence 168
Ratzinger, Joseph 31, 186 f
Reisinger, Doris 99
Riccardi, Andrea 89
Röhl, Christoph 186
Rosta, Gergely 230
Rothe, Wolfgang 139
Roy, Olivier 205
Ruhstorfer, Karlheinz 187, 205
Sarah, Robert 43
Schäfer, Heinrich 231
Schirpenbach, Meik 106
Schopenhauer, Arthur 16
Schüssler, Michael 134
Schumacher, Ursula 227
Scicluna, Charles 42
Seewald, Michael 130, 151
Spiess, Franca 203
Spivak, Gayatri Chakravorty 167
Stausberg, Michael 238
Stein, Tine 159, 211
Stoll, Christian 227

Striet, Magnus 60, 159
Sturm, Andreas 105 f
Sudbrack, Josef 227
Sühs, Volker 21
Suenens, Léon-Joseph 107
Tertullian 46
Theobald, Michael 37
Titus 15
Tizian 16
Ureta, José 152
Vanier, Jean 177
Valentin, Joachim 186
Voithofer, Johanna 21
Voltaire 46
von Trotha, Hans 17
Walther, Elisabeth 235
Weber, Max 40
Weiler, Birgit 155
Wendel, Saskia 60
Wenzel, Knut 81
Werbick, Jürgen 245
Werner, Gunda 154
Whitehead, Alfred North 78, 155, 207, 251
Wijlens, Myriam 105
Winkelmann, Johannes 16
Woelki, Rainer 109 f
Wolf, Hubert 40
Zollitsch, Robert 38, 144
Zurlo, Gina 211

Sachregister

68er 30, 86
9/11 9f
Abstieg 7, 9, 23, 26, 90, 136, 223, 236f
Absurditäten, kirchliche 20, 23, 46, 49, 67, 74, 85, 87, 102f, 117, 121–123, 174f, 181–184, 213–218, 224–229, 235, 254f
Anders glauben 20, 28, 66, 83, 97, 102, 168, 172, 185f, 214, 226f, 234, 238f, 244, 252, 257
Anonymität 20, 181, 196–204, 206, 208
Antimodernismus 44, 100, 108, 137, 231f, 248
Auferstehung 98, 143
Aufstand (s.a. Revolte, Rebellion) 65f, 70, 82, 126, 147f, 184, 209
Aufwarten 100, 102f, 108, 113, 119–123, 148, 181
Austritt von der Kirche 45, 50, 53f, 174, 184, 193, 203, 211, 214, 225, 230, 255
Autorität 38, 44, 130, 195, 205, 244f
Autoritär 7f, 13, 20, 28, 86, 104f, 108, 136, 183, 187, 192, 194f, 204–206, 229
Begehren, Begierde, Gier 131f, 134–139, 141–143, 147f, 152, 158
Beschuldigungstheologie 10, 52, 54, 68, 70, 75, 104, 109, 118, 140f, 146, 155, 157–159, 202
Böse 111f, 134
Charismatische Religiosität 137, 212, 228–230
Dialog 60, 87, 244
Distinktion 14, 64, 82, 90, 236f, 238f, 242

Dritter Raum 98, 103, 142, 173, 182, 234, 247, 251–255
Egal, jenseits davon 20, 23f, 49, 55, 96, 101, 163, 173, 185, 209, 215, 240, 250, 257
Frauenordination 39, 150, 152
Geduld 20, 23, 30, 35, 43, 45, 47f, 51, 61, 65–67, 69, 85f, 100–102, 112, 120, 129, 238, 240, 244, 253
Geständnis 141f, 144, 146f, 148
Gott 9f, 23, 29, 37, 41, 68–74, 80f, 98, 102, 134f, 140–142, 162f, 187, 199, 206, 211, 215, 220–222, 243–246, 249, 254f
Heil 7, 48, 93, 95, 127, 134, 137, 142f, 149, 166, 202, 213, 234
Heuchelei, Scheinheiligkeit 11, 24, 42, 52, 89, 106, 129, 132, 147–149, 193, 196, 198
Heterotopos 11, 38, 182, 209, 217, 243
Hoffnung 8f, 11, 27f, 89, 117, 156, 174, 238, 247, 257
Individualität 19f, 78, 103, 141, 143, 145, 161, 182f, 186, 196–199, 201f, 207, 213, 218–221, 223, 225, 228, 230f, 233, 235–237, 242–244, 246, 253
Innen-Außen 7, 10–12, 29, 47f, 65, 85, 89f, 93, 106f, 127, 165, 173f, 181f, 191f, 201, 203–205, 217f, 243, 248, 255f
Ja-Sagen (und Nein-Sagen) 26–28, 33–35, 45, 48, 55–57, 65, 74–76, 81f, 91, 171f, 174–179, 181–184, 194, 199f, 206, 221–223, 226–228, 239, 244, 251f, 257
Jesus 98, 174, 220

Jude:in 17, 220, 241
Kreuz 98, 178
Krise 7–9, 12–14, 19 f, 31, 56, 60, 77, 89, 99, 110, 147, 178, 185–187, 211, 223, 241
Koklerikalismus 134, 136, 154
Liturgie 72 f, 81
Moderne 8, 16–18, 37, 60, 99, 104, 108, 140 f, 146, 152, 187, 202, 213, 228, 231–233, 248
Möbiusband 217 f, 221, 256
Missbrauch 9, 29–32, 37, 47, 51, 56, 80, 89, 96, 100, 105, 130 f, 137, 139, 145 f, 159, 166, 170, 191, 198 f, 215, 221, 238, 242, 249
Nein-Sagen – siehe: Ja-Sagen
Ökonomie 7, 40, 59, 90, 98, 137, 200
Ökumene 39, 166
Offenbarung 87, 159, 169, 200
Ohnmacht 43, 60–63, 65, 76, 94 f, 101–103, 114, 125, 131–133, 145, 158, 167, 170, 199, 237, 246, 150
Opfer 9, 19, 23, 30 f, 37, 42, 45, 52, 85, 98, 110, 133, 135, 145, 167, 175, 196, 198–200, 202, 251
Pastoralmacht 143–145, 224, 226
Rebellion (s.a. Aufstand, Revolte) 62, 65 f, 85, 93, 123,147 f, 181 f, 184, 208, 244
Reform 27, 34 f, 49 f, 67, 85–87, 91–94, 99, 104–108, 116–122, 193
Religion 7, 11 f, 14, 19, 24 f, 37, 44, 78, 104, 112, 115, 140, 191, 203–205, 211 f, 224, 228, 232, 234, 246–248
Religionskritik 49, 94, 101
Revolte (s.a. Aufstand, Rebellion) 62, 64–66, 68, 72, 79, 85, 147, 172, 197, 200–202, 208 f, 244 f
Sakrament 38, 73, 77, 89, 129, 141, 163
Scham und Schamlosigkeit 24 f, 27, 31, 38, 40, 45, 66, 68–71, 76, 78, 85, 89, 94 f, 105, 112, 121, 123, 125 f, 131–133, 137, 140, 145, 147 f, 151, 159, 192, 197–202, 240, 246
Sexualität 11, 30, 37, 51 f, 56, 68, 74, 76, 80, 85, 89, 104 f, 111, 129 f, 130–133, 137, 140–147, 157–159, 166, 170, 177, 191, 196, 221, 238, 242
Souveränität 18, 23–25, 83, 93, 101, 104, 120, 123, 135, 139, 170, 179, 182, 184, 193 f, 207, 218, 257
Taufe 141, 184, 196, 217 f
Tradition, auch *invented tradition* 10, 17, 23, 46, 54, 68, 70, 72, 74, 86, 92, 139, 141, 157 f, 168 f, 211, 213, 215, 218, 244, 246
Tugenden, theologische 8, 11, 174
Unfehlbarkeit 39 f, 44, 162, 176, 207,
Unglaubwürdigkeit 7 f, 26, 30, 32, 36, 40, 42, 47, 50 f, 80, 82, 85 f, 92, 98, 101, 111–113, 118, 121, 128, 145, 158, 173, 175, 177 f, 183, 198, 200, 205 f, 211, 215 f, 221–223, 227 f, 232, 239, 243, 246, 249, 256
Unmöglich 45–47, 67, 71, 75, 100, 172, 179, 186
Umkehr 32, 50 f, 98, 110, 139, 162, 182, 219, 236, 241, 246
Warten, katholisch 29, 32, 81, 85, 87 f, 94, 100, 103 f, 108, 115, 117 f, 120–123, 181, 191
Widerspenstigkeit 12, 14 f, 19 f, 25 f, 74, 102 f, 113, 119, 144, 233 f
Zölibat 37, 42 f, 77, 141

Sachregister **271**

Zustimmung 55, 65, 129, 151, 153, 179, 184, 223, 235
Zweites Vatikanisches Konzil 11, 32, 41, 61 f, 106, 165, 169, 185, 223, 246